MICHELIN

TUNISIE

VOYAGER PRATIQUE

Parution 2005

ONT COLLABORÉ À CE GUIDE

Direction	David Brabis
Direction de la collection	Cécile Petiau (marketing), Anne Teffo (édition)
Édition	Florence Dyan
Rédaction	Dominique Barouch, Éric Boucher, Michel Dusclaud, Éric Fottorino, Gilles Guérard, Philippe Longin, Clément Mathieu, Yves Traynard
Cartographie	Marie-Claude Backe-Amoretti, Christelle Coué, Thierry Lemasson, Claire Levasseur, Krystyna Mazoyer-Dzieniszewska, Jacqueline Pavageau, Anne Teffo
Iconographie	Éliane Bailly, Sophie Bouvet, Maud Burrus, Geneviève Corbic, Christelle Le Déan, Jacqueline Pavageau, Alexandra Rosina,
Couverture	Paris-Venise (création graphique), Christelle Le Déan et Maud Burrus (iconographie et couleurs)
Coordination graphique	Marie-Pierre Renier
Maquette intérieure	Bernadette Drouillot
Pré-presse	Didier Hée, Frédéric Sardin
Préparation de copie	Pascal Grougon, Danièle Jazeron
Relecture	Sophie Jilet
Système d'information	Éric Réocreux
Organisation-qualité	Céline Vallé
Fabrication	Renaud Leblanc
Ventes	Gilles Maucout (France), Charles van de Perre (Belgique)
Communication	Gonzague de Jarnac
Régie publicitaire	Étoile Régie www.etoileregie.com ☎ 01 53 64 69 19
Remerciements à :	Arnaud Bouvier, Béatrice Brillion, Hervé Deguine, Sabine van Wynsberghe

Contact : Guides VOYAGER PRATIQUE
MICHELIN - Éditions des Voyages
46 avenue de Breteuil - 75324 Paris Cedex 07
☎ 01 45 66 12 34
E-mail : voyagerpratique@fr.michelin.com

NOTE AU LECTEUR

Ce guide tient compte des conditions de tourisme connues au moment de sa rédaction. Aussi, certains renseignements (prix, adresses, numéros de téléphone, horaires...) peuvent-ils perdre de leur actualité. Michelin ne peut être tenu responsable des conséquences dues à ces éventuels changements.
Le contenu des pages de publicité insérées dans ce guide n'engage que la responsabilité des annonceurs.

VOYAGER PRATIQUE,
pourquoi ?

Quand on est éditeur de guides, on se demande sans cesse comment répondre aux attentes des voyageurs d'aujourd'hui.

Comment satisfaire à la fois vos envies de week-end, d'aventure, de grand voyage, de farniente, de culture, en France ou à l'autre bout du monde ? Vous partez seul ou en famille, entre amis ou en amoureux, deux jours ou trois semaines ? Comment imaginer ce que vous allez aimer : chambres d'hôte ou petites pensions, gargotes ou restaurants de charme, randonnées ou boîtes de nuit, visites culturelles ou bronzette sur la plage ou... tout à la fois ? Comment vous aider à vous repérer dans le pays, à organiser vos transports et à évaluer votre budget ?

Répondre à toutes ces questions, c'est le premier pari de MICHELIN VOYAGER PRATIQUE : le guide pour construire son voyage sur mesure. Grâce à des tableaux thématiques, des cartes et des plans précis, des itinéraires conçus sur le terrain, des informations pratiques complètes, Michelin vous donne les clés de vos vacances.

Quand on est éditeur de guides, on se demande aussi quelles sont les conséquences de ses choix éditoriaux.

Contribuer à un voyage de qualité dans le respect des hommes, de l'environnement et du patrimoine, c'est le second pari de MICHELIN VOYAGER PRATIQUE. Pour remplir cette mission et vous aider ainsi dans vos propres choix, suivez donc nos « BIB » :

nos Coups de cœur
nos Coups de gueule
nos Astuces
Ils vous accompagnent au fil des pages pour illustrer nos recommandations sur chaque étape, mais aussi notre point de vue sur des sujets qui nous paraissent importants. Autant de suggestions dont l'unique finalité est de vous faire profiter pleinement de votre voyage.

L'équipe Voyager Pratique

TUNISIE PRATIQUE

Préparer son voyage 12

Partir 19

Se déplacer 22

Sur place de A à Z 26

TUNISIE EN DIRECT

SILLONNER LA TUNISIE

Le cap Bon 172

Le Nord 192

Le Sahel 228

Jerba et le Sud 278

Index 345

Cartes et plans 348

Légende

Votre avis nous intéresse 351

TUNISIE PRATIQUE

Cartes

L'hôtel Dar Cherait à Tozeur

Suggestions d'itinéraires
0
25
50 km
N
La Galite
Cap Serrat
Cap Blanc
Bizerte
Utique
Golfe de Tunis
Cap Bon
Kerkouane
Tabarka
Kroumirie
La Marsa
Sidi Bou Saïd
TUNIS
Carthage
Aïn Draham
CAP BON
Bulla Regia
Chemtou
Oudna
Dougga
Thuburbo Majus
Zaghouan
Nabeul
Hammamet
Golfe de Hammamet
ALGÉRIE
Le Kef
Sebkhet Kelbia
Sahel
Makthar
Sousse
Monastir
Kairouan
Sebkhet de Sidi el Hani
Mahdia
Sbeïtla
El Jem
Îles Kerkennah
Sfax
Midès
Tamerza
Gorges de Selja
Gafsa
Île de Pantelleria (ITALIE)
Sicile (ITALIE)
MER MÉDITERRANÉE

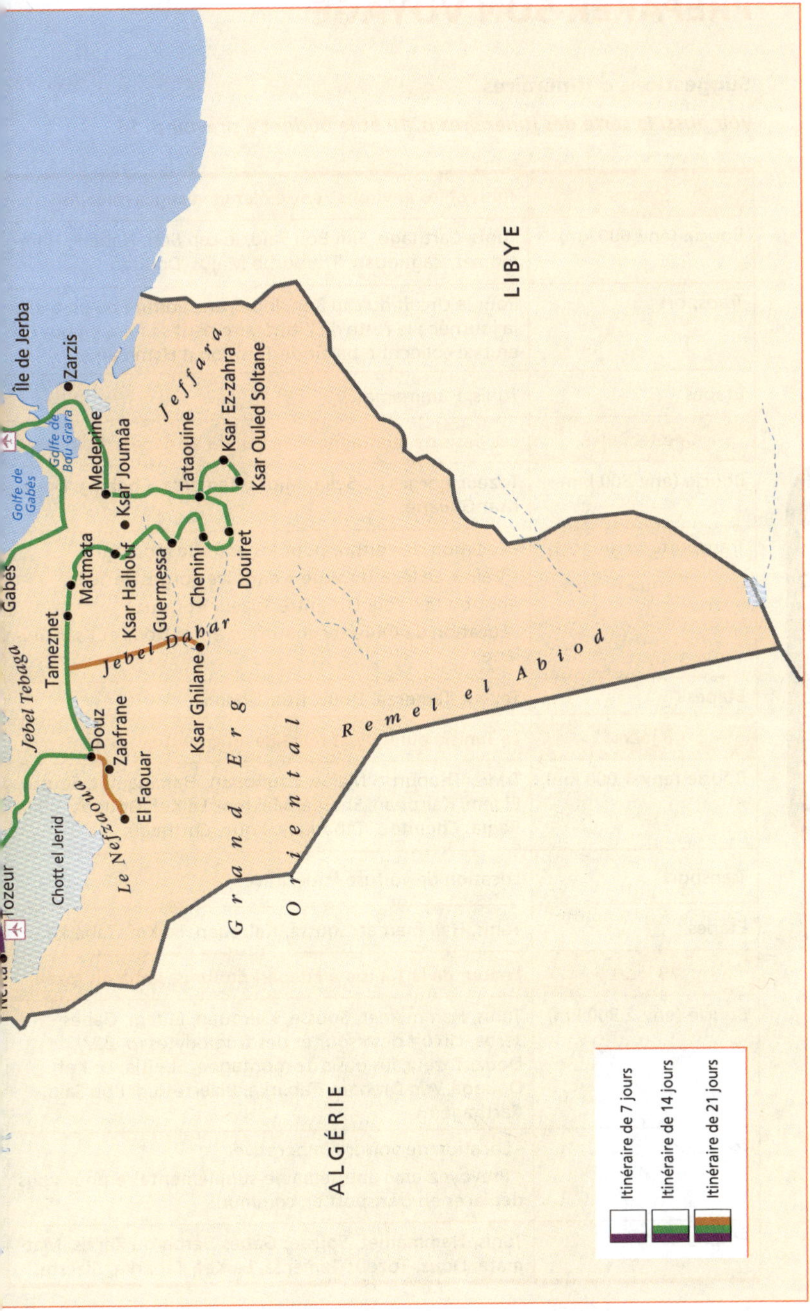
Golfe de Gabès
Golfe de Bou Grara
Île de Jerba
Zarzis
Gabès
Medenine
Ksar Joumâa
Matmata
Ksar Hallouf
Tameznet
Guermessa
Tataouine
Ksar Ez-zahra
Ksar Ouled Soltane
Chenini
Douiret
Jeffara
Jebel Dahar
Ksar Ghilane
Jebel Tebaga
Douz
Zaafrane
El Faouar
Le Nefzaoua
Chott el Jerid
Tozeur
Nefta
Grand Erg Oriental
Remel el Abiod
LIBYE
ALGÉRIE
Itinéraire de 7 jours
Itinéraire de 14 jours
Itinéraire de 21 jours

PRÉPARER SON VOYAGE

Suggestions d'itinéraires

Voir aussi la carte des itinéraires p. 10 et le budget à prévoir p. 14.

5 jours	Tunis et les environs : entre mer et vestiges romains
Boucle (env. 600 km)	Tunis, Carthage, Sidi Bou Saïd, le cap Bon, Nabeul, Hammamet, Zaghouan, Thuburbo Majus, Dougga.
Transport	Pour le circuit du cap Bon, louez une voiture ou un taxi à la journée ; le reste de l'itinéraire peut se faire en bus ou en taxi collectif à partir de Tunis ou d'Hammamet.
Étapes	Tunis, Hammamet.
Une semaine	**Les oasis de montagne et le Sahara au départ de Tozeur**
Boucle (env. 800 km)	Tozeur, gorges de Selja, Midès, Tamerza, Chebika, Douz, Ksar Ghilane.
Transport	- Location de voiture pour les oasis de montagne. - Train « Le lézard rouge » dans les gorges de Selja. - Bus ou taxi collectif entre Tozeur et Douz. - Location de 4X4 avec chauffeur entre Douz et Ksar Ghilane.
Étapes	Tozeur, Tamerza, Douz, Ksar Ghilane.
8 jours	**La Tunisie punique et romaine au départ de Tunis**
Boucle (env. 1 000 km)	Tunis, Thuburbo Majus, Zaghouan, Hammamet, Sousse, El Jem, Kairouan, Sbeïtla, Makthar, Le Kef, Dougga, Bulla Regia, Chemtou, Tabarka, Utique, Carthage.
Transport	Location de voiture impérative.
Étapes	Tunis, Hammamet, Sousse, Kairouan, Le Kef, Tabarka.
15 jours	**Le tour de la Tunisie au départ de Tunis, Jerba ou Tozeur**
Boucle (env. 2 300 km)	Tunis, Hammamet, Sousse, Kairouan, El Jem, Gabès, Jerba, circuit des ksour et des troglodytes *(p. 297)*, Douz, Tozeur, les oasis de montagne, Sbeïtla, Le Kef, Dougga, Aïn Draham, Tabarka, Bizerte, Sidi Bou Saïd, Carthage.
Transport	- Location de voiture impérative. - Prévoyez env. une semaine supplémentaire pour vous déplacer en transport en commun.
Étapes	Tunis, Hammamet, Sousse, Gabès, Jerba ou Zarzis, Matmata, Douz, Tozeur, Tamerza, Le Kef, Tabarka, Bizerte.

Types de voyage

Lieux de séjour culturel	Nos conseils
Tunis*** *(p. 114)*	Base d'excursions pour les sites de Carthage, Utique, Kerkouane, Oudna, Thuburbo Majus, Zaghouan et Dougga.
Kairouan*** *(p. 252)*	En été, logez en bord de mer (Sousse par ex.) plutôt qu'à Kairouan, où il fait très chaud.
Le Kef* *(p. 218)*	Excellente base d'excursions pour Makthar, Dougga, Bulla Regia, Chemtou.
Principaux circuits culturels et sites archéologiques	
Circuit des ksour et troglodytes** *(p. 297)*	Point de départ : Jerba ou Zarzis.
Carthage** *(p. 152)*	
Dougga*** *(p. 164)*	C'est le plus beau site archéologique du pays, prenez votre temps. Hébergement à Téboursouk, Tunis ou au Kef.
Séjour oasien	
Tozeur*** *(p. 319)*	La plus belle oasis de Tunisie.
Nefta** *(p. 328)*	
Les oasis de montagne** *(p. 332)*	Dormez à Tozeur ou à Tamerza.
Séjour balnéaire et sportif	
Île de Jerba** *(p. 280)*	Plongée, char à voile, thalassothérapie, golf.
Hammamet* *(p. 186)*	Plongée, thalassothérapie, golf.
Sousse** *(p. 230)*	Thalassothérapie, golf.
Monastir* *(p. 242)*	Plongée, voile, thalassothérapie, golf.
Tabarka* *(p. 205)*	Plongée et photo sous-marines, golf.
Gammarth *(p. 151)*	Les Thermes Marins de Carthage (hôtel The Residence) est l'un des centres de thalassothérapie les plus luxueux de Tunisie.
Séjour nature	
Aïn Draham* *(p. 212)*	- Randonnées à pied ou à cheval. - Vous pouvez également séjourner à Tabarka, situé à 25 km en bord de mer.
Le Sahara*** *(p. 336)*	- Découvrez le Sahara à pied, à dos de dromadaire, en 4x4. - Le meilleur point de départ est Douz, aux portes du désert.

Heure locale

En été, le décalage horaire est d'une heure avec la France : lorsqu'il est midi à Tunis, il est déjà 13h à Paris. En hiver, montres tunisiennes et françaises sont « synchro ».

Comment téléphoner en Tunisie

Pour appeler la Tunisie à partir de France, de Suisse ou de Belgique, composez 00 + 216 + le numéro de votre correspondant à 8 chiffres. Du Canada, composez 011 + 216 + le numéro de votre correspondant à 8 chiffres.

Pour les renseignements internationaux à partir de la France, composez le 32 12.

À quelle saison partir

Le climat, méditerranéen au nord et sur le littoral, devient semi-aride, voire aride, à mesure que l'on pénètre à l'intérieur des terres ou que l'on descend vers le sud. Sur la majeure partie du pays, la bonne saison s'étend de **mai à mi-octobre**, le Sud faisant exception.

Le printemps reste frais, surtout au nord où il faut compter avec du vent et des précipitations fréquentes. De mai à juin, vous bénéficierez de températures agréables partout. L'**été**, chaud et sec, est très supportable sur la côte en raison des brises marines. Les amateurs de plage apprécieront le farniente au bord d'une eau à 23 °C. Les plus courageux endureront les températures infernales du Sud tunisien le temps d'une excursion. Par contraste, la Kroumirie se révélera un havre de fraîcheur. En **automne**, l'arrière-saison reste belle jusqu'à la mi-octobre. Les baignades en mer sont encore possibles pour les moins frileux, surtout à Jerba. En **hiver**, au nord, c'est plutôt la saison du vent et de la pluie, et la neige n'est pas rare sur les monts de Kroumirie. Au sud, la température devient douce, en particulier dans les oasis de la région de Tozeur et dans le Grand Sud. Si la luminosité est alors idéale, les nuits peuvent en revanche être très froides.

La température de la mer est en moyenne de 10 à 15 °C en hiver et au printemps. Elle monte à 20 °C au mois de juin et atteint 23 °C en plein cœur de l'été. Elle se maintient à 21 °C jusqu'en octobre.

Budget à prévoir

La vie est moins chère en Tunisie qu'en France, même si les prix fluctuent au rythme des saisons. La haute saison court du 1er juillet au 31 août. Dans les stations balnéaires, le prix des hôtels – y compris les palaces – peut baisser de 20 à 80 % en moyenne et basse saison. Dans les oasis du Sud, les prix sont majorés au moment des fêtes de fin d'année *(voir également « Se loger » p. 32)*. Les budgets indiqués ci-dessous ont été calculés en haute saison.

Pour calculer le **budget par jour et par personne sur la base de deux personnes**, nous additionnons le prix d'une chambre double, quatre repas, éventuellement la location d'une voiture et nous divisons le total par deux.

Comptez un minimum de **20 €** par jour et par personne (sur la base de deux personnes) pour dormir dans des hôtels petit budget, déjeuner dans de petits restaurants et emprunter les transports locaux ou les taxis louages.

Un budget de **60 €** par jour et par personne (sur la base de deux personnes), vous permet de descendre dans de bons hôtels, de prendre un repas dans un bon restaurant et l'autre dans un établissement plus simple ainsi que de louer une voiture.

Avec **100 €** par jour et par personne (sur la base de deux personnes) vous fréquentez les hôtels de luxe, les grands restaurants et voyagez en voiture de location.

Voici quelques idées de prix pour établir son budget.

Services ou articles	Prix moyen en dinars	Équivalent en euros
Chambre double dans un hôtel très simple (auberge de jeunesse ou gîte d'étape)	20	13
Chambre double dans un hôtel confortable	50	32,5
Chambre double dans un hôtel de catégorie supérieure	90	58,5
Chambre double dans un palace	200	130
Un tagine dans une gargote	2	1,5
Un repas dans un restaurant correct	20	13
Un repas dans un très bon restaurant	40	26
Une location de voiture pour 1 semaine (catégorie B)	500	325
Un litre d'essence super	770 millimes	0,5
Un billet d'avion AR Tunis-Jerba	100	65
Un billet de train Tunis-Gabès en 1re classe	18	12
Une place dans un taxi collectif de Tunis à Hammamet	4	3
Un ticket de bus Tunis-Douz	25	16,5
Taxi de l'aéroport au centre de Tunis	5	3,25
Location d'un vélo à la demi-journée	10	6,5
Location d'un dromadaire + service d'un guide à la journée	45	29,5
Un tapis de Kairouan	800	520
Une litre d'eau minérale	1	0,42
Un thé à la menthe	400 millimes	0,25
Une bière	2	1,5

Réserver

Avant votre départ, n'hésitez pas à réserver votre voiture de location. Malheureusement, les réductions que consentent certaines agences internationales ne sont pas valables sur place. Les représentants locaux appliquent leur propre barème, que l'on peut marchander.

Formalités

Pièces d'identité

Les ressortissants français qui voyagent individuellement auront besoin d'un **passeport en cours de validité**. Dans le cas d'un voyage en groupe, la carte d'identité est suffisante. Le **visa** n'est obligatoire qu'en cas de séjour supérieur à trois mois.

Douanes

À l'entrée du territoire, vous remplirez une fiche déclarant le montant des devises et les valeurs que vous détenez. Ne l'égarez pas, les douaniers vous la demanderont à votre sortie du pays et vous interrogeront également – parfois de façon fort discourtoise – sur le montant des devises qui vous restent. Mieux vaut conserver tous vos bordereaux de change afin de revendre vos dinars restants avant de passer la douane. Pensez éventuellement aux factures de votre matériel photo, en cas de contrôle au retour. Vous pouvez emporter 2 litres d'alcool, 400 cigarettes, un litre d'eau de toilette (ou 250 cl de parfum).

Attention, la SOCOPA et les boutiques duty-free de l'aéroport acceptent uniquement les paiements en devises ou par cartes de crédit.

Direction des douanes, ☏ 01 40 40 39 00.

Vous avez la possibilité d'obtenir le remboursement de la TVA des articles achetés en Tunisie. Vous devez effectuer ces achats dans une boutique portant le sigle « Credit Card Sales, Tax Back », et payer par carte bancaire pour un montant minimum de 200 dinars. Seuls les touristes sur place pendant moins de trois mois y ont accès ; les produits alimentaires, tabac, boissons alcoolisées n'en font pas partie. Il vous faut établir cinq bordereaux de vente, dont un pour le vendeur, que vous présenterez aux douanes. La restitution du montant de la TVA se fait par virement bancaire.

Règlements sanitaires

Il n'y a pas de règlements sanitaires particuliers à l'entrée du pays.

Vaccination

Aucun vaccin n'est obligatoire pour entrer dans le pays. Par prudence, faites-vous vacciner contre le tétanos, la typhoïde et la paratyphoïde, en particulier si vous voyagez dans le Sud. Vous pouvez obtenir des renseignements auprès des **services vaccinations d'Air France**, ☏ 08 36 68 63 64 ou par Minitel 3615 VACAF et 3615 AF.

Conditions d'entrée d'un véhicule

Comme en France, vous aurez besoin de la carte grise, de la carte verte d'attestation d'assurance, et de votre permis de conduire. Si le véhicule n'est pas à votre nom, la douane exige une lettre du propriétaire, dûment légalisée. Les services douaniers délivrent par ailleurs un permis de circulation qui vous sera demandé à la sortie du territoire.

Santé

Maladies

La Tunisie bénéficie d'un climat sain et il n'y a **pas de risques particuliers**. Seuls quelques rares cas de **typhoïde** ont été signalés dans le sud du pays. Les plus inquiets peuvent toujours se faire vacciner mais ils doivent savoir que cela ne leur confère pas une une protection à 100 %, et surtout que cela ne les dispense pas des précautions d'hygiène élémentaires. Il est sans doute plus utile de se faire vacciner contre l'**hépatite A** (transmise par l'eau, par des aliments souillés ou des personnes contaminées) et l'**hépatite B** (qui se contracte par le sang et par voie sexuelle). La **jerbienne**, plus couramment appelée « tourista », est la maladie la plus fréquente. Cette légère indisposition se manifeste sous forme de diarrhée. Un peu d'hygiène diététique suffit souvent à vous guérir au bout de quelques jours.

Quelques précautions élémentaires - Évitez les crudités et les fruits sans peau ou écorce. Lavez les œufs durs une fois épluchés. Ne buvez que de l'eau minérale dont la bouteille a été décapsulée devant vous. Évitez les glaçons qui sont sans doute faits à partir de l'eau du robinet.

Protégez-vous du soleil, en particulier si vous voyagez en bateau. Méfiez-vous des lentilles de contact dans les zones chaudes et sèches et préférez-leur des lunettes.

Soyez vigilant lors de vos promenades dans les dunes du Sud tunisien et prenez toujours des chaussures fermées : les scorpions raffolent des pieds nus de l'imprudent.

Trousse à pharmacie

Une bonne trousse fournit un inventaire à la Prévert : pansements et compresses stériles, antiseptique, répulsif contre les moustiques, pommade antiprurigineuse contre les démangeaisons, etc. Ne pas oublier surtout un antidiarrhéique ainsi que les médicaments que vous prenez régulièrement.

Services médicaux

Pharmacies - La plupart des médicaments courants sont disponibles en pharmacie.

Médecins - Bon nombre de médecins ont été formés en France. Leurs coordonnées, ainsi que celles de **SOS Médecins**, sont indiquées dans les parties pratiques des villes.

Assurance rapatriement

L'assurance assistance/rapatriement est souvent comprise dans le prix des séjours proposés par les tour-opérateurs. Si vous organisez seul votre voyage, contractez une assurance auprès d'un organisme spécialisé ou renseignez-vous auprès de votre banque : certaines cartes bancaires donnent droit à une assurance spéciale.

Europ Assistance, 1 promenade de la Bonnette, 92230 Gennevilliers, ☎ 01 41 85 85 85.

Mondial Assistance, 2 rue Fragonard, 75017 Paris, ☎ 01 40 25 52 04.

Argent

Monnaie

Le dinar tunisien vaut environ 0,65 €. Il est divisé en 1 000 millimes. Pièces de 5, 10, 20, 50, 100 millimes, 1/2 et 1 dinar. Les billets sont de 5, 10, 20 et 30 dinars.

Change

Il est impossible de changer des devises contre des dinars ailleurs qu'en Tunisie. Vous convertirez votre argent **sur place**, dans les bureaux de change de l'aéroport ou auprès des banques et des bureaux de poste du centre-ville. Nombre d'hôtels-clubs font également office de bureau de change pour leurs clients. Les bureaux de change frontaliers acceptent de reprendre jusqu'à 30 % de la somme convertie en dinars, à condition de pouvoir présenter les bordereaux de change *(voir également ci-dessus la rubrique « Douane »)*. Nous vous conseillons de convertir votre argent au fur et à mesure de vos besoins.

Les banques ne prélèvent généralement pas de commission, sauf parfois sur les chèques de voyage. Les bureaux de poste prennent les chèques postaux.

Chèques de voyage

Les chèques de voyage sont généralement acceptés dans les boutiques et les hôtels.

Cartes de crédit

L'usage des cartes de crédit (Visa, Eurocard) est répandu dans les hôtels et restaurants haut de gamme, ainsi que dans certaines boutiques pour touristes, en particulier dans les magasins d'artisanat contrôlés par l'État (SOCOPA). Attention, beaucoup d'établissements n'acceptent pas l'American Express. En principe, les commerçants ne prélèvent pas de commission sur les règlements effectués par carte.

Le pays vit un contrôle des changes très strict, mais les retraits de devises sur place sont extrêmement faciles. Les détenteurs de **cartes Visa** peuvent retirer de l'argent dans la plupart des banques sans qu'il soit nécessaire d'avoir son chéquier. La plupart des banques sont aujourd'hui équipées de distributeurs automatiques de billets (sauf mention contraire, vous trouverez au moins un distributeur dans les villes mentionnées dans le pages pratiques), et on en compte pas moins de 22 à Tunis qui acceptent la carte Visa. Visa a passé des accords avec la STB (Société tunisienne de banque), tandis que l'UBCI (Union bancaire pour le commerce et l'industrie) s'est vu confier l'exclusivité des retraits et des distributeurs pour **American Express**. N'oubliez pas qu'une commission est directement prélevée à chaque retrait automatique.

Ce qu'il faut emporter

Voici quelques conseils de bon sens si vous envisagez une excursion dans le désert. Munissez-vous de chaussures montantes pour éviter les grains de sable entre les orteils... et surtout les scorpions. Prévoyez des vêtements amples (pas de jean) pour la méharée. Les nuits étant souvent fraîches dans le désert, des habits chauds sont également indispensables. Prenez votre maillot de bain si vous pensez vous rendre à Ksar Ghilane – le *must* est en effet de se baigner dans la source de l'oasis. N'oubliez pas non plus vos lunettes de soleil, un couvre-chef, une crème solaire, un baume pour les lèvres, un sac à viande, une lampe électrique, une gourde et des sacs poubelle afin de mettre vos effets à l'abri du sable qui s'insinue partout. Ceux qui veulent jouer les Lawrence d'Arabie ne manqueront pas d'emporter une boussole.

Conseils vestimentaires également à la rubrique « Ce qu'il ne faut pas faire » p. 31.

Voyage pour tous

▸ *Voyager avec des enfants*

Les enfants sont rois en Tunisie. Les hôtels proposent non seulement des activités spécialement destinées aux plus jeunes mais aussi des réductions pour un lit supplémentaire dans la chambre des parents.

▸ *Femme seule*

La Tunisie est l'un des rares pays arabes où une femme peut voyager seule. Cependant, vous risquez de vous faire fréquemment interpeller et parfois importuner, mais cela ne porte généralement pas à conséquence. Gardez les cheveux attachés, portez des vêtements amples, des lunettes de soleil et n'oubliez pas que vous êtes dans un pays de tradition patrilinéaire. Les femmes ne vont pas seules au restaurant (en dehors des hôtels) : non accompagnée, vous risqueriez de choquer les Tunisiens... Sans doute parce que certaines Occidentales viennent en Tunisie à la recherche d'une aventure au soleil.

▸ *Personnes âgées*

Voyager en Tunisie ne présente pas de réelle difficulté pour les personnes âgées. Question confort, les hôtels sont souvent climatisés et proposent de multiples services.

▸ *Personnes handicapées*

Il n'y a pas d'infrastructures spécifiquement adaptées aux personnes handicapées. Vous pourrez néanmoins compter sur la gentillesse des Tunisiens en cas de besoin. On peut malheureusement s'exposer au manque d'amabilité du personnel dans certains hôtels. Préparez votre séjour à l'avance ; certains hôtels (que nous n'avons pas sélectionnés) n'acceptent pas les personnes handicapées.

▸ *Voyager avec un animal domestique*

À l'entrée du pays, on vous demandera un certificat de bonne santé et un **certificat antirabique** daté de plus d'un mois et de moins d'un semestre. Les autorités exigent également que les chiens soient vaccinés contre la **maladie de Carré**.

Adresses utiles

▸ *Office de tourisme*

France - Office national du tourisme de Tunisie (ONTT), 32 avenue de l'Opéra, 75002 Paris, ☎ 01 47 42 72 67. En province : 12 rue de Sèze, 69006 Lyon, ☎ 04 78 52 35 86, www.ontt.com

Belgique - 60 galerie Ravenstein, 1000 Bruxelles, ☎ (02) 511 11 42.

Suisse - Bahnohfstrasse 69, 8001 Zurich, ☎ (01) 211 48 30.

Canada - 1253 Mac Gill College, suite 655, Montréal, Québec, H3B 2Y5, ☎ (514) 397 11 82.

▸ *Services culturels et musées*

Rassemblement des Tunisiens en France, 36 rue Botzaris, 75019 Paris, ☎ 01 53 38 95 10.

Institut du monde arabe, 1 rue Fossés-Saint-Bernard, 75005 Paris, ☎ 01 40 51 38 38.

▸ *Représentations diplomatiques*

France - Ambassade de Tunisie, 25 rue Barbet-de-Jouy, 75007 Paris, ☎ 01 45 55 95 98. Consulat, 17 rue de Lubeck, 75016 Paris, ☎ 01 53 70 69 10.

Belgique - Ambassade de Tunisie, 278 av. de Tervueren, 1150 Bruxelles, ☎ (02) 771 73 95. Consulat, 103 bd St-Michel, 1040 Bruxelles, ☎ (02) 732 61 02/371 30 00.

Suisse - Ambassade de Tunisie, 63 Kirchenfeldstrasse, 3005 Berne, ☎ (31) 352 82 26.

Canada - Ambassade de Tunisie, 515 rue O'Connor, Ottawa, KIS 3 P8 Ontario, ☎ (613) 237 03 30.

▸ *Sites Internet*

Les internautes consulteront avec profit les sites suivants :

TunisieCom : www.tunisie.com

Travelocity : www.travelocity.com

Travel & Tourism Guide to Tunisia : www.tourismtunisia.com

Tunisia online : www.tunisiaonline.com

Arabnet : www.arabnet

Infotunisie : www.infotunisie.com

Pour entendre la radio tunisienne en direct :

Radio Tunis : www.radiotunis.com

Le site **TunisieCom** permet également un accès à la presse tunisienne au format Pdf.

Pour un provider sur place :

ATI (Agence tunisienne d'Internet) : www.ati.tn

PARTIR

En avion

▸ *Lignes régulières*

L'avion est utilisé par 97 % de voyageurs. C'est dire à quel point les prix peuvent être avantageux et la concurrence acharnée entre les compagnies aériennes.

Air France, 119 avenue des Champs-Élysées, 75008 Paris. Renseignements et réservations, ☎ 0 820 820 820, Minitel 3615 AF, www.airfrance.fr. La compagnie assure 4 vols quotidiens pour Tunis au départ de Roissy. Les vols « Tempo » offrent des réductions très avantageuses par rapport au tarif en classe économique. Les bagages sont limités à 23 kg en classe économique, à 30 kg en classe « Espace 127 », et à 40 kg en première. Air France assure aussi le pré-acheminement vers l'aéroport de Paris à partir de la province. Vous pouvez aussi rejoindre Tunis directement au départ de Bordeaux, Lille, Lyon, Marseille, Nice, Strasbourg et Toulouse.

Tunis Air, 17 rue Daunou, 75002 Paris, ☎ 01 42 96 10 45. Renseignements et réservations, ☎ 0 820 044 044, Minitel 3615 Tunisair, www.tunisair.com.tn. La compagnie nationale propose au moins 3 vols quotidiens Paris-Tunis et des vols directs pour Jerba, Monastir, Sfax et Tozeur. Elle dessert également Tunis, Monastir Jerba et Sfax au départ de Bordeaux, Lille, Lyon, Marseille, Nice et Strasbourg. Les tarifs sont sensiblement les mêmes que ceux d'Air France avec là aussi des offres promotionnelles (« Excursions », « SX2 » ou « Superpex »).

Les charters

Club Voyages Look Voyages, 2 rue des Bourets, 92150 Suresnes, ☎ 01 55 49 49 60. Vols pour Tunis, Jerba, Monastir, Tabarka et Tozeur. Renseignements et réservations, ☎ 0 803 313 613, www.look.fr

Nouvelles Frontières, 87 bd de Grenelle, 75738 Paris Cedex 15, ☎ 0 825 000 747, Minitel 3615 NF, www.nouvelles-frontieres.fr, lundi-samedi 8h30-20h.

Pour les départs de dernière minute, vous pouvez consulter www.lastminute.com

Aéroport

Les formalités d'accueil de la douane et de la police des frontières sont en général un peu sèches, mais les touristes étrangers bénéficient néanmoins de consignes de bienveillance.

Reconfirmation

Mieux vaut reconfirmer son vol 48h à l'avance.

En voiture

Les documents nécessaires à l'entrée de votre véhicule dans le pays sont mentionnés p. 16. Informez-vous auprès de la SNCM pour l'embarquement de votre véhicule à bord de leurs ferries et pensez à réserver *(voir ci-dessous).*

En bateau

SNCM Ferryterranée, 12 rue Godot-de-Mauroy, 75009 Paris, ☎ 01 49 24 24 00/08 36 67 21 00, Minitel 3615 SNCM et www.sncm.fr. À Lyon, 3 rue du Président-Carnot, 69002, ☎ 04 72 41 61 41. À Marseille, 61 bd des Dames, 13002, ☎ 08 36 67 21 00.

Deux liaisons par semaine entre Marseille et Tunis (port de La Goulette) en basse saison, et liaison quasi quotidienne en haute saison. La traversée dure environ 24h. Présentez-vous 4h avant le départ en été, et seulement 2h avant en basse saison. La SNCM propose également des traversées Tunis-Gênes.

Les prix varient entre la basse et la haute saison. Les plus intéressants sont le tarif « Jasmin » (hors saison, minimum 2 passagers) et le tarif « Groupe » (10 personnes ou 5 voitures minimum). Les tarifs « Jasmin », « Jeune » ou encore « Famille » impliquent nécessairement le billet AR.

Avec un voyagiste

Près de 80 % des vacanciers se rendent en Tunisie par le biais d'un tour-opérateur. La plupart d'entre eux proposent des séjours clubs ainsi que des excursions. Parmi ceux-là, nous avons retenu les plus originaux.

Circuits culturels

Clio, 34 rue du Hameau, 75015 Paris, ☎ 01 53 68 82 82, www.clio.fr. Clio propose deux circuits culturels : l'un de Carthage à Kairouan, l'autre « à cheval » entre la Tunisie et la côte libyenne.

E. Baret / Michelin - (06 - Roubion)

- ☐ a. ***Départementale D17***
- ☐ b. ***Nationale N202***
- ☐ c. ***Départementale D30***

Vous ne savez pas comment vous y rendre ?
Alors ouvrez vite une Carte Michelin !

Les cartes NATIONAL, REGIONAL, LOCAL ou ZOOM et les Atlas Michelin, par leur précision et leur clarté vous permettent de choisir votre itinéraire et de trouver facilement votre chemin, en vous repérant à chaque instant.

MICHELIN
Une meilleure façon d'avancer

▸ *Excursions et activités sportives*

A. J. Voyage, 11 avenue de Clichy, 75017 Paris, ☎ 01 45 22 22 24. Parmi les séjours proposés, circuits découverte et « safaris » dans le Sud.

UCPA, 62 rue de la Glacière, 75013 Paris. Renseignements et réservations, ☎ 01 45 87 45 87 et 0 825 820 830, www.ucpa.com. Séjours sportifs à Tabarka, à Bizerte et à Jerba. Au programme, plongée sous-marine, catamaran, planche à voile, golf, tennis, équitation ou VTT. Vous pourrez aussi faire des excursions dans le Grand Sud tunisien.

▸ *Randonnées*

Les agences suivantes proposent des randonnées à pied et en 4x4 à travers le Grand Erg oriental. Visite des ksour et des oasis, initiation au désert, à la vie en bivouac et à la méharée. Les bagages sont le plus souvent transportés à dos de chameau.

Allibert Guides de Haute Montagne, 37 bd Beaumarchais, 75003 Paris, ☎ 01 44 59 35 35.

Club Aventure, 18 rue Séguier, 75006 Paris, ☎ 0 803 306 032, www.clubaventure.fr

Comptoir des Voyages, 344 rue St-Jacques, 75005 Paris, ☎ 01 53 10 21 60, www.comptoir.fr

Nomade Aventure, 40 rue de la Montagne-Ste-Geneviève, 75005 Paris, ☎ 01 46 33 71 71/826 100 326 ; 21 place du Salin, 31000 Toulouse, ☎ 05 61 55 49 22, www.nomade-aventure.com

Terres d'Aventure, 6 rue Saint-Victor, 75005 Paris, ☎ 01 53 73 77 73/0 825 847 800, Minitel 3615 TERDAV, www.terdav.com

Zig-Zag, 54 rue de Dunkerque, 75009 Paris, ☎ 01 42 85 13 93, www.zig-zag.tm.fr

SE DÉPLACER

En voiture

▸ *Location*

Les principales agences de location internationales sont représentées dans les grandes villes et à l'aéroport de Tunis *(reportez-vous aux informations pratiques de chaque ville)*. Dans le Sud, vous pouvez louer des 4x4 avec chauffeur auprès des agences locales (certaines agences internationales comme Hertz louent depuis peu de petits 4x4 sans chauffeur). Sinon, informez-vous auprès de votre hôtel.

Véhicule sans chauffeur - Il faut savoir que les prix pratiqués en Tunisie sont un peu plus élevés que dans les pays occidentaux *(voir également « Réserver » p. 15)*. Comptez entre 50 et 120 dinars la journée (kilométrage illimité) pour un véhicule bas de gamme (la différence de qualité des véhicules est parfois considérable d'une agence à l'autre. La fourchette basse concerne les locations d'une semaine ou plus). En revanche, en cas de prolongation de votre location sans accord préalable, les Tunisiens vous appliquent rarement le tarif le plus intéressant ; ils considèrent qu'il y a rupture de contrat et ils vous en établissent un second, ce qui alourdit sensiblement la facture. Vérifiez donc bien les termes de votre contrat au préalable. Souvent, les tarifs indiqués dans les catalogues n'incluent pas la TVA, vous pouvez donc les majorer de 17 %. **Attention !** Les assurances ne couvrent ni le vol, ni les bris de glace, ni les dommages causés aux pneumatiques. De plus, vous n'êtes pratiquement jamais couverts si vous empruntez les pistes, encore nombreuses dans le sud du pays (lisez bien au dos du contrat).

Le contrat de location est à conserver précieusement car c'est le premier document que vous réclameront les agents de police lors d'un contrôle.

Une simple voiture de tourisme suffit (Peugeot 205, Renault Clio, etc.), la plupart des routes étant asphaltées (sauf dans le Sud). L'été étant très chaud à l'intérieur des terres et dans le Sud, la climatisation en option n'est pas un luxe.

Véhicule avec chauffeur - Les services d'un chauffeur sont facturés entre 20 et 30 dinars supplémentaires par jour. Ses frais de repas et d'hébergement vous incombent, et l'essence reste bien entendu à votre charge comme pour toute location de voiture.

Réseau routier

Conduire en Tunisie ne présente pas de difficulté particulière, le pays dispose d'un réseau routier assez dense et en grande partie goudronné, surtout dans le Nord. Les grandes villes sont reliées entre elles par des nationales baptisées « GP » ou « Grand Parcours » (indiquées seulement « P » sur certaines cartes). Il existe une autoroute à péage (130 km environ) reliant Tunis à Sousse et une autoroute entre Tunis et Bizerte. Dans le Sud, les pistes sont bien entretenues et on en asphalte de nouveaux kilomètres chaque année.

La signalisation est presque partout bilingue en arabe et en français, sauf dans les zones peu touristiques. Dans certaines villes également, beaucoup de noms de rues sont exclusivement en arabe. Dans le cas très improbable où vous seriez perdu, les agents de police et la population se feront un plaisir de vous guider.

Conduite

La vitesse est limitée à 50 km/h en ville, 90 km/h sur route, et 110 km/h sur autoroute. Théoriquement, le non-respect de la limitation vous conduit tout droit au retrait de permis ou à une contravention payable sur-le-champ. La police est omniprésente et les **contrôles fréquents**. Les policiers vous repèrent de loin avec vos plaques d'immatriculation bleues qui indiquent une voiture de location. Il arrive parfois que certains d'entre eux vous arrêtent et vous demandent de les prendre en charge si vous allez dans la même direction qu'eux.

Le port de la ceinture est obligatoire et l'amende de 5 dinars est payable immédiatement.

Les feux de signalisation présentent quelques particularités. Le feu vert clignote quand il va passer au rouge tandis que le feu orange s'allume pour indiquer que le rouge passe au vert. Les klaxons des autres automobilistes vous le feront bruyamment comprendre.

Les routes tunisiennes sont très fréquentées et c'est de là que vient le danger. Les gens y circulent parfois sur des moyens de fortune : motocyclettes sur lesquelles se cramponnent le père, la mère et l'enfant, ou vieilles 404 bâchées cahotantes. Attention également aux attelages et aux bourricots rarement assurés, ainsi qu'aux animaux que les paysans font paître sur le bas-côté de la route. Mais ce sont les enfants qui présentent le plus grand risque ; ils se jettent littéralement sous les voitures des touristes (toujours les plaques bleues) pour leur vendre quelque produit de l'artisanat local. Soyez très vigilant.

Essence

Les nombreuses stations-service sont ici baptisées « kiosques ». Certaines sont ouvertes très tard le soir, 7 jours sur 7. Un léger coup de klaxon réveillera le gardien de nuit.

Le litre de super et le « sans plomb » sont à 770 millimes le litre.

Se garer en ville

Se garer est compliqué dans certaines grandes villes comme Tunis ou Sfax. On trouve des parcmètres dans la capitale, ce qui n'empêche pas certains Tunisiens de vous réclamer officieusement un droit de parking. Les contrevenants aux stationnements interdits font le bonheur de la police qui sillonne les rues, la camionnette pleine de sabots de Denver. Si cela vous arrive, rendez-vous au commissariat le plus proche. Il vous en coûtera 6 dinars.

‣ *En cas d'accident*

En cas d'accident avec un piéton, l'automobiliste est *a priori* toujours responsable et placé en garde à vue. Prévenez immédiatement votre ambassade si vous êtes confronté à ce genre de situation.

En taxi

Les taxis sont pratiques et **bon marché**. Il en existe de différentes sortes :

‣ *Les petits taxis jaunes*

Ils ne circulent qu'à l'intérieur du gouvernorat, moyennant environ 0,350 d (0,23 €) pour la prise en charge et 0,300 d (0,2 €) le kilomètre. Ils sont équipés d'un compteur qui affiche le prix de la course en dinars. Les tarifs sont majorés de 50 % entre 21h et 5h du matin.

‣ *Les grands taxis*

De couleur blanc et jaune, ce sont généralement des 504 Peugeot ou des Mercedes. Ils sont autorisés à circuler sur tout le territoire. Ils sont nettement plus chers que les taxis jaunes et ont leur propre station.

‣ *Les taxis collectifs ou louage*

Une solution pratique et peu onéreuse pour voyager 7 jours sur 7 et faire connaissance avec la population locale. Les voitures ont généralement leur station près de la gare routière. Le chauffeur attend d'être au complet pour partir : 5 à 8 passagers selon le type de véhicule. Les taxis qui portent une bande bleue sur le capot ne sortent pas du gouvernorat contrairement à ceux avec une bande rouge qui en desservent jusqu'à trois. Seuls les taxis avec une inscription rouge en arabe sur le coffre arrière parcourent l'ensemble du pays.

En train

C'est un moyen de transport bon marché mais terriblement lent, car les 2 200 km de réseau sont à voie unique et les locomotives un peu anciennes. Les conditions de confort sont en revanche tout à fait acceptables : voitures climatisées sur les deux grandes lignes Tunis-Ghardimaou et Tunis-Gabès. À titre d'exemple, le voyage Tunis-Gabès coûte 12 d et dure 7h.

‣ *Les lignes*

Vers le nord : Tunis-Mateur-Bizerte. La ligne qui reliait Tunis à Tabarka a été supprimée et remplacée par une liaison train-bus avec changement à Nefza.

Vers le nord-ouest : Tunis-Béja-Jendouba-Ghardimaou.

Vers l'ouest : Tunis-Gaafour-Dahmani. C'est la ligne pour Le Kef, mais il vaut mieux l'éviter car les autorités ont choisi de donner la priorité aux marchandises sur le transport de passagers.

Vers le sud : Tunis-Nabeul-Sousse-Monastir-Mahdia-Sfax-Gabès-Metlaoui.

Sur la côte, un train omnibus appelé **métro du Sahel** relie Sousse, Monastir et Mahdia plusieurs fois par jour.

Train touristique : Un tortillard baptisé le **Lézard rouge** permet de visiter les gorges de Selja au départ de Metlaoui *(voir « Les Oasis de montagne » p. 332)*.

Carte Rail-Musée : Ce billet combine l'accès aux trains et aux musées. Valable une semaine, il vous permettra, pour 28 d, de voyager en train seconde classe (la réservation reste à chaque fois obligatoire, mais coûte moins d'un dinar) et d'entrer gratuitement dans les musées de toute la Tunisie. Présentez-vous aux guichets « grandes lignes » de la gare avec une photo d'identité.

Banlieue de Tunis : Le **TGM** relie Tunis à La Marsa avec des arrêts à La Goulette, Carthage, et Sidi Bou Saïd.

Au-delà des frontières : Traditionnellement, le train était un facteur de cohésion et d'échange entre les trois pays du Maghreb. Chaque année, 100 000 passagers empruntaient la ligne Tunis-Casablanca. Le Maroc fut le premier à fermer sa frontière après l'attentat de Marrakech en 1994. La liaison entre la Tunisie et l'Algérie fut interrompue à son tour, après que les intégristes eurent fait sauter un pont entre les deux pays.

Les classes

La SNCFT propose trois classes : seconde, première, et confort. La première classe ne coûte généralement qu'un dinar de plus que la seconde. Si vous voyagez de nuit, offrez-vous la classe confort, guère plus chère que la première, car le fauteuil s'allonge sans toutefois atteindre l'horizontale. C'est ce que vous pouvez obtenir de mieux, les trains tunisiens n'ayant pas de couchettes.

Les horaires

Des photocopies des horaires sont disponibles dans toutes les gares et dans certains offices de tourisme. **Renseignements**, ☎ 07 244 440.

En autobus

Les grandes villes sont reliées entre elles par la **SNTRI** – société nationale qui dispose de nombreux autobus climatisés –, et par des compagnies régionales mises en place dans chacun des gouvernorats. La plupart des agglomérations sont également équipées d'un réseau urbain. À Tunis, par exemple, un service de bus assure la correspondance avec le métro léger et le TGM. Mais les plans étant quasi inexistants et les indications en arabe, les touristes l'utilisent peu.

Renseignements sur les horaires au départ de Tunis, ☎ (07) 562 299.

Le bus est un moyen de transport **très bon marché**. Quelques exemples : le trajet Tunis-Kairouan coûte environ 8 d (5,5 €), Tunis-Douz 25 d (16,5 €). Les prix sont pratiquement les mêmes entre la compagnie nationale et les compagnies régionales.

Les gares routières, souvent situées en périphérie, sont parfois difficiles à trouver. S'y rendre en taxi est de loin le plus commode si vous êtes chargé. Attention, certaines villes peuvent avoir plusieurs gares routières selon les destinations et les compagnies.

En deux-roues

Ce type de location, encore peu répandu, est possible à Hammamet, Jerba, Monastir, Sousse, Tabarka et Tunis *(voir la partie pratique de chacune de ces villes ou l'ONTT local)*. À Jerba, le deux-roues se révèle la solution idéale pour faire le tour de l'île.

En stop

Faire du stop est facile dans le Nord et le long de la côte. Au-delà de Gabès, cela devient nettement plus problématique. Il n'est pas conseillé aux femmes qui voyagent seules.

Vols intérieurs

Les liaisons intérieures sont assurées par **Tuninter**, filiale à 49 % de Tunisair. Le pays dispose de 14 aéroports, avec au départ de Tunis 6 à 7 vols quotidiens à destination de Jerba, 1 vol quotidien à destination de Tozeur, 5 par semaine à destination de Sfax, 2 à destination de Tabarka ou Monastir. Même si les distances ne sont pas grandes, l'avion est une solution pratique et bon marché, en particulier pour traverser le pays du nord au sud. À titre d'exemple, le billet AR Tunis-Jerba coûte environ 80 €. Des liaisons existent aussi entre Jerba, Monastir, et Tozeur.

La réservation se fait auprès des agences de voyages ou directement à Tuninter, aux aéroports de Tunis, Jerba, Tozeur et Sfax. On peut aussi réserver par téléphone et retirer son billet juste avant le départ, ☎ (711) 701 717.

Excursions organisées

Les hôtels proposent pratiquement tous des excursions dans le Sud et la visite des principaux sites archéologiques. Vous trouverez partout des agences de voyages assurant elles aussi des excursions. Leurs prix sont fixés selon un même barème, chaque agence étant agrée par l'ONTT. Il est parfois nécessaire de faire appel à leurs services si vous n'avez pas de véhicule, car certains sites sont difficiles d'accès.

SUR PLACE DE A À Z

Adresses utiles

Office de tourisme

Vous obtiendrez certaines informations utiles à votre séjour auprès de l'**ONTT** (Office national du tourisme tunisien) qui dispose d'une antenne – parfois désignée sous le nom de bureau de tourisme – dans la plupart des centres touristiques. Cet organisme ne doit pas être confondu avec le **CRT** (Commissariat au tourisme) chargé d'inspecter les hôtels et les restaurants, et de recueillir les plaintes de la clientèle en cas de problème. En l'absence d'ONTT, le CRT peut cependant donner des renseignements au visiteur de passage. Certaines villes possèdent également un **syndicat d'initiative**. *Tous ces organismes sont indiqués dans la rubrique pratique de chaque ville.*

Représentations diplomatiques

France - 2 place de l'Indépendance, 1000 Tunis RP, ☏ 71 358 111.

Consulat, 1 rue de Hollande, ☏ 71 358 000.

Belgique - 47 rue du 1er-Juin, BP 24, 1002 Tunis Belvédère, ☏ 71 781 655.

Suisse - 10 rue Ech-Chenkiti, Mutuelleville, Cité Mahrajane, 1082 Tunis, ☏ 71 281 917.

Canada - 3 rue du Sénégal, BP 31, 1002 Tunis, ☏ 71 796 577.

Banque / Change

Les horaires varient d'une banque à l'autre et selon les périodes (en été, de 8h à 14h environ : en hiver, de 8h à 17h). Les banques ouvrent jusqu'à 14h pendant le mois du Ramadan. Nombreux distributeurs de billets dans presque toutes les villes.

Blanchisserie

Beaucoup d'hôtels proposent un service de blanchisserie, mais les pressings en ville coûtent moins cher. Dans certains cas, ils peuvent vous rendre le vêtement dans la journée.

Cigarettes

Vous trouverez partout des tabacs en ville et dans les boutiques des hôtels. Toutes les grandes marques internationales sont disponibles, mais il est plus intéressant de les acheter hors taxes à l'aéroport ou sur le bateau. Les Tunisiens eux-mêmes, qui sont de grands fumeurs, produisent leurs propres marques de cigarettes.

Courrier

Le courrier met environ 1 semaine pour arriver en Europe. Il vous en coûtera 500 millimes pour une lettre de 20 g ou une carte postale. Pour les destinations intérieures, l'affranchissement est de 250 millimes.

Un service postal rapide, « **rapid poste** », vous permet d'expédier des colis jusqu'à concurrence de 20 kg. La poste tunisienne s'engage à un délai maximum de deux jours pour l'Europe et de 24h pour l'intérieur du pays. À destination de l'Europe, comptez 15 dinars jusqu'à 1 kg, et environ 7 dinars de plus par kilo supplémentaire.

Chaque bureau dispose d'un service de **poste restante**, d'un **fax**, ainsi que d'un **bureau de change**. Vous pouvez encaisser des chèques postaux à concurrence de 200 dinars chacun. Vous y trouverez également un annuaire en deux volumes, l'un pour Tunis et sa région, l'autre pour le reste du pays. Le classement alphabétique répond à une logique des plus déconcertantes, et il peut s'écouler plusieurs années entre chaque édition.

Eau potable

D'importants progrès ont été faits ces dernières années, et l'eau est en général potable sur l'ensemble du territoire. En vous fiant à l'aspect général des restaurants, vous pouvez consommer en toute quiétude salades et jus de fruits. Cependant, en cas de doute, abstenez-vous et consommez de l'eau minérale ou des boissons en bouteilles sans glaçons.

Électricité

Le courant est de 220 volts dans les hôtels modernes, de 110 ailleurs.

Hammams

Voir également « Vie quotidienne » p. 81. Idéal pour vous aider à supporter les chaleurs de l'été, un passage au hammam s'impose (le prix de l'entrée s'élève généralement à moins de 2 d, et le forfait massage-gommage s'élève à environ 3 d). En général, le hammam est ouvert le matin et le soir aux hommes tandis que l'après-midi est réservé aux femmes. Pensez à apporter votre propre serviette car le ministère de la Santé en a interdit le prêt pour des questions d'hygiène. Le hammam présente aussi une bonne alternative si vous descendez dans un hôtel petit budget, dont l'état des douches (communes) est souvent déplorable.

Horaires d'ouverture

▸ *Administrations*

Du 1er septembre au 30 juin, les services publics fonctionnent de 8h à 17h, sauf les vendredi et samedi après-midi et le dimanche. À partir du 1er juillet et jusqu'au 31 août, la plupart des administrations se mettent au rythme de la « séance unique » et n'ouvrent qu'en matinée, de 8h à 14h.

▸ *Banques*

Les banques ouvrent du lundi au jeudi, de 8h à 12h et de 14h à 17h ; le vendredi, de 8h à midi et de 13h30 à 16h30. En juillet et en août, elles n'ouvrent que de 8h à 14h, du lundi au vendredi. Une permanence de change est assurée le week-end, dans la plupart des villes touristiques. Pendant le Ramadan, les banques ferment à 14h. Les horaires peuvent néanmoins légèrement varier d'une banque à l'autre.

▸ *Bureaux de poste*

Les bureaux de poste ouvrent du lundi au vendredi, de 8h à 17h ; le samedi de 7h30 à 13h. Les horaires changent en été : de 8h à 14h en semaine. Pendant le Ramadan, la poste ouvre de 8h à 15h. Quelques bureaux proposent un service réduit de 17h à 19h en semaine et de 9h à 11h le dimanche.

▸ *Magasins*

En hiver, les magasins ouvrent de 8h30 à 12h et de 15h à 18h. L'été, les magasins ferment souvent plus tard, tourisme oblige. Ils baissent le rideau les dimanches et jours fériés. Dans les souks, les magasins ferment parfois le vendredi plutôt que le dimanche ; ils suivent en cela les préceptes religieux de l'islam.

▸ *Marchés*

La plupart des souks hebdomadaires se tiennent le matin.

Internet

Toutes les villes de Tunisie sont dotées de cyber-cafés, signalés par l'enseigne **« Publinet »**. Comptez de 1,5 à 3 dinars l'heure de connexion, selon la région. Ces lieux rencontrent un franc succès auprès des jeunes et se développent très rapidement.

Jours fériés

1er janvier	Jour de l'an grégorien.
20 mars	Fête de l'Indépendance proclamée en 1956.
21 mars	Fête de la Jeunesse.
9 avril	Fête des Martyrs. Commémoration des manifestations du 9 avril 1938 contre le protectorat français, durement réprimées.
1er mai	Fête du Travail.
25 juillet	Fête de la République, anniversaire de la proclamation de la République en 1957.
13 août	Journée de la femme. Commémoration du Code du statut personnel proclamé dès l'indépendance.
15 octobre	Fête de l'Évacuation. Commémoration de l'évacuation de la base française de Bizerte.
7 novembre	Commémoration du Changement. Anniversaire de l'arrivée au pouvoir du président Ben Ali en 1989.

Il faut ajouter à ces fêtes laïques des fêtes religieuses. Leurs dates varient chaque année et sont calculées à partir du calendrier lunaire. Parmi elles, retenez le Nouvel An, l'anniversaire de la naissance du Prophète, la fin du Ramadan et la commémoration du sacrifice d'Abraham, etc. *(voir p. 75).*

SUR PLACE

Médias

Presse - Vous trouverez en Tunisie un grand choix de journaux et de périodiques en langue française. La lecture de la presse quotidienne est une bonne façon d'aborder la réalité du pays quelle que soit la teneur idéologique du journal. Trois quotidiens nationaux sont à votre disposition : *La Presse* (propriété de l'État), *Le Renouveau* (organe du parti au pouvoir, le Rassemblement constitutionnel démocratique), et *Le Temps* (quotidien privé à tendance libérale). *La Presse* contient de nombreuses informations pratiques : horaires des trains et des avions, numéros de téléphone utiles, météo, etc. Quant aux hebdomadaires, les principaux sont : *L'Observateur* et *Réalités*. Les « accrocs » de *L'Équipe* pourront se rabattre sur *Le Sport*, une lecture qui pourra toujours constituer un bon sujet de conversation, les Tunisiens étant férus de football.

Les grands titres de la presse française et européenne sont également disponibles, avec un jour de retard.

Télévision - Nombre d'hôtels étant équipés d'antennes paraboliques, vous aurez accès à certains programmes européens et américains, et à des chaînes sportives. Canal + est également implanté en Tunisie sous le nom de Canal Horizon. Mais mieux vaut se dépayser un peu en regardant les feuilletons égyptiens sur les chaînes arabes… À consommer avec modération !

Musées, monuments et sites

▸ *Horaires*

Les musées ouvrent théoriquement de 8h à 19h du 1er avril au 15 septembre, de 8h30 à 17h30 le reste de l'année. Ces horaires sont loin d'être systématiquement suivis, comme vous ne tarderez pas à vous en apercevoir. En revanche, les musées sont presque tous fermés le lundi. Les sites en plein air sont le plus souvent accessibles du lever au coucher du soleil et les mosquées de 8h à 11h du matin.

Tarifs

Le coût du billet varie entre 1 et 2 dinars (jusqu'à 5 dinars pour les visites combinées de plusieurs sites ou monuments). Il faut acquitter un droit de 1 dinar pour prendre des photos. Pour visiter certaines villes, comme Kairouan ou Tunis, il peut être très utile de prendre un guide officiel qui vous conduira tout de suite à l'essentiel et vous évitera les sollicitations de toutes sortes de faux guides et autres marchands de tapis. Il vous en coûtera 10 dinars. Sur les sites archéologiques, vous vous verrez proposer les services de guides officiels qui, s'ils ne sont pas toujours de véritables spécialistes de l'Antiquité, égaient au moins les vieilles pierres d'un peu de couleur locale : 5 dinars maximum.

Photographie

Presque toutes les marques de pellicule sont en vente dans les boutiques ou les hôtels, mais nous vous conseillons d'emporter quelques rouleaux : la chaleur aidant, certains films exposés dans les vitrines peuvent avoir souffert. Avant de photographier quelqu'un, demandez-lui la permission, et n'insistez pas si vous sentez une réticence de sa part. Il se peut également que l'on vous réclame une petite rétribution pour cela.

Pourboire

Les pourboires ne sont pas obligatoires. Cela dit, vous pouvez laisser 500 millimes au gardien du parking, 1 dinar au portier de l'hôtel si vous avez beaucoup de bagages. N'oubliez pas que vous êtes dans un pays où le salaire minimum est inférieur à 230 dinars par mois et qu'une trop grande prodigalité serait mal comprise. Mieux vaut parfois un sourire ou une petite attention qu'un pourboire mal calculé. Au restaurant et au café, il est de bon ton de laisser un pourboire équivalent à 10 ou 15 % de l'addition.

Santé

Voir p. 16

Urgences

SAMU, ☎ 190. **Police secours**, ☎ 197. **Protection civile**, ☎ 198.

Sécurité

En ce qui concerne les vols, rien à craindre de particulier. Restez néanmoins vigilant sur les sites très touristiques et dans les ruelles des souks.

Téléphone

Vous trouverez partout des « **Taxiphones** » ou « **Publitel** », petites officines équipées de téléphones publics. Leurs appareils à touches vous permettent de consulter votre répondeur téléphonique (attention ! la touche * est inopérante) et d'accéder à tous les services électroniques d'information par téléphone. Ils fonctionnent avec des pièces de 100, 500 millimes ou 1 dinar et sont bien plus avantageux que ceux des hôtels. D'ailleurs vous serez vite confronté à la vétusté des installations téléphoniques des vieux hôtels qui proposent rarement des lignes directes sur l'extérieur. Les plus récents sont généralement mieux équipés. Ces mêmes taxiphones disposent parfois d'un **fax**.

Facturation téléphonique

La carte France Télécom permet d'appeler de n'importe quel pays, de n'importe quel téléphone, sans payer directement. Les communications sont directement reportées sur votre facture habituelle France Télécom. Renseignements sur le site www.cartefrancetelecom.com ou dans une agence France Télécom. Mais les appels sont plus chers qu'en utilisant le réseau classique.

Les opérateurs français de **téléphonie mobile** proposent des options internationales, variables selon votre forfait habituel. Attention, les appels hors forfait sont souvent onéreux.

Informez-vous auprès de votre service client :

Bouygues Télécom : ☏ 0 825 825 614.

Orange : ☏ 0 800 830 800.

SFR : ☏ 06 10 00 19 00.

▸ *Appels internationaux*

Indicatifs

Pour appeler l'étranger à partir de la Tunisie, composez le **00 + indicatif du pays + numéro de votre correspondant**. Attention, il faut retirer le 0 devant l'indicatif de la ville. Pour les appels en PCV, composez le 17. Attention, pas de PCV vers le Canada.

France : 00 + 33 + numéro du correspondant ; Belgique : 00 + 32 + numéro ; Suisse : 00 + 41 + numéro ; Canada : 00 + 1 + numéro.

Tarifs

Vous pouvez appeler la France pour 1,5 dinar la minute et 1,6 dinar dans le reste de l'Europe. Les tarifs sont plus avantageux de 20h à 7h du matin en semaine et le dimanche toute la journée.

La première page d'un **fax** envoyé en Europe coûte 3,5 dinars et 2,9 dinars les pages suivantes.

▸ *Appels locaux*

Indicatifs

Tous les numéros ont intégré récemment les indicatifs des villes et les numéros sont désormais à 8 chiffres. Ils commencent par un 7 pour les téléphones fixes et par un 9 pour les mobiles.

Tarifs

La communication locale coûte 100 millimes toutes les minutes et l'interurbain (plus de 100 km) 275 millimes la minute. Les tarifs sont plus avantageux de 20h à 7h du matin en semaine et le dimanche toute la journée.

La première page d'un **fax** envoyé en Tunisie coûte 1,5 dinar et 1,2 dinar les pages suivantes.

▸ *Numéros utiles*

Renseignements	120
PCV	17
Télégrammes téléphonés	14
Horloge parlante en français	191

(Pour les numéros d'urgence voir « Santé » p. 29).

Unités de mesure

La Tunisie a adopté le système métrique.

SAVOIR-VIVRE

La population est dans l'ensemble très accueillante et plus particulièrement francophile. Près d'un siècle de protectorat a, malgré tout, laissé de bonnes relations avec la France et a surtout permis une grande connaissance réciproque. Mais aujourd'hui, la Tunisie est un pays musulman, dont la majorité des habitants respectent les lois et les préceptes de l'islam, même si la vie du pays ne s'arrête pas aux heures de prière. Le voyageur doit en tenir compte. Surtout la voyageuse, car les Tunisiens croient bien souvent qu'une Européenne vient en Tunisie en quête d'aventures. Étant donné le poids des interdits sexuels qui pèsent sur la population, c'est une occasion que les Tunisiens mâles ne manqueront pas d'exploiter.

Rencontrer des Tunisiens

Les transports en commun - C'est un bon moyen de lier connaissance. Dans le train ou la voiture de louage (taxi collectif), les passagers et le chauffeur ne tarderont pas à nouer la conversation, par simple curiosité.

Le stop - Peu de foyers possèdent une automobile, surtout à la campagne. Les auto-stoppeurs sont donc fréquents dès que l'on s'éloigne des stations balnéaires. Paysans, instituteurs ou maçons sont apparemment peu habitués à être pris en stop par des étrangers et vous poseront quantité de questions : combien coûte la location de votre voiture, si vous êtes marié, combien vous gagnez... Un préambule qui conduit souvent à des échanges culturels plus approfondis sur le pays de l'autre et qui se termine parfois par une invitation à venir déguster un couscous à la maison, ou tout au moins à vous présenter la femme et les enfants.

Au café - Lieu essentiellement masculin, une femme seule risque de s'y sentir mal à l'aise *(voir p. 81)*.

Les fêtes - Fidèles à leur sens de l'hospitalité, les Tunisiens convient facilement les étrangers à participer à leurs fêtes familiales. Ils seront souvent mieux traités que le maître de maison lui-même.

Ce qu'il faut faire

À table - Les usages sont les mêmes qu'en France. Tout restaurant, même le plus simple, sert les repas avec des couverts. Si d'aventure vous étiez invité à partager le couscous chez des ruraux, sachez qu'il ne faut utiliser que les trois doigts de la main droite pour porter la nourriture à votre bouche.

Le thé - Le thé vert vous est offert en signe d'hospitalité... Cela ne se refuse pas, même si le breuvage est par trop sucré ! Dans les familles les plus modestes, il y a en permanence une théière sur le feu.

Les invitations - Si vous avez été invité par une famille, il est de bon ton de laisser un petit cadeau, toujours mieux accepté que de l'argent. Un assortiment de gâteaux du meilleur pâtissier de la ville ira droit au cœur de vos hôtes, les Tunisiens étant réputés pour leur gourmandise. Ne vous déchaussez que si vos hôtes le font.

Face à votre interlocuteur - Pensez toujours à retirer vos **lunettes de soleil** si vous vous adressez à quelqu'un, comme dans n'importe quel pays.

Salamalecs - Les Tunisiens sont friands d'interminables **formules de politesse**, en particulier lors des salutations. Si vous manifestez de l'intérêt pour eux par quelques formules en arabe, vous aurez un contact plus facile *(voir « Se débrouiller en arabe » p. 45)*.

Ce qu'il ne faut pas faire

Vêtements - Les chaleurs estivales invitent certes aux tenues légères mais, **en dehors des stations balnéaires**, les femmes éviteront les tenues trop « mini ». Dans les **lieux saints**, shorts (même pour les hommes) et jupes au-dessus du genou ne sont pas autorisés ; on vous prêtera une *jebba* (tunique ample) à l'entrée si nécessaire.

À la **plage**, monokini et nudisme sont en général interdits. Le bikini est partout autorisé mais plus facile à porter dans l'enceinte des hôtels internationaux ou dans les zones très touristiques. Les Tunisiennes, y compris les jeunes, se baignent le plus souvent en maillot une pièce et il n'est pas rare de voir des femmes entrer dans l'eau couvertes d'un T-shirt et d'un caleçon long. Nombre d'entre elles gardent également leur robe sur la plage.

Ramadan - Pendant le mois de Ramadan, évitez de fumer, de boire ou de manger ostensiblement dans un lieu public, à l'exception des hôtels touristiques ou des restaurants.

SE LOGER

Les prix

Les adresses sélectionnées dans ce guide ont été classées par tranche de prix sur la base d'une chambre double en haute saison.

Les prix suivent un barème saisonnier : **haute**, **basse**, et **moyenne saison** *(voir également « Budget à prévoir » p. 14)*. Les tarifs affichés dans les établissements s'entendent par personne et non par chambre. Dans les hôtels des stations balnéaires, ils sont calculés sur la base d'une personne occupant une chambre double. Il faut donc être accompagné pour bénéficier du tarif de base, dans le cas contraire, il vous faudra payer un **supplément single**. Le petit déjeuner est généralement compris dans le prix de la chambre. Financièrement, il est souvent intéressant de prendre la demi-pension ou la pension complète. Vous risquez en revanche de passer à côté de la gastronomie tunisienne et de vous voir servir votre ration quotidienne d'une « cuisine internationale » médiocre. Il serait dommage de quitter la Tunisie sans avoir dégusté une *méchouia* maison, un couscous de poisson ou une délicieuse dorade grillée.

Où séjourner dans le pays

La côte du Sahel forme une plage quasiment ininterrompue de Hammamet à Monastir. Les deux principaux pôles touristiques de cette « Riviera tunisienne » sont **Sousse** et **Hammamet**. Les hôtels-clubs ont envahi le littoral. L'autre grande zone touristique se concentre sur l'île de **Jerba** où vous trouverez également une très large gamme d'hôtels.

La côte nord est davantage préservée, et si les plages sont pratiquement désertes, l'infrastructure hôtelière y est aussi moins développée. Avec la création d'un aéroport international et la vogue du tourisme vert, les hôtels se mettent néanmoins à pousser comme des champignons autour de **Tabarka**. Vous jouirez là des dernières innovations de l'industrie touristique tunisienne.

Vous trouverez peu d'hôtels à l'intérieur des terres, sauf dans les « grandes » villes – encore vaut-il mieux réserver si vous souhaitez passer une nuit à Kairouan ou au Kef – et à proximité des sites touristiques (par ex. les oasis). La Tunisie ayant une faible superficie, il est aisé de découvrir l'arrière-pays tout en logeant dans un établissement du littoral. La plupart des excursions peuvent être faites en une journée.

Les différents types d'hébergement

▸ *Hôtels*

En Tunisie, le grand boom touristique date des années 1960, depuis, le succès ne s'est pas démenti. La plupart des hôtels sont donc récents, et offrent d'excellentes prestations : piscines, tennis, golf, discothèques… Il est une vieille coutume en Tunisie, selon laquelle les hôtels ne peuvent dépasser la cime de l'arbre le plus haut. À l'esthétique, se greffe également des considérations religieuses : selon l'islam, l'homme ne peut rien élever de supérieur aux créations de Dieu. En gardant ainsi les pieds sur terre, on conserve aussi un maximum de fraîcheur. Malheureusement, depuis les années 1960, la frénésie de construction dans le secteur touristique a sérieusement compromis ces règles esthético-religieuses. Seuls les hôtels d'Hammamet ont gardé des proportions équilibrées. La plupart des hôtels bâtis aujourd'hui sont monoblocs, contrairement à ce qui se faisait il y a quelques années. Même la chaîne Abou Nawas abandonne la structure en bugalows individuels pour des « pavillons » de six ou huit logements. Les derniers-nés de l'hôtellerie tunisienne s'inspirent de l'architecture marocaine ou saharienne. De l'extérieur, les plus réussis ressemblent à des cathédrales dans le désert, voire à des cités tout droit sorties d'un univers de science-fiction. C'est aussi à qui étalera le plus de marbre au sol et de stucs au plafond.

▸ *Petits hôtels ou « gourbis »*

Les bourses les plus plates trouveront à se loger à moindres frais dans les gourbis à condition d'accepter des sanitaires souvent collectifs et une literie douteuse. Nous avons cependant sélectionné certaines adresses bien tenues et qui ont l'avantage d'être situées au cœur même des médinas. Aux abords des mosquées, attendez-vous à un réveil plutôt matinal, l'appel à la prière du matin étant des plus retentissants.

▸ *Clubs de vacances*

Les clubs proposent un très large éventail d'animations et d'activités. Le client doit trouver son bonheur sur place sans avoir à sortir du village de vacances : promenades à dos de chameau, cours d'aérobic, plongée, bridge, équitation, parachute ascensionnel... Formule typique des voyages organisés, les clubs sont rarement accessibles aux vacanciers se rendant en Tunisie par leurs propres moyens. Lorsque la saison touristique se révèle décevante, les villages ont néanmoins tendance à s'ouvrir aux individuels qui sont parfois même dispensés de payer la pension complète.

▸ *Campings*

Le camping est peu développé en Tunisie, l'État ne s'étant jamais vraiment intéressé à ce mode de tourisme à faible plus-value. Nous en citons cependant quelques-uns. Comptez environ 9 € pour deux personnes, cette somme comprenant l'emplacement de la tente ou du camping-car, l'utilisation des sanitaires et le branchement à l'électricité. Les adeptes peuvent également se risquer au camping sauvage, mais il est préférable de demander l'accord du propriétaire du terrain, voire des autorités locales.

Le sud du pays fait exception. La nuit sous la tente berbère, après une soirée passée autour d'un feu de camp, est une étape quasi obligatoire d'un circuit saharien *(voir « Avec un voyagiste » p. 20)*. Les conditions sont par principe rudimentaires : une dizaine de lits de camp par tente et un bloc sanitaire commun. Ce « campement » est installé dans l'enceinte d'un camping, voire en face d'un hôtel. En basse saison, il est possible de négocier une tente pour deux.

▸ *Auberges de jeunesse*

Les auberges de jeunesse sont des adresses à conseiller, ce d'autant que certaines sont installées dans des cadres typiques. Les chambres sont à taille humaine, avec un maximum de 6 lits. La continence y est de règle : filles d'un côté, garçons de l'autre, et pas d'alcool. Pour tous renseignements, adressez-vous à l'**Association tunisienne des auberges de jeunesse**, 10 rue Ali Bach Hamba, BP 320 Tunis, ☎ 71 353 277.

Avant de partir, prenez contact avec la **FUAJ** (Fédération unie des auberges de jeunesse), 9 rue de Brantôme, 75003 Paris, ☎ 01 48 04 70 40, www.fuaj.org Une dizaine d'hébergements sont indiqués dans leur catalogue, mais aucune réservation ne peut être effectuée par leur intermédiaire.

▸ *Marhalas*

Vous ne rencontrerez ces gîtes d'étape que dans le Sud tunisien. Il s'agit souvent de refuges assez sommaires – dortoirs collectifs et portes sans clé – gérés par le

Touring-Club de Tunisie. Certains ont été aménagés dans des habitats très typiques, comme à Matmata où vous pourrez passer une nuit dans une ancienne demeure troglodytique. Celui de Nefta est le plus luxueux de la chaîne.

Chez l'habitant

Dans un pays où le tourisme est si massivement organisé, il s'agit là d'une solution assurément fort originale. C'est également la meilleure façon d'apprécier l'hospitalité légendaire des Tunisiens. Il faut néanmoins se préparer à des conditions de confort très différentes des nôtres. On pourra vous indiquer sur place, en particulier dans les syndicats d'initiative, des studios ou des villas à louer en saison.

Location d'appartements

Cette formule est peu répandue. Quelques tour-opérateurs proposent néanmoins cette solution dans des endroits très touristiques.

SE RESTAURER

Les prix

Les restaurants les plus chers coûtent rarement plus de 15 € par personne et l'on se sustente pour moins de 5 € dans d'honorables gargotes.

Où se restaurer

Dans les hôtels

La plupart des hôtels proposent des formules en pension complète. Malheureusement, on y sert une cuisine qui cherche davantage à conforter le touriste dans ses habitudes qu'à l'initier aux saveurs locales *(voir ci-dessus « Hôtels »)*. Mieux vaut donc prendre ses repas à l'extérieur. Les petits déjeuners – style « buffet à volonté » – sont souvent à l'allemande avec force saucisses, mortadelle, fromage cuit et œufs.

Dans les restaurants

La plupart des restaurants sont d'un bon rapport qualité-prix, ne serait-ce que par la fraîcheur des produits utilisés. Par leur manque d'originalité, ils donnent néanmoins une image un peu minimaliste de la gastronomie tunisienne. Dans presque tous les établissements, la carte se limite à quatre ou cinq entrées, un couscous, quelques grillades, et au mieux à un ragoût de haricots. Quant à la carte des desserts, elle est toujours trop courte.

De nombreux restaurants tunisiens se sont adaptés au goût occidental en préparant des plats nettement moins épicés que dans la cuisine traditionnelle. Les touristes devront cependant se méfier s'ils s'aventurent hors des sentiers battus. Mieux vaut en effet se renseigner auprès du restaurateur avant de goûter une salade *méchouia* particulièrement explosive. Quant aux poivrons, plus ils sont petits, plus ils risquent d'être piquants. La fameuse « tourista » dont souffrent nombre d'Européens en voyage n'est bien souvent que le résultat d'une nourriture trop relevée.

Dans les **restaurants de poisson**, la tradition veut que l'on présente au client le plateau de la pêche du jour. À vous de choisir le mulet à l'œil le plus brillant, à l'ouïe la plus rouge, de repérer la cambrure du rouget qui n'a pas touché la glace. Si on ne vous le propose pas d'emblée (ce qui est rare), demandez à voir la bête, car certains restaurants vous servent des monstres d'une livre sans prévenir… Et le prix du plat est calculé « selon grosseur ».

Alcool

La Tunisie vit un islam tolérant. Les Tunisiens ont des vignes, produisent du vin et quelques spiritueux, certains en consomment un peu à l'occasion mais il y a des lieux pour cela. Choisissez bien votre restaurant si vous désirez accompagner votre couscous d'un petit verre de vin. Ceux portant le sigle « Restaurant Touristique » vous proposeront de l'alcool, car ils sont affiliés à l'ONTT et ont ainsi obtenu l'autorisation de le faire. Vous pourrez donc tremper vos lèvres dans une bonne « mousse » à la terrasse d'un établissement touristique ou au bar de votre hôtel, mais la plupart des cafés ne servent que du thé, du café, et des sodas.

La cuisine

D'une façon générale, les produits utilisés sont très frais : on vous sert la pêche du jour et les légumes, poussés en pleine terre et non en serre, ont été cueillis le matin. Relevés à l'harissa, et parfumés aux épices, *carouïa* (carvi), *kamoun* (cumin) ou coriandre, les mets sont souvent mijotés à l'huile d'olive. Certains plats sont également mitonnés à base de sauce tomate, fraîche ou en boîte. Vous retrouverez en Tunisie des goûts et des saveurs que l'on a parfois oubliés sous nos latitudes.

Le petit déjeuner

Une journée traditionnelle commence par un **laglabi**, purée de pois chiches accompagnée d'harissa et d'huile d'olive. Cependant les Tunisiens sont de plus en plus nombreux à consommer du pain, du beurre et de la confiture.

Les entrées

La **méchouia** (la « mélangée ») est la salade nationale, à la carte de tous les restaurants et sur la table de tous les foyers. Tomates et piments sont grillés au barbecue, de même que l'ail qui va relever le plat. L'ensemble est ensuite haché finement et assaisonné de citron. Cette entrée est souvent garnie de thon en miettes, d'œufs durs, et d'olives noires. Le **tajine** tunisien n'a rien à voir avec son homonyme marocain. Servi en début de repas, il s'agit d'une préparation à base d'œufs, cuisinés avec du mouton, du fromage ou de la cervelle. Les **chorbas** (« soupes ») sont de délicieux potages épais, souvent piquants, à déguster avec un filet de citron. Les **briks**, ces beignets salés faits d'une pâte très fine, sont de plusieurs sortes : le plus souvent à l'œuf ou au thon, mais aussi parfois à la viande de bœuf, de mouton, ou de poulet.

Les plats

Les **markas** ou ragoûts constituent une alternative au couscous. Souvent à base de haricots blancs et de tomates, on les prépare au mouton, plus rarement au poulet. D'autres ragoûts sont accommodés différemment, dont l'**akoud** *(voir plus loin)* et la **mloukhia**. La *mloukhia* est un plat de fête à base de bœuf et de poudre de feuilles de corète, plante aromatique très odoriférante, qui donne au mets une curieuse couleur verte.

Viandes et **poissons** se mangent volontiers grillés, présentés avec un quartier de citron. La Tunisie est le pays des **merguez**, ces saucisses pimentées au bœuf ou au mouton. La viande hachée tournant facilement à la chaleur, assurez-vous de leur fraîcheur.

Les couscous

Comme dans le reste du Maghreb, c'est le couscous qui règne en maître incontesté sur toutes les tables. Le mot désignait à l'origine la semoule de blé dur roulée et cuite à la vapeur. Par extension, il désigne tous les plats de viandes ou de légumes servis avec cette graine. Les plus connus sont bien sûr les couscous au poulet, et à l'agneau. En bord de mer, nous vous recommandons le **couscous au poisson** dont les saveurs sont accentuées par le mélange des épices. Les couscous varient selon les régions, et même d'une famille à l'autre.

Quelques spécialités judéo-arabes

Si la plupart des plats sont communs à tous les Tunisiens, il en est quelques-uns plus spécifiquement juifs. C'est à la terrasse des restaurants de l'avenue Franklin-Roosevelt, à La Goulette, que vous aurez le plus facilement accès aux nombreuses spécialités judéo-tunisiennes. Le repas commence alors par une copieuse **menina**, un apéritif composé d'innombrables petites portions de salades, de fèves au cumin, d'omelette. Les gourmets demanderont de la **boutargue**, ces œufs de mulets séchés que l'on consomme en tranches, arrosés d'un filet de citron. Les meilleurs sont les plus frais, de couleur pâle : chez le marchand, vous devez voir la lumière au travers malgré la couche de paraffine qui les protège. Suit alors fréquemment un **complet poisson**, une tranche de mulet garnie de **tastira**, une salade de tomates et de poivrons cuits. Les amateurs de tripes pourront préférer l'**akoud**, ragoût de tripes à la tomate. Les jours de fête, on fait honneur à la **bkayla**, ragoût à base d'épinards frits, de bœuf et d'**osbane**, une sorte d'andouillette à la menthe. Le tout est servi avec du couscous.

▸ *Les desserts*

Plus que la plupart de ses voisins arabes, la Tunisie est le pays des gâteaux. Typiquement tunisiens sont les **makhrouds** (gâteau trempé dans du miel fourré de dattes), les **cornes de gazelle** (à base d'amandes et de sésame), les **briks** (farcis aux fruits secs) ou l'**harissa** qui, contrairement à ce que son nom indique, est une préparation de semoule imbibée de miel et parfumée à la fleur d'oranger. Certains pâtissiers se sont spécialisés dans les gâteaux d'origine turque, tels les **baklaouas**, les **caaks** ou les **k'taifs**, farcis de pâte d'amande, de pistache, ou de noisette, et arrosés de miel ou de sirop. La France a également laissé son empreinte sucrée : on peut encore savourer à La Marsa d'excellents **millefeuilles**, dernier souvenir de ce qui était, il n'y a pas si longtemps, l'une des grandes spécialités tunisoises.

Ce n'est que dans de trop rares restaurants, ou dans les familles, que l'on peut goûter les **entremets** et autres crèmes pâtissières à base de céréales et de fruits secs.

Souvent industrielles, les **glaces** sont rarement une bonne surprise, sauf chez certains glaciers réputés pour leur **granite**, sorbet au citron particulièrement fondant sur la langue. Autre héritage italien, vous aurez peut-être le bonheur de déguster de délicieux **vacherins** (difficiles à trouver aujourd'hui), ou la **glace** « **en sandwich** » entre deux sablés.

▸ *Vins et spiritueux*

Carthage produisait du vin qu'elle exportait dans tout le Bassin méditerranéen, même chez ses pires ennemis les Romains. La conquête arabe ne conduisit pas à l'arrachage de tous les ceps, mais l'humeur n'était plus aux libations et il fallut le protectorat français pour que la production viticole prenne un nouvel essor. Les colons partis, le travail de la vigne a continué, et l'on trouve des vins de table tout à fait corrects issus des vignobles du cap Bon (85 % de la vigne), de Carthage, Mornag, et Tébourba. Parmi les rouges, optez pour le **vieux magon** ou le **haut-mornag**, et dans les blancs pour le **kelibia**, un petit muscat sec.

L'islam n'a pas empêché non plus la production de spiritueux : la **thibarine**, alcool de vin préparé avec du sucre et des plantes aromatiques, et la **boukha**, une eau-de-vie de figues que l'on consomme très froide à l'apéritif.

Au chapitre des curiosités, vous pourrez tremper vos lèvres dans le **lagmi**, lait de palmier, plus ou moins alcoolisé selon la préparation. On obtient le lagmi en incisant la cime de l'arbre. Si dans les oasis, les Tunisiens le boivent plutôt nature, les Kerkenniens le préfèrent fermenté (un peu plus fort que la bière). Chaque matin, ils rajoutent le lait fraîchement recueilli au contenu d'une gargoulette contenant déjà du lagmi fermenté. Le goût est léger, légèrement sucré. Les plus « accros » l'additionnent de pastis, de whisky ou de boukha. Impossible à trouver dans le commerce, pour vous en procurer, vous devez donc demander conseil à un autochtone. Le prix est environ de 1 dinar le litre, mais n'oubliez pas d'apporter votre bouteille vide.

SE DIVERTIR

Nombre d'hôtels rivalisent d'ingéniosité pour offrir toujours plus d'activités à leurs clients : parachute ascensionnel, tennis, équitation... La Tunisie s'est même dotée d'équipements de haut niveau dans certains sports comme le golf, ce qui en fait une destination de plus en plus prisée des amateurs.

Activités sportives

▸ *Plongée sous-marine*

Au nord, **Tabarka** doit sa réputation à une faune et une flore parmi les plus typiques de la Méditerranée. En revanche, cette « côte du corail » mérite de moins en moins son nom en raison d'une exploitation séculaire et intensive des précieux madrépores. Au large de Tabarka, l'**île de la Galite** offre plus d'une surprise, entre autres une colonie de phoques moines. Le site est classé et protégé.

À l'est et jusqu'au **cap Bon**, le relief sous-marin est particulièrement accidenté, certaines dépressions dépassant 250 m de profondeur. Au large de Sidi Daoud, petite ville de la péninsule du cap Bon, l'**île de Zembra** dresse ses falaises verticales à plus de 400 m au-dessus du flot écumant. L'île est entourée de fonds de plus de 100 m. Là encore, il s'agit d'une zone classée et protégée.

Pour toutes informations, renseignez-vous à la Fédération des activités subaquatiques de Tunisie, BP 46, Cité El Mahrajène, Tunis, ☎ 71 234 041. Pour connaître la liste des centres de plongée du pays, vous pouvez également consulter le site www.cap-tunisie.com

▸ *Voile*

Au regard de sa façade maritime, la voile en Tunisie est une activité peu développée. On ne compte que 26 ports et mouillages pour 1 300 km de côtes. Afin de pallier ce déficit, le pays s'est lancé depuis quelques années dans la construction de marinas : Port el Kantaoui (300 anneaux), Sidi Bou Saïd (380 anneaux), Tabarka (60 anneaux), Yasmine Hammamet (719 anneaux), etc. Les îles Kerkennah sont très difficiles d'accès étant donné la faible profondeur des fonds environnants.

▸ *Golf*

Avec pas moins de 8 greens, et un neuvième qui devrait ouvrir courant 2005 à Tozeur, la Tunisie comblera les golfeurs les plus exigeants. Comptez de 50 à 70 d (33 à 46 €) par parcours et par personne. À vous de faire vos preuves sur les 18 trous de Tabarka (www.tabarkagolf.com), Carthage (www.golfcarthage.com), Hammamet (www.golfyasmine.com et www.golfcitrus.com), Port el Kantaoui (www.kantaousgolfcourse.com), Monastir (www.golf-palmlinks.com et www.golfflamingo.com) et Jerba (www.djerbagolf.com). Certains de ces golfs sont l'œuvre de l'architecte américain Ronald Fream, comme celui de Tabarka dont le parcours ressemble fort à celui de Cypress Point en Californie. Ils ont été tracés dans un cadre souvent admirable : oliveraie, orangeraie, forêt d'eucalyptus et de chênes-lièges. Le soleil est toujours au rendez-vous et la mer jamais bien loin. Renseignements dans les agences de l'Office national du tourisme tunisien. On notera toutefois que seul le parcours de Tabarka est « naturellement » vert et qu'il ne nécessite pas un arrosage excessif.

☹ En revanche, les golfs aménagés en bordure de désert sont considérés comme une aberration écologique pour les défenseurs de l'écosystème.

▸ *Randonnée*

La Tunisie est encore peu organisée pour satisfaire les adeptes de la randonnée, excepté dans le Grand Sud. Les choses bougent néanmoins un peu dans le nord du pays, où les montagnes de **Kroumirie** forment un cadre ombragé idéal pour les grands itinéraires à pied ou à cheval. Certaines agences de voyages proposent désormais des circuits en VTT. Par ailleurs, **Tabarka Voyages**, 13 route Aïn Draham, Tabarka, ☎ 78 673 740, organise plusieurs randonnées pédestres en Kroumirie. Le meilleur point de départ demeure sans conteste Aïn Draham, village situé à 25 km de Tabarka au cœur de 550 km de pistes tracées et balisées par des spécialistes. Les randonnées se pratiquent de mai à octobre et sont très bien organisées par l'hôtel Rihana *(voir p. 212)*.

▸ *Chasse*

La chasse est très pratiquée, en particulier dans le nord-ouest du pays vers Tabarka et Aïn Draham. On compte environ 1 500 touristes sur les 12 000 chasseurs enregistrés. Les derniers grands fauves ayant été abattus au début du siècle, il faudra vous contenter de sangliers, lièvres, perdrix, bécasses et autre gibier à poil ou à plume. La chasse est étroitement réglementée, notamment pour les touristes : le gouvernement délivre obligatoirement une licence de chasse touristique et perçoit un droit d'abattage selon la prise.

La chasse est du ressort du **ministère de l'Agriculture**, pour tous renseignements adressez-vous à ce ministère à l'adresse suivante : 30 rue Alain-Savary, 1002 Tunis ☎ 71 786 833. Vous pouvez également obtenir des informations à l'hôtel Rihana, à Aïn Draham, ☎ 78 655 392/697. Tous les hôtels de Aïn Draham et de Tabarka pourront vous renseigner. Vous pouvez aussi vous adresser à une agence de voyages, qui s'occupera de toutes les formalités pour vous.

Autres activités

▸ *Méharées*

Les excursions au rythme nonchalant des dromadaires sont une approche originale du Sud tunisien. La plupart des agences spécialisées dans ce domaine se trouvent à **Douz** *(voir les voyagistes p. 20 et « Douz et le Sahara » p. 336)*. Touristes pressés s'abstenir.

▸ *Thermalisme / Thalassothérapie*

La Tunisie dispose de nombreuses sources thermales connues depuis l'époque romaine et carthaginoise. Elles sont exploitées dans le cadre d'un thermalisme médical dans le Nord et plus touristique dans le Sud. Les principales sources sont situées à **Korbous**, dans la péninsule du cap Bon, à **Jebel Oust**, au sud-ouest de Tunis, et à **Hammam Bourguiba**, près de la frontière algérienne. Cette dernière doit son nom à l'ancien président Habib Bourguiba, grand adepte des cures thermales.

Les établissements de thalassothérapie sont récents, plus de la moitié d'entre eux ayant ouvert leurs portes en 2001 (la liste se trouve sur le site www.cap-tunisie.com). Ils proposent tous des demi-journées « découverte » (à partir de 90 d), des journées (130 d) ainsi que des cures de remise en forme de 4 à 9 jours (respectivement 400 à 900 d). Les soins (massages, soins du corps et du visage...) sont compris entre 20 et 50 d. Parmi la trentaine de centres que compte la Tunisie, les Thermes Marins de Carthage de l'hôtel The Residence de Gammarth sont particulièrement attrayants *(www.theresidence-tunis.com, voir aussi « Se loger à Gammarth » p. 151)*.

Vie nocturne

▸ *Spectacles de danse*

Nombre d'hôtels organisent de petites exhibitions de danse du ventre à l'attention de leurs clients, mais ce ne sont que de pâles ersatz pour touristes. Il vous faudra aller dans des restaurants fréquentés par les Tunisiens pour voir certaines vedettes locales qui drainent les foules... pas seulement masculines (certains de ces spectacles sont annoncés dans la presse en français). Vous pourrez également découvrir de vraies danses folkloriques à l'occasion de certains festivals *(voir ci-dessous)*.

▸ *Théâtres et cinémas*

Les programmes des théâtres et des cinémas sont publiés dans les journaux, mais vous pouvez aussi vous renseigner à la réception de votre hôtel. À l'exception de Tunis, les salles de cinéma sont inconfortables et peu nombreuses. Plusieurs festivals sont également consacrés au théâtre et au septième art *(voir ci-dessous)*.

Casinos

Il y a bien quelques casinos à Hammamet, Jerba, Sousse et Gammarth, mais ce n'est pas en Tunisie que vous dilapiderez votre fortune.

Discothèques

Presque tous les hôtels de la côte disposent de leur propre discothèque.

Festivals

Avril

Tataouine / Festival des ksour - Exposition de l'artisanat local et manifestations folkloriques : danses, courses de pur-sang arabes, etc.

Nabeul / Festival des orangers - C'est la fin de la saison des oranges et l'occasion d'une grande foire internationale.

Mai

Dougga / Festival de théâtre - Mise en scène de pièces classiques dans le théâtre antique du site archéologique de Dougga.

Juin

El Haouaria / Festival de l'épervier - Concours de fauconnerie : dressage et chasse au faucon.

Sidi Daoud / Matanza - La *matanza* est une forme très spectaculaire de pêche au thon. Si l'événement vaut le déplacement, le suivre nécessite d'être sur place au bon moment, quand un banc de thon est annoncé, et d'être muni d'un grand nombre d'autorisations administratives *(les dates varient entre mai et juin)*.

Juillet

Testour / Festival international du malouf et de la musique arabe traditionnelle – Les organisateurs invitent des musiciens espagnols et tunisiens à jouer ensemble. Le flamenco retrouve là ses origines arabes, tandis que le malouf prend des accents occidentaux.

Maknassi / Festival du pur-sang arabe - La manifestation correspond à la sortie de l'élevage, lorsque les poulinières exposent leurs produits à la vente.

Hammam-Lif / Festival de variétés de Bou Kornine - Programmes de variétés, de rap, de raï, et même de techno.

La Goulette / Festival de la karaka (variétés) - Tentative plus ou moins réussie de faire revivre La Goulette mythique des années 1950.

Juillet-août

Carthage / Festival international - Stars arabes, et parfois européennes, se produisent dans le domaine de la musique, du théâtre, ou des danses populaires. La qualité des intervenants est très variable.

El Jem / Festival international de musique symphonique - Dans l'espace grandiose de l'antique colisée sont programmées musique de chambre, œuvres lyriques et quelques soirées exceptionnelles consacrées au jazz.

Kelibia / Festival du film amateur - La manifestation a été l'école de formation de bon nombre des cinéastes tunisiens actuels. Tous les 2 ans.

Jerba / Festival Ulysse - Projection en plein air de films mythologiques et historiques.

Hammamet / Festival international - Assez intellectuelle, la programmation a l'ambition d'être le festival de toute la Méditerranée. Danse, chant et création théâtrale se succèdent, mais la plupart des représentations sont uniquement en arabe.

Kerkennah / Festival des sirènes - Fête du folfklore marin.

Monastir / Festival culturel - Théâtre, poésie, humour.

Sousse / Festival d'Aoussou - Concerts, folklore, et danse.

Tabarka / Festival international - Cette manifestation, qui pouvait se targuer d'avoir eu à son programme Juliette Gréco, Ravi Shankar ou Joan Baez, s'est peu à peu muée en un pot-pourri de variétés. Les organisateurs, qui aimeraient lui rendre un peu du lustre d'autrefois, prévoient notamment de mettre l'accent sur une programmation plus jazz la seconde quinzaine d'août.

Sfax / Festival de musique - Musique et arts populaires.

▸ *Septembre*

Tabarka / Festival Coralis - Photographie sous-marine.

▸ *Octobre-novembre*

Carthage / Journées cinématographiques - Ce festival était consacré à l'origine au cinéma arabo-africain, mais a été élargi depuis aux pays méditerranéens. Organisé une année sur deux, les années paires. Les projections ont lieu dans les salles de Tunis.

Carthage / Journées théâtrales - Ce festival se déroule les années impaires en alternance avec le précédent.

▸ *Novembre*

Jerba / Festival de marionnettes - Art et théâtre de marionnettes.

Tozeur / Festival international des oasis - Courses de dromadaires et traditions populaires.

▸ *Décembre*

Douz / Festival international du Sahara - C'est sans doute là l'une des manifestations les plus spectaculaires, avec reconstitution de razzias, de mariages traditionnels, défilé de dromadaires, etc.

▸ *Janvier*

Kebili / Festival de la cueillette des dattes - La datte est un fruit d'hiver que l'on cueille à la fin de l'automne. C'est là encore l'occasion de réjouissances populaires.

ACHATS

Tapis, cuivres, céramiques... Les souks regorgent de mille et une richesses. On y trouve même des poteries marocaines et des coffres en bois syriens. Mais l'artisanat tunisien ne s'est-il pas, de tout temps, nourri d'influences étrangères ? Le travail du cuivre a été importé d'Orient, et les splendides faïences que l'on admire dans les vieux palais sont d'origine andalouse, pourtant cet artisanat est considéré aujourd'hui comme typiquement tunisien.

Artisanat

Voir également « Artisanat » p. 104.

▸ *Poteries et céramiques*

Nabeul, qui est le principal centre de production, inonde littéralement le pays de ses poteries. Sa réussite, elle la doit à une mécanisation croissante. Il y a encore vingt ans, toutes les poteries avaient un petit air de guingois. Elles étaient tournées à la main, décorées d'un coup de pinceau au poil de dromadaire, et recouvertes d'un émail primitif. Il n'y avait pas deux plats, pas deux bols qui se ressemblaient et le client passait des heures à déplacer des tonnes de vaisselle à la recherche du poisson qui lui faisait de l'œil ou du vernis aux reflets de miel qui ensoleillerait la cuisine de son studio parisien. Aujourd'hui, on ne trouve plus de poterie « fait main » que dans les recoins poussiéreux de certaines échoppes, et les rares ateliers « artisanaux » du centre-ville sont surtout destinés à attirer les touristes. Dans les fabriques installées à la périphérie de Nabeul, on travaille à la chaîne. La terre, pétrie en machine, est d'abord moulée et calibrée avant d'être une première fois séchée. Chaque pièce est ensuite passée au tour par un potier pour un travail de finition. Seules les plus grandes pièces, les jarres en particulier, sont encore entièrement tournées à la main.

Traditionnellement, la poterie de Nabeul est vernissée et décorée de motifs verts et jaunes. Celle aux dessins bleus sur fond blanc, que l'on n'hésite pas à vous présenter comme typique, est en fait de facture plus récente. Sur les tout derniers modèles, des touches de rose et de vert viennent enrichir le bleu. On trouve également sur le marché des produits d'influence marocaine et sicilienne. Les premiers se caractérisent par des motifs géométriques, des émaux, des verts émeraude et des rouges soutenus, les seconds par des décors de fruits et de feuillages.

Tapis

Vu son prix, l'achat d'un tapis est un véritable investissement. Voici quelques conseils pratiques pour vous aider à faire le bon choix.

La chambre syndicale des commerçants de tapis a fixé le **barème de prix** suivant :

14 400 points/m^2 de 100 à 150 dinars ;

40 000 points/m^2 160 à 180 dinars ;

90 000 points/m^2 de 260 à 350 dinars ;

160 000 points/m^2 de 350 à 450 dinars ;

Tapis en soie de 250 000 points/m^2 de 1 400 à 1 600 dinars.

Le prix du *mergoum* au m^2 vaut 100 à 130 dinars.

L'étiquette plombée de l'ONAT (Office national de l'artisanat tunisien) est une **garantie** de qualité. Elle comporte un numéro de contrôle et les caractéristiques techniques du tapis (longueur, largeur, surface, matière, texture et date). La résistance des couleurs, végétales ou chimiques, a également été vérifiée. Une seconde étiquette, facultative, peut rappeler le nom du fabricant.

Cuivres

La dinanderie, l'art de travailler le cuivre, connaît un renouveau. Les artisans, qui ont souvent déserté le souk du cuivre pour s'installer sur le passage des touristes, cisèlent à longueur de journée des objets adaptés aux nouveaux styles de vie. Le grand plateau à gâteaux devient dessus de table basse, les mortiers se transforment en cendriers, et les cache-pots ne sont rien d'autre que d'anciens chaudrons décorés.

Nattes

Depuis quelques années, les tissages en jonc se sont diversifiés. Si les traditionnelles nattes sont parfois encombrantes, on peut toujours se rabattre sur des sets de table, des abat-jour, des couffins, voire des sacs à main.

Bijoux

Il est très difficile de trouver des bijoux anciens dans les souks. Le Sud produisait autrefois les plus beaux bijoux berbères, le plus souvent en argent, mais aujourd'hui c'est à Tunis que le choix est le plus grand. L'or est moins cher qu'en France, mais il est de moins bonne qualité. Chaque bijou est estampillé différemment selon sa valeur : une tête de cheval (symbole de la monnaie carthaginoise) ou de bélier pour l'or de 18 carats ; un scorpion pour celui de 9 carats ; une grappe de raisin pour les bijoux en argent titrant 900 millièmes ; etc. Depuis 1958, tous les bijoux doivent également comporter le poinçon de l'orfèvre.

▸ *Cuirs*

Les maîtres selliers ont aujourd'hui presque tous disparu. Ils se sont reconvertis dans la production de ceintures, de poufs, de garnitures de bureau ou de portefeuilles. Attention aux prix défiant toute concurrence, la qualité médiocre du travail explique sans doute ce rabais.

Où faire ses achats

▸ *Dans quelles régions ou villes*

À chaque ville est associée une production artisanale ou gastronomique :

Dar Chaâbane	la sculpture sur pierre
Gabès	le henné
Ghomrassen	les cornes de gazelle (pâtisserie fourrée aux amandes et au sésame)
Guellala (sur l'île de Jerba)	poteries
Kairouan	les tapis et les *makhrouds* (petits gâteaux trempés dans du miel et fourrés de dattes)
Nabeul	les poteries et la fleur d'oranger
Sejnane	la poterie berbère
Sidi Bou Saïd	les cages à oiseaux
Tabarka	le corail

▸ *Les boutiques*

Avant de vous lancer tête baissée dans les souks, vous avez tout intérêt à jeter un œil dans les magasins de la **SOCOPA** qui sont gérés par l'Office national de l'artisanat tunisien (**ONAT**). Ce détour vous donnera un premier aperçu de la variété des prix et des produits. La vocation de l'ONAT est de perpétuer les traditions ancestrales, mais il s'engage aussi dans le développement de nouveaux produits (par ex. des plats en émaux colorés).

Marchandage

Ce n'est pas parce que l'on se trouve dans un pays arabe qu'il faut tout marchander et n'importe où. Inutile d'ergoter sur les prix affichés dans les magasins. En revanche, dans les souks, tout se discute, et ce que l'on soit touriste ou tunisien. Les écarts de prix peuvent aller du simple au triple. Là encore, pour vous faire une idée du prix maximum, rien ne vaut une petite visite aux magasins de la SOCOPA, sachant qu'ils vendent environ 20 % plus cher que la moyenne.

Réglementation sur certains articles

Il est strictement interdit par la loi d'exporter des objets antiques. Des autorisations ne sont accordées que dans des cas extrêmement rares.

Expédier ses achats

Les solutions fiables ne manquent pas. Les colis inférieurs à 20 kg pourront être expédiés par la **poste**. Le **vendeur** peut également vous proposer ce type de service, dans le cas d'envois plus importants. Vous lui indiquerez l'aéroport de destination, ou le port si la marchandise est expédiée par bateau. L'avis de crédit ou le talon du mandat relatif au versement de l'acompte sont exigés par les services douaniers tunisiens.

Pour des envois supérieurs à 45 kg, adressez-vous à Air France Cargo, à l'aéroport de **fret** de Tunis. Comptez 970 millimes/kg jusqu'à 250 kg, 890 millimes jusqu'à 500 kg, et 840 millimes au-delà. Prévoyez deux bonnes heures pour réaliser l'ensemble des opérations.

Air France Cargo à Tunis, ☎ 71 780 809.

LIRE, VOIR, ÉCOUTER

Ouvrages généraux

ALEXANDROPOULOS Jacques, CABANEL Patrick, **La Tunisie mosaïque**, Presses universitaires du Mirail, 2000.

BALTA Paul, **L'Islam dans le monde**, La Découverte, 1986.

BEN ALAYA Wahid, **L'Arabe tunisien de poche**, Assimil, 2001.

CAMAU Michel, **La Tunisie**, PUF, « Que sais-je ? » n° 318, 1989.

COURTIN Caroline, **L'Île de Jerba. Le regard de l'intérieur**, Éditions Piment, 2000.

FAUQUÉ Nicolas, FONTAINE Jacques, GRESSER Pierre, **Tunisie, carrefour des civilisations**, ACR Éditions, 2000.

MESTIRI Ezzedine, **La Tunisie**, Khartala, 1995.

RACHET Guy, **Tunisie**, Hermé, 1997. Explique les fondements du pays à travers la religion et les villes.

SEBAG Paul, **Tunis : Histoire d'une ville**, L'Harmattan, 1998.

Littérature

BEKRI Tahar, **Littératures de Tunisie et du Maghreb**, L'Harmattan, 1994.

BEKRI Tahar, **Ifriquiya. Littératures de Tunisie**, Revue de critique et de création n° 1, L'Harmattan, 1994.

CHATEAUBRIAND, **L'Itinéraire de Paris à Jérusalem**.

DUHAMEL Georges, **Le Prince Jaffar**.

FLAUBERT Gustave, **Salammbô**.

GIDE André, **Journal 1942-1945, Amyntas**.

GIUDICELLI Christian, **Fragments tunisiens**, Éditions du Rocher, 1998.

HOURI-PASOTTI Myriam, **Eliaou : ma Tunisie en ce temps-là**, Gil Wern, 1995. Souvenirs de Tunisie d'après les récits de la mère et de la grand-mère de l'auteur.

MAUPASSANT Guy de, **Lettres d'Afrique**, Boîte à documents, 1997.

MEMMI Albert, **La Statue de sel**, Gallimard, 1990. L'enfance d'un jeune Tunisien dans le ghetto juif de Tunis.

MITTERRAND Frédéric et ELIAS FERCHICHI Soraya, **Une saison tunisienne**, Actes Sud, 1995.

MOATI Nine, **Les Belles de Tunis**, Seuil, 1984.

MONTHERLANT Henry de, **Aux fontaines du désir**, Gallimard, 1954.

Poésie

BEKRI Tahar, **Les Songes impatients**, Éditions de l'Hexagone, 1997 ; **Poèmes à Selma**, **Le Laboureur du soleil**, **Le Cœur rompu aux océans**, **Le Chant du roi errant**, L'Harmattan.

Histoire

Les Phéniciens et Carthage

BESCHAOUCH Azedine, **La Légende de Carthage**, Gallimard Jeunesse, 1993.

DECRET F., **Carthage ou l'Empire de la mer**, Seuil, 1977.

LANCEL Serge, **Carthage**, Fayard, 1992.

SZNYCER M., **Carthage et la civilisation punique**, PUF, 1978.

La résistance africaine à la romanisation

BRISSON J.-P., **Carthage ou Rome**, Fayard, 1973.

MAHJOUBI Ammar, **Les Cités romaines de Tunisie**, STD, 1969.

De l'Ifriqiya à la Régence de Tunis

IDRIS Hady Roger, **La Berbérie orientale sous les Zirides, Xe-XIIe s.**, Maisonneuve, 1962.

TALBI Mohamed, **L'Émirat aghlabide**, Maisonneuve, 1966.

Du protectorat à la république

BALTA Paul, **Le Grand Maghreb. Des indépendances à l'an 2000**, La Découverte, 1990.

COHEN Bernard, **Habib Bourguiba, le pouvoir d'un seul**, Flammarion, 1986.

GANIAGE Jean, **Les Origines du protectorat français en Tunisie**, 1861-1881, MTE, 1968.

Juifs séfarades

ATTAL Robert, SITBON Claude, **Regards sur les juifs de Tunisie**, Albin Michel, 1979.

SEBAG Paul, **Histoire des juifs de Tunisie : des origines à nos jours**, L'Harmattan, 1991.

Berbères

CAMPS Gabriel, **Berbères**, Hesperides, 1980.

Arts

BOUZID Dorra, **L'École de Tunis**, Alif-Méditerranée, 1997. Ouvrage de référence sur les fondateurs de la peinture tunisienne.

BUBREUCQ Patrick, **Alexandre Roubtzoff, Une vie en Tunisie**, ACR, 1996. Lorsqu'un peintre d'origine russe succombe aux charmes de la lumière tunisienne…

DUVIGNAUD Jean, **Klee en Tunisie**, Bibliothèque des Arts, 1980.

PICARD Gilbert-Charles, BEN MANSOUR Seyda, JEDDI Nabiha, **La Mosaïque en Tunisie**, CNRS, 1995. Une présentation de l'art de la mosaïque antique en Tunisie, avec photographies.

REVAULT Jacques, **Palais, demeures et maisons de plaisance à Tunis et ses environs**, Edisud, 1984.

Société

DUVIGNAUD Jean, **Chebika**, Plon, 1991. L'oasis de montagne fait l'objet d'une étude anthropologique menée de 1960 à 1966, et en 1990.

LACOSTE-DUJARDIN Camille, **Des mères contre des femmes**, Édition La Découverte/Poche, 1996. Une ethnologue tente de comprendre le statut de la femme dans les sociétés maghrébines.

MATTERA Roland, **Retour en Tunisie après trente ans d'absence**, L'Harmattan, 1992. L'auteur retrouve sa terre natale après en avoir été chassé.

Gastronomie

KOUKI Mohamed, **Cuisine et pâtisseries tunisiennes**, édition illustrée, 1987.

NIZARD Simon, **Le Jardin du couscous : recettes de la tradition juive tunisienne**, Éditions de l'Aube, 1996.

Cartographie

Carte National Michelin, **Tunisie** (n° 744), 1/800 000.

Une des meilleures cartes disponibles sur place est la carte touristique et routière au 1/750 000 éditée par l'Office de la topographie et de la cartographie, difficile à trouver (en vente à l'agence Horizons Déserts à Douz).

Films et documentaires

Voir « Le cinéma » p. 88.

BOUGHEDIR Farid, **Un été à La Goulette**, 1996 ; **Halfaouine, l'enfant des terrasses**, 1990.

BRUNEAU Yves, **Tunisie entre mer et désert**, 1996.

TLATLI Moufida, **Les Silences du palais**, 1994 ; **La Saison des hommes**, 2000.

Musique

Lofti Bouchnak et l'Ensemble Al Kindi, **Chants classiques de Tunisie et du Moyen-Orient**, édité par Al Sur.

Lofti Bouchnak, **Malouf tunisien**, édité par INEDIT (Musique des cultures du monde).

Le Malouf tunisien, édité par AAA (Artistes arabes associés).

Le Malouf tunisien, Trésor de la Rachidia, 2 volumes, NFB Distribution.

Orchestre et chorale de la radio tunisienne, **Anthologie du malouf**, édité par INEDIT (Musique des cultures du monde).

Musique judéo-arabe, édité par AAA (Artistes arabes associés).

Alice Fitoussi, **Trésor de la chanson judéo-arabe**, Mélodie Distribution.

Tunisie, chants et rythmes, édité par AAA (Artistes arabes associés).

Cheikh Elafrite, **Musique populaire tunisienne, les succès des années trente**.

Les Chansons populaires tunisiennes du film « Un été à La Goulette », NFB Distribution.

SE DÉBROUILLER EN ARABE

La plupart des Tunisiens parlent français couramment. Ils recherchent la compagnie des étrangers et seront ravis ou amusés si vous bafouillez quelques mots en arabe. Ce petit lexique est donc plus à usage relationnel qu'à vocation utilitaire. On ne vouvoie que Dieu en arabe, les Tunisiens vous tutoieront donc d'emblée. En revanche, la réciproque ne doit pas être systématique, le tutoiement peut être interprété comme de la condescendance... À vous de bien jauger votre interlocuteur.

Mots et phrases usuelles	
Au revoir	Besslâma
Bonjour	Sebah el kheir
Bonsoir	Msa el kheir
Bonne nuit	Lila mebrouka
Ça va bien ?	Labes ?
Comment ça va ?	Chnoua halek ?
Merci	Choukhran-Barak allaou fik
Comment dit-on en arabe ?	Kîf'ach tqoûl b-el-'arbi ?
Je ne comprends pas	Ma nefhemech
Je ne sais pas	Mâ nârafch
Madame	Saïdati
Monsieur	Si
Non	Lâ
Oui	N'am
S'il vous plaît	Min fadlak

La notion de temps	
Après demain	Baad ghedoua
Aujourd'hui	El yoûm
Demain	Ghedoua
Hier	El-bareh
Matin	Sbah
Midi	Nous ahar
Nuit	Lil
Soir	Achiya

Termes rencontrés dans le guide	
Aïn	Source, fontaine
Bab	Porte
Bey	Titre donné aux souverains, aux vassaux du sultan
Bir	Puit
Bled	Ville, pays, campagne
Borj	Fort, bastion
Cherif (pl. chorfa)	Descendant du prophète Mahomet
Chott	Lac salé presque toujours asséché
Dar	Palais, demeure tunisienne classique
Erg	Région de dunes
Fellah	Paysan
Fondouk	Ancienne auberge ou caravansérail où logeaient les étrangers de passage
Ghorfa	Grenier couvert
Habous	Terme juridique désignant les biens fonciers ou immobiliers consacrés à des œuvres religieuses ou d'utilité publique

Hadith	Recueil des actes et des paroles de Mahomet qui complète le Coran
Haj	Pèlerin qui se rend à La Mecque
Haïk	Long voile des femmes
Hanna	Henné
Imam	Chef religieux
Jamâa	Mosquée
Jebba	Vêtement ample, sorte de jellaba
Jebel	Montagne
Jellaba	Large tunique de laine ou de coton que l'on enfile par la tête
Kantara	Pont
Kef	Rocher
Kasba	Partie fortifiée d'une ville ancienne
Koubba	Mausolée à coupole d'un saint homme
Ksar (pl. ksour)	Palais fortifié
Malouf	Musique traditionnelle d'origine andalouse
Marabout	Saint homme ou sépulture d'un saint homme
Medersa	Ancienne résidence pour les étudiants des universités coraniques
Oued	Rivière
Rass	Cap
Ribat	Couvent fortifié
Sahel	Littoral
Sebkhet (ou sebkha)	Zone marécageuse plus ou moins asséchée
Tourbet	Mausolée
Zaouïa	Lieu de culte situé à proximité de la tombe d'un saint homme

LA TUNISIE EN DIRECT

Cartes et planches

LE PAYS VU PAR...

Manuela Magni

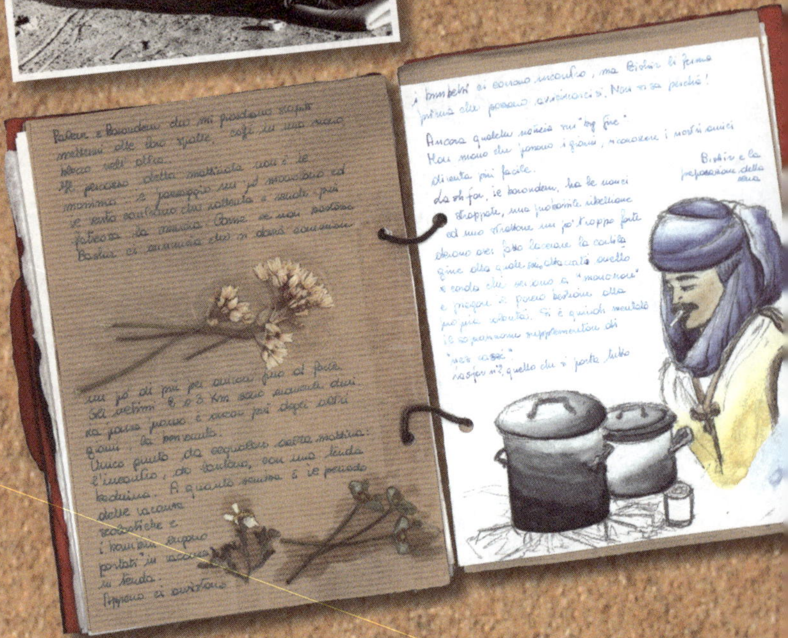

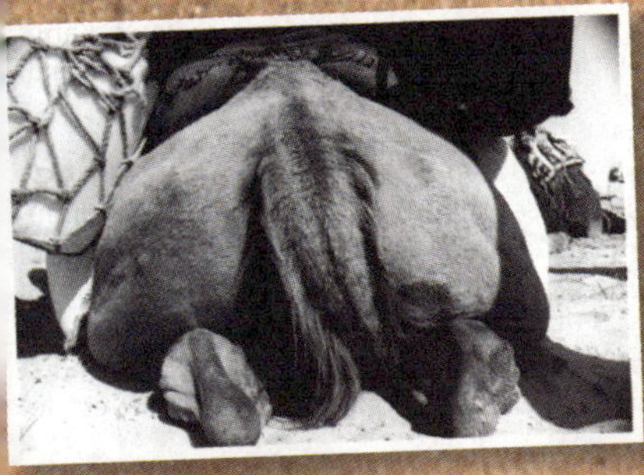

Souvenir du désert tunisien,
mars 2003

ENJEUX DE SOCIÉTÉ

La Tunisie a toujours fait figure de nation commerçante, laborieuse et inventive, capable d'intégrer ses différentes communautés et de s'adapter aux influences étrangères héritées de l'histoire. Elle a su trouver la voie de la modernité lors de son accession à l'indépendance en 1956 grâce, notamment, à la promulgation du Code du statut personnel. Aussi, essaie-t-elle de garder ce cap malgré un contexte mondial moins favorable et d'importants changements sociaux.

La place de la femme dans la société

La Tunisie est le premier pays du Maghreb à avoir réussi à maîtriser sa croissance démographique. Le nombre d'enfants par femme était de 6,7 en 1970 contre 2,2 aujourd'hui, soit le taux le plus bas des pays du Maghreb.

À l'origine de ces résultats, on trouve une véritable volonté politique de changer le statut de la femme dans la société tunisienne. Le Code du statut personnel adopté dès 1956 a révolutionné le droit de la famille en interdisant la polygamie, la répudiation, et en requérant le consentement de la jeune fille au mariage. Une action administrative, politique et pédagogique a accompagné ces mesures en faveur de l'amélioration de la place de la femme dans la société, en lui conférant l'accès à l'instruction et à un emploi rémunéré.

La scolarisation de la quasi-totalité des jeunes filles dans le primaire (98 %), l'allongement de la durée des études, les nouvelles aspirations des femmes en raison de l'amélioration de leur niveau d'instruction, la possibilité de trouver un emploi intéressant sont les principales raisons qui les conduisent à un mariage de plus en plus tardif. L'âge auquel les Tunisiennes convolent en justes noces est passé de 19,1 ans en 1956 à 27,8 ans en 1999. Ce recul de l'âge du mariage se retrouve, dans une moindre mesure, dans les autres pays du Maghreb.

De plus, l'élévation de l'âge légal du mariage, en 1964, a entraîné une forte baisse de la natalité, dans un pays où la procréation est inconcevable hors du lien matrimonial. Enfin, l'utilisation de la contraception est devenue plus récemment le moteur de la baisse de la natalité, et le taux de fécondité a déjà diminué de près de la moitié. La proportion de femmes utilisant un moyen contraceptif est passée de 5 % à la fin des années 1960 à plus de 60 % aujourd'hui.

La situation des femmes diffère cependant entre la capitale et le reste du pays. En effet, la Tunisoise trouve aujourd'hui dans la société une autonomie relative qui lui permet, au-delà de l'objectif prioritaire de fonder une famille et d'élever des enfants, d'envisager une carrière professionnelle. Ainsi, depuis quelques années, on a vu émerger des femmes-entrepreneurs (environ 10 % des entrepreneurs sont des femmes). De plus, sur le plan politique, la femme ainsi émancipée constitue un solide rempart contre l'islamisme radical, dont elle refuse les contraintes lorsque son environnement le permet.

En revanche, dans le reste du pays, le poids des traditions religieuses ou coutumières reste déterminant, et l'égalité de l'homme et de la femme ne semble pas constituer un objectif prioritaire. En effet, dans l'économie tunisienne, en particulier dans le monde rural, les femmes effectuent souvent un travail invisible et non rémunéré. La participation des Tunisiennes au développement se trouve ainsi fréquemment occultée, ce qui les conduit à une marginalisation sociale et à une grande précarité financière.

Sans oublier que les femmes officiellement affranchies de la « tutelle » masculine ne se hasardent toujours pas dans les cafés. Et après 18h, la Tunisie reste (à l'extérieur de la cellule familiale) une société d'hommes ; les quelques femmes qui se risquent dans les lieux d'animation de la ville ou du village sont mal considérées.

Le vieillissement de la population

Il serait illusoire de penser que la diminution de la croissance démographique va résoudre l'intégralité des problèmes de développement.

Paradoxalement, l'un des défis majeurs à venir de la société tunisienne est le problème du vieillissement de sa population. La baisse du nombre de jeunes enfants dans la population joue dans le sens d'un allégement de la charge des inactifs et constitue, dans un premier temps, un facteur favorable au développement économique.

Mais cet avantage sera de courte durée car l'augmentation du nombre de personnes âgées va induire des problèmes identiques à ceux rencontrés dans les sociétés occidentales. Avec encore plus d'acuité sur le plan économique, mais sans doute plus de douceur sur le plan affectif, tant le respect des anciens est grand dans la société maghrébine.

Le « miracle tunisien », mais à quel prix ?

La Tunisie apparaît comme un îlot de prospérité relative dans un monde environnant beaucoup moins performant.

Selon un rapport de l'ONU datant de 2002, l'économie tunisienne est l'une des rares parmi celles des 22 pays arabes à avoir amélioré au cours de ces dix dernières années sa productivité. Le taux de croissance du PIB sur cette période s'est élevé à 5 % en moyenne.

Elle a incontestablement réussi son ancrage dans l'économie mondiale grâce à une politique d'ouverture libérale et d'encouragement à l'initiative privée. Après l'adhésion au GATT dès 1990, puis à l'OMC, elle est le premier pays de la rive sud de la Méditerranée à avoir conclu un accord de partenariat avec l'Union européenne instaurant progressivement une zone de libre-échange.

Quant au taux de la population vivant en dessous du seuil de pauvreté, il est le plus faible du Maghreb (officiellement moins de 10 % mais d'autres statistiques font état de 20 % de ménages tunisiens en dessous de ce seuil).

Les principales activités économiques se répartissent entre les services (52 %), pourcentage qui inclue le secteur du tourisme, l'industrie (20,5 %), l'agriculture (14,5 %) et les mines (13 %). La diversification des activités économiques est bien engagée : nombre de délocalisations d'entreprises occidentales ont dynamisé le secteur des services, même si ce phénomène est réversible, notamment en raison de l'attrait qu'exercent désormais les pays d'Asie du Sud-Est.

Des programmes ambitieux de développement touristique (avec mise à disposition gratuite par l'État de terrains à des opérateurs privés) ont été réalisés au cours des vingt dernières années. Ils font de la Tunisie une destination privilégiée pour les vacanciers en quête de soleil. Selon les derniers chiffres de l'Organisation mondiale du tourisme, le nombre de visiteurs s'est élevé à 5,3 millions (contre 4,2 millions pour le Maroc).

Cette politique ayant favorisé un tourisme de masse est aujourd'hui remise en cause : la surabondance d'offre hôtelière de qualité moyenne, la modicité des tarifs pratiqués, des taux d'occupation souvent trop faibles mettent de nombreuses unités hôtelières dans l'incapacité de rembourser leurs emprunts contractés à long terme, à une époque où tous les espoirs étaient permis.

De plus, les attentes de la clientèle ont évolué et la concurrence internationale est de plus en plus âpre. De nouveaux projets touristiques ont vu le jour, prouvant, une fois de plus, la capacité du pays à s'adapter aux nouvelles exigences d'une clientèle internationale. Tel est l'exemple de Mahdia, qui a choisi de combattre l'« architecture du parpaing », qui défigure tant de beaux paysages, et qui propose une médina bien entretenue, un artisanat de qualité, un centre de thalassothérapie performant, une clinique de chirurgie esthétique : un ensemble touristique qui préfigure peut-être le tourisme tunisien de demain.

GÉOGRAPHIE

À deux heures d'avion de Paris, la Tunisie offre sur un territoire de 163 610 km², soit un peu moins du tiers de la France, une grande variété de paysages : dunes du Sahara et luxuriantes oasis, *chott*, *sebkhet* et autres lacs salés, steppes et reliefs dignes de l'Ouest américain, forêts de chênes et grasses prairies de Kroumirie... Le voyageur gardera à l'esprit que la Tunisie est un petit pays – 750 km du nord au sud, et 150 km en moyenne d'est en ouest –, et que toutes ces merveilles sont à portée de main... Dans un rayon de 300 km pour qui prendrait Mahdia comme point de chute.

AUX MARCHES DE L'EUROPE ET DU SAHARA

La Tunisie est une encoche faite aux ciseaux dans la carte d'Afrique. Elle enfonce sa pointe dans le Sahara, bordée par deux géants : l'Algérie à l'ouest, et la Libye au sud-est. Baignée au nord et à l'est par la Méditerranée (1 150 km de côtes), cette terre échappe pour partie à son destin africain et participe du monde méditerranéen par certains aspects de son climat et de sa végétation. Le Sahel, avec ses steppes couvertes d'immenses oliveraies, incarne cette fragile frontière entre la « civilisation de l'olivier » d'une part et les confins désertiques d'autre part.

Le **relief** du pays est à l'image de ses habitants, tout en douceur et en modération. Au nord viennent s'affaisser dans la Méditerranée les derniers contreforts de l'Atlas et du Tell. Au sud dominent la plaine et la steppe, à l'exception de la petite chaîne du Dahar. L'altitude moyenne est de 700 m, et 65 % du territoire se situe à moins de 350 m.

Le **climat**, en revanche, ne fait pas montre partout de la même humanité. Méditerranéen au nord et le long des côtes, il devient semi-aride à l'intérieur, voire franchement aride à mesure que l'on descend vers le sud. Lorsque les pluies annuelles tombent sous les 100 mm, le désert et les formes de vie qui lui sont propres l'emportent. Et c'est tout le quart sud-ouest de la Tunisie qui est concerné.

QUATRE GRANDES RÉGIONS

Le relief et la pluviométrie déterminent une opposition Nord-Sud – de part et d'autre de la dorsale tunisienne – et trois grandes régions naturelles : le Nord, les steppes et le Sud saharien. On peut en ajouter une quatrième, dont l'identité tient tout autant à des facteurs historiques et socio-économiques qu'à la morphologie et au climat : le Sahel.

Le Nord

La dorsale, chaîne calcaire qui culmine à 1 544 m au jebel Chambi, retient sur la partie la plus septentrionale de la Tunisie les nuages chargés de pluie des vents de noroît. La **Kroumirie** et le massif des **Mogods** bénéficient ainsi d'un climat méditerranéen humide, la région d'Aïn Draham pouvant recevoir jusqu'à 1 500 mm de pluie par an. Fait unique en Tunisie, on y pratique l'élevage intensif de vaches laitières, et vous y rencontrerez des paysages inattendus sous ces latitudes : vertes prairies, forêts de chênes-lièges et de chênes verts, sous-bois moussus où poussent l'arbousier et le myrte, sources argentées... Le massif de Kroumirie approche les 1 000 m d'altitude, et l'on y vient de loin pour voir tomber la neige. C'est oublier sans doute les eucalyptus et les lauriers-roses dans le lit des oueds, mais on compare souvent cette contrée aux Vosges, voire à une petite Normandie.

Un peu plus au sud, le niveau des précipitations varie de 600 à 1 000 mm d'eau par an, les zones maritimes – golfe de Tunis, plaine de la Mejerda, péninsule du cap Bon – étant plus arrosées que le Haut Tell à l'intérieur des terres. Le pin d'Alep règne en maître sur les reliefs du **Haut Tell**, tandis que le **cap Bon** est le domaine du chêne kermès. Cette péninsule, qui jouit à la fois d'une grande douceur et d'un bon ensoleillement, fait la part belle aux cultures de la trilogie méditerranéenne (vignes, olives, blé), mais aussi aux agrumes et aux plantations maraîchères. La **plaine de la Mejerda** peut se prévaloir de deux atouts majeurs qui en font la première région céréalière de Tunisie : des terres argileuses et des ressources en eau abondantes, la Mejerda étant le seul oued du pays à avoir un débit constant. La vallée de la Mejerda, réputée être le grenier à blé de Rome, a aujourd'hui élargi ses productions aux cultures fourragères et à la betterave à sucre, grâce à l'aménagement de nombreux barrages sur le cours du fleuve.

La steppe des conquérants

La dorsale franchie, la végétation doit composer avec deux facteurs déterminants : une pluviométrie inférieure à 400 mm et des sols essentiellement sablonneux. C'est le domaine des steppes, vastes horizons parsemés de touffes d'alfa, de sparte et d'armoise, où les troupeaux de moutons se déplaçent au rythme des saisons à la recherche d'une herbe rare et dure. Au sud d'une ligne Kasserine-Sfax, les marques de l'aridité s'accentuent et la culture pluviale est impossible, sauf localement le long de certains oueds.

Les **hautes steppes** occupent la partie la plus occidentale du centre de la Tunisie. On y accède par gradins successifs dont l'altitude s'élève de 300 à 800 m. L'alfa, qui y est transformé pour les besoins de l'industrie papetière, cède en de rares endroits la place à l'arboriculture. Les **basses steppes**, qui s'étendent vers l'est jusqu'à la Méditerranée, fonctionnent comme une plaine d'épandage. L'écoulement des rares eaux ne se fait pas vers la mer, mais se perd dans les dépressions, formant de nombreuses sebkhas *(sebkhet)*, zones marécageuses et saumâtres. Cette région semi-aride se caractérise par des poches de cultures céréalières, là où l'irrigation est permise, et par des oliveraies, à l'est, qui trouvent leur prolongement dans le Sahel.

La conquête de l'*Ifriqiya* par les Arabes venus de Tripolitaine se fit par les steppes, fait notable pour un pays où la menace vint toujours de la mer. Les envahisseurs fondèrent **Kairouan**, première capitale de l'Islam en Afrique du Nord, au cœur des basses steppes. Le choix de cette terre ingrate témoigne de sa position centrale et de son intérêt stratégique.

Le Sahel, rivage des steppes

Le Sahel appartient au domaine des basse steppes, mais comme l'indique la signification de ce mot en arabe, il en constitue la partie « littorale ». Le caractère steppique du Sahel est ainsi atténué par les effets humidificateurs de la Méditerranée. Dans la région de Sousse, la pluviométrie est d'environ 350 mm par an. Les précipitations, dont 40 % se font en automne, sont souvent torrentielles : il n'est pas rare qu'il tombe 50 mm de pluie en une journée, faisant suite à des mois sans nuages. Ce déficit hydrique est en partie compensé par l'apport en humidité de la Méditerranée, sous forme de brouillard ou de rosée. Quant aux températures, elles sont modérées par les brises marines, ce qui fait du Sahel une destination très prisée des vacanciers.

L'identité du Sahel repose tout autant sur des facteurs historiques et structurels que sur sa situation géographique et son climat. La province correspond à l'ancienne Byzacène des Romains.

La maîtrise de l'eau

Pline rapporte comment, dans l'Antiquité, l'eau de Gabès donnait lieu à une savante répartition : « Dans un rayon d'environ trois mille pas, une source fournit une eau abondante sans doute, mais qu'on ne distribue aux habitants qu'à heures fixes. » Ce système est encore en usage à Ouedref, Chebika et dans le Jerid. En l'absence de sources, l'homme creusait pour aller chercher l'eau dans les nappes profondes. Il s'est également ingénié à capturer les eaux de ruissellement en construisant des *jessour*, murs de pierre qui barrent à intervalles réguliers le lit des oueds, ou qui s'étagent sur les terrains en pente. Ils retiennent non seulement les eaux de ruissellement mais aussi la terre lors des violents orages qui éclatent en hiver. Sur ces terrasses, les montagnards cultivent l'orge, le blé, l'olivier, le figuier et le palmier.

Malgré des conditions climatiques peu favorables, ceux-ci y avaient développé l'oléiculture à grande échelle, l'olivier pouvant résister à des années de sécheresse. Cette culture fut encore intensifiée pendant la période du protectorat français, et le Sahel se caractérise aujourd'hui par ses immensités plantées d'oliveraies. Il présente un autre trait spécifique : une ouverture sur le large, des ports (Sousse, Mahdia, etc.) et une urbanisation ancienne importante. Viennent s'ajouter à cela de nombreuses activités tertiaires et industrielles, et surtout le tourisme balnéaire. Très dynamique sur le plan économique, le Sahel illustre le déséquilibre structurel de la Tunisie entre un littoral développé et un arrière-pays sous-peuplé et pauvre.

Le Sud

Le Sud tunisien exerce une fascination qui remonte aux origines du tourisme dans ce pays, lorsque, dans les années 1910-1920, les premiers groupes d'Occidentaux venaient chercher l'exotisme des oasis et des dunes tout autant que la nostalgie des ruines de Carthage. Aujourd'hui, avec la vogue des raids en 4x4 et des méharées, cette région déshéritée tend à prendre plus d'importance, sous le regard intéressé de l'État, le tourisme rapportant le tiers des ressources en devises. Tous les ingrédients sont réunis pour attirer les étrangers en quête d'authenticité et de dépaysement : le Sahara, les oasis, un habitat surprenant (ksour et maisons troglodytiques), une île mythique et une population accueillante.

En dessous de la ligne Gafsa-Gabès, les arbres spontanés disparaissent presque totalement. Là commence le Sud tunisien, zone sub-désertique jusqu'aux grands *chott*, et franchement saharienne au-delà. Au nord du Chott el Jerid, s'étend le pays des **oasis de montagne** : Chebika, et surtout Midès et Tamerza abandonnées après des pluies torrentielles. Mais les plus belles oasis sont celles du **Jerid** dont les deux fleurons sont Tozeur et Nefta. En arabe, *jerid* signifie « palmes », le palmier étant l'arbre roi des oasis.

Véritable mer intérieure, mais asséché la plus grande partie de l'année, le Chott el Jerid est constitué de croûtes et d'efflorescences salines. Surface de cristal qui se joue du voyageur et lui fait entrevoir de troublants mirages. Cette vaste dépression n'est qu'à 15 m au dessus du niveau de la mer et, au 19e s., Ferdinand de Lesseps eut le projet fou de la relier à la Méditerranée par un canal. Avec les grands *chott*, on passe sous la barre fatidique des 100 mm d'eau par an et l'on pénètre dans l'univers hyperaride du Sahara. Le Sud-Est se compose d'une plaine côtière, la **Jeffara**, et du plateau gréseux et calcaire du **Dahar**. Un environnement hostile qui a constitué au cours de l'histoire une forteresse naturelle pour les Berbères. Les ksour (greniers fortifiés) et les maisons troglodytiques du Dahar témoignent de la remarquable adaptation de ces populations à ce milieu. À l'élevage (dromadaires, chèvres, moutons) et aux activités traditionnelles des oasis (dattes et productions maraîchères) s'ajoute désormais le tourisme, pratiquement érigé en mono-activité. En dehors des oasis, les maigres cultures se limitent au lit des oueds et au fond des vallons, quand un système de petites terrasses, les *jessour*, permet l'irrigation.

À l'ouest, le Dahar s'effondre, et bientôt commence le **Grand Erg oriental**, le désert tel que vous l'avez rêvé. Les ergs sont des massifs sableux constitués de différents types de dunes, ils forment la majeure partie du Sahara tunisien. Les dunes les plus spectaculaires sont les *barkhanes*, en forme de croissant. Dans le Grand Sud, le climat prend des formes extrêmes : les précipitations sont inférieures à 50 mm par an, l'amplitude thermique entre le jour et la nuit est très contrastée, et l'évaporation est importante.

Sans doute faut-il revenir de la fournaise saharienne pour bien comprendre pourquoi **Jerba** a été surnommée la « douce ». L'île des Lotophages, qui exerça une telle fascination sur Ulysse

La cueillette des olives

qu'il faillit arrêter là son voyage, n'est pourtant que le prolongement de la steppe pré-désertique. Mais elle bénéficie de conditions climatiques particulières dues à sa position méditerranéenne : des températures plus fraîches et une pluviométrie se situant entre 100 et 200 mm par an. L'eau n'en demeure pas moins la grande préoccupation des Jerbiens. La route qui relie l'île au continent sur 6,5 km se double d'une canalisation acheminant l'eau nécessaire aux infrastructures touristiques et aux habitants. L'astucieux système de citernes que ces derniers ont installé au sein de leurs résidences traditionnelles, les *menzel*, ne peut servir qu'à un usage domestique ; quant à l'eau des puits, sa salinité élevée lui ôte toute capacité à irriguer. À Jerba et dans la région de Zarzis, sur le continent, l'olivier trouve un dernier espace avant de laisser la place au désert et à ses rares palmiers.

HISTOIRE

La Tunisie, de loin le plus petit pays du Maghreb, est la plus ancienne entité politique d'Afrique avec l'Égypte : ses frontières orientales et occidentales, qui ne correspondent pourtant à aucun accident géographique, sont presque les mêmes qu'il y a 2 500 ans. Une telle pérennité a de quoi surprendre, tant la Tunisie a connu d'invasions venues de l'est, de l'ouest, et du nord – du sud, elle n'a jamais eu à craindre que l'avancée du désert. Sous le joug des Phéniciens, des Romains, des Byzantins, des Arabes, des Ottomans, puis des Français, elle a toujours réussi à préserver sa spécificité, jusqu'à s'ériger en État indépendant. Car ce petit promontoire, situé au point de rencontre des bassins oriental et occidental de la Méditerranée, fut un jour Carthage et ne l'a jamais oublié…

Saint Augustin

Saint Augustin naît en 354 à Thagaste (Souk Ahras en Algérie), mais c'est à Carthage qu'il fait ses études. Il mène une jeunesse tumultueuse et ne dédaigne pas les amours éphémères. Tenté un temps par le manichéisme, il se convertit finalement au catholicisme sous l'influence de sa mère, et se fait baptiser à Milan en 387. Il a 33 ans. Il retourne en Afrique, à Hippone (Annaba en Algérie) où il est ordonné prêtre. Il en devient l'évêque en 395. En combattant les hérétiques donatistes, pélagiens et manichéens sur un plan théologique, Augustin a jeté les fondements du dogme catholique et affirmé pour l'avenir la vocation universelle de l'Église. Augustin meurt en 429, alors que les Vandales déferlent sur l'Afrique.

L'ANTIQUITÉ

On a retrouvé en Tunisie des traces humaines remontant au paléolithique, mais les premiers occupants connus de la Tunisie furent des tribus **berbères**, nomades ou sédentaires, auxquelles vinrent très tôt s'adjoindre des populations extérieures.

Des Phéniciens aux Carthaginois

Originaires de la Syrie et du Liban actuels, les marchands phéniciens dominent la Méditerranée orientale dès le 12e s. av. J.-C., et créent des comptoirs loin de chez eux, dans le bassin occidental. **Utique** est considérée comme la première colonie de Tyr sur le territoire de l'actuelle Tunisie, mais c'est Carthage (« la nouvelle ville »), fondée en 814 av. J.-C., qui est promise au plus brillant avenir.

Au 6e s. av. J.-C., sous les rois magonides, **Carthage** supplante sa mère patrie sur la côte africaine et en Méditerranée occidentale. Devenue l'une des villes les plus puissantes de Méditerranée occidentale, elle perpétue l'héritage phénicien. Commerçants entreprenants, les « Puniques » (dérivé latin du mot « Carthaginois ») étendent leur zone d'influence, fondent d'autres comptoirs et font affaire avec l'Égypte, l'Étrurie et la Grèce. Le *Périple d'Hannon* raconte l'épopée d'un roi de Carthage du 5e s. qui s'aventura avec 60 navires au-delà des légendaires Colonnes d'Hercule (détroit de Gibraltar) pour explorer la côte atlantique de l'Afrique.

C'est à cette époque que naît, à propos de la Sicile, une rivalité avec les Grecs qui continuera au siècle suivant. Après une défaite cinglante à Himère, en 409 av. J.-C., les Carthaginois se contentent d'affermir leurs positions. Quand enfin ils parviennent à prendre pied à Messine, en 270 av. J.-C., c'est pour se retrouver face à un nouvel ennemi… les Romains.

La longue période des **guerres puniques** voit s'opposer les Romains aux Carthaginois pour la domination de la Méditerranée occidentale *(voir p. 153)*. Si Hannibal et ses éléphants peuvent un temps menacer Rome, le conflit se solde par la destruction totale de Carthage en 146 av. J.-C. Les Romains arasent le site et y répandent du sel afin de le rendre stérile, effaçant jusqu'au souvenir même de la cité punique. Une punition à la mesure de la frayeur qu'ils ont éprouvée !

La domination romaine

Les territoires conquis forment la province romaine d'Afrique, bordée à l'ouest par le royaume numide. Surtout conscients de son intérêt stratégique – pour le contrôle du détroit de Sicile –, les nouveaux maîtres négligent d'abord de la mettre en valeur. Après la prise de la Numidie par **César** (46 av. J.-C.), **Auguste** fait reconstruire Carthage et y installe la capitale d'une province agrandie de la Tripolitaine. Les ruines de **Sbeïtla**, **Makthar**, **Dougga**, **El Jem** et **Bulla Regia** témoignent d'un très haut degré d'urbanisation à l'époque romaine. Un aqueduc de 132 km alimente en eau Carthage et ses 300 000 habitants. Les céréales, les huiles et les vins vendus en Italie font la fortune de la province, qui est en contrepartie très largement romanisée.

On le sait peu, mais l'Afrique est très tôt l'une des terres les plus profondément christianisées. Brillant foyer intellectuel, elle voit éclore quelques-uns des plus grands théoriciens de l'Église latine : **Tertullien** (155-225), **saint Cyprien** (v. 200-258), et plus tard **saint Augustin** (354-430). Entre autres apports, on doit à l'Église de Carthage l'adoption du latin comme langue chrétienne de l'Occident.

Au 3e s., la province est secouée par de graves troubles sociaux, puis elle connaît un second souffle. C'est au 4e s., lors de l'**hérésie donatiste** combattue par saint Augustin, qu'elle amorce un déclin irréversible. Le motif en est l'élection d'un évêque, mais les causes sont plus profondes. La dimension politique

HISTOIRE

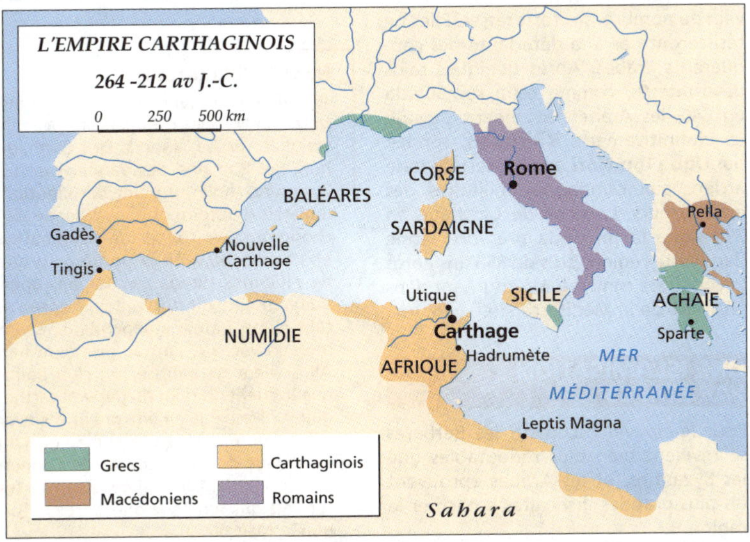

(opposition entre le clergé de tradition africaine et l'empereur Constantin) et sociale (rébellions sanglantes du petit peuple des campagnes contre les grands propriétaires terriens) de ce schisme laissera l'Église de Carthage profondément divisée.

Après la prise de la ville, en 439, les **Vandales** se fondent dans les institutions existantes et, fidèles à l'arianisme, persécutent les catholiques. Attaqué par les Berbères, affaibli par des soulèvements ruraux et des divisions internes, leur royaume sombre vite à la mort de leur brillant chef **Genséric**, en 477.

Le rêve byzantin

L'empereur byzantin **Justinien**, qui règne de 527 à 565, rêve de reconstituer un empire universel héritier de Rome. Son brillant général **Bélisaire** ne rencontre guère de difficultés pour chasser les Vandales d'Afrique du Nord (534), et il parvient à réintégrer également l'Italie et une partie de l'Espagne dans l'empire. Mais les successeurs de Justinien hériteront de forces militaires trop dispersées pour assurer la sécurité d'aussi vastes territoires. Ils ne pourront empêcher ni l'invasion des Lombards en Italie ni celle des Slaves dans les Balkans.

En Afrique du Nord, ils édifieront en vain de nombreuses forteresses. Elles ne résisteront pas à la déferlante des conquérants arabes. Après quelques raids dévastateurs, comme celui sur Sbeïtla en 646, les Arabes reviennent s'installer définitivement. **Kairouan**, fondée par **Uqba Ibn Nafi** en 670, sert de base arrière aux campagnes militaires des envahisseurs. La prise de Carthage en 698 signe la fin de la présence latine dans cette région, près de 850 ans après la conquête romaine. Un tournant dans l'histoire de la Méditerranée.

UNE ISLAMISATION PAR ÉTAPES

Pour le nouvel occupant, les Berbères se révèlent bien plus redoutables que les Byzantins, et les Arabes éprouvent les plus grandes difficultés à pacifier la région.

Une pacification difficile

En 702, à la mort de la **Kahena** – princesse berbère qui a mené la lutte contre l'envahisseur *(voir p. 266)*, le calife **omeyyade** de Damas peut enfin étendre son autorité sur toute la région, qui devient la province d'**Ifriqiya** (englobant l'est de l'actuelle Algérie). La fondation de **Tunis** date de cette époque. Convertis à l'islam, les Berbères sont enrôlés dans l'armée et forment le gros des troupes lancées à l'assaut de l'Espagne (711), puis de la Gaule, où ils sont vaincus à Poitiers (732).

En 750, les **Abbassides** d'Irak succèdent aux Omeyyades. Tunis, Kairouan et Sousse connaissent un développement notable grâce aux échanges avec l'Orient. Sur le plan culturel, les progrès rapides de l'islamisation et de l'arabisation marquent une rupture définitive avec le passé romain. Mais les Berbères supportent mal la condition humiliante de vassal et se montrent une fois encore des sujets peu dociles. Ils optent pour le **kharijisme** *(voir p. 76)*, une hérésie rigoriste hostile au pouvoir central, et s'emparent de Kairouan à deux reprises.

En 800, l'émir Ibrahim el Aghlab fonde la dynastie des **Aghlabides**, sous l'autorité nominale des Abbassides. Les

Hannibal, le retour

Autrefois, l'enseignement de l'histoire tunisienne commençait avec la conquête arabe, au 7e s. Des Carthaginois, des Romains, des Vandales et des Byzantins, il n'était point fait mention. Il n'était d'histoire que musulmane. Les choses ont bien changé, et Hannibal est en passe de devenir la figure de proue de l'identité tunisienne. De lui, Bourguiba disait : « Il fut l'unique représentant d'une Tunisie indépendante avant mon arrivée. » Quant au président Ben Ali, il vient de baptiser un club politique influent du nom du général carthaginois. Il est également prévu d'élever à Tunis un monument à la mémoire du vainqueur de Trasimène et de Cannes. Certains parlent même de rapatrier ses cendres qui sont quelque part en Turquie... Mais où ?

Aghlabides achèvent la conquête de la Sicile en 902. La religion est dominée par la **doctrine malékite** qui prône un islam tolérant et sobre. D'importantes communautés de chrétiens et de juifs vivent alors à Tunis et Kairouan, contribuant à la prospérité du pays. Du point de vue intellectuel et architectural, cette période est considérée comme un âge d'or : la reconstruction de la Grande Mosquée de Kairouan date de cette époque.

Révoltées contre l'arbitraire des émirs et le poids des impôts, les indomptables tribus berbères embrassent l'hérésie **chiite** et se rangent derrière un nouvel envahisseur, Obaïd Allah. Avec l'aide des Berbères, ce dernier, qui se prétend le descendant légitime de Fatima (la fille du Prophète), renverse les Aghlabides en 909. La dynastie **fatimide** est née, et elle va se lancer à la conquête du monde arabe pour le convertir par la force au chiisme *(voir p. 76)*, l'*Ifriqiya* n'étant qu'une étape.

La seconde invasion arabe et les dynasties berbères

Après la conquête de l'Égypte, les califes fatimides s'installent au Caire (972) et confient l'*Ifriqiya* aux tribus berbères de leur allié Belogin Ibn Ziri, le fondateur de la dynastie **ziride**. Sous leur coupe, la province connaît une période de prospérité et adopte le sunnisme des docteurs malékites. Se croyant assez puissants, les Zirides rejettent la tutelle fatimide (1048) et reconnaissent celle, plus lointaine et moins contraignante, des Abbassides de Bagdad.

La réaction du calife fatimide est à la mesure de l'affront : il livre le pays à la main vengeresse des **Beni Hilal**, des bédouins de Haute-Égypte. Cette seconde invasion arabe bouleverse définitivement l'équilibre de la région. Les villes du Sud et du Centre sont pillées et les installations hydrauliques dévastées, rendant au désert de vastes territoires irrigués. Dans la plaine, l'agriculture recule au profit de l'élevage. La population déserte les campagnes et se réfugie dans les montagnes et les villages fortifiés. Les régions côtières de l'Est s'émancipent et forment de petites principautés autonomes. Enfin, l'arabisation de la population s'accentue et le christianisme disparaît presque définitivement. Les **Génois** et les **Pisans** (11e s.), puis les **Normands** (12e s.) profitent du chaos pour s'installer dans différentes cités du littoral et prélever tribut.

À peine installés, les Normands sont à leur tour chassés par les **Almohades** (12e s.), des Berbères originaires du Maroc. Leur calife, Abd el Moumin, réalise alors un véritable exploit en parvenant à unifier tous les musulmans du Maghreb et d'Espagne. Mais cet empire immense échappe à son contrôle, et il se trouve confronté aux exactions des **Almoravides** de Beni Ghaniya, alliés aux Hilaliens et aux Turcs de Tripolitaine. Il faudra un gouverneur marocain (installé à Tunis), Abou Hafs, pour normaliser la situation. Conscient de sa force, son successeur s'affranchit des Almohades et s'arroge le titre d'émir (1230). La dynastie **hafside** régnera trois siècles.

En dépit de fréquentes crises internes, de révoltes arabes, et de plusieurs **croisades** (Saint Louis, en 1270), l'*Ifriqiya* vit de belles heures. Elle accueille les musulmans et les juifs chassés d'Espagne par la Reconquista qui apportent avec eux une culture raffinée et un grand savoir-faire dans le domaine de l'agriculture et de l'artisanat. Tunis devient un centre intellectuel réputé dans tout le monde musulman, un renouveau illustré par la naissance de l'historien et philosophe **Ibn Khaldoun** en 1332.

À la fin du 15e s., les attaques espagnoles et turques précipitent la chute d'une dynastie déjà déclinante. Le Moyen Âge est bel et bien fini.

LA DOMINATION TURQUE

Le 16e s. est une période troublée pour la Tunisie, qui devient un enjeu majeur du commerce méditerranéen et se trouve prise comme dans un étau entre les deux grandes puissances de l'époque, l'Espagne et l'Empire ottoman.

Une lointaine province ottomane

Les corsaires prennent une telle importance en Méditerranée occidentale qu'en 1534, le plus connu d'entre eux, un Turc du nom de Barberousse, s'empare de Bizerte, Tunis, La Goulette et Kairouan pour le compte de Constantinople. Dès l'année suivante, **Charles Quint** reprend Tunis, réinstalle le sultan hafside et en profite pour instaurer un protectorat. Mais les Turcs ne renoncent pas et, après quelques décennies d'une lutte acharnée, la région finit par tomber dans le giron ottoman en 1574. La « Régence de Tunis » est dotée d'une administration turque et confiée à un **pacha** nommé pour trois ans, assisté d'un **divan** (conseil) composé d'officiers de la milice. Ces gradés – des Turcs, puis des Levantins musulmans et des *Kouloughlis* (fils de Turcs et de femmes indigènes) – sont commandés par un **agha**.

Ulcérés par les abus de pouvoir du pacha, les **deys** (officiers subalternes) de la milice se révoltent en 1590 et imposent l'un des leurs aux côtés de l'*agha*, du *qabtan* (chef de la marine) et du **bey** (chef de l'armée et responsable de la levée de l'impôt). Le dey, élu par ses pairs, ne tarde pas à s'imposer à la tête du pouvoir.

La course *(voir p. 197)*, qui bénéficie de l'accord tacite des autorités, est alors le véritable moteur de l'économie, alimentant les souks en marchandises et en esclaves. Tunis est une ville prospère et cosmopolite où se croisent marchands juifs ou marseillais, artisans morisques (musulmans d'Espagne convertis de force au catholicisme) et renégats (chrétiens convertis à l'islam). Ces derniers parviennent parfois à de hautes fonctions dans l'administration. Mourad, un renégat corse, accède ainsi à la charge de bey, et obtient le droit de la transmettre à son fils. Celui-ci s'empare du pouvoir en 1640 et fonde la **dynastie mouradite**. Un coup d'État militaire y mettra un terme en 1702.

Une indépendance de fait

Après une période de transition, l'agha Hussein Ibn Ali se fait proclamer bey en 1705. Il abolit le titre de dey et fonde la dynastie des **Husseinites**, qui se maintiendra au pouvoir jusqu'à l'indépendance en 1957. Le bey reconnaît la suzeraineté du sultan de Constantinople, mais celle-ci n'a plus qu'un caractère symbolique ; elle prendra juridiquement fin lors de la signature du traité de Sèvres, en 1920. Dans ce pays où règnent en maîtres les corsaires et la milice, les Husseinites s'efforcent de créer un État moderne. Au 18e s., la Régence, minée par des querelles internes, doit faire face à des soulèvements et à de fréquents conflits avec l'Algérie. Tunis développe les échanges commerciaux avec les puissances européennes, en particulier avec la France, qui ouvre un comptoir au cap Nègre. Peu à peu, sous couvert de traités commerciaux, la Tunisie perd son indépendance. Elle s'affaiblit également sur le plan économique, obligée d'abandonner peu à peu la pratique de la course sous la pression des puissances occidentales.

À deux reprises, en 1811 et 1816, les janissaires se révoltent. Les beys en profitent pour réduire l'influence de ce corps d'élite qui menace leur pouvoir. Chef désormais incontesté, le bey est secondé par un grand vizir, tandis que la bourgeoisie est maintenue à l'écart des affaires du pays. À l'échelon local, l'administration est gérée par des caïds responsables de la collecte des impôts et du maintien de l'ordre. Dans les régions du Nord, étroitement contrôlées par le pouvoir, leur autorité est durement ressentie, mais dans le Sud, aux portes du désert, les tribus maintiennent une tradition d'indépendance.

Les convoitises européennes

Avec la **prise d'Alger** par les Français, en 1830, la Tunisie se trouve d'emblée placée dans la ligne de mire des colonisateurs. En 1836, des troupes françaises sont dépêchées à La Goulette pour protéger le gouvernement de Tunis d'un éventuel débarquement ottoman.

La concurrence des produits européens, la chute du cours de l'huile et la fin de la piraterie provoquent une grave crise économique. La Cour se lance néanmoins dans des dépenses excessives et les beys accroissent la pression fiscale

HISTOIRE

sur le peuple, déjà éprouvé par une épidémie de peste. La France profite de la situation pour accentuer sa présence. Sur le plan politique, les beys entreprennent différentes réformes : le principe d'égalité devant la loi est adopté en 1857 et une Constitution est promulguée en 1861. Mais toutes les tentatives pour assainir la situation financière font long feu, et le pays s'endette jusqu'à friser la banqueroute. En 1869, Mohammed el Saduq accepte la tutelle d'une commission franco-italienne présidée par la France. Il tente en vain de jouer de la rivalité entre les deux puissances : en 1881, les Italiens ne bougent pas lorsque 30 000 soldats sont envoyés par Jules Ferry sous prétexte de mettre fin à une incursion des Kroumirs en Algérie. Ils parviennent aux portes de Tunis, après une marche de trois semaines sans même combattre. Quelques mois plus tard, la France se voit confier les questions de défense et de diplomatie par le **traité du Bardo**, qui consacre la fin de la souveraineté tunisienne.

LE PROTECTORAT FRANÇAIS

La troupe intervient encore la même année pour mater une rébellion nationaliste de tribus dans le Sud : Sfax est occupée en juillet, Kairouan en octobre, Gafsa et Gabès en novembre.

La mise sous tutelle

Par la **convention de La Marsa** (1883), imposée au bey, le pouvoir réel passe dans les mains du **résident général** français qui met en place une administration parallèle entièrement composée de fonctionnaires français. Paris se met en tête de créer en Tunisie un modèle de développement colonial : assainissement des finances, réforme de l'enseignement sur le modèle de la République, construction d'hôpitaux et amélioration des conditions sanitaires (éradication du choléra et du typhus). Enfin, les ressources minières (phosphates et fer) et agricoles sont mises en valeur et exploitées grâce à des infrastructures modernes (ports, voies ferrées). Mais les bénéfices du progrès ne profitent pratiquement qu'aux colons et à une petite partie de la bourgeoisie locale. En outre, la présence française (48 000 colons en 1911) reste inférieure à celle des Italiens (88 000 colons).

Un nationalisme précoce

L'ébauche de représentativité octroyée en 1907, avec l'entrée de notables tunisiens au sein de la conférence consultative, est une mesure trop timide pour stopper la vague montante de la revendication identitaire. Dès 1907, inspiré par l'exemple des Jeunes-Turcs et du nationalisme arabe émergeant, le **mouvement des Jeunes Tunisiens** s'érige en porte-drapeau du nationalisme. Les émeutes de 1911 et 1912, à Tunis, sont durement réprimées (arrestation et expulsion des meneurs, interdiction des journaux, état d'urgence de 1914 à 1921).

L'impatience ne fait que croître au lendemain de la **Première Guerre mondiale**, alors que 60 000 Tunisiens sont allés combattre sur les champs de bataille de France. Aucune des revendications de représentativité et de liberté d'expression formulées par le **Destour** (le mouvement « Constitution » créé en 1920) n'est prise en considération. Au contraire, les dirigeants de la UGTT (Union générale des travailleurs tunisiens, créée en 1924) sont accusés d'être à l'origine de l'agitation sociale et emprisonnés. La tension culmine en 1930, lors de l'érection de la statue du cardinal Lavigerie à l'entrée de la médina de Tunis. Puis la revendication nationaliste semble se mettre en sommeil.

L'accalmie n'est que passagère et, en 1934, les éléments les plus radicaux du Destour font scission pour créer le **Néo-Destour**, dirigé par **Habib Bourguiba**. Le nouveau parti adopte une ligne laïque et moderniste, et se tourne vers les couches populaires. La même année, Bourguiba est assigné à résidence dans le Sud. L'espoir suscité par l'arrivée au pouvoir du Front populaire est rapidement déçu. Le gouvernement Blum, en butte à d'énormes difficultés économiques et sociales, a relégué au second plan les affaires coloniales. En 1937-1938, une nouvelle vague d'émeutes entraîne l'interdiction du Néo-Destour, l'arrestation de ses chefs, la suspension des libertés et l'instauration de l'état d'urgence.

Pendant la **Seconde Guerre mondiale**, la Tunisie est partiellement occupée par les forces de l'Axe. **Moncef bey**, tout en affirmant sa neutralité vis-à-vis des deux camps, reprend le flambeau du nationalisme et exige du gouvernement de Vichy un retour à l'esprit des traités du protectorat. Une attitude que ne lui pardonneront pas les Français après la guerre. Jugé coupable d'intelligence avec l'ennemi, il est déposé par les Forces françaises libres et remplacé par son cousin **Lamine**. Bourguiba avait été plus clairvoyant. Bien qu'il fût l'objet d'une sollicitation empressée, il ne s'était pas laissé séduire par les fascistes italiens et avait toujours posé comme condition préalable à toute négociation l'indépendance de la Tunisie. Outre que ses préférences personnelles allaient aux démocraties, il avait, en fin politique, parié sur une défaite de l'Allemagne.

La lutte pour l'indépendance

Au lendemain de la guerre, les nationalistes observent une trêve dans leurs revendications. Revenu au pays en 1949, Bourguiba retrouve une popularité intacte. Il reprend la lutte en s'appuyant sur l'UGTT de **Farhat Hached**. En 1950, les Français accueillent avec réserve ses propositions d'autonomie. La même année, **Salah Ben Youssef**, membre du Néo-Destour, est appelé au gouvernement. Deux ans plus tard, la tension monte d'un cran lors du remplacement du résident Louis Périllier par Jean de Hautecloque, qui ordonne l'arrestation de Bourguiba et d'autres chefs nationalistes, puis renvoie le gouvernement de Ben Youssef. Suite à l'assassinat de Farhat Hached par des colons, le pays semble entraîné dans l'engrenage de la violence. Il est secoué par une vague d'attentats terroristes tandis que, dans les campagnes, les **fellaghas** entrent en lutte armée.

Devant la détérioration de la situation, le président du Conseil Pierre Mendès France se déclare favorable à l'« autonomie interne » (juillet 1954) et engage des pourparlers avec le gouvernement et Bourguiba. L'accord d'autonomie conclu en juin 1955 permet aux Tunisiens de reprendre en main la gestion des affaires intérieures du pays. Salah Ben Youssef, qui juge ces mesures insuffisantes et rejette l'accord, mène quelque temps une lutte armée dans le Sud avant de fuir à l'étranger – il sera assassiné à Francfort en 1961. La victoire de son rival Bourguiba est totale. Avec lui s'impose le projet d'une république moderne et sociale, par opposition au panarabisme islamiste de Ben Youssef. L'indépendance du Maroc accélérera celle de la Tunisie, qui sera finalement reconnue par la France le 20 mars 1956.

Bourguiba, en 1942

« La croyance naïve que la défaite de la France est un châtiment de Dieu, que sa domination est finie et que notre indépendance viendra d'une victoire de l'Axe est dans beaucoup d'esprits... Eh bien je dis que c'est une erreur, une erreur grave, qui nous coûtera si nous la partageons... La vérité qui crève les yeux, c'est que l'Allemagne ne gagnera pas la guerre, qu'elle ne peut plus la gagner, que le temps travaille contre elle et qu'elle sera mathématiquement écrasée. Ce n'est donc plus qu'une question de temps. Cela étant, notre rôle, le vôtre, celui de tous ceux qui ont une certaine autorité sur la masse, est d'agir de telle sorte qu'à l'issue de la guerre, le peuple tunisien et plus particulièrement son aile marchante, le Néo-Destour, ne se trouve pas dans le camp des vaincus, c'est-à-dire compromis avec les germano-italiens. »

UNE JEUNE RÉPUBLIQUE

Aux élections d'avril 1956, le Néo-Destour, sans opposant sérieux, remporte la totalité des sièges à l'assemblée constituante. Le 25 juillet 1957, le bey est destitué et la république proclamée avec Bourguiba pour président.

Carthage

La formation d'un État moderne

La **Constitution de 1959** garantit l'égalité et les libertés des citoyens, mais dans les faits, le Néo-Destour est érigé en parti unique, omniprésent à tous les niveaux de l'administration et de la société civile. Président tout-puissant, Bourguiba entreprend de moderniser et de laïciser l'enseignement et la justice. Mais c'est le **Code du statut personnel**, promulgué dès 1956, qui a transformé le plus profondément la société tunisienne et lui confère encore à l'heure actuelle une place à part dans le monde arabe. Il a permis l'émancipation des femmes en abolissant la polygamie et la répudiation, remplacée par le divorce judiciaire *(voir p. 76)*.

Dans les années 1960, la montée des problèmes sociaux et l'explosion démographique conduisent le régime à adopter une politique étatique. Le Néo-Destour se mue en Parti socialiste destourien (PSD) et l'État intervient dans tous les domaines de la vie sociale (religion, culture) et économique (agriculture, commerce). La généralisation des coopératives dans le commerce et l'agriculture ne donne pas l'effet escompté, au contraire. L'aggravation de la crise économique et de la dépendance extérieure provoque le limogeage du ministre de l'Économie **Ahmad Ben Salah**, ancien secrétaire général de l'UGTT, bientôt condamné à dix ans de prison.

Une nouvelle politique d'inspiration libérale, l'**infitah** (« ouverture »), est mise en place tandis que, paradoxalement, le pouvoir devient plus autoritaire : Bourguiba nommé président à vie en 1974, répression de la grève générale en 1978, et contrôle étroit de l'UGTT. À la même époque, le mouvement islamiste connaît un développement sans précédent au sein d'une jeunesse diplômée et sans travail. La tentative de coup de force fomentée en 1980 à Gafsa par des Tunisiens revenus de Libye révèle la vulnérabilité de l'État. Le gouvernement est contraint à une ouverture politique dont les islamistes sont exclus et qui prend fin en 1983-1984, lors des émeutes du pain (provoquées par une hausse du prix de cette denrée), qui firent de nombreux morts. En avril 1987, des affrontements entre forces de l'ordre et islamistes font de nouvelles victimes à Tunis.

L'ère Ben Ali

En novembre 1987, Habib Bourguiba est remplacé pour incapacité médicale par son nouveau Premier ministre, le **général Zine el-Abidine Ben Ali**. Conformément à la Constitution, ce dernier lui succède à la tête de l'État jusqu'à la fin de la législature en cours. Ce tournant est salué comme la promesse d'une ouverture par la plupart des opposants et des intellectuels. Le nouveau chef d'État introduit rapidement des réformes démocratiques : libération de détenus politiques, suppression de la présidence à vie et de la Cour de sécurité de l'État, autorisation du multipartisme. Le PSD change de peau et devient le Rassemblement constitutionnel démocratique (RCD).

L'élection présidentielle de 1989 est l'occasion pour Ben Ali, plébiscité par 99 % des suffrages, de renforcer son autorité. Lors des législatives, le Mouvement des démocrates socialistes (MDS) est laminé, tandis que la mouvance islamiste obtient 13 % des voix. Reconduit lors des élections de 1994, Ben Ali a réussi jusqu'à présent à contenir la progression des islamistes. Le 24 octobre 1999, le président sortant décroche un troisième mandat avec 99,44 % des voix face à ses adversaires du Parti de l'unité populaire (PUP) et de l'Union démocratique unioniste (UDU). Un score équivalent est enregistré le même jour aux élections législatives. Cependant sur les 182 sièges du parlement, 148 reviennent au RCD, les 34 restants ayant été alloués d'office à l'opposition avant même l'annonce des résultats – afin de favoriser le pluralisme politique.

Suite à une réforme constitutionnelle, le président Ben Ali se représente pour un quatrième mandat présidentiel fin 2004.

La politique étrangère

Au cours des premières années d'indépendance, dans un contexte dominé par la guerre d'Algérie, les rapports avec la France sont très tendus. La tension culmine en 1961, lors de la crise de Bizerte, où l'armée française tire sur les manifestants et fait près de 1 000 morts *(voir p. 202)*. Peu à peu, les relations entre les deux pays se normalisent, et la Tunisie obtient une aide importante de la France. Bourguiba soutenant la diplomatie américaine, les États-Unis contribuent également au développement économique du pays.

Cette politique pro-occidentale ne va pas sans provoquer quelques frictions avec les pays arabes. Par souci d'équilibre, la Tunisie est ainsi conduite à s'affirmer comme un ardent défenseur de la cause palestinienne. Après la signature, entre l'Égypte et Israël, des accords de paix de Camp David (1978), la **Ligue arabe** transfère son siège du Caire à Tunis. Elle sera imitée par la direction de l'**OLP**, au lendemain de l'invasion israélienne du Liban (1982). Lors de la **guerre du Golfe** (1990-1991), la Tunisie refuse de participer à l'intervention militaire alliée en Irak, la population y étant majoritairement hostile.

À l'heure actuelle, la Tunisie est préoccupée par la situation au Maghreb. L'échec du projet d'union avec le bouillant voisin libyen, en 1974, provoqua un net refroidissement des relations entre les deux pays. Kadhafi mit encore de l'huile sur le feu en soutenant les émeutiers de Gafsa au début des années 1980, et en expulsant 30 000 travailleurs tunisiens en 1985. En 1989, la Tunisie signe le traité d'union du **grand Maghreb arabe** censé réunir en une même zone économique le Maroc, l'Algérie, la Tunisie, la Libye, et la Mauritanie. Aujourd'hui, ce projet est au point mort, en raison notamment de la guerre civile en Algérie. La contagion islamique constitue pour les années à venir le principal défi de la jeune République.

D'autre part, la Tunisie a été élue, pour la troisième fois, membre du Conseil de sécurité de l'ONU en janvier 2000. Depuis février 2001, elle en assure d'ailleurs la présidence.

ÉCONOMIE ET ADMINISTRATION

LE SYSTÈME POLITIQUE

La Constitution du 1er juin 1959 est toujours en vigueur, malgré quelques amendements. C'est un texte assez court, taillé sur mesure pour son premier titulaire Habib Bourguiba. En 1974, son mandat n'étant plus renouvelable, Bourguiba fut nommé président à vie.

Un régime présidentiel

Le **chef de l'État** est élu pour un mandat de 5 ans, renouvelable sans limite d'âge ni de mandat depuis une loi constitutionnelle de 2002. L'élection de l'**assemblée législative** au suffrage universel, également pour cinq ans, a lieu dans la foulée de la présidentielle. Comme dans le système américain, le gouvernement est nommé par le président et n'est responsable que devant lui.

D'inspiration libérale, la Constitution garantit les libertés publiques (presse, réunion, opinion, expression, association) et l'égalité des citoyens devant la loi.

Dès son arrivée au pouvoir en 1987, le président Ben Ali a tenu à moderniser le régime en supprimant la présidence à vie et en créant un **Conseil constitutionnel**. En cas de vacance de la présidence, c'est le président de l'assemblée (et non plus le Premier ministre) qui assure l'intérim, et il doit organiser une nouvelle élection, sans pouvoir se présenter. Sur le plan **administratif**, le territoire de la Tunisie (163 km^2) est divisé depuis 1986 en **23 gouvernorats**, qui portent le nom de leur chef-lieu. À l'échelon inférieur se trouvent les délégations, les communes et les cheikhats.

L'absence d'alternance

Dans les faits, la Tunisie n'a découvert le multipartisme qu'au milieu des années 1980, et n'a encore jamais connu l'alternance du pouvoir. Les principaux acteurs de la vie politique sont le **RCD** (Rassemblement constitutionnel démocratique, ex-destourien) et le syndicat **UGTT** (Union générale des travailleurs tunisiens), proche du pouvoir.

Au début des années 1990, le PCT (Parti communiste tunisien), le MDS (Mouvement des démocrates socialistes) et le MUP (Mouvement pour l'unité populaire) étaient alliés au sein d'une coalition, mais leur poids dans toutes les instances représentatives restait négligeable. Depuis les élections législatives du 24 octobre 1999, cinq partis – **MDS**, **PUP**, **UDU**, **Attajdid** (ancien PCT) et **Parti social libéral** – se partagent les 20 % de sièges parlementaires réservés à l'opposition. Quant au mouvement islamiste **Ennahdha**, il est interdit.

UNE ÉCONOMIE EN DEVENIR

La Tunisie connaît depuis la fin des années 1980 une croissance rapide (de 5 % en moyenne). En l'absence de réserves naturelles, elle a dû miser sur les services (50 % du PNB), et surtout entreprendre une modernisation en profondeur de son économie.

Rompant avec sa tradition dirigiste, la Tunisie s'est engagée depuis 1989 sur la voie de la **libéralisation économique**, sous la houlette de Ben Ali. Un vaste programme de privatisations a été mis en place (près de 100 entreprises ont été dénationalisées au début de l'année 1997, sur 250 prévues), tandis que le pays s'ouvrait sur l'extérieur. La stabilité et la solvabilité sont en définitive ses deux principaux atouts pour attirer les **investisseurs étrangers**. L'argent vient du Golfe mais surtout de Paris, qui reste le premier partenaire économique (hors énergie). En outre, la plupart des grandes entreprises industrielles et de services françaises sont implantées et, fait de plus en plus rare, les voitures japonaises n'ont pas encore damé le pion aux marques françaises. L'ancienne puissance coloniale est particulièrement présente dans les deux grandes filières du pays : le **textile** et le **tourisme**.

Près des trois quarts des **échanges** se font avec l'Union européenne, et l'entrée dans la zone de libre-échange européenne, prévue en 2008, devrait accentuer le phénomène. Le textile, le pétrole et ses dérivés, et l'huile d'olive sont les premiers postes à l'exportation. Par comparaison, les chiffres du commerce avec le Maghreb (6 % du total) paraissent dérisoires.

Mais pour devenir ce Singapour méditerranéen que certains voient en elle, la Tunisie doit mettre l'accent sur la formation d'une main-d'œuvre qualifiée et développer une industrie à haute valeur ajoutée qui la distinguera de la concurrence des pays à économie intermédiaire (Europe de l'Est notamment). En outre, la révolution des mentalités dans les entreprises et la modernisation des structures économiques restent à faire, sans doute au prix d'une augmentation du chômage, qui touche déjà plus de 15 % de la population active.

Quoi qu'il en soit, les changements survenus ces dernières années sont déjà visibles à l'œil nu avec l'émergence d'une nouvelle classe moyenne d'ingénieurs, enseignants, cadres moyens, hauts fonctionnaires et professions libérales, qui s'installent dans les résidences élégantes de la banlieue de Tunis, et délaissent le commerce traditionnel au profit des supermarchés. La frénésie de consommation et le triomphe du crédit que l'on sent dans ces quartiers est à mille lieues des préoccupations de l'autre Tunisie, rurale à 37,4 % !

LES DATES CLÉS

L'Antiquité

814 av. J.-C. – Fondation de Carthage.

480-264 – Conflits territoriaux et commerciaux entre Grecs et Carthaginois.

264-146 – Première, deuxième, et troisième guerre punique qui s'achève par la destruction totale de Carthage par les Romains.

1er-2e s. – Expansion romaine.

3e s. – Le christianisme se répand en Afrique du Nord.

429 – Invasion vandale.

534 – Les Byzantins chassent les Vandales.

646 – Premières grandes incursions arabes *(Sbeïtla)*.

L'ère musulmane

647-670 – Conquête de l'Ifriqiya par les Arabes *(Kairouan)*.

800 – Fondation de la dynastie aghlabide *(Kairouan)*.

909-972 – Les Fatimides renversent les Aghlabides et imposent le chiisme. Ils s'installent au Caire en 972 après avoir conquis l'Égypte *(Mahdia)*.

1048 – Le gouverneur de l'Ifriqiya s'émancipe de la tutelle fatimide et fonde la dynastie ziride *(Mahdia)*.

11e s. – L'Ifriqiya est mise à feu et à sang par les Beni Hilal.

1159-1230 – La dynastie marocaine des Almohades domine l'ensemble du Maghreb et l'Espagne.

1230-1574 – Règne des Hafsides dont la capitale est Tunis.

L'époque ottomane

1534-1574 – L'Espagne et la Turquie se disputent la Tunisie, qui tombe finalement dans le giron ottoman.

17e-18e s. – Les corsaires écument la Méditerranée *(La Goulette)*.

1705 – Fondation de la dynastie husseinite sous l'autorité symbolique du sultan de Constantinople *(Tunis)*.

1881 – Intervention militaire française sur le territoire tunisien. Signature du traité du Bardo.

Les temps modernes

1934 – Habib Bourguiba crée le Néo-Destour, parti d'opposition indépendantiste.

1942-1943 – Les forces de l'Axe occupent partiellement la Tunisie. Les Alliés écrasent les Italiens et l'armée de Rommel.

1956-1957 – Déclaration d'indépendance. Bourguiba devient président.

1987 – Bourguiba est remplacé pour raison de santé. Le Premier ministre Ben Ali assure l'intérim.

1989 – Ben Ali est élu président.

1999 – Le 24 octobre : troisième mandat du président Ben Ali.

2000 – Mort de l'ex-président Habib Bourguiba.

2004 – La Tunisie remporte pour la première fois la Coupe d'Afrique des Nations de football.

Élections présidentielles et législatives.

LES TUNISIENS

Les Tunisiens sont réputés les plus doux et les plus accueillants des habitants du Maghreb. Creuset de civilisations, terre d'invasions, la Tunisie est le fruit d'influences multiples et, à défaut d'une identité forte, on y rencontre un esprit d'ouverture et un goût de la tolérance rares. Il est fréquent de se faire inviter à déguster un couscous maison ou à participer à une fête familiale. On vous proposera même parfois, surtout dans le Sud, d'assister à un mariage traditionnel. L'hôte est toujours mieux considéré que le maître de maison, et l'hospitalité est souvent débordante.

UNE POPULATION HOMOGÈNE

La Tunisie compte près de 10 millions d'habitants. Si des trois pays du Maghreb ce fut le plus exposé aux influences étrangères, c'est aussi paradoxalement celui dont la population est la plus homogène : arabe à 98 % et sunnite à 99 %. Les clivages ne sont donc ni ethnique ou linguistique (entre Arabes et Berbères par exemple) ni religieux (entre sunnites et chiites). Les différences se font plutôt entre population urbaine (62,6 %) et rurale (37,4 %), entre une bourgeoisie citadine très européanisée et une société paysanne au mode de vie traditionnel, entre les zones touristiques du bord de mer et l'arrière-pays, entre le Nord et le Sud.

Les différences régionales

Comme partout, les particularismes régionaux tendent à s'estomper en raison de l'exode rural et de la scolarisation. À chaque province correspond néanmoins un trait de caractère. Le Jerbien est commerçant et laborieux, à Tunis comme à Paris son épicerie reste ouverte fort tard. Le Sfaxien est mondialement réputé pour ses qualités d'homme d'affaires et de négociateur. Les habitants de la région du Kef aiment la terre et sont rudes à la tâche…

Chaque province se distingue également par certaines caractéristiques vestimentaires qui lui sont propres. Dans les villes, ces différences s'effacent au profit d'une généralisation de la tenue européenne, mais il n'est pas rare de croiser quelque vénérable vieillard portant la *chéchia* avec son costume trois pièces, et en dehors des heures de bureau le Tunisien enfile volontiers la *jebba*, sorte de jellaba ample et légère. Dans les campagnes, le vêtement demeure plus traditionnel — paysan engoncé dans le capuchon de sa *kachabiya* et robes chamarrées des femmes dans les champs –, mais le régionalisme des costumes, des coiffures et des parures ne s'exprime plus que lors de cérémonies ou de fêtes *(voir « Parures et costumes » p. 83).*

Côté ville, côté campagne

C'est sur le plan économique que les différences et les déséquilibres entre provinces se font le plus cruellement sentir. Il suffit de quitter les banlieues chic de Tunis ou les zones touristiques et de pénétrer quelques kilomètres à l'intérieur des terres pour découvrir une autre Tunisie, agricole et sous-équipée. Cette situation reproduit un clivage qui date de l'Antiquité. Carthage, déjà, avait assuré sa puissance en fondant toute une série de comptoirs et de cités le long des côtes, mais l'arrière-pays échappait à son contrôle. Les Romains s'implantèrent davantage dans l'arrière-pays mais en instaurant un mode de vie essentiellement citadin et en refoulant les tribus nomades au-delà du limes. Les principales villes romaines restèrent de surcroît des ports : Carthage, Hadrumète, Utique. Cette dualité littoral-intérieur s'est maintenue sous les Arabes avec cependant une exception notable : Kairouan fondée au cœur de la steppe. Sous le protectorat, l'activité coloniale s'est focalisée dans les ports (Bizerte, Sousse, Sfax) et le Nord du pays. Après l'indépendance, le développement du tourisme balnéaire n'a fait qu'accentuer ce déséquilibre. À l'heure actuelle, plus de 60 % de la population vit sur une étroite bande côtière allant de Bizerte à Jerba. Le Sahel, qui fut de tout temps tourné vers le négoce et le grand large, est aujourd'hui la région la plus dynamique de Tunisie, alliant tourisme, activités tertiaires et industrielles. C'est un pôle d'attraction pour les jeunes en quête d'emploi.

LES DIFFÉRENTES COMMUNAUTÉS

La Tunisie s'est constituée au gré des invasions successives. À un vieux fonds de peuplement berbère (numide) sont venues s'ajouter les vagues de migrations phénicienne (punique), romaine, vandale, arabe, turque et européenne. Pendant plusieurs siècles, la traite des esclaves augmenta la population tunisienne d'un flux continu de Noirs et de captifs chrétiens. La Tunisie fut également longtemps une terre ouverte aux juifs et aux commerçants de tous poils : Maltais, Napolitains, Sardes, Anglais, Français...

Les Arabes

La conquête de l'*Ifriqiya* par les Arabes au 7e s. marque une rupture totale avec le passé punico-romain. Au Maghreb cependant, le processus d'arabisation et d'islamisation commence lentement. Il ne devient définitif qu'au 11e s., lors de la seconde invasion arabe par les Beni Hilal qui mettent le pays à feu et à sang *(voir p. 61)*. La communauté chrétienne qui coexistait avec les musulmans disparaît presque totalement à cette époque. Les dominations turque puis française ne changeront rien à cet état de fait.

Les Berbères

Leur nom vient de *barbarus*, « celui qui est étranger à la civilisation gréco-latine », et leur présence en Afrique du Nord est attestée dès l'aube de l'histoire. Il n'existe pas de race berbère, ce groupe étant constitué de différentes ethnies. Leur seul dénominateur commun est d'être berbérophones et de partager ce même esprit d'indépendance qui en fit toujours des rebelles. Depuis la plus lointaine Antiquité, l'histoire du peuple berbère oscille entre résistance et assimilation à des civilisations dominantes. Si les Berbères parvinrent à peu près à préserver leur identité des influences punique, romaine et byzantine, la conquête arabe devait en revanche leur être fatale. On estime qu'à partir du 12e s. ils étaient tous définitivement convertis à l'islam. Leur opposition à l'arabisation et à l'orthodoxie s'exprima alors par l'adhésion à des dissidences religieuses comme le kharidjisme ou le chiisme. Les Berbères aidèrent ainsi les Fatimides d'obédience chiite à renverser la dynastie aghlabide et à prendre le pouvoir. Les Berbères réfugiés dans les montagnes de l'Aurès, du Rif, et de l'Atlas résistèrent mieux à l'arabisation et ils ont conservé leur langue et leurs coutumes. En l'absence de chiffres précis, on estime qu'ils sont plus de 4 000 au Maroc et environ 2 000 en Algérie. En Tunisie, où les reliefs montagneux sont moins importants, l'assimilation a été presque totale. Ils ne représenteraient plus que 1 à 2 % de la population, répartis à Jerba et dans quelques villages du Sud.

Les Bédouins

Dans l'imaginaire nomade, les maisons sont des tombeaux dans lesquels les hommes sont enterrés vivants. De leur côté, les citadins se sont toujours méfiés des Bédouins réputés belliqueux et prompts au pillage. On ne peut cependant parler d'un véritable antagonisme entre sédentarité et nomadisme au Maghreb. Les deux modes de vie étaient complémentaires : les tribus bédouines assuraient la sécurité des cités oasiennes voisines ainsi que les échanges commerciaux. Un équilibre fragile qui pouvait être rompu lors des périodes de disette ou d'incursions de tribus ennemies.

C'est cette même crainte des Bédouins qui poussa les autorités coloniales à les sédentariser. Outre ces raisons politiques, le processus semble irrémédiable et va en s'intensifiant depuis l'indépendance. Le développement des transports, la sécurité dans les provinces, l'appropriation et la mise en valeur des terres ont rendu obsolète ce mode de vie. L'extension des zones cultivables grâce au forage de puits artésiens, l'implantation d'écoles et de structures sanitaires incitent les populations à se fixer. Ils seraient aujourd'hui environ 15 000 à suivre encore les pistes de leurs ancêtres dans le Chott el Jerid et le Grand Sud.

Les juifs

La communauté juive est l'une des plus anciennes de Tunisie, comme en attestent les tombes du cimetière israélite de Gammarth, remontant à plus de 2 000 ans. On prétend même qu'ils seraient arrivés à Jerba en compagnie des Phéniciens qui fondèrent Carthage, avant la destruction du premier temple de Jérusalem. Le pays connut plus tard d'autres vagues d'immigration, notamment aux 14e et 15e s., lorsque les juifs furent chassés d'Espagne. Ils eurent un rôle économique important dans le commerce, la finance, et les professions libérales. Selon la loi islamique, les juifs entraient dans la catégorie des *dhimmis*, un statut légal qui leur permit d'être intégrés à la société musulmane mais qui n'allait pas sans contraintes et mesures vexatoires. Elles ne furent abolies qu'en 1859 par le réformateur Ahmed bey.

Les avatars de l'indépendance et l'évolution du conflit israélo-arabe ont poussé à l'exil la grande majorité des juifs tunisiens. Ils étaient 120 000 en 1947, il n'en reste plus que 2 000 aujourd'hui, essentiellement à Jerba.

Les dhimmis

En raison de la filiation théologique entre les religions judéo-chrétiennes et l'islam, une condition particulière fut réservée aux juifs et aux chrétiens qui purent ainsi trouver une place dans la société musulmane. Ils entraient dans la catégorie des *dhimmis* ou « protégés », un statut légal inscrit dans la loi islamique. Les dhimmis jouissaient d'une relative liberté religieuse, et leur vie, leurs biens, et leurs sanctuaires étaient théoriquement protégés. Le statut de dhimmi comprenait néanmoins certaines mesures discriminatoires comme l'interdiction de construire de nouveaux lieux de culte, de porter des armes, de circuler à cheval... Il leur fallait également porter des vêtements distinctifs et éviter toute ostentation. Un musulman pouvait épouser une femme dhimmi, mais l'inverse n'était pas possible. Ils étaient en outre astreints à payer un impôt supplémentaire.

Un léger métissage

La traite des Noirs est à l'origine du métissage plus ou moins prononcé des régions du cap Bon et du Sud tunisien. Pendant des siècles, elle représenta un enjeu économique d'importance comme en témoigne le marché de Kebili, jadis plaque tournante du commerce d'esclaves en provenance du Soudan. Cette activité lucrative ne prit fin qu'au 19e s.

RELIGIONS

L'ISLAM

Le mot *islam* signifie « soumission à la volonté de Dieu ». Est musulman, *moslim*, celui qui se soumet à Allah. Selon l'article 1er de la Constitution, « la Tunisie est un État indépendant dont la religion est l'islam », mais la religion y marque moins fortement la vie du pays que dans d'autres pays arabes.

Les origines

Mahomet (Mohammed Ibn Abd Allah) est né à **La Mecque** vers 570. Cette ville de la péninsule Arabique est à l'époque une place importante du commerce caravanier. Mahomet, comme la majorité des habitants de La Mecque, appartient à la tribu des Qoraychites, mais il est orphelin et pauvre. La tradition veut qu'il ait été berger dans sa prime jeunesse. Plus tard, il est embauché par une riche veuve pour laquelle il organise des caravanes qu'il aurait conduites jusqu'en Syrie. Ayant gagné la confiance de cette femme de quinze ans son aînée, il l'épouse.

Vers 610, lors d'une retraite dans le désert, il a ses premières visions : l'ange Gabriel lui apparaît et lui révèle la parole de Dieu. Il s'ensuit trois années

Le marché au bétail de Douz

de doute pendant lesquelles Mahomet ne connaît plus aucune manifestation divine. Les révélations reprennent vers 613, et pendant dix ans le Prophète prêche qu'Allah est tout-puissant, qu'il est le seul Dieu, et qu'il faut se préparer au Jugement dernier. Mahomet est suivi dès le début par une poignée de fidèles qui croient en sa mission, mais les notables de La Mecque sont des païens polythéistes que cette nouvelle secte inquiète et menace sans doute dans leurs intérêts économiques. En 622, Mahomet et ses disciples sont contraints de s'expatrier à **Médine**, une oasis située à 350 km au nord-ouest. Cette « émigration », l'**hégire**, marque l'an zéro de l'ère musulmane.

À Médine, Mahomet prend peu à peu le pouvoir et instaure une véritable théocratie : le Prophète n'est plus seulement un chef spirituel mais aussi un politique, un législateur, et bientôt un militaire. Mahomet et ses séides attaquent les caravanes des Qoraychites et étendent leur influence sur toute la péninsule Arabique. En 630, ceux qu'il faut désormais appeler les « musulmans » entrent en vainqueurs dans La Mecque. Mahomet pénètre dans le temple, met à bas les idoles, mais fait preuve de clémence à l'égard de ses anciens ennemis. Avant de revenir à Médine où il meurt en 632, il institue le pèlerinage à La Mecque.

Sur quelques points du dogme...

Christianisme et islamisme se rejoignent sur de nombreux points du dogme : croyance en la résurrection, au Jugement dernier, à l'enfer et au paradis, aux anges... En revanche, l'islam, qui prône un monothéisme strict, ne reconnaît ni le dogme de la Trinité ni ceux de l'incarnation et de la rédemption. Jésus n'est pas le fils de Dieu, mais une créature humaine, un simple prophète. De même, le paradis musulman fait la part belle aux satisfactions matérielles, entre autres aux *houris*, ces femmes promises aux élus. Une félicité que peu de musulmans interprètent de façon symbolique. L'islam n'admet pas non plus le dogme du péché originel : l'homme est bon, et il est juste qu'il recherche les biens de ce monde. L'ascèse n'est pas de mise et le célibat est réprouvé. L'islam est une religion sans clergé, et s'il existe des imams qui dirigent la prière, n'importe quel croyant peut en théorie remplir cette fonction.

Le Coran

Au même titre que la Bible ou les Évangiles, le Coran est un livre révélé. Il est la parole de Dieu révélée aux hommes par l'entremise de son prophète Mahomet. En arabe, le mot *coran* signifie « récitation » : Mahomet est invité à réciter le texte que Dieu lui dicte, et par extension c'est le « texte sacré que l'on récite ». Ces révélations se présentent sous forme de versets que les fidèles ont rassemblés en chapitres ou **sourates**, sans souci de la chronologie.

Le Coran est ce prisme à travers lequel le musulman interprète le monde : livre de spiritualité autant que code moral ou législatif. Il vaut également comme un manuel de rhétorique et de grammaire. L'arabe, langue de la révélation, ne doit pas être corrompu par l'usage. Il existe donc une dichotomie entre les différents dialectes de la langue parlée et l'arabe classique du Coran, figé dans sa sacralité *(voir les « Langues » p. 88 et « calligraphie » p. 103)*.

La **Sunna** ou « tradition » contenue dans les **hadiths**, récits parfois légendaires de la vie de Mahomet, précise certains points obscurs du Coran, complète les préceptes contenus dans celui-ci, et traite des questions de la vie courante.

Les « cinq piliers » de l'islam

Le Coran prévoit cinq obligations essentielles :

La **profession de foi** *(chahada)*, qui consiste en l'affirmation de l'unicité de Dieu : « J'atteste qu'il n'y a de divinité qu'Allah et que Mahomet est l'envoyé d'Allah. » Elle est l'acte de conversion à l'islam par excellence.

La **prière** : cinq fois par jour, le musulman se tourne vers La Mecque pour prier. Il peut le faire seul ou en commun, mais il doit respecter un rituel très précis. Il procède d'abord à des ablutions afin de se purifier. La prière commence par l'incantation *Allah akbar*, « Allah est grand ». Debout, le fidèle récite ensuite la première sourate du Coran. Il continue par quelques versets de son choix. Puis, il s'incline, se redresse pour cette fois se prosterner en signe d'adoration, front contre terre. Il reste alors agenouillé, assis sur les talons. Il atteste l'unicité de Dieu *(chahada)* avant de se prosterner à nouveau et de se relever. La prière du vendredi midi rassemble tous les hommes à la mosquée. Elle est précédée d'une lecture du Coran et d'un sermon.

L'**aumône légale**, qui est une contribution en nature ou en espèces destinée à financer des œuvres de bienfaisance.

Le **Ramadan**, qui correspond au 9e mois de l'année lunaire. C'est à cette date que la première sourate du Coran fut révélée à Mahomet. Pendant un mois, tous les musulmans adultes – excepté les malades, les femmes enceintes, et ceux qui effectuent un long voyage – doivent jeûner de l'aube au coucher du soleil afin de commémorer l'événement. Ils s'abstiennent également de boire, de fumer, et d'avoir des relations sexuelles. La vie reprend son cours la nuit venue, dans une atmosphère de fête et de dîners en famille.

Le **pèlerinage à La Mecque** *(haj)*, que tout musulman doit effectuer au moins une fois dans sa vie s'il en a les moyens. Par ce pèlerinage, le fidèle assure la rémission de tous ses péchés. C'est l'occasion de nombreuses prières et de rituels dont le plus spectaculaire consiste à faire sept fois le tour de la Kaaba.

La religion musulmane stipule également un certain nombre d'**interdits**. Est proscrite la consommation d'alcool, de porc, de sang, de viandes non saignées et donc de gibier. Les jeux de hasard et l'usure sont également réprouvés. Théoriquement, le prêt à intérêt est interdit.

Les grandes dates de la vie religieuse

En Tunisie, la vie civile est régie par le calendrier grégorien, mais la vie religieuse suit le calendrier musulman. Celui-ci est calculé selon les 12 mois de l'année lunaire. Chaque mois commence avec la nouvelle lune et fait alternativement 29 ou 30 jours. Une année lunaire ne fait que 355 jours et avance donc d'une dizaine de jours sur l'année solaire. L'an 1 de l'**hégire** a commencé le 16 juillet 622.

Principales fêtes musulmanes

Voir le calendrier ci-dessous.

Le Mouharem ou **Ras el Am** : Nouvel An musulman.

L'**Achoura** : journée de deuil et de recueillement dans les cimetières en souvenir de l'assassinat de Hussein, petit-fils du Prophète.

Le **Mouloud** : anniversaire de la naissance du Prophète.

Calendrier des fêtes musulmanes *(les dates peuvent varier de 1 jour ou 2)*

Année de l'hégire	1426	1427	1428	1429
Ras el Am	11 fev. 2005	31 janv. 2006	20 janv. 2007	9 janv. 2008
Achoura	19 fév. 2005	8 fév. 2006	27 janv. 2007	16 janv. 2008
Mouloud	21 avril 2005	10 avril 2006	30 mars 2007	19 mars 2008
Début du Ramadan	4 oct. 2005	23 sept. 2006	12 sept. 2007	1er sept. 2008
Aïd es Seghir	3 nov. 2005	22 oct. 2006	11 oct. 2007	30 sept. 2008
Aïd el Kébir	8 janv. 2006	27 déc. 2006	16 déc. 2007	5 déc. 2008

L'**Aïd es Seghir** (« petite fête ») : célébration marquant la fin du Ramadan. Les enfants sont habillés de neuf. L'aumône fait partie des obligations de la fête.

L'**Aïd el Kebir** (« grande fête ») : commémoration du sacrifice d'Abraham au cours de laquelle on immole un mouton.

Sunnites, chiites, et kharidjites

Les Tunisiens sont sunnites à 99 %, mais il n'en fut pas toujours ainsi au cours de leur histoire. Au 8e s., la secte des kharidjites fit de nombreux adeptes parmi les tribus berbères qui en 745 s'emparèrent de Kairouan. L'orthodoxie ne reviendra que vers l'an 800 avec l'arrivée au pouvoir des Aghlabides. Le chiisme s'introduisit en Tunisie à peu près dans les mêmes conditions ; là encore, ce furent les Berbères qui embrassèrent la nouvelle « hérésie » et installèrent la dynastie fatimide sur le trône de l'*Ifriqiya*. Par nature peu enclins à l'intransigeance du chiisme, la population rejeta la suzeraineté des Fatimides en 1048 *(voir p. 61)*.

À l'origine de ces luttes se pose la question de la légitimité du pouvoir. Qui a autorité sur la communauté musulmane ? Selon les **sunnites** (« ceux qui suivent la tradition »), le calife doit appartenir à la tribu des Qoraychites, celle de Mahomet. Pour les **chiites**, seule la descendance directe du Prophète, issue de sa fille Fatima (d'où le nom des Fatimides) et de son gendre Ali est digne de prendre le pouvoir. L'hérésie **kharidjite** reposait quant à elle sur une revendication égalitariste : c'est au plus méritoire d'entre les fidèles – quelles que soient sa condition et sa race – de présider au destin de la communauté.

Un islam moderniste

Les Tunisiens se veulent musulmans, mais progressistes et démocrates. Ils sont en cela fidèles à leur histoire qui s'est construite sur le refus de l'intolérance et du fanatisme. Si les Fatimides ne purent imposer le chiisme en Tunisie, c'est en partie à cause de leur intransigeance religieuse.

L'attitude de Bourguiba à l'égard de la religion trouva donc un écho favorable chez les Tunisiens. Il tenait certaines traditions islamiques pour responsables de la décadence de la Tunisie beylicale et entreprit une laïcisation de la société, même si l'islam demeurait la religion officielle. La polygamie fut interdite, les femmes purent divorcer et elles eurent accès à l'éducation *(voir p. 79)*. En 1955, la vieille université théologique de la Zitouna, qui dispensait son savoir à l'ombre de la Grande Mosquée de Tunis, fut fermée au profit de campus modernes.

À son arrivée au pouvoir, l'un des premiers gestes du président Ben Ali fut de rouvrir la Zitouna. C'est une concession faite aux intégristes, mais l'enseignement de la théologie et du droit musulman y est organisé de façon à mettre en avant ce qui dans l'islam tend vers l'universalisme et la tolérance. Autres concessions, l'appel à la prière est diffusé à la télévision plusieurs fois par jour, dans les administrations, les horaires ont été réaménagés pour permettre l'observance du jeûne, des locaux ont été mis à disposition pour la prière, etc. En revanche, les droits des femmes semblent définitivement acquis et leur remise en question serait très impopulaire.

Aussi le discours des intégristes se fait-il moins radical que dans d'autres pays arabes. Il tend à concilier islamisme et progressisme, à démontrer par exemple que l'on peut porter le voile et être une jeune femme moderne… Un argument peu convaincant si l'on en juge par les jeans moulants et les jupes courtes des Tunisoises et des Sfaxiennes.

LE JUDAÏSME

La communauté juive tunisienne a développé au fil des siècles des traditions locales très proches de celles que connaissent les musulmans. À Tunis, par exemple, les juifs vénèrent le marabout musulman Sidi Mahrez, qui a intercédé auprès des autorités de l'époque pour que les premiers juifs puissent s'installer à l'intérieur de la ville. Étant donné le peu d'israélites restant encore en Tunisie, les rites hébraïques sont surtout visibles à Jerba, où la communauté juive est plus importante. Le **pèlerinage à la Ghriba** est l'une des plus grandes manifestations de l'île. La légende veut que la synagogue ait dans ses fondations une pierre arrachée au premier temple de Jérusalem, il y 2 500 ans *(voir p. 295)*.

Fêtes juives en Tunisie

La Pâque juive ou **Pessah** prenait une tonalité particulière en Tunisie. C'était l'occasion d'un rapprochement entre les deux communautés israélite et musulmane. Le premier jour de la Pâque, les juifs offraient à leurs amis musulmans les traditionnels *matzots* (galettes de pain non levé) et des gâteaux au miel. Le dernier jour, c'était au tour des musulmans de leur offrir des corbeilles pleines de poisson, de pain, de fruits et de légumes.

La fête des filles ou **Rosh Hodesh el-Bnat** est célébrée vers décembre. Les jeunes filles y sont à l'honneur et les fiancées reçoivent leur premier bijou. La genèse de cette fête reste floue. Elle commémorerait l'héroïsme de Judith, qui sauva son peuple de Holopherne, général du roi perse Nabuchodonosor. Une autre tradition rattache cette célébration au souvenir de la reine Esther, qui intervint en faveur de son peuple auprès du roi Assuérus. C'est en tout cas une occasion de réjouissances et de gastronomie.

La fête des garçons ou **Se'udat Itro** (le banquet de Jethro) repose elle aussi sur une origine mystérieuse. Le nom évoque le repas que Jethro, beau-père de Moïse, offrit après avoir fait de nombreux sacrifices à Dieu. Selon une autre hypothèse, on se réjouit ainsi en souvenir du jour où une épidémie affectant particulièrement les garçons cessa subitement. Mais c'est aussi le jour où les petits garçons apprennent et récitent pour la première fois les Dix Commandements. À cette occasion, vers février, des festins miniatures sont préparés pour les plus petits : le pigeon a remplacé le poulet et les pâtisseries imbibées de miel viennent clore le repas. L'ensemble est servi dans une vaisselle de poupée.

VIE QUOTIDIENNE

URBANISME ET HABITAT

L'habitat est conditionné par le « principe d'intimité » imposé par la loi islamique. Il se traduit par des espaces clos, refermés sur eux-mêmes, et dans lesquels le regard ne pénètre pas.

Dans la médina

Le mot « médina » désigne la ville arabe traditionnelle. Celle-ci est ordinairement entourée de remparts avec pour seuls accès des portes *(bab)* autrefois fermées la nuit par de lourds ventaux. Elles étaient closes aussi le vendredi par crainte d'attaques surprises à l'heure de la prière. Une fois franchies les murailles, on pénètre dans un enchevêtrement de venelles et de ruelles tortueuses qui s'achèvent parfois en impasses. Autour de la **Grande Mosquée** qui occupe le centre de la ville, se blottissent les **souks** nobles (libraires, orfèvres, parfumeurs, tisserands... et les médersas (écoles coraniques). Souks parfois couverts de voûtes en berceau, ce qui amplifie encore l'aspect « fourmilière » de ces ruelles grouillantes d'activité. Les métiers les plus polluants (forgerons, tanneurs...) sont relégués à la périphérie.

Afin de les protéger du bruit et autres nuisances, les **quartiers d'habitation** sont séparés des commerces. Espace résidentiel aux ruelles solitaires et aux murs aveugles. La maison tunisienne ou **dar** tourne le dos à la rue. Elle n'a pas ou peu de fenêtres et se distingue uniquement par une grosse porte peinte surmontée d'un linteau de pierre sculptée. Seul signe extérieur de richesse, le portail est plus ou moins richement décoré selon le statut social du propriétaire. Le *dar* est construit selon un plan type : quadrilatère formé de cellules disposées autour d'une cour centrale. Un schéma que l'on retrouve dans nombre d'édifices : palais, médersa, et *fondouk* (bâtiment d'entreposage et de logements pour les étrangers). L'architecte n'était souvent qu'un maître d'œuvre qui reproduisait un modèle traditionnel. La primauté était donnée aux arts décoratifs (bois peints ou sculptés, stucs, céramiques) sur l'architecture. Dans la maison, les ouvertures domestiques donnent sur la cour intérieure totalement invisible des passants. Les rares fenêtres sur la rue sont protégées par des moucharabiehs, grilles en bois ou en fer forgé permettant aux femmes de voir sans être vues. Au rez-de-chaussée se trouvent les pièces communes, la cuisine et les réserves. Les chambres à coucher sont au premier étage. L'importance de la maison se mesure en fonction du nombre d'étages ou de cours intérieures. Le toit, souvent en terrasse, sert à faire sécher le linge ou le piment en été.

À l'époque coloniale, les médinas ont été touchées par un processus de prolétarisation et de dégradation qui se poursuit de nos jours malgré la prolifération des **associations de sauvegarde**. Notables et bourgeois quittèrent leurs palais séculaires et leurs riches demeures pour s'installer dans la ville européenne construite aux portes de la médina (comme à Tunis, Sousse, et Sfax). Vivre dans la cité européenne conférait un certain prestige, tandis que la médina était perçue comme vétuste et démodée. La vieille ville fut alors investie par une population pauvre issue de la campagne qui se partagea les maisons et les anciens palais grâce à un système de cloisons précaires. Rares étaient ceux qui pouvaient assurer la rénovation, voire seulement le maintien en l'état de ces habitations.

Dans la ville européenne

Le tracé en fut dessiné à l'origine par des ingénieurs, et non par des urbanistes ou des architectes. D'où un plan en damier et de larges artères qui se coupent à angle droit. À l'inverse de la médina, la ville européenne est tournée sur l'extérieur ; les façades des immeubles sont monumentales et conçues pour être admirées de la rue. L'architecture en est souvent éclectique : style Beaux-Arts, Art nouveau, Art déco ou néomauresque. À Tunis, après l'indépendance, les appartements délaissés par les colons ont été occupés par la petite bourgeoisie tunisienne. La haute bourgeoisie occidentalisée vit quant à elle aujourd'hui dans les banlieues huppées (Carthage, La Marsa…) où elle s'est fait construire des villas équipées d'antennes paraboliques et de tout le confort moderne. L'afflux d'une population émigrée d'origine rurale a également entraîné un processus de « gourbification » à la périphérie de certaines grandes villes.

Dans les campagnes

Au **Nord**, les populations les plus pauvres habitent encore le traditionnel **gourbi**, intermédiaire entre la maison en dur et la tente. C'est une case composée de branchages et couverte de chaume. Certains gourbis plus élaborés sont édifiés avec des pierres ou de l'argile, recouverts de torchis ou montés avec des briques de terre et de paille cuites au four ou séchées au soleil. Gourbis et maisons modernes sont disséminés au milieu des jardins et des arbres fruitiers, si possible près d'une source.

Dans le **Sud**, on aperçoit au loin des villages fortifiés, juchés sur les hauteurs et difficilement accessibles. Ce sont les **ksour** (pluriel de *ksar*) édifiés jadis par les berbères afin de se protéger des razzias arabes. Chaque ksar est constitué d'une superposition de **ghorfa**, des greniers à grains parfois décorés de peintures murales aux motifs géométriques, ou d'empreintes de mains imprimées dans l'argile. On pourrait les comparer aux alvéoles d'une ruche : chaque cellule correspond à une pièce dont l'ouverture est barrée par une porte. Elles servirent d'habitation lorsque l'on cessa d'y entreposer du grain, mais furent peu à peu abandonnées à partir du protectorat. Dans l'élan moderniste de la fin des années 1950, la jeune République tunisienne en détruisit malheureusement un grand nombre. Près de 30 ksour et 6 000 *ghorfa* auraient été rasés à cette époque dans la région de Medenine.

Aux alentours de Matmata, l'habitat devient **troglodytique**. Là, autour d'un puits de lumière central faisant office de cour, sont ordonnés plusieurs étages de niches servant d'habitation ou de réserve. Certaines cours s'enfoncent à près de 10 m en-dessous du sol et sont reliées entre elles par des tunnels. Dans les montagnes du Sud, on rencontre également un autre type d'habitation troglodytique creusé à flanc de falaise. La demeure est alors « fermée » par un simple mur de pierre, délimitant ainsi une cour où sont parqués les animaux domestiques. Les paysans de ces régions vantent la « climatisation naturelle » de ce type d'habitat, ce qui n'empêche nullement la jeune génération de quitter les villages pour des zones urbaines sans cachet, mais plus modernes.

L'INDIVIDU ET LA FAMILLE

Le nom de famille a été rendu obligatoire par un décret beylical de 1908 destiné à créer un état civil. L'absence de patronyme se justifiait par la force de l'appartenance clanique et la primauté de la tribu sur l'individu. Famille élargie soumise à l'autorité sans partage d'un patriarche *(cheikh)*, où la polygamie était de mise (jusqu'à quatre épouses) et où un mari pouvait répudier sa femme sur simple déclaration publique. Considérant que c'était un frein à la modernisation du pays (et sans doute à son contrôle par l'État), Bourguiba souhaitait voir la structure familiale évoluer vers le modèle occidental de type nucléaire centré sur les parents et les enfants. Dès l'indépendance, il institua donc la monogamie, et le divorce fut du ressort de l'autorité civile. L'égalité au sein du couple a encore été renforcée en 1993, et la transmission de la nationalité tunisienne se fait désormais aussi bien par la mère que par le père. L'autorité du père, autrefois tout-puissant, est désormais partagée par l'épouse qui de plus en plus souvent exerce une activité salariée. La famille tend également à se resserrer sous la pression de l'exode rural et de la cherté des loyers en milieu urbain. Le temps semble révolu où toute une famille, grands-parents et petits-enfants, neveux et nièces réunis, vivaient sous le même toit... ou la même tente.

L'**émancipation de la femme** n'est pas un thème de discours électoral : elle s'inscrit dans la vie quotidienne depuis quelques décennies, bouleversant ainsi des siècles de contraintes et d'interdits. Cela dit, les Tunisiennes ont depuis longtemps été en avance sur leur temps et l'on ne s'étonnait pas, au début du 20e s., de voir les femmes du bey circuler à bicyclette.

Depuis la promulgation par le président Bourguiba du **Code du statut personnel** (CSP), en 1956, la femme tunisienne figure parmi les plus émancipées du monde arabe. Il est loin le temps où elles vivaient cloîtrées chez elles à guetter le monde à travers les étroites ouvertures de leurs moucharabiehs. Les Tunisiennes, souvent habillées à l'européenne, exercent tous les métiers ; elles ont même intégré l'armée et la police où elles sont particulièrement nombreuses. Vous les verrez arborer leurs élégants uniformes à tous les coins de rues.

Texte audacieux, le Code du statut personnel a bravé la *charia* (la loi islamique) et aboli la polygamie, fixé l'âge minimum du mariage à 17 ans pour les filles, transmis la tutelle des enfants à la mère en cas de décès du père, etc. En 1957, elles obtenaient le droit de vote et l'avortement fut légalisé dix ans plus tard. En ce domaine, le président Ben Ali a poursuivi la politique de son prédécesseur. Le pacte national signé en 1988 a renforcé les droits civiques des femmes. En 1992, de nouveaux amendements allant dans ce sens ont été ajoutés : l'épouse se voit désormais confier la gestion du foyer et des affaires des enfants en cas de divorce.

Ces importantes dispositions comportent encore des zones d'ombre, notamment en matière de succession. En cas de décès du mari, l'épouse n'a droit qu'à un huitième de la succession, soit autant que la mère du disparu.

GRANDES ÉTAPES DE LA VIE

De la naissance à la mort, la vie des Tunisiens est marquée par des cérémonies importantes.

La circoncision

Déjà en vigueur chez les anciens Égyptiens, l'excision du prépuce est toujours pratiquée par les coptes, les juifs et les musulmans. Tradition plus que prescription coranique, c'est le grand événement de la vie de l'enfant. Elle marquait autrefois son passage dans le monde adulte mais est effectuée de plus en plus tôt, parfois dès les premiers mois. C'est un médecin qui procède désormais à l'opération, reprenant un rôle dévolu autrefois au barbier du village. Pour la circonstance, l'enfant est revêtu d'un habit traditionnel et c'est l'occasion de grandes réjouissances familiales.

Le mariage

Il était autrefois arrangé par les parents sans que les fiancés aient leur mot à dire, mais le consentement de la jeune femme est aujourd'hui exigé par la loi. Le mariage maghrébin consiste en une suite de rites dont certains semblent remonter à l'Antiquité : rites de protection, de passage (de jeune fille à l'état de femme), de purification, etc. La purification se fait au hammam et dure deux jours. La future épousée est accompagnée de ses parentes et de ses amies dans la joie et la stridence des *youyous*. Le premier jour, elle se lave de ses souillures, l'impureté du corps entraînant celle de l'âme. Après s'être décrassée par des frictions énergiques, elle est entièrement épilée – avant le mariage, la tradition interdit aux jeunes filles de s'épiler au-dessus du genou. Le second jour, la future mariée est marquée au henné sur les mains et sur les pieds, et sa chevelure est teinte, « maquillage » censé être à vertu prophylactique mais de nature surtout érotique. La jeune fille est également libérée symboliquement par ses parentes ou voisines de la « serrure » magique qui protégeait jusque-là sa virginité. La nuit de noces, deux amis du mari seront postés devant la chambre nuptiale. C'est à eux qu'il reviendra de recueillir le drap taché de sang, preuve de la défloration, et de le présenter à la collectivité. Le mariage est encore souvent l'occasion d'une fête traditionnelle, notamment dans le Sud, mais il tend néanmoins à s'occidentaliser comme le reste de la société, avec cortège de voitures, coups de klaxon, et costumes européens. L'âge du mariage connaît également un net recul : il était pour les femmes d'environ 19 ans en 1956 contre 24 en 1984. En raison du chômage et des difficultés matérielles, les jeunes hommes se marient de plus en plus tard et restent chez leurs parents en attendant de trouver une situation.

Le deuil et la mort

En cas de deuil, on enterre le défunt le plus rapidement possible, après une nuit où il repose dans sa famille le temps de le laver et de le parfumer suite aux ablutions suprêmes. Jusqu'à l'inhumation, la famille ne peut faire de cuisine. Trois jours après le décès, elle invite ceux qui n'ont pu assister aux obsèques à une journée de prière. Elle prépare alors un dîner (le premier *fark*), dont elle sert une partie aux pauvres. Elle accommode un second *fark*, le septième jour. Au quarantième jour du décès, on organise une dernière journée de prière.

L'*Achoura* *(voir p. 75)*, la commémoration des morts, est moins un jour de tristesse que d'exaltation de la vie de l'homme devant son Dieu. Les cimetières ne sont pas déserts comme en Occident, on s'y rencontre et on y bavarde sur la tombe de l'être cher. Parfois même les enfants viennent y jouer.

L'ÉDUCATION

L'éducation est avec l'émancipation des femmes la plus grande réussite de Bourguiba. Dès l'indépendance, la Tunisie a privilégié ce secteur et lui a consacré le quart de son budget. Le protectorat avait effectué une première mutation en remplaçant l'enseignement coranique traditionnel (juridique et théologique) par des études secondaires et supérieures sur le modèle français. Un cursus en langue française qui avait permis à de jeunes Tunisiens d'accéder au vaste champ de la culture européenne, notamment dans les domaines scientifique et technologique. Mais cet enseignement restait réservé à une élite :

VIE QUOTIDIENNE

seulement 10 à 15 % de la population savait lire et écrire en 1956 contre 80 % des hommes et 59 % des femmes aujourd'hui. En 1966, moins de 10 % des actifs avaient suivi des études secondaires ou supérieures contre 25 % en 1984. Depuis 1992, l'école est obligatoire jusqu'à 16 ans. Avant cette date, la scolarité des filles ne durait bien souvent que quelques années, surtout dans les campagnes où l'on occupait très tôt les filles aux travaux domestiques et agricoles. À l'heure actuelle, le nombre des filles scolarisées est à peu près équivalent à celui des garçons et les classes sont mixtes. Le bilinguisme franco-arabe est la règle partout.

Dépourvue de matières premières, la Tunisie mise sur sa matière grise. Les effectifs dans l'enseignement supérieur sont actuellement de 207 000 étudiants et il est prévu de les doubler dans les dix ans à venir, en développant plus particulièrement les branches scientifique et technologique. Le marché de l'emploi ne suit malheureusement pas, et l'on peut craindre que ces chômeurs instruits et aigris ne cherchent une solution à leurs problèmes dans l'intégrisme.

CONVIVIALITÉ ET COUTUMES

En Tunisie l'hospitalité n'est pas un vain mot, et de nombreuses coutumes tendent vers le bien-être du corps et de l'esprit.

La chicha

La *chicha* n'est autre qu'un narghilé, flacon d'eau aromatisée muni d'une pipe à long tuyau servant à tirer les bouffées de *tombac* (sorte de tabac). On peut fumer en solitaire, mais c'est le plus souvent un plaisir convivial, et dans les cafés vous verrez souvent l'embout d'une même *chicha* passer de bouche en bouche.

Les souks

Les souks restent un lieu de convivialité et d'échange même s'ils sont désormais massivement orientés vers le tourisme. C'est au souk que les jeunes filles viennent lorgner bagues et pendentifs à la devanture des orfèvres et que les mères achètent le traditionnel costume de la circoncision pour leur petit dernier. Il n'est pas de souk sans un ou plusieurs cafés, où se rencontrent artisans et touristes. Mais il ne faut pas se lever trop tard, car au souk tout se passe le matin.

Le café

S'il est un lieu essentiel dans la vie tunisienne, ce sont les cafés qui étendent leurs terrasses paresseuses sur le trottoir, profitant de la fraîcheur d'un recoin de mur, d'un auvent ou d'un bosquet d'arbres. Quelle que soit l'heure, ils sont pleins et les hommes s'y retrouvent pour siroter un verre de thé à la menthe, fumer la *chicha*, jouer aux cartes ou aux dominos. Jamais d'alcool dans un café tunisien. Pas de femmes non plus.

Le hammam

Une séance au hammam est un bon moyen de connaître la Tunisie. Malgré la multiplication des salles de bains privées, le hammam reste en effet un lieu social important où l'on rencontre ses amis tout en prenant soin de son corps.

Le même hammam sert aux hommes et aux femmes, mais à des heures différentes : le matin pour les premiers et l'après-midi pour les secondes. Les Tunisiens s'y rendent avec tout un barda, valise ou sac de sport contenant plusieurs serviettes éponges, un pagne en coton *(fouta)*, une paire de sandales en plastique, un gant rugueux *(kessa)* ou l'un de ces gants synthétiques vert acide ou rose que l'on trouve dans les souks, et bien sûr un savon, du shampoing, un peigne et des brosses. Prévoyants, les Tunisiens complètent cet attirail avec des tasses munies d'un manche pour se rincer ; on ne trouve en effet sur place que de grands seaux en plastique et des boîtes de conserve vides.

Vous entrez directement dans la grande salle centrale *(mahress)* au plafond décoré d'une coupole percée de fenêtres. Au centre trône une vasque dont les fontaines sont la plupart du temps arrêtées. La pièce est entourée de bancs en maçonnerie recouverts de nattes *(doukanas)*. Au-dessus sont fixés de nombreux casiers fermés par des cadenas dans lesquels on dépose ses vêtements. Sous la direction de la *beya*, la patronne du hammam, officie une armée de *harzas*, employées qui moyennant finance vous assistent dans les différentes phases de votre étuvée.

Drappé de votre *fouta* et chaussé de sabots de bois trouvés sur place (si vous avez oublié vos sandales), vous entrez enfin dans le hammam proprement dit. Il est constitué d'une série de salles dont la température s'élève progressivement jusqu'à la pièce la plus chaude : la température y est maintenue par un grand bassin d'eau presque bouillante qui dégage une forte vapeur. Après avoir bien transpiré, frottez-vous vigoureusement avec la *kessa* pour vous débarrasser des peaux mortes. Vous vous rincerez ensuite et retournerez dans une salle plus fraîche afin de vous laver le corps et les cheveux. Pour quelques dinars supplémentaires, les plus riches s'offriront un massage au *tfal*, sorte d'argile parfumée. Une fois récuré, regagnez le *mahress* où vous vous reposerez avant de vous rhabiller. Vous repartirez affronter la chaleur extérieure avec la sensation d'être propre pour la première fois de votre vie.

L'art de recevoir à la tunisienne

Depuis longtemps déjà, les Tunisiens prennent leurs repas à l'occidentale, assis autour d'une table dressée dans la salle à manger. Il n'y a plus guère qu'en dehors des villes que certaines familles conservent l'habitude du plat unique servi sur une natte.

Certains ont la nostalgie des réceptions d'antan. Pendant les chaudes soirées d'été, les familles bourgeoises reçoivent leurs invités dans le patio. À la saison fraîche, ils s'installent dans la pièce principale, au sol recouvert de tapis richement ornés. Les mets sont servis sur des tables basses recouvertes des plus belles nappes. La ménagère a sorti les délicates serviettes brodées, et l'encensoir exhale ses fumerolles d'encens et de santal. Alors que les verres sont remplis d'eau fraîche, arrivent les *chorbas*, puis les briks, enfin le méchoui et les plats de poisson. Les couscous viennent ensuite. Le repas se clôt par des plateaux de gâteaux ou des crèmes, toujours servis après les fruits. Les convives se purifient alors les mains avec de l'eau. Puis on leur présente l'eau d'oranger, de rose ou de jasmin, que l'on verse délicatement sur leurs doigts. Les musiciens peuvent entrer en scène, orchestre oriental ou andalou que l'on écoute en sirotant un café turc ou un thé noir parfumé d'ambre.

Le jasmin

Fleur emblématique de la Tunisie, le jasmin vous accompagnera tout au long de votre voyage. Importé par les Andalous au 16e s., il fait désormais partie intégrante de la culture tunisienne. Dès la tombée de la nuit, les vendeurs montent leurs étals dans les rues et se mettent à confectionner de petits bouquets qui embaumeront vos soirées. Ils vous vendent ce long moment de bonheur pour quelques dinars. Attention ! Certains camelots font parfois passer pour du jasmin des boutons de fleurs d'oranger au parfum nettement moins subtil. Le bouquet diffère selon la région. À Tunis et dans les stations balnéaires alentour, une trentaine de fleurs sont assemblées sur une tige et ligaturées avec un fil de couleur qu'il vous faudra dénouer pour que le bouquet exhale toutes ses fragrances. Dans la région de Sousse et de Monastir, le bouquet est énorme et composé de motifs compliqués ; le jasmin y est souvent mêlé à des fleurs d'oranger. À El Jem, il se présente comme un simple bâtonnet avec des fleurs attachées sur toute la longueur.

Le jasmin est un langage qu'il faut savoir décrypter : l'homme qui le porte sur l'oreille gauche est un cœur à prendre, la femme qui accepte un collier de cette modeste fleur a déjà dit « oui ».

LES PARURES ET COSTUMES

Les fêtes sont l'occasion de sortir les costumes traditionnels confectionnés avec les laines les plus fines, les broderies, les fils d'or et d'argent. Un faste

L'art de converser à la tunisienne

نور الدين بيوض
مهندس معماري
BAYOUDH NOUREDDINE
ARCHITECTE URBANISTE

que l'on rencontre encore dans les campagnes ou lors de manifestations folkloriques, mais qui tend à disparaître dans les villes où les tristes costumes européens envahissent toutes les cérémonies.

Le vêtement masculin

Villageois et ruraux considèrent aujourd'hui la *jebba* comme un vêtement de cérémonie. Blanche l'été, grise l'hiver, c'est une tunique sans manches que l'homme porte par-dessus une chemise, un gilet et une culotte bouffante, le *serwal*. La *jebba* est brodée sobrement, de soie uniquement.

Les jours ordinaires, les hommes se contentent de simples pantalons et de chemises sur lesquelles ils enfilent parfois un *kadroun*, tunique de laine moins large que la *jebba* et munie de manches longues. En hiver, ils passent un burnous de laine, sauf dans le Nord où ils préfèrent la *kachabiya*, un manteau de laine à capuchon et aux rayures brunes et blanches.

En ville, le costume de cérémonie se compose d'une chemise de lin à col officier et manches longues. Le *serwal* de drap est orné au bas des jambes et sur les poches d'une discrète décoration de passementerie. Une large ceinture coupée dans le même tissu fixe les plis tout en retenant le *serwal* à la taille. Une *jebba* de laine et soie complète ce costume auquel on ajoutera, pendant l'hiver, un élégant burnous rehaussé de passementerie. Les chaussures, des babouches en cuir jaune vif, laissent le talon à découvert. La coiffure d'apparat est la chéchia rouge ornée d'un gland de fil noir.

Pour une tenue décontractée et confortable pendant ses heures de loisirs, il arrive que le citadin revête de nos jours une *jebba* toute simple.

Le vêtement féminin

En Orient comme en Occident, le vêtement féminin est beaucoup plus varié que celui des hommes. **En ville**, la grande majorité des jeunes femmes ont adopté la mode européenne, mais les femmes d'un certain âge, même en milieu urbain, s'enveloppent toujours d'un *sefsari*, ce voile blanc (ou noir dans le Sud, avec une bande de couleur) de soie ou de laine fine qui recouvre la tête et qu'elles portent sur une blouse et un pantalon bouffant. C'est lui qui donne à la démarche de la Tunisienne cette grâce inoubliable. Ces silhouettes au *sefsari* gonflé par la brise font partie de l'image d'Épinal de la Tunisie au même titre que les maisons blanc et bleu de Sidi Bou Saïd. Le *sefsari* entre les dents, les femmes se risquent même à monter à l'arrière des motocyclettes.

À la campagne, les femmes et les toutes jeunes filles portent encore de nos jours des robes aux couleurs vives. C'est là que vous rencontrerez la Berbère ou la Bédouine, vêtue de la *melhafa*, une pièce de cotonnade bleue ou rouge, représentative de la région ou du village. Le tissu s'ouvre sur le côté et est retenu à la taille par une ceinture et sur les épaules par deux fibules. Elles portent souvent des bijoux massifs, sommairement ouvragés.

Les costumes de fête et de cérémonie diffèrent quelque peu selon les régions. Dans les villes et les villages du Sahel, la pièce maîtresse du vêtement d'apparat est constituée d'une **robe drapée** en laine ou en coton. Celle-ci est portée sur un corsage brodé de soie et d'argent, un gilet de velours orné d'or, un pantalon de dentelle et une ceinture en soie. Les costumes des femmes de Madhia sont parmi les plus remarquables. Jusqu'au milieu du 19e s., les jeunes mariées de l'aristocratie tunisoise se paraient du **caftan**. Taillé dans du velours, du brocart ou de la soie, celui-ci était richement brodé d'or et enrichi de pierres fines. De nos jours, les mariées traditionnelles de Hammamet et de Sousse se vêtent encore d'un élégant caftan aux manches mi-longues, ouvert sur le devant, et dont la longueur varie du genou à la mi-mollet.

La richesse et l'originalité du costume reposent moins sur la coupe ou le tissu que sur les motifs tissés ou les **broderies** qui le recouvrent parfois totalement. Ces broderies utilisent des fils d'or et d'argent, ou un contraste de fils rouges, bleus et noirs. Les plus étonnantes sont celles de Raf Raf confectionnées avec des fils d'argent sur des gilets et des pantalons de soie violette.

Le **port du voile** n'est pas très répandu en Tunisie. Ce modeste carré de toile déclencha en son temps les foudres de Bourguiba : « Je vous en prie, allégez ce pénible fardeau. Ce n'est plus de mise. Le visage de la femme a plutôt besoin de prendre un contact direct avec l'air pur. Vous n'avez plus d'agression à craindre. L'État y veille. » De fait, l'État interdit le port du voile dans les écoles et les administrations. Il en va de même du foulard islamique ou *hijeb*.

Les parfums

Pour les Tunisiens, le parfum est plus qu'un simple accessoire de toilette, c'est une preuve de bon goût et de civilité. On se parfume en toute occasion, plus particulièrement la veille du vendredi, jour de prière, et pour les fêtes religieuses ou familiales. On parfume ses hôtes à la fin d'un repas ou d'un contrat de mariage, on parfume enfin les cadavres après les ablutions suprêmes.

La main et le poisson

La main de Fatma *(khomsa)* et le poisson *(houta)* sont les symboles les plus souvent représentés dans la culture tunisienne. Leur origine remonterait à la plus lointaine Antiquité, et leur principale vertu serait de protéger du mauvais œil. Le poisson est souvent dessiné de façon stylisée sur les plats, les coffres et les étagères en bois. Il apparaît sous forme d'un motif géométrique dans l'ornementation des tapis et des couvertures. Il se réduit parfois à une simple arête brodée au fil d'or ou d'argent sur un riche costume ou une tenture de soie. La *khomsa* se présente toujours sous forme d'une main ouverte. On l'utilise surtout en bijouterie et pour la décoration des maisons, en particulier au fronton ou sur les côtés de la porte d'entrée.

Les bijoux

La tradition veut que le fiancé offre des parures en dot, que la femme conserve en cas de séparation. Aujourd'hui encore, il n'est pas rare de voir des paysannes dans les champs avec autour du cou de lourdes chaînes d'or ou d'argent. Autrefois ces bijoux traduisaient davantage l'appartenance à une communauté que le statut social de l'individu qui les portait. Leur nombre était fixé par des coutumes ancestrales. Dès lors, le signe extérieur de richesse tenait à des différences minimes que seul un œil averti pouvait déceler : le nombre de carats, la plus ou moins bonne qualité des pierres ou du travail, etc.

Les bijoux ne sont pas tous vendus montés. Les femmes achètent souvent les éléments séparés qu'elles assemblent ensuite en colliers, diadèmes, parures de tempes et de poitrine. Pour cela, elles utilisent le fil et l'aiguille, là ou le bijoutier se sert de chaînes et d'anneaux. Ces éléments de base sont peu nombreux : anneaux, chaînes, copies de monnaies, poissons, mains de Fatma, rosaces ajourées, corail et perles de verre. Comment reconnaître les pièces typiques les plus courantes ? La *rihana* est un collier d'argent aux anneaux aplatis. La *khelala*, ou fibule, est une énorme épingle à vêtement ornée des signes de Tanit (triangle ajouré ou croissant). Le *dibleg* est un bijou de tempes qui s'accroche à la coiffure ; il forme un triangle d'où pendent des chaînettes *rihana* terminées par de petites mains de Fatma. Les *menaguech* sont des boucles d'oreilles en forme de triangle ou de demi-cercle. La *khomsa*, utilisée en pendentif, représente la main de Baal qui servait d'amulette aux Carthaginoises ; sa version islamique est la main de Fatma qui protège les mères et leurs enfants. Les *hedeyed* sont des bracelets larges, le plus souvent en argent et ciselés. Le *khokhal* est un anneau de pied finement ciselé de motifs de fleurs, de poissons et de mains de Fatma ; une paire peut peser jusqu'à 1 kg. Ces anneaux de chevilles symbolisaient la chasteté chez les Carthaginois.

CULTURE

LA MUSIQUE

Naissance, mariage, ou cérémonie religieuse, la musique est de toutes les fêtes ! En Tunisie, elle résulte d'un métissage musical enrichi au fil des siècles. Laissez-vous séduire par le charme lancinant du **malouf**, cette musique d'origine andalouse qui traduit à elle seule la douceur de vivre de tout un pays. Les chants traditionnels sont eux aussi à l'image de ce brassage culturel. Introduit par les Turcs à l'époque ottomane, le *chgoul* fait partie intégrante de ces chants qui rythment les cérémonies familiales ; les *rboukhs* accompagnent quant à eux les fêtes des ouvriers. Côté instruments, ville et campagne font chacun résonner les leurs. En milieu urbain, ce sont les instruments à cordes (violon, luth, cithare) et les percussions (*tabla* ou *darbouka*). Le chant bédouin, en plus des percussions, est plutôt accompagné d'instruments à vent tels que la cornemuse, le *f'hal* (sorte de flûte en métal) ou le *gasba* (flûte en roseau).

Les interprètes tunisiens n'attirent pas véritablement les foules. Seule **Saliha**, dans les années 1930, a conquis son public grâce à sa voix exceptionnelle que les radios tunisiennes diffusent encore régulièrement sur les ondes. Outre Saliha, on peut citer parmi les musiciens et les chanteurs tunisiens les plus célèbres : Khemaïs Tarnane, Raoul Journou, Ali Riahi, Hedi Jouini, Hammadi Ben Othman, **Lofti Bouchnak**, etc. De nos jours, quelques musiciens incarnent le renouveau de la musique tunisienne et parmi eux, **Fawzi Chekili** et **Anouar Brahem**. Ce dernier, surnommé le « prince de l'*oud* », a joué en compagnie du saxophoniste Jan Garbarek et de l'accordéoniste français Richard Galliano.

LA LITTÉRATURE

Que d'écrivains français ont été inspirés par la Tunisie !

La Tunisie dans la littérature française

Gustave Flaubert d'abord, avec *Salammbô*. L'histoire fournit à l'auteur son sujet : la campagne que Carthage dut mener contre ses propres mercenaires à l'issue de la première guerre punique. Flaubert, qui a séjourné un mois au « pays des dattes », a nourri ses personnages de ce qu'il a pu connaître de la psychologie des Africains. Carthage toujours, abordé cette fois par **François René de Chateaubriand** dans son *Itinéraire de Paris à Jérusalem*. Avec la vanité dont il est coutumier, il réclamera d'ailleurs la paternité de la découverte des ports puniques : « Quand je n'aurais fait que donner une description détaillée des ruines de Lacédémone, indiquer les ports de Carthage, je mériterais encore la bienveillance des voyageurs. » Sur un petit ton condescendant, il nous livre également quelques grandes réflexions sur l'histoire en général et la Tunisie en particulier.

S'ils ont été inspirés par la Tunisie, certains écrivains n'en laissent rien paraître directement dans leur œuvre. *Bel Ami* de **Guy de Maupassant**, transpose au Maroc des événements survenus en Tunisie, à savoir les grandes manœuvres autour du domaine de l'Enfida et des mines de phosphates de Gafsa.

Le voyage d'**André Gide** en Afrique du Nord remonte à 1893. La Tunisie de l'époque de la Régence sera une initiatrice sensuelle, que l'on retrouvera quatre ans plus tard dans *Les Nourritures terrestres*.

Henry de Montherlant effectua deux voyages successifs en Tunisie, l'un dans le Sud, l'autre dans la capitale. *Aux fontaines du désir* semble correspondre à une période de crise, au cours de laquelle le « voyageur traqué se compare à l'âne des norias arabes, qui tourne sans cesse en repassant toujours sur ses traces ». On pourra lire également : *Les Musulmanes* de Charles Géniaux, le *Prince Jaffar* de Georges Duhamel, ou *L'Empreinte du faux* de Patricia Highsmith.

Les écrivains tunisiens

Ibn Khaldoun, né à Tunis en 1332, est l'un des plus grands penseurs de langue arabe. Historien et philosophe, il est également considéré comme un précurseur de la sociologie. Les Européens le connaissent surtout par son *Voyage d'Occident et d'Orient*. Il a donné son nom à la Khaldounia, une école fondée en 1896 où l'on enseigne les sciences modernes.

La poésie tunisienne contemporaine est née avec les *Chants de la nuit* d'**Abou Kacem Chabbi**. Cet enfant de Tozeur est mort en 1934 à l'âge de 25 ans. **Tahar Bekri** est, de nos jours, le représentant le plus illustre de la poésie tunisienne. Né en Tunisie en 1951, il vit à Paris depuis 1976. Il écrit en français et en arabe, et nombre de ses recueils ont été publiés en France. Pour une introduction à la littérature tunisienne, on consultera avec profit ses *Littératures de Tunisie et du Maghreb*.

Parmi les romanciers d'expression française, **Albert Memmi** (*La Statue de sel*, préfacé par Albert Camus) et **Nine Moatti** (*Les Belles de Tunis*) sont les plus représentatifs. Albert Memmi est un juif tunisien naturalisé français. Toute son œuvre analyse les mécanismes du racisme et les rapports de domination. Récemment un éditeur français, Joëlle Losfeld, s'est associé avec Cérès, le Gallimard tunisien, en vue d'éditer de nouveaux talents tunisiens : Ali Abassi, Ali Bécheur ou Emna Belhadj. Comme nombre d'écrivains maghrébins, ils évoquent la fracture et le démembrement de soi, déchirés qu'ils sont entre tradition et modernité. Hélé Béji, chez Stock, s'attaque pour sa part à l'« imposture » du brassage culturel.

LA PEINTURE

La lumière de la Tunisie a inspiré de nombreux peintres étrangers.

Dans la peinture occidentale

Alexandre Roubtzoff est *le* peintre de la Tunisie. Lorsqu'il arrive à Tunis en 1914, cet aristocrate russe a 30 ans. Nanti d'une confortable bourse que lui a allouée l'Académie impériale des beaux-arts de Saint-Pétersbourg. Roubtzoff choisit de s'installer définitivement en Tunisie par goût, même s'il y sera ensuite contraint par la Grande Guerre et la révolution d'Octobre. Comme tant d'autres peintres, il est fasciné par la lumière de ce pays qu'il ne quittera plus jusqu'à sa mort en 1949. La Tunisie sous tous ses aspects aura été sa seule source d'inspiration pour plus de 3 000 tableaux. Une œuvre inclassable, tour à tour orientaliste, académique, néo-impressionniste… Mais quelle que soit l'école, il est le témoin irremplaçable d'une Tunisie qui a presque totalement disparu.

Paul Klee (1879-1940) et **August Macke** (1887-1914) visitent la Tunisie en 1914. Ce voyage amorce un tournant décisif dans leur art. L'expérience tunisienne prolonge une démarche esthétique, une réflexion sur la lumière et la couleur marquée par la référence à Cézanne, l'assimilation du cubisme, et la rencontre avec Robert Delaunay en 1912 dont Klee traduit *L'Essai sur la lumière*. En Tunisie, August Macke exécute une série d'aquarelles de style cubiste, jouant sur un découpage des plans et une gamme chromatique très riche. Même révélation de la couleur et de la lumière chez Klee, mais la transformation est encore plus radicale, l'artiste allant jusqu'à écrire dans son *Journal* : « La couleur et moi sommes un. Je suis peintre. » Une rencontre avec l'Orient très éloignée de l'exotisme factice des orientalistes, et qui prend son sens aux sources mêmes de la création artistique.

Les peintres tunisiens

L'école de Tunis est née en 1949, à l'initiative d'un groupe de peintres tunisiens et français : Pierre Boucherle, Abdelaziz Gorgi, Hedi Turki, Zoubeir Turki, Jellal Ben Abdallah, Mosès Lévy, etc. Rejetant le folklore colonial et l'orientalisme, l'école de Tunis se mit en quête d'une peinture proprement « tunisienne ». Certains de ses membres pensèrent la trouver en revenant aux sources de l'esthétique arabo-musulmane : la miniature, l'arabesque, l'architecture islamique…

Parmi les plus connus du groupe citons :

Abdelaziz Gorgi qui est né à Tunis en 1928. Il fut élève à l'École des beaux-arts de Tunis. Cofondateur de l'école de Tunis, il est président de ce groupe depuis 1968. Aujourd'hui, il s'exprime également à travers la tapisserie et la céramique.

Ammar Farhat (1911-1988), artiste analphabète qui fut boulanger et occasionnellement boxeur. Il peignit des scènes de la vie quotidienne (cérémonies, deuils, fêtes) en un style simple et coloré. Avant-guerre, il participa au Salon tunisien où lui fut attribué le prix de la Jeune Peinture.

Mosès Lévy qui est né à Tunis en 1885. Il vécut dans un milieu cosmopolite et aisé : une mère italienne et un père britannique, homme d'affaires et conseiller auprès des beys de Tunis. Lévy étudia la peinture en Italie, à Lucques et à l'Académie des beaux-arts de Florence. Il exposa à la première Biennale de Venise en 1923 et poursuivit une brillante carrière internationale. Son art est un pont entre les rives nord et sud de la Méditerranée. Mosès Lévy meurt en 1968, en Italie où il passa une grande partie de son existence.

LE CINÉMA

Les productions tunisiennes restent rares et confidentielles, certaines ont néanmoins rencontré un succès d'estime hors de Tunisie. Parmi les plus connues et les plus récentes, il faut remarquer *Un été à La Goulette* (1996), de **Farid Boughedir**. Cette comédie fait un flash-back sur la petite communauté de La Goulette, banlieue populaire de Tunis. Une époque révolue où musulmans, juifs, et chrétiens cohabitaient dans la tolérance et la bonne humeur. *Halfaouine, l'enfant des terrasses* (1990), du même Boughedir, a sans doute été le plus grand succès du cinéma tunisien. Il met en scène avec une grande sensibilité un enfant dans le Tunis des années 1960. **Nouri Bouzid** porte sur la réalité tunisienne un regard sans complaisance. Dans *L'Homme de cendres* (1986), il traite de la prostitution et des relations entre les communautés musulmane et juive. Dans *Bezness* (1991), c'est le tourisme sexuel qui se trouve dans sa ligne de mire. *Les Silences du palais*, de **Moufida Tlatli** (1994), ont été primés par plusieurs jurys internationaux. Premier film arabe réalisé par une femme, on y découvre la vie dans une maison aristocratique de Tunis, à travers les yeux d'une jeune fille.

La Tunisie ambitionne depuis quelques années de devenir un petit Hollywood méditerranéen. Le producteur Tarak Ben Amar, neveu de Bourguiba, a convaincu des réalisateurs renommés de venir tourner dans ses studios de Monastir. Polanski y a filmé les *Pirates* et Zeffirelli son *Jésus de Nazareth*. George Lucas, quant à lui, a été séduit par les décors naturels et les maisons troglodytiques du Grand Sud tunisien où ont été jouées quelques scènes de *La Guerre des étoiles*. Anthony Minghella a lui aussi choisi la Tunisie et ses déserts pour tourner *Le Patient anglais*.

LANGUES

Idiome des tribus du nord de la péninsule Arabique et des confins syro-irakiens, l'arabe devient une langue de religion grâce au Coran.

L'arabe, une langue universelle ?

À la faveur des conquêtes du 7e s., il acquiert le statut de langue universelle sur un territoire s'étendant du Maroc à l'Asie centrale. L'appartenance à ce vaste empire se définit par un critère linguistique : est arabe qui parle arabe.

Dès la plus haute époque, l'arabe évolue, tant sur le plan lexical que sémantique ou syntaxique. Comme toute langue, il recule devant d'autres cultures devenues dominantes et se nourrit d'emprunts : l'hébreu et le grec, le persan au 9e s., le turc qui restera la langue de l'administration jusqu'à la Première Guerre mondiale, le français jusque dans les années soixante, l'anglais depuis trente ans. Selon les contrées, d'une ville ou d'un village à l'autre, l'arabe prend également des formes dialectales différentes. Aujourd'hui, un Algérien aurait le plus grand mal à se faire comprendre d'un Syrien. Il est pourtant une fiction communément répandue dans les pays arabes et ailleurs selon laquelle il existerait un arabe authentique indépendamment de l'évolution historique et de ses différentes manifestations dialectales. Cette langue immuable et sacrée est celle du Coran, qui aurait le privilège d'être comprise par l'ensemble de la communauté musulmane. En réalité, les parlers nationaux sont très éloignés de l'arabe du Coran. Sans les études coraniques, la grammaire et les exégèses, les lecteurs se trouveraient dans l'incapacité de comprendre cet arabe dit « **classique** » qui reste néanmoins celui de la prédication et des cérémonies religieuses.

En revanche, le discours contemporain tend vers l'uniformisation, vers un arabe « **standard** » qui parvient à s'imposer grâce aux médias et à l'édition, gommant peu à peu les différences nationales et régionales. L'arabe parlé en Égypte est le plus universel, la chanson, la télévision et le cinéma égyptiens ayant une très large audience.

L'écriture

L'arabe s'écrit de droite à gauche et du haut vers le bas. Pour cette raison, cahiers, livres et revues sont reliés à droite et la première page est l'équivalent de notre dernière page *(voir également « calligraphie » p. 102)*.

Le bilinguisme franco-arabe

Que les Français ne se laissent pas abuser par les « steke » et autres « gigo » sur les menus des restaurants. Les Tunisiens font peut-être des fautes d'orthographe, mais la plupart parlent très bien le français. Après une courte interruption au moment de l'arrivée au pouvoir du président Ben Ali, la langue de Voltaire est redevenue obligatoire dans les écoles, principe établi par Habib Bourguiba dès l'indépendance du pays. Ce bilinguisme qui commence dès le primaire se poursuit pendant toute la scolarité.

ART ET ARCHITECTURE

L'ÉPOQUE PUNIQUE

Ironie de l'histoire, il nous reste peu de traces écrites des Phéniciens, qui furent pourtant les inventeurs de l'alphabet. La célèbre apostrophe de Caton « Il faut détruire Carthage ! » a malheureusement été suivie à la lettre, et les bibliothèques puniques ont été incendiées et pillées. Le seul ouvrage dont on connaît quelques fragments, grâce à une traduction latine, est le célèbre traité d'agronomie de **Magon**. Quant au site archéologique actuel, il ne donne qu'une faible idée du faste de la capitale punique, qui fut la plus puissante cité de Méditerranée occidentale au 6e s. av. J.-C. Les Romains ne laissèrent pas pierre sur pierre, rapines et razzias firent le reste. Les décombres furent enfin allègrement retournés et fouillés au 19e s. pour alimenter les collections des musées européens. Dans les années 1970, Carthage menaçait d'être noyée dans le tissu urbain de la capitale tunisienne mais fut sauvée *in extremis* par un programme de l'Unesco.

Un art syncrétique

Pour ce que l'on en sait, l'architecture punique emprunta au style égyptien ses volumes massifs, sa stylisation, ses corniches à gorge, auxquels elle adjoignit nombre de références mycéniennes, chypriotes, et grecques. Un goût du syncrétisme qui trahit une forme d'esprit « baroque » ou « maniériste » avant la lettre.

L'architecture des temples reste pour une bonne part du domaine de l'hypothèse. Dans sa dernière période (320-146 av. J.-C.), l'éclectisme continua de caractériser le décor des édifices : ordres dorique et ionique côtoyaient des corniches ou « gorges à l'égyptienne ». Bâtie sur une colline, la **citadelle de Byrsa** à Carthage comprenait un vaste temple consacré au dieu grec **Eshmoun**, le « plus beau et le plus riche de la ville » selon Appien. Grâce au temple de Tharos (Sardaigne), on connaît un peu l'aspect des édifices religieux de cette période : la *cella* se trouve dans la cour, sur un podium à colonnade dorique auquel on accède par un escalier frontal. Quant à la décoration intérieure des sanctuaires, on peut s'en faire une idée d'après une description du même Appien qui relate ainsi l'émerveillement des Romains lors de la destruction de Carthage : « Les soldats pénétrèrent dans l'enceinte sacrée d'Apollon dont la statue était dorée ; l'édifice qui la renfermait était recouvert de feuilles d'or d'un poids de mille talents. »

De rares monuments funéraires ont échappé aux outrages du temps et aux destructions. Ils témoignent de ce qu'il est convenu d'appeler l'« **architecture royale numide** ». Là encore, le syncrétisme est à l'honneur. Le mausolée libyco-punique de Dougga, bâti pour un prince numide, forme une tour carrée de trois étages. Le niveau inférieur repose sur un piédestal à cinq gradins. Le deuxième est décoré de demi-colonnes ioniques et d'une gorge à l'égyptienne. Le troisième est orné de bas-reliefs. Le monument est coiffé d'un pyramidion flanqué de statues de femmes ailées aux quatre angles et surmonté d'un lion assis.

Si les ruines sont peu nombreuses, le **mobilier funéraire** est en revanche abondant. Là encore, il se caractérise par une très grande ouverture aux courants étrangers. La plupart des objets retrouvés dans les tombes ont été importés ou plus ou moins copiés : lampes et vases grecs, amulettes égyptiennes, amphores ioniennes, etc. Seuls de petits **masques en pâte de verre** font preuve d'une réelle originalité et de l'habileté des verriers carthaginois. Les nécropoles recélaient également des **sarcophages anthropoïdes** des 4e et 3e s. av. J.-C. Ils sont eux aussi le résultat d'une triple influence : étrusque pour la représentation du défunt sur le sarcophage, grecque pour les canons de la statuaire, punique pour l'attitude.

Un intérieur punique

Le vestibule, qui conduit de la rue à la cour de la maison, est toujours coudé de façon à préserver l'intimité du foyer. La vie s'organise autour de cette cour centrale équipée d'un puits et d'un four. Toutes les pièces ouvrent sur la cour. Des niches ont été aménagées dans les murs des chambres pour servir de rangement. La pièce principale (7 m x 4,50 m) est élégamment décorée de stucs rouges, roses ou bleus, de gorges à l'égyptienne, et de plinthes moulurées en relief. Le sol est recouvert d'une mosaïque un peu fruste, revêtement en ciment incrusté de fragments de poterie, de marbre blanc, et de coquilles de murex. En arrière-fond de cette pièce d'apparat, le *thalamos*, petite pièce aveugle dont on ignore la fonction : peut-être une salle de repos pour le maître des lieux ? La salle de bains, curieusement installée près du couloir d'entrée, comprend toujours un « lavabo » et une baignoire sabot couverte d'un enduit rouge.

L'urbanisme et l'habitat

Les habitations du 8e s. av. J.-C. découvertes le long du rivage nous révèlent que, dès les origines, Carthage était une véritable cité avec toutes les fonctions urbaines et non un simple comptoir commerçant.

Les maisons de la **colline de Byrsa** (première moitié du 2e s. av. J.-C.) forment des îlots séparés, reliés par de larges avenues (6 à 7 m) qui se coupent à angle droit. Ces habitations individuelles comprenaient parfois une cour centrale autour de laquelle étaient disposées les pièces. On y a retrouvé de nombreuses **mosaïques de revêtement** *(pavimentum punicum)*, faites d'éclats de marbre, de pierre et de poterie agencés dans un mortier gris. Les fragments de frises ou de corniches en céramique de couleurs vives et les colonnettes tapissées de stuc trahissent un goût pour le décor égyptien. Enfin, la solidité des murs et l'absence de chambre accréditent la thèse d'un étage. Dans les demeures découvertes à **Kerkouane**, on retrouve la distribution des pièces autour d'un patio qui communique avec la rue par un couloir.

La khomsa ou main de Fatma

Les symboles de la puissance carthaginoise

Des **remparts maritimes** de Carthage (34 km), il ne reste que quelques blocs épars le long du front de mer, et un fossé. À l'intérieur, la muraille comprenait deux niveaux dont le premier servait d'abri aux éléphants. Les **ports** furent la plus belle réalisation technique des Carthaginois. Ils symbolisaient la clé de leur puissance en Méditerranée occidentale. Constitués de deux entités, l'une civile et l'autre militaire, ils ne nous sont connus que par une description du 2e s. ap. J.-C., mais les bassins sont encore visibles *(voir p. 154)*.

L'ÉPOQUE ROMAINE

Carthage détruite (en 146 av. J.-C.), plusieurs décennies s'écoulèrent avant qu'Auguste n'élevât une nouvelle cité à proximité de l'ancienne.

La Carthage romaine : un modèle d'urbanisme

La cité fut un exemple remarquable de plan de quadrillage appliqué à un schéma urbain préexistant. Ce plan, conçu à l'initiative d'Auguste, fut propagé dans le reste de la province. La surface constructible était divisée en lots (*insulæ*) de 50 ares ; au-delà, la zone rurale était répartie en *centurion* de 50 ha. Auguste fit niveler la colline de Byrsa et y édifia une nouvelle acropole comprenant une basilique (édifice civil servant de tribunal), un grand temple (capitole ou sanctuaire de Concordia), un second sanctuaire, et une galerie de statues d'empereurs. Les architectes y aménagèrent également une immense place (233 m x 336 m) divisée en deux esplanades à portique dont l'une était le forum.

La ville basse reprenait la trame de la cité punique. Des fouilles effectuées récemment laissent supposer que la fameuse place maritime, près des ports, occupait l'emplacement de l'agora punique.

À l'image de Rome, la cité se dota ensuite d'un vaste théâtre, de thermes gigantesques, d'un odéon, d'un théâtre, et d'un cirque de 60 000 places qui en firent la seconde ville de l'empire par sa splendeur.

La colonisation de la province

Les Romains tracèrent également 20 km de routes, construisirent des ponts, des aqueducs, et colonisèrent le reste de la province. Les nouvelles implantations, peuplées principalement de vétérans, furent érigées selon un même plan quadrillé (partiel ou total) et un même souci de la monumentalité. À cet égard, **Sbeïtla** est l'exemple type de la cité romaine idéale bâtie selon un plan préétabli qui n'a pas eu à composer avec le relief ou un tracé urbain plus ancien *(voir p. 261)*.

Le luxe des maisons patriciennes

Par le luxe et la vie raffinée et oisive qu'elles évoquent, les ruines des maisons patriciennes laissent le visiteur ébahi. On y retrouve un peu de la grandeur des monuments officiels. L'entrée est précédée d'un porche à colonnes. Les pièces d'habitation s'ordonnent autour d'une ou plusieurs cours à péristyle, dallées ou agrémentées d'un jardin, de fontaines et de bassins. Les sols sont tapissés de mosaïques, la plus belle se trouvant généralement dans l'*œcus* (pièce d'apparat) ou dans le *triclinium* (salle à manger) qui ouvre sur le péri-

Une architecture ostentatoire

Lorsqu'un citoyen obtenait une charge – prêtrise, décurionat, ou magistrature –, il était d'usage qu'il versât au trésor de la cité une somme d'argent *(summa honoraria)* et qu'il prît à sa charge les frais d'un banquet, l'érection d'une statue, ou encore les dépenses de construction d'un monument public. Dans la province d'Afrique, l'accès de nombreux autochtones à la citoyenneté romaine – surtout à partir du règne de Septime Sévère – conduisit les notables à faire assaut de générosité. Les villes se couvrirent alors de monuments somptueux, équipements ostentatoires et parfois disproportionnés, sans rapport avec les besoins réels de la population. Tel fut le cas de Dougga.

style-jardin. Les villas les plus somptueuses étaient parfois équipées de thermes privés. Raffinement suprême, les notables de **Bulla Regia** *(voir p. 213)* avaient aménagé dans leurs maisons de splendides appartements souterrains avec cour à péristyle pour y passer les mois d'été au frais. Question art de vivre, les nantis de Carthage auraient pu en remontrer à la jet-set de Beverly Hills, d'Ibiza, ou de Saint-Tropez. Sur le versant de la colline de l'odéon, les Romains avaient bâti un quartier résidentiel. Les villas, construites sur des plates-formes, avaient vue sur la mer, comme celle dite de « **la volière** » qui comporte une grande salle de réception pavée de marbre, de superbes mosaïques, un péristyle, un jardin et un grand bassin.

Les arts plastiques

Après la destruction totale de la civilisation punique par la grande puissance occidentale de l'époque, on aurait mauvaise grâce à reprocher à l'art romano-africain d'être provincial et somme toute peu original. C'est un art importé, un art qui regarde vers Rome au lieu de chercher en lui-même sa substance. Les sculptures sont d'un grand classicisme, à l'image de ces Victoires que l'on produisait en série et que l'on envoyait dans toutes les villes de l'empire. Avec le temps, le manque d'originalité tint moins à un certain provincialisme qu'à une uniformisation du style dans tout l'empire. L'art est le reflet de l'époque. Ainsi, au 2e s. ap. J.-C. – la province d'Afrique atteint alors son apogée –, les divers peuples sont déjà si bien assimilés qu'un Septime Sévère (originaire de Libye) et sa femme Julia Domna (une Syrienne) peuvent prendre les rênes du pouvoir. L'art n'échappe pas non plus à la mouvance du temps ni à une certaine « globalisation » : les ateliers de **sculpture** d'Aphrodisias sont installés à Leptis Magna (Libye) et les mosaïstes africains envoient leurs œuvres jusqu'en Rhénanie. La créativité y perd sans doute – on reproduit partout les mêmes motifs et les mêmes sujets –, mais l'exécution est remarquable. À l'époque sévérienne, les artistes des provinces parviennent à une maîtrise tout à fait comparable à celle de leurs homologues italiens. Les **peintures murales** d'Afrique du Nord ou de Syrie sont dignes de celles de Rome.

C'est dans le domaine de la **mosaïque** que les Africains se distinguent. Cet artisanat, qui touche parfois à l'art, requiert une technique très complexe qu'ils n'acquirent qu'assez tard. L'essor de la mosaïque dans la province date du 2e s. ap. J.-C., et il ne fait guère de doute que, dans un premier temps, les œuvres les plus élaborées furent importées d'Italie. La grande période de la mosaïque africaine s'étend du 2e s. au 5e s. Le **Dieu Neptune et les quatre saisons**, que l'on peut considérer comme le chef-d'œuvre du Bardo, remonte au 2e s. ; la **mosaïque du Seigneur Julius**, autre pièce maîtresse du musée, aurait été composée au 4e ou 5e s.

Technique et production en série

Au 3e s. av. J.-C., l'invention des tesselles en pierre, en brique, en marbre ou en pâte de verre révolutionna la mosaïque. L'*opus tessellatum* (cubes de 1 à 2 cm) était réservé aux motifs géométriques de l'encadrement. L'*opus vermiculatum* permettait de composer les scènes figurées du centre. Pour ce faire, les tesselles étaient très finement taillées et choisies en fonction de leur couleur, afin de réaliser des fondus proches de l'art pictural. C'est le maître d'œuvre qui réalisait les parties centrales, tandis que le pourtour était confié à des ouvriers moins qualifiés. S'il existait parfois de véritables créations, les sujets et les motifs étaient souvent récurrents d'une œuvre à l'autre et traités de façon presque identique (par ex. le thème du « dieu Océan »). Nul doute que les mosaïstes possédaient un éventail d'ornementations et de représentations « standard » parmi lesquelles le client devait faire son choix.

L'ART PALÉOCHRÉTIEN ET BYZANTIN

La parole du Christ se répandit très tôt dans la province d'Afrique. Mais le prosélytisme chrétien ne toucha pas que les opprimés et le bas peuple, comme on l'a parfois prétendu. Dès le 2e s., la nouvelle foi trouve des adeptes parmi les patriciens et l'élite intellectuelle.

Héritage classique et mutation

Tertullien (Carthage, 150-222), l'un des plus brillants écrivains de son siècle, est de ces esprits cultivés qui ont parfaitement intégré la culture classique au christianisme. Deux siècles plus tard, dans les « salons littéraires » de Carthage, **saint Augustin** discutera rhétorique et philosophie avec d'autres lettrés, les uns païens, les autres chrétiens, toute cette intelligentsia partageant les mêmes présupposés intellectuels.

Les **arts plastiques** suivent une évolution semblable. Le christianisme emprunte des motifs au paganisme, mais pour les détourner de leur sens. Il en est ainsi du « **Bon Pasteur** », figure récurrente de l'iconographie antique qui se mue en représentation christologique (on en a un exemple dans les catacombes de **Sousse**).

Les mosaïstes vont aussi puiser leur inspiration dans la symbolique chrétienne et la martyrologie : « deux cerfs de part et d'autre d'une cuve baptismale », « **Daniel dans la fosse aux lions** », etc. L'usage de la mosaïque changea également, il ne fut plus seulement décoratif, mais aussi **funéraire**. À partir du 4e s., l'église permit l'ensevelissement des morts à l'intérieur des édifices religieux. Les mosaïques qui recouvraient les tombes portaient les premiers symboles du christianisme et une inscription indiquant le nom du défunt, son âge, et éventuellement sa fonction dans la hiérarchie ecclésiastique. Pour un usage profane, les mosaïstes composeront encore un temps de belles œuvres tirées de la mythologie, mais elles se videront peu à peu de leur contenu et de toute signification pour n'avoir qu'un rôle ornemental.

Les premiers sanctuaires chrétiens sont postérieurs à 312. À l'origine, il s'agissait de simples espaces réservés dans les demeures. Bientôt, les **basiliques** judiciaires furent adaptées au culte. Leur plan rectangulaire avec trois nefs et une abside allait inspirer les bâtisseurs d'églises. Le choix d'un tel édifice tint au fait qu'il était un lieu de réunion, il s'opposait en cela au temple antique, lieu de conservation de l'idole réservé au seul clergé. Au temps de saint Augustin, Carthage comptait 12 églises, qui furent détruites par les Vandales, à l'exception d'une chapelle voûtée, d'une rotonde entourée d'une galerie, et d'une église, au lieu dit **Damous el Karita**. On y a découvert l'un des chefs-d'œuvre de la sculpture paléochrétienne : deux bas-reliefs représentant l'Adoration des bergers et des Mages.

Il ne reste rien de la **période vandale**, qui dura près d'un siècle (439-533). Seule leur œuvre de destruction, à laquelle leur nom reste attaché, leur a survécu. Une réputation usurpée, car si les monuments ne furent plus entretenus, si l'on ne construisit plus avec le même faste, les ateliers de Carthage continuèrent à produire et à exporter. La belle mosaïque de **La Dame de Carthage** semble même révéler une romanisation de cette peuplade germanique et chrétienne.

L'époque byzantine

Les Byzantins, arrivés en 534, se voulurent les continuateurs des Romains. De fait, en réoccupant une partie des anciennes provinces romaines, Justinien redonna tout son sens à la notion même d'« empire ». Mais si la structure de l'État était à nouveau romaine, la culture était désormais à dominante grecque, et la foi était chrétienne. À Byzance même, sous le règne d'Héraclius (610-641), le latin cessa d'être la langue officielle au profit du grec. Si à partir du 2e s., on avait assisté à l'émergence d'un art universel dont les foyers de production avaient essaimé dans tout l'empire, dès le 4e s., Byzance allait en revanche focaliser toute la création artistique et intellectuelle de son temps.

Les mutations amorcées à l'époque paléochrétienne se poursuivirent et se confirmèrent. Le plan basilical, à trois ou cinq nefs, fut adopté dans toute la chrétienté pour les édifices cultuels. Il connut une diffusion particulièrement importante au 5e s. À Carthage, l'église de Damous el Karita fut restaurée, et elle se vit adjoindre une abside et un atrium. Les églises se couvrirent de mosaïques de pavement, mais également, et pour la première fois, de mosaïques pariétales.

Le **culte des martyrs** prit également une importance considérable, et des basiliques furent construites pour abriter une relique ou une dépouille. Dans l'une des absides de l'église Vitalis (5e-6e s.), à **Sbeïtla**, on a retrouvé la sépulture d'un homme décapité… Sans aucun doute un martyre. Les nombreux vestiges épigraphiques relatifs au martyr de saint Perpétue et sainte Félicité datent pour la plupart de l'époque byzantine.

Les Byzantins remirent en état les ports de Carthage, mais surtout ils bâtirent quantité de citadelles et fortifièrent les villes qui pouvaient l'être en renforçant certains édifices romains ou en les rasant pour en réemployer les matériaux.

LES PRÉMICES DE L'ARCHITECTURE ISLAMIQUE

Les Arabes prirent possession de l'*Ifriqiya* au 7e s. Contrairement aux Vandales, ils firent table rase du passé, transformant les antiques cités en carrière de pierre pour bâtir leurs mosquées. Pourtant, le fil ne fut pas complètement rompu avec la culture antique : nombre d'artistes musulmans avaient été formés à l'école de Byzance, et pour édifier leur première mosquée, celle du Prophète à Médine, les califes firent appel à des architectes grecs.

La mosquée, lieu de prière

On pourrait s'interroger sur la raison d'être de la mosquée comme lieu de culte, l'islam étant une religion sans clergé, et le musulman pouvant prier seul et n'importe où, pourvu qu'il ait effectué ses ablutions et qu'il soit orienté vers La Mecque. Il faut sans doute aller chercher l'origine d'un tel édifice dans l'organisation tribale de la société arabe, et dans le caractère théocratique de l'islam. Chez ces musulmans de la première heure, le sentiment de la communauté était très puissant, et la prière collective était l'occasion d'une véritable communion avec le groupe. La prière en commun valait en quelque sorte davantage que la prière solitaire (une conviction que partagent toujours les musulmans d'aujourd'hui), d'où la nécessité d'un lieu où se réunir. Le principe d'un tel édifice était aussi politique. Le vendredi à midi, les fidèles devaient se rassembler en un même endroit sous l'autorité de l'imam. Celui-ci n'y faisait pas un prêche, mais abordait tous les problèmes politiques, stratégiques, ou matériels de la communauté. Chaque ville de l'islam eut ainsi sa « **Grande Mosquée** » du vendredi, par opposition aux autres espaces cultuels uniquement dévolus à la prière. Elle trônait en général au cœur de la médina, centre vers lequel tout confluait.

Les principes de l'architecture religieuse

La **maison du Prophète** à Médine est à l'origine du schéma de base de toutes les mosquées. Il faut imaginer cette habitation comme un édifice sommaire constitué de petites pièces (les chambres des épouses) donnant sur une cour carrée entourée de murs. Celle-ci servait de lieu de prière, et pour dispenser un peu d'ombre, Mahomet avait construit un fragile abri en feuilles de palmier le long du mur nord. Lorsqu'ils édifièrent la mosquée de Médine (706), à l'endroit même où le Prophète avait vécu et où l'on conservait sa dépouille, les architectes prirent grand soin de restituer les grandes lignes de la sainte demeure : un plan général s'inscrivant approximativement dans un quadrilatère, une cour et une vaste salle dispensatrice d'ombre et de fraîcheur, l'ensemble formant un espace clos.

La **mosquée** est toujours orientée en direction de La Mecque, vers laquelle les musulmans se tournent pour prier. Cette direction est donnée par le **mihrab** *(voir planche d'architecture p. 99)*, une niche située au milieu du mur dit de la **qibla**. La signification du *mihrab* reste

L'ARCHITECTURE ANTIQUE

LE TEMPLE

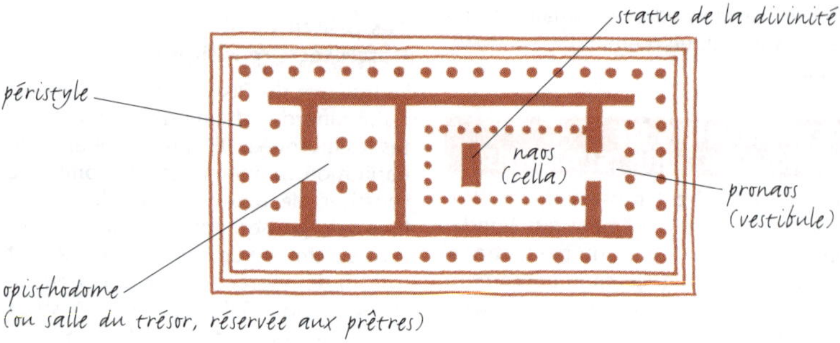

LES TROIS ORDRES CLASSIQUES

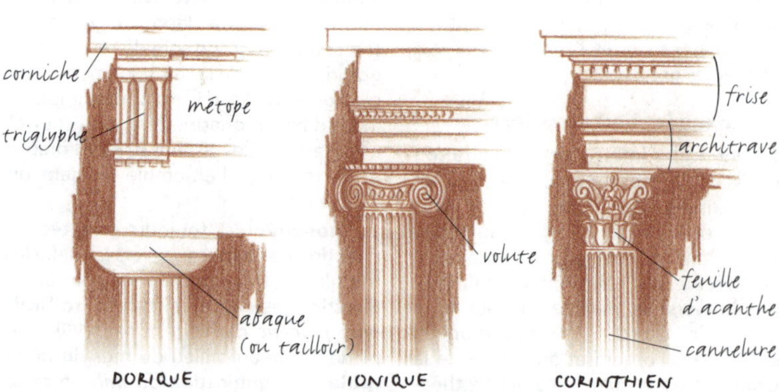

H. Choimet

ART ET ARCHITECTURE

Le théâtre romain

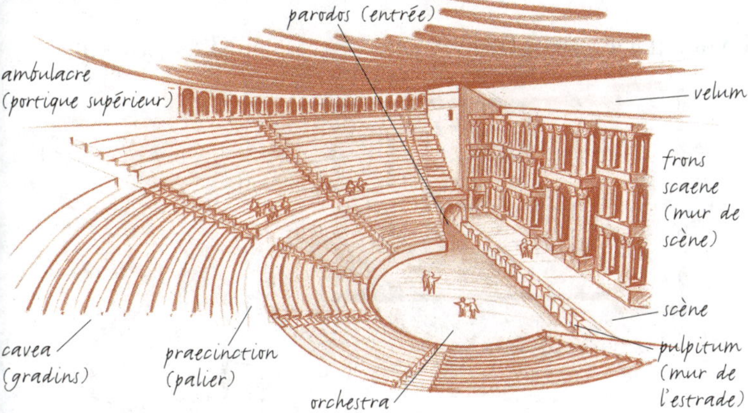

Les thermes

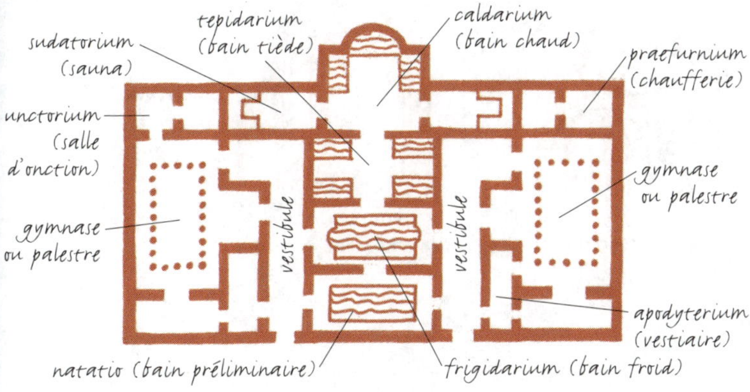

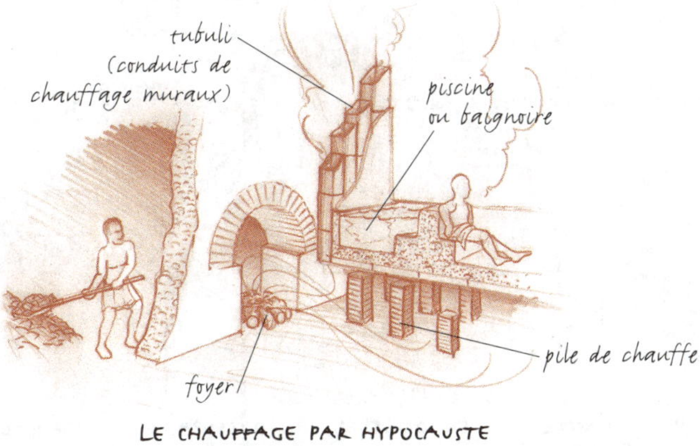

LE CHAUFFAGE PAR HYPOCAUSTE

H. Choimet

De l'antiquité…

La basilique romaine

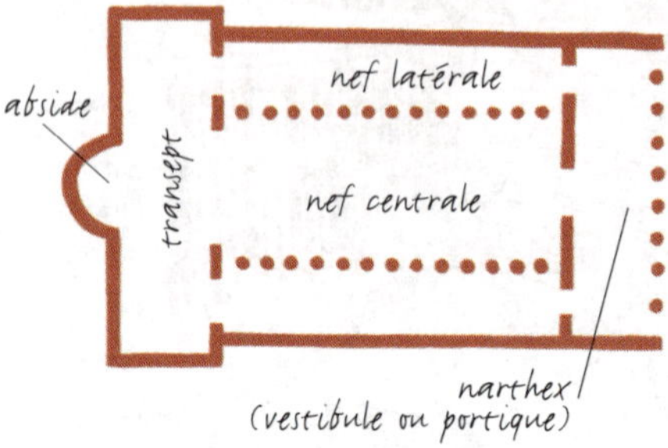

Les coupoles

SUR PLAN CARRÉ

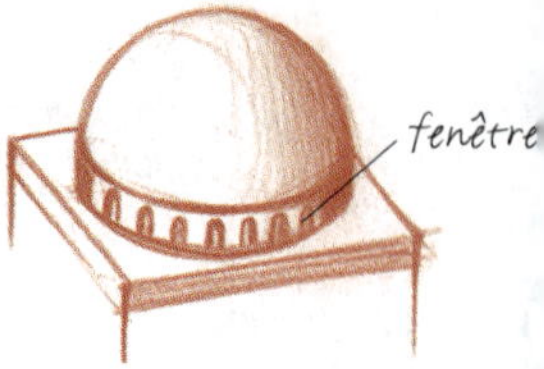

SUR TAMBOUR

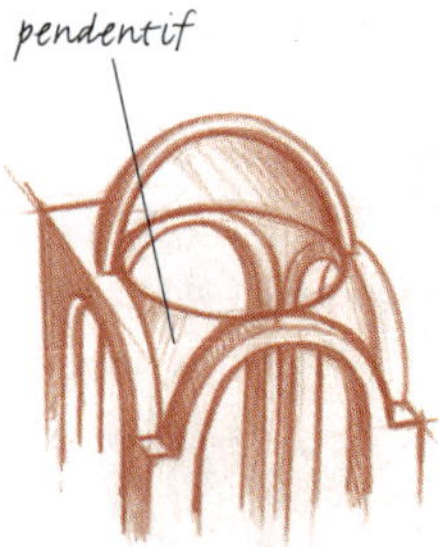

SUR PENDENTIFS

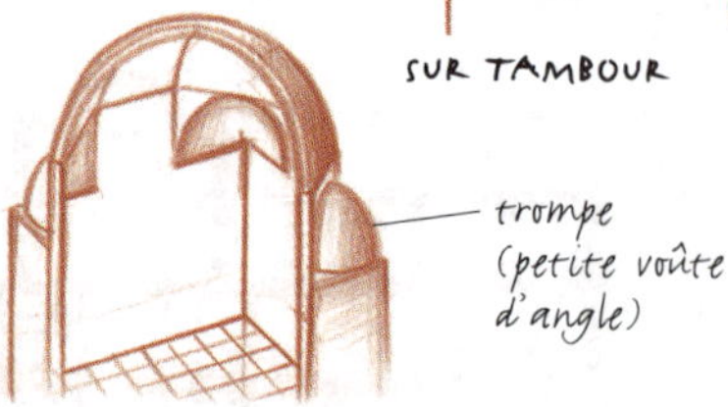

POLYGONALE
SUR TROMPES D'ANGLE

Les arcs

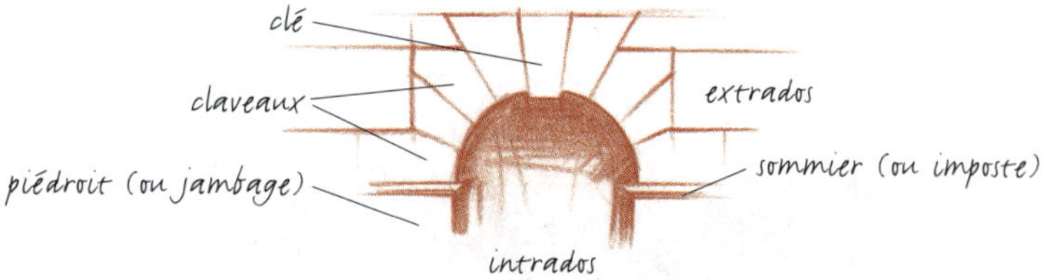

EN PLEIN CINTRE

EN OGIVE

OUTREPASSÉ

POLYLOBÉ

...À L'ISLAM

La mosquée maghrébine

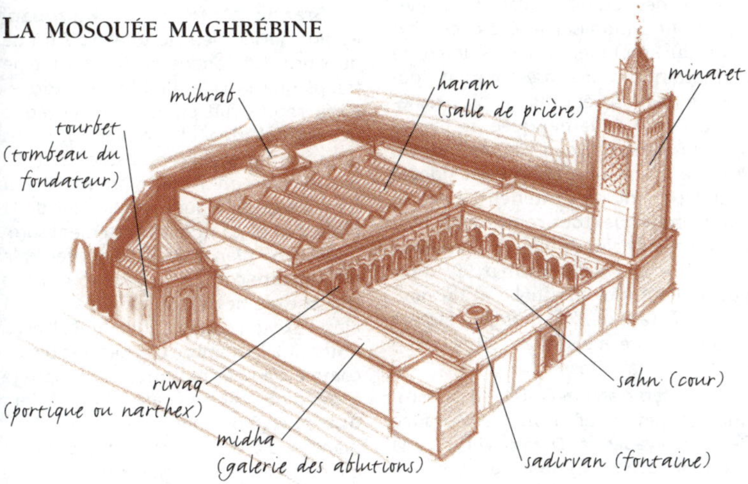

Les minarets

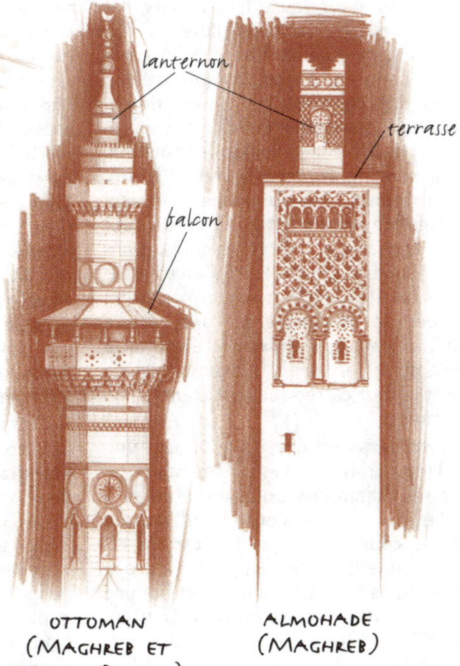

H. Choinet

ART ET ARCHITECTURE

controversée, mais on pense que cette niche vide – qui n'est pas sans rappeler l'abside des églises paléochrétiennes – pourrait symboliser la présence physique du Prophète, l'art musulman ne permettant pas de représentation figurée. Le *mihrab*, endroit le plus richement décoré de la mosquée, se trouve dans la perspective de la nef axiale. Précédé d'une coupole qui en signale l'emplacement de l'extérieur, il est ce point vers lequel tout converge. À côté se trouve la chaire de l'imam, le **minbar** *(voir planche d'architecture p. 99)*, attribut de l'autorité spirituelle et du pouvoir théocratique. Les premiers étaient en bois sculpté, mais on en construira en marbre par la suite.

Le prototype architectural de la mosquée est défini par la Grande Mosquée des Omeyyades, à Damas (715) : une **salle de prière hypostyle** (soutenue par des colonnes), donnant sur une **cour à portique** *(sahn)* comme dans de nombreux édifices gréco-romains.

Enserrées dans leurs hauts murs, les mosquées ont parfois l'allure de forteresses, ce qu'elles furent à l'époque de la conquête arabe. Nombre d'entre elles ont conservé cet aspect défensif, alors que toute menace a disparu, transposant sur un plan symbolique leur rôle de **forteresses de l'islam**. Le **minaret**, issu du clocher chrétien, ressemble également à la tour de guet des forts byzantins et romains. Dans certains pays (Turquie, Afghanistan), le minaret évoluera vers des formes esthétiques très éloignées de l'architecture militaire, mais le **minaret almohade** (Maghreb) est resté une sentinelle de la foi : tour carrée souvent crénelée au sommet.

La **médersa** est une école ou une université coranique. Les pièces (salles de classes, chambres pour les étudiants, salle de prière) s'ordonnent autour d'une cour à portique. La **zaouïa** est une fondation religieuse bâtie à proximité de la sépulture d'un saint homme *(marabout)*. Le **ribat** est un monastère fortifié construit sur le modèle des forts byzantins *(voir p. 236). L'habitat et l'urbanisme sont traités p. 77.*

L'ARCHITECTURE ISLAMIQUE PRÉCLASSIQUE

La **Grande Mosquée de Kairouan**, le plus ancien lieu de prière d'Afrique du Nord, fut fondée en 666 en même temps que la ville. L'édifice fut totalement reconstruit en 836 sous le règne des **Aghlabides**, et son plan fut repris dans tout le Maghreb. Il se caractérise par un plan en T très marqué : la nef centrale et celle qui longe le mur de la *qibla* sont plus larges et nettement surélevées *(voir plan p. 258)*. La nef centrale est en outre coiffée de deux coupoles à chacune de ses extrémités, soulignant ainsi l'axe qui conduit au *mihrab*. Il est à noter que le nombre des nefs est de 17, comme dans la mosquée du Prophète à Médine. Autre particularité, l'**arc outrepassé** ou « en fer à cheval » *(voir planche d'architecture p. 98)*, dont on connaît peu d'exemples à une époque aussi lointaine.

De l'extérieur, la mosquée présente toutes les caractéristiques d'une forteresse : murs renforcés par de puissants contreforts, tours carrées et crénelées. Le minaret, peut-être d'époque omeyyade, ressemble aux phares de l'époque romaine. Ses créneaux et son aspect massif lui confèrent un air plus martial que religieux.

La **Grande Mosquée de Tunis** (856-863) est très directement inspirée de celle de Kairouan : même plan en T, mêmes coupoles côtelées aux extrémités de la nef axiale, etc. Elle en diffère extérieurement par une plus grande richesse dans la décoration, et surtout par des ajouts ultérieurs : la galerie d'époque ottomane et le minaret de style almohade, qui date de 1834.

Au 10e s., Obaïd Allah, chef des Fatimides, fonda une capitale éphémère à **Mahdia**, qu'il dota d'une enceinte, de deux palais, d'un port, d'un arsenal et d'une Grande Mosquée. Celle-ci reprend le plan en T de la mosquée de Kairouan, mais elle introduit quelques nouveautés importantes, comme le portail en saillie inspiré de l'architecture des palais musulmans. Autre innovation, le portail monumental réservé au souverain souligne le caractère semi-divin du calife chiite.

La **Grande Mosquée de Sfax** présentait à l'origine (fin du 9e s.) une très forte similitude avec celle de Kairouan – ce qui n'est plus guère visible aujourd'hui, l'édifice ayant été réduit au 12e s., puis en partie reconstruit au 18e s. Le minaret, construit sous le règne des Zirides, n'est pas sans rappeler celui de Kairouan, mais il est plus élancé. Il diffère également par ses fenêtres en arc curviligne, ses bandeaux horizontaux décorés, et le dessin de ses merlons.

L'ARCHITECTURE ISLAMIQUE CLASSIQUE

Au 12e s., après avoir chassé les Almoravides, les Berbères **almohades** s'imposèrent dans toute l'Afrique du Nord et en Espagne. L'architecture almohade (hispano-mauresque) rayonna surtout au Maroc et en Andalousie. Elle se distingue par la multiplication des coupoles et le soin porté à la cour, de plus en plus grande. Le **minaret almohade** richement orné exprime autant la gloire d'Allah que celle de la dynastie *(voir planche d'architecture p. 99)*.
Plus puritains que les Almoravides, les Almohades renouvelèrent l'esthétique musulmane par un goût pour l'épure des lignes et de la décoration. Ils perpétuèrent la tradition des nefs perpendiculaires à la *qibla* et du vaisseau axial plus large, mais renforcèrent le plan en T en augmentant l'importance de la nef longeant la *qibla*, agrémentée de trois ou cinq coupoles.

Du 13e au 15e s., la Tunisie accueillit les Andalous chassés d'Espagne par la Reconquista. Ceux-ci apportaient dans leurs bagages tout un savoir-faire artisanal et artistique qui allait marquer durablement le décor des édifices en Afrique du Nord. L'art andalou tend vers l'abstraction et la géométrie : arcades entrelacées, nervures, *muqarnas*, arabesques multiples, arbres de vie…

L'ÉPOQUE OTTOMANE

Tunis tombe aux mains des Ottomans en 1574. Commence alors une période prospère due principalement à l'activité de course *(voir p. 197)* qui permet de

Les muqarnas

En pierre, en brique, ou en stuc, les *muqarnas* ou stalactites sont un élément décoratif essentiel de l'art musulman. Ces motifs en alvéoles ornaient les surfaces courbes des bâtiments (coupoles, trompes, et pendentifs). Les premières apparaissent en Iran au 11e s., mais c'est surtout en Afrique du Nord et en Espagne qu'elles connaîtront une grande vogue. En Ifriqiya, les plus anciennes sont celles de la Q'ala des Bani Hammadides (Algérie), une branche de la famille des Zirides. Avec le temps, elles évolueront vers des formes de plus en plus complexes comme à l'Alhambra de Grenade (14e s.).

financer de nombreux projets architecturaux : la mosquée Hammoûda Pacha (17e s.), celle de Youssef Dey (17e s.), plusieurs médersas (18e s.), le souk des Turcs, etc. Ils ont surtout laissé sur le sol tunisien un nombre impressionnant de forts et de casernes. Dans le domaine de la décoration, le style turc se caractérise par un goût pour le décor floral sur les plafonds peints et les faïences. Les mosquées construites par les Ottomans diffèrent sensiblement de leurs sœurs maghrébines. Le **minaret ottoman** de rite hanéfite est octogonal et beaucoup plus élancé que celui de type almohade *(voir planche d'architecture p. 99)*. Quant à la cour de la mosquée, elle est éclatée en plusieurs parties entourant le sanctuaire, comme dans la mosquée Hammoûda Pacha. À ces mosquées est souvent associé le mausolée *(tourbet)* de leur fondateur et de sa dynastie.

La mosquée **Sidi Mahrez** (17e s.), à Tunis, est un cas à part. Elle est directement inspirée des mosquées d'Istanbul et ne présente rien de commun avec ce qui était construit jusqu'alors en Tunisie. Elle s'en distingue entre autres par ses nombreuses coupoles – la plus grande coiffant la salle de prière –, et par sa cour étroite en L.

Aux 18e et 19e s., les princes **husseinites** sur le déclin financent encore de belles réalisations totalement affranchies du style turc, mais imprégnées du style occidental. Ainsi, la **mosquée Youssef**

Sahib et Taba (1812) offre une parfaite illustration de l'influence italienne, en particulier dans sa décoration.

LA REPRÉSENTATION DANS L'ART ISLAMIQUE

Selon une idée reçue, l'islam réprouve la représentation figurative et plus particulièrement celle des êtres animés. Cette opinion mérite d'être nuancée. Dans le Coran, on ne trouve pas trace de la moindre interdiction concernant les images, la peinture ou les statues. Les rares invectives à ce sujet s'attaquent très explicitement aux seules idoles.

Des idoles aux images

Aux premiers temps de l'islam, les palais princiers étaient décorés de mosaïques, de peintures murales, et de statues. Mais les mosquées, à quelques exceptions près, restèrent dépourvues de toute ornementation figurative. Il faut voir là le poids d'un interdit – latent dans le texte sacré –, que les docteurs de la loi musulmane se chargèrent de rendre manifeste dans leurs *hadith*. Les musulmans professent un monothéisme absolu *(voir p. 74)*, et pour l'islam naissant, le paganisme demeurait une menace. Les théologiens arabes craignaient que les fidèles en vinssent à vénérer des images de Mahomet, à l'instar des chrétiens qui adressaient leurs prières à des effigies de Jésus, de Marie, et de tous les saints du paradis. Dieu seul est objet de culte, et il serait vain de vouloir le représenter.

Le contexte politique et social, à certaines époques, a également pu conduire les imams à une intransigeance en la matière : réaction contre la culture grecque, condamnation du luxe effréné des califes, des princes et autres nantis.

Vers un art de l'abstraction

L'interdit sera exprimé dans des recueils de *hadith* dont les principaux datent du 9ᵉ s. Un refus de la représentation, que les théologiens étendirent peu à peu à l'art profane : l'imitation des êtres animés était un acte sacrilège, une volonté démiurgique de donner vie à des créatures et de se mesurer à Dieu. Pourtant, hors de la sphère du sacré, les artistes parvinrent à contourner l'interdit comme en témoigne le formidable essor de la peinture musulmane, notamment du 13ᵉ au 18ᵉ s. Ils y réussirent en tendant vers un art stylisé et abstrait. En s'éloignant de toute représentation réaliste, les peintres manifestaient leur humilité à l'égard de la création. Ils abandonnèrent tout ce qui dans leur art relevait de l'effet de réel : la perspective, la profondeur, les ombres, le modelé… Tout ce qui avait fait la grandeur de l'art gréco-romain et que les artistes musulmans n'ignoraient nullement.

Pour les mêmes raisons, l'art du portrait est quasiment inexistant. Lorsqu'un homme est représenté, ce n'est jamais un « individu », mais un « type » humain, un universel ou une idée. Rares sont les effigies des princes arabes et les galeries de portraits de toute une dynastie. Seuls les sultans turcs se firent portraiturer (par des peintres européens), et encore le firent-ils en secret.

L'ART DÉCORATIF

Les docteurs de la loi ayant jeté l'anathème sur l'art figuratif, les arts décoratifs passèrent alors au premier plan. La « décoration » n'intervint plus comme un cadre ou un bouche-trou de telle représentation – ce qui était le cas dans l'art gréco-romain et byzantin –, mais comme un élément majeur de toute composition artistique.

L'arabesque

L'**entrelacs géométrique** a pour figure de base le polygone, et plus particulièrement l'octogone et l'hexagone. Au 18ᵉ s., polygones, triangles, losanges et étoiles se côtoient et se superposent en des compositions complexes.

L'**entrelacs courbe ou décor floral** repose sur les mêmes principes que l'entrelacs géométrique, mais il utilise la sinuosité de la ligne courbe. Celle-ci se déploie, formant des motifs floraux très stylisés : rinceaux, palmettes, feuilles, pommes de pin, etc.

ART ET ARCHITECTURE

La calligraphie

La calligraphie est l'expression la plus caractéristique de l'art et de l'esprit islamique. Dieu s'est manifesté à travers Mahomet en arabe, et ses paroles ont été consignées en caractères arabes. Il existe comme une consubstantialité entre la parole de Dieu, la langue et l'écriture arabe. Il est d'ailleurs écrit très explicitement dans le *Coran* que l'art d'écrire est d'essence divine (sourate, 96, 4).

En terre d'islam, l'art du calligraphe est un art majeur, le seul jugé digne d'ornementer les versets du Coran. Cet art a pu s'établir sur certaines caractéristiques propres à l'écriture arabe, chacune des 28 lettres de l'alphabet revêtant une graphie particulière selon sa position dans le mot : initiale, médiane, ou finale. La calligraphie est l'art de représenter ces différentes variations.

Destiné au départ à accompagner le texte, l'art du calligraphe s'en est peu à peu affranchi pour devenir un art décoratif à part entière, indépendant de ce qui est signifié. Dans ses expressions les plus extrêmes et les plus ornementales, la calligraphie se fait illisible.

La calligraphie arabe se divise en deux grands genres :

L'écriture coufique, qui se caractérise par ses hampes verticales, l'épaisseur uniforme de ses lettres, ses angles droits, son caractère solennel et monumental. À partir du 11e s., le coufique perd de sa sobriété originelle : les hampes des lettres s'allongent, se croisent et s'ornent de décors végétaux (**coufique fleuri**).

L'écriture cursive, qui apparaît au 11e s. On la reconnaît à la souplesse et à la finesse de ses lettres dessinées en pleins et en déliés. Elle finira par supplanter totalement le coufique.

La calligraphie a également été utilisée comme **décor épigraphique** pour les monuments – ciselé dans la pierre ou le stuc, ou représenté sur les faïences. Le coufique, solennel et monumental, est particulièrement bien adapté à une application épigraphique. Dans ce domaine, il ne fut jamais totalement supplanté par le cursif, contrairement à ce qui s'est passé pour le livre.

LEXIQUE D'ARCHITECTURE

Abside - Salle semi-circulaire constituant le chevet d'une église. Elle ferme le chœur, où siège le clergé.

Acropole - Ville haute des cités grecques, servant de forteresse et de lieu de culte.

Appareil - Agencement des pierres d'une construction (en latin, *opus*). Désigne également le type de taille des pierres utilisées.

Atrium - Désigne la cour qui suit l'entrée d'une maison ou d'un édifice romain. Cour à ciel ouvert qui comporte généralement un bassin pour les eaux de pluie.

Basilique - Édifice civil rectangulaire à trois nefs qui servait de tribunal ou de lieu de réunion. Nom donné plus tard aux premières églises chrétiennes bâties sur ce plan.

Cardo - Voie nord-sud d'une ville romaine. Le *cardo maximus* est l'axe principal, perpendiculaire au *decumanus* (voir ce mot).

Decumanus - Voie est-ouest d'une ville romaine (voir aussi « cardo »).

Épigraphe - Inscription sur un monument. Le décor épigraphique utilise la calligraphie arabe.

Forum - Place publique des villes romaines, siège du marché et de la vie politique.

Hammam - Bains de vapeur du monde musulman, hérités des thermes romains.

Hypostyle - Désigne un temple, une mosquée ou un palais dont la toiture est soutenue par des colonnes.

Insula - Quartier d'une ville antique.

Limes - Zone frontière fortifiée, destinée à protéger les provinces de l'Empire romain des attaques des Barbares.

Maqsura - Panneau de bois séparant l'imam des fidèles.

Marabout - Lieu saint, tombeau faisant l'objet d'une vénération (voir aussi « zaouïa »).

Médersa - École coranique.

Merlons - Créneaux à degrés.

Mihrab - Dans la mosquée, niche indiquant la direction de La Mecque.

Minbar - Dans la mosquée, chaire perchée en haut d'un escalier, d'où l'on prononce le prêche du vendredi.

Muqarnas - Décoration architecturale en brique, pierre, ou stuc formant comme des stalactites.

Nymphée - Source naturelle ou fontaine dédiée aux nymphes. Dans une ville romaine, fontaine monumentale symbolisant sa puissance et sa richesse, souvent dédiée à un empereur.

Odéon - Petit théâtre, en général couvert, destiné aux concerts et aux lectures publiques.

Œcus - Salle de réception d'une maison romaine.

Opus - Voir « appareil ».

Péristyle - Galerie, portique à colonnes entourant un temple, une cour.

Pilastre - Colonne carrée, à demi engagée dans le mur.

Portique - Galerie couverte, supportée par une colonnade. Les portiques entourant le forum abritaient des boutiques.

Qibla - Mur de la mosquée orienté vers La Mecque.

Ribat - Monastère fortifié.

Stuc - Enduit de plâtre employé dans l'ornementation des murs et des plafonds.

Tesselle - Petit cube de pierre ou de verre coloré utilisé pour la confection des mosaïques.

Triclinium - Salle à manger d'une maison romaine.

Tophet - Terme emprunté à l'Ancien Testament et désignant les sanctuaires où se pratiquaient les sacrifices d'enfants.

Tourbet - Mausolée musulman.

Zaouïa - Fondation religieuse bâtie à proximité de la sépulture d'un saint homme.

ARTISANAT

Voir également p. 40.

L'artisanat tunisien tire sa richesse du contact avec les différentes cultures qui se sont succédé sur son territoire. Au fonds berbère se sont superposées les influences punique, romaine, arabe, et principalement andalouse. Contrairement à la civilisation occidentale, la culture islamique ne fait pas de différence entre art et artisanat, art noble et arts mineurs. Les créateurs ont trouvé leur champ d'expression dans la production d'objets essentiellement fonctionnels à l'origine, même si l'aspect décoratif a pris souvent le pas sur l'utilitaire. L'artisanat est l'utilitaire devenu art.

Les modes de fabrication ont nettement évolué, depuis la création de l'Office national de l'artisanat, après l'indépendance de la Tunisie. Aujourd'hui, la transmission ne se fait plus de père en fils, mais elle est assurée au sein d'un atelier. La standardisation de la production limite la créativité individuelle, mais elle a pu conduire à une amélioration de la qualité.

LE MÉTAL

Dans l'Antiquité, le travail du métal se limitait au bronze coulé. Les Orientaux – Chinois, Perses et Ottomans – furent les premiers à utiliser les feuilles de cuivre repoussées à la main pour façonner récipients et ustensiles.

La **dinanderie** produisait de nombreux objets en bronze massif : pilons, mortiers, poignées de porte, candélabres, gardes de sabres, ainsi que les croissants à la cime des minarets.

La **chaudronnerie** fournissait les chaudrons servant à chauffer l'eau du bain, les bassines pour la lessive ou pour la préparation du couscous, autant d'éléments indispensables au trousseau d'une jeune fille. Si couscoussiers et marmites ne sont jamais décorés, les plateaux à gâteaux, les services à café, les cuvettes et aiguières s'enrichissent souvent d'une ornementation finement ciselée : cyprès, rosaces, et arcs au tracé délicat rappellent les origines turques de la dinanderie tunisienne.

Dans le souk de Hammamet

L'ÉBÉNISTERIE ET LE TRAVAIL DU BOIS

L'habitat traditionnel comprend peu de mobilier, fauteuils, chaises, tables, et autres meubles « mangeurs » d'espace. La famille prend ses repas à même le sol. Le seul meuble est bien souvent le coffre qui a servi à transporter le trousseau et dans lequel on range les vêtements. Les autres rangements consistent en étagères pour les livres, les armes, et les batteries de cuisine. Coffres et étagères étaient bien souvent ornés de motifs représentant des coupes de fruits, des corbeilles de fleurs, des poissons ou des mains de Fatma. Ces traditions sont restées très vivantes à Sfax jusqu'à l'abandon des maisons traditionnelles.

Les demeures des notables s'enrichissaient de plafonds peints et sculptés, parfois dorés, aux motifs géométriques et floraux. Les portes étaient également décorées. Au 19e s., les influences italianisantes furent très fortes, surtout dans la capitale. Les maisons se couvrirent de dorures et se remplirent de meubles, rompant l'harmonie de décor existant jusqu'alors entre les boiseries d'une part, les tentures et les tapis d'autre part. De nos jours, la prépondérance du mode de vie à l'occidentale fait que les maisons tunisiennes les moins pauvres ont tendance à s'encombrer de meubles.

Au nord, dans la région de Tabarka et d'Aïn Draham, on utilise le bois d'olivier pour façonner des bols, des jattes, ou des mesures à huile. Au sud, le matériau de base est le palmier dont sont fabriquées les portes des demeures traditionnelles. Dans les habitations troglodytiques, le mobilier est fixe et prend la forme d'une véritable dentelle. C'est aux femmes que revient le soin d'assembler les branches d'olivier et de palmier nécessaires à l'assemblage du treillis en bois qui supportera le lit ou les espaces de rangements. Une fois fixée au sol et aux murs, la structure en bois est recouverte d'un mélange d'argile et de son, blanchie par la suite au moyen d'un enduit de gypse.

LES COUVERTURES

Les femmes qui tissent les tentures-couvertures sont souvent analphabètes, du moins les plus âgées, et le tissage est pour elles un moyen d'expression. Elles se permettent une grande liberté et lâchent la bride à leur créativité. Signe apparent de richesse, les tentures-couvertures sont un élément essentiel du trousseau de la future mariée. À Oudref, c'est au marié de pourvoir aux couvertures du ménage. Les mères confectionnent pour le mariage de leurs fils un *hanbal*, une grande couverture aux couleurs sombres, bleu foncé ou rouge bordeaux, agrémentée de motifs géométriques aux couleurs claires. On ne peut ni l'acheter, ni le vendre, ni le commander à un artisan. Il constitue la pièce maîtresse du patrimoine domestique et est destiné à rester dans la famille.

Ces couvertures très longues remplissent de multiples fonctions. Pliées, elles font office de matelas. Les jours de fêtes, elles tapissent les murs des maisons. Lavées et séchées à la fin de la saison froide, elles ornent la tête des lits en maçonnerie dans les maisons traditionnelles des villages campagnards.

LE CUIR

Aujourd'hui, les *malaab* ou fantasias sont les derniers témoins du grand art des **selliers** tunisiens qui occupaient il n'y a pas si longtemps une place importante dans les souks. Brodée de soie, de fils d'or et d'argent, la selle était la fierté du cavalier, la digne parure de son coursier arabe. Elle était complétée par une têtière, une bride, des sangles et des étriers ouvragés. La plupart des maîtres selliers se sont aujourd'hui recyclés dans la production d'articles pour touristes.

La **cordonnerie** doit beaucoup à l'influence carthaginoise, qui produisait les célèbres cothurnes, chaussures à hautes semelles. Lui ont succédé les babouches, les chaussures les plus populaires de Tunisie. Aujourd'hui les babouchiers se reconvertissent. Sfax est devenue la grande ville de la chaussure industrielle et artisanale.

LA PIERRE TAILLÉE ET LE STUC

Le travail de la pierre a connu un important renouveau au cours des dernières années, comme le prouve le dynamisme de Dar Châabane devenu depuis peu la Mecque des tailleurs de pierre. Ce phénomène est d'autant plus surprenant que cet artisanat avait failli sombrer avec l'engouement des Tunisiens pour les appartements modernes et l'abandon des médinas. Traditionnellement, même le plus modeste des propriétaires se sentait le devoir d'orner sa demeure d'un encadrement de porte taillé dans le calcaire le plus tendre ou un grès dur légèrement rosé. Sur les linteaux, l'artisan gravait des inscriptions invoquant la protection de Dieu, des motifs géométriques et floraux, la main encadrée de poissons, ou le croissant et l'étoile du drapeau national. Les propriétaires les plus riches agrémentaient en outre leur maison de dallage et de colonnes en pierre ou en marbre.

Après une parenthèse de plusieurs dizaines d'années, on assiste au retour à une architecture qui se veut « traditionnelle » mais semble plus proche de l'arabisance et du pastiche. Arcs et colonnes, encadrements de portes et de fenêtres font leur réapparition sur les monuments publics comme sur les villas. On voit ainsi fleurir dans certains quartiers résidentiels des maisons cossues, mi-pavillon de banlieue mi-pâtisserie orientale. Dans ce post-modernisme à la tunisienne, les tailleurs de pierre s'en donnent à cœur joie : colonnades torsadées et boursouflures à l'antique.

Pour la décoration d'intérieur, on utilise du plâtre, sculpté à même le mur au ciseau selon un dessin géométrique.

LES NATTES

Dans un pays où le mobilier traditionnel est aussi sommaire, les nattes ont pris une importance particulière. L'hiver, elles servaient à isoler les tapis du sol, tandis que des coussins protégeaient du contact avec les murs humides. L'été, les nattes offraient une surface plus fraîche que la laine, et plus hygiénique que le sol. La production de nattes s'est développée dans plusieurs régions. Dans les campagnes, ce sont les femmes qui tissent l'alfa sur un métier vertical. Dans les villes, les hommes travaillent le jonc sur des métiers horizontaux installés à quelques centimètres du sol. Les nattes les plus ouvragées sont fabriquées à Nabeul. Leur décor, qui s'inspire de celui des tapis, utilise des joncs teints en bleu, rouge, brun, ou vert.

LA PEINTURE SOUS VERRE

La peinture sous verre est l'une des rares techniques de l'artisanat populaire dont la fonction est strictement décorative. Connue en Europe dès le 14ᵉ s., elle a fait son apparition en Tunisie au 19ᵉ. L'artisan exécute son ouvrage sur une plaque de verre retournée. Ces peintres transgressent la sacro-sainte règle islamique de la non-représentation figurative et vont puiser leur inspiration dans les contes, les légendes, et les hauts faits de la geste arabe : la conquête de l'*Ifriqiya* par les musulmans, l'ascension du Prophète sur un cheval ailé, etc. Les tableaux les plus intéressants utilisent l'infinie richesse de la calligraphie ; les lettres deviennent éléments de décor et le poème se transforme en cage à oiseaux ou en scène bucolique. Certaines de ces pièces furent l'œuvre de véritables artistes dont les noms nous sont malheureusement inconnus... L'art populaire est souvent un art anonyme.

LES POTERIES ET LES CÉRAMIQUES

Les fouilles archéologiques attestent la présence de potiers en Tunisie depuis la plus lointaine Antiquité. Au gré de l'histoire, les lieux de production se sont déplacés, Kairouan a succédé à Carthage, Tunis à Kairouan, et Nabeul a définitivement supplanté Tunis et Guellala où les potiers pratiquent leur art depuis pourtant mille ans. À chaque période, chaque ville contribue à l'enrichissement de l'héritage commun. L'un des principaux centres s'est longtemps situé au beau milieu de la capitale. Particulièrement prolifiques, les artisans

Tunisois ont autant été soumis à l'influence mauresque qu'espagnole. De l'importante communauté de potiers ne survit plus aujourd'hui que le nom du quartier Qallaline (de *qolla* qui signifie « cruche à eau »), non loin de la place Bab Souika.

Nabeul

Nabeul est aujourd'hui le centre de production de poterie et de céramique le plus important de Tunisie. Pourtant, la poterie de Nabeul telle que nous la connaissons aujourd'hui ne date que du début du siècle. Les historiens attribuent la naissance d'un centre artisanal aux Jerbiens, attirés par l'existence d'argile de qualité aux alentours de la ville. Aujourd'hui encore, le « quartier des Jerbiens » est celui des potiers.

Si l'influence des Jerbiens est indiscutable, également déterminante a été l'installation de maîtres artisans français, qui se sont ingéniés à retrouver les formes anciennes et la fabrication des émaux d'autrefois. Ainsi dans l'atelier du couple Louis et Lucienne Tissier ont défilé les Kharraz père et fils, les jumeaux Abderrazaq et d'autres, qui donnent encore aujourd'hui leurs noms aux plus prestigieuses fabriques. Dès les années 1930, la réputation de la poterie de Nabeul dépassa les frontières nationales. Les carreaux à motifs andalous ou turco-persans partirent décorer plusieurs demeures californiennes, dont celle de Gillette, célèbre pour ses lames de rasoir. Artisans dynamiques, les Nabeuliens continuent à s'adapter à l'évolution du pays et de la clientèle.

Sejnane

Dans les souks ou sur le bord de la route qui conduit de Bizerte à Tabarka, vous trouverez également quelques rares pièces aux tonalités ocre, aisément reconnaissables à leurs motifs géométriques. Elles sont l'œuvre des femmes de Sejnane qui, d'un coup de pinceau en poil de dromadaire trempé dans du jus de lentisque, du goudron ou de l'ocre rouge, décorent coupes à pied, pots à bec verseur et marmites pansues. Une poterie berbère primitive et mystérieuse, qui ressemble à de l'art brut, et dont les créations les plus originales sont de petites figurines : poupées, oiseaux, ou dromadaires. À manier avec précaution, car elles sont façonnées avec une glaise cuite au soleil très fragile.

Guellala

Le travail de la terre à Guellala, au sud de l'île de Jerba, remonte à des temps immémoriaux. Les artisans se sont fait une spécialité des poteries non vernissées aux formes très pures, principalement des amphores ou des pièces de grand calibre. Ces jarres, d'une capacité de 200 litres, ont longtemps été indispensables dans les maisons tunisiennes pour garder les réserves d'huile d'olive, de grains, ou de pâtes.

Les Jerbiens fabriquent également des poteries vernissées, dont certains modèles rappellent les productions andalouses de Cordoue, en Espagne. Les couleurs employées sont souvent le vert et l'ocre. Cette production a mal résisté aux couleurs vives de Nabeul.

Moknine

Comme à Guellala, la production de Moknine est non vernissée et surtout poreuse. C'est de là que venaient les gargoulettes, longtemps indispensables à la vie quotidienne. Avant la généralisation des réfrigérateurs dans tous les foyers, celles-ci étaient en effet essentielles pour le transport de l'eau. Aujourd'hui le marché s'est considérablement réduit, et les artisans cherchent un second souffle en s'initiant aux techniques de l'émaillage.

LES TAPIS

En Tunisie coexistent deux formes de tapis, les tapis à poil ras, *mergoum*, et les *zerbia* à points noués.

Les tapis à poil ras

Les *mergoum*, d'origine berbère, sont de plusieurs sortes. Les plus connus sont les *kilim*, qui mêlent tissage de taffetas et points noués. On les trouve dans les régions d'Oudref, de Jerba et de Sbeïtla. Les tapis à poil ras de Gabès, Matmata, Kebili, Douz et Gafsa sont également réputés, mais les plus curieux sont les macramés ou *bakhnoug*, sorte de passementerie en vogue à El Jem, Tataouine ou Thibar. Quelle que soit leur provenance, on est d'abord frappé par l'extraordinaire richesse de leurs couleurs et de leurs formes. Il n'y a pas deux tapis identiques même si les motifs se limitent au carré, au rectangle, au losange, à la croix, au chevron, à des bandes et à des rayures. La ligne courbe reste exceptionnelle. Les couleurs choisies varient selon la région et parfois le village. Aucune artisane ne se tromperait sur l'origine d'un tapis. Ainsi vers Gafsa, les *mergoum* ont des couleurs chaudes et des motifs fantaisistes. Autour de Redeyef, Mdhila et Metlaoui, les influences tripolitaines se font ressentir et les tapis se caractérisent par des motifs zoomorphes et parfois même anthropomorphes uniques en leur genre.

Les tapis à points noués

Si le tapis de Kairouan a désormais ses lettres de noblesse, son origine reste obscure. Pour certains, le premier *zerbia* aurait été fabriqué au 19e s., quand le gouverneur de la cité aurait lancé le tissage d'un tapis de haute laine pour en doter l'une des mosquées. D'autres évoquent l'intervention d'une jeune Tunisienne d'origine turque, fille d'un curateur des *habous* de Kairouan. Quelle que soit la légende, le « Kairouan » est désormais devenu une véritable industrie nationale employant un grand nombre de personnes.

Le *zerbia* s'inspire des tapis turcs et, à la différence des *mergoum*, le motif en est souvent central, entouré de bandes d'encadrement. Le fond est traditionnellement rouge, vert ou bleu, mais les motifs utilisent une palette de couleurs plus large. Le tapis le plus prisé à l'heure actuelle est l'*alloucha* (*allouche* signifiant « mouton ») qui conserve les couleurs naturelles de la laine, jouant sur le blanc et le brun.

SILLONNER LA TUNISIE

Cartes et plans

Campement de luxe à Ksar Ghilane

1 jour	Tunis (p. 114)
Suggestion de promenade	Flânerie dans les souks en passant par la Grande Mosquée. Déjeuner dans la médina. Visite du musée du Bardo et promenade dans le parc du Belvédère.
Transport	À pied dans la médina. En métro léger ou en taxi pour rejoindre le Bardo ou le parc du Belvédère.
Étapes	Grand choix d'hôtels à Tunis, mais on peut également opter pour l'un des charmants hôtels de Sidi Bou Saïd et gagner la capitale en TGM le matin (20mn de trajet).
1 jour	**Le golfe de Tunis**
Circuit (env. 50 km AR)	Tunis, Carthage *(p. 152)*, Sidi Bou Saïd *(p. 145)*, La Marsa *(p. 149)*, La Goulette *(p. 144)*.
Suggestion d'itinéraire	Visite des ruines de Carthage le matin. Déjeuner à Sidi Bou Saïd, flânerie dans les ruelles du village et visite du palais du baron d'Erlanger. Balade en bord de mer à La Marsa et thé à la menthe au café Saf Saf. Sur le chemin du retour, arrêt à La Goulette pour un dîner dans l'un des restaurants de poisson de l'avenue Franklin Roosevelt.
Transport	Les arrêts sont suffisamment rapprochés les uns des autres pour pouvoir se déplacer en TGM sur tout l'itinéraire (35mn entre Tunis et La Marsa). Pour se rendre à la station balnéaire de Gammarth *(p. 151)*, après La Marsa, il faut prendre un taxi.
Étapes	Nuit à Tunis ou dans l'un des établissements du littoral (Carthage, Sidi Bou Saïd, La Marsa, Gammarth).
Conseils	En été, visitez le site de Carthage le matin pour éviter les grosses chaleurs.
1 ou 2 jours	**Les sites archéologiques au sud de Tunis**
Boucle (env. 300 km)	Tunis, Oudna *(p. 161)*, Zaghouan *(p. 161)*, Thuburbo Majus *(p. 162)*, Dougga *(p. 164)*.
Transport	Voiture de location indispensable.
Étapes	Nuit à Tunis si on effectue le circuit dans la journée. Hébergement à Téboursouk *(voir « Se loger » à Dougga p. 164)* pour le circuit de 2 jours.
Conseils	Pour éviter de passer la journée en voiture, mieux vaut effectuer le circuit sur 2 jours. On logera à Téboursouk, près du superbe site de Dougga, que l'on peut ainsi visiter, frais et dispos, le matin du 2e jour.

Petite scène de rue à Sidi Bou Saïd

TUNIS ET SA RÉGION

TUNIS★★★

☺ **Climat agréable en toute saison**

☹ **Pas de façade maritime**

Quelques repères

Capitale et chef-lieu de gouvernorat - Env. 1 500 000 hab. avec son agglomération

À ne pas manquer

Se promener dans les souks.

Les mosaïques du musée du Bardo.

Dîner au restaurant Dar el Jeld, pour ses spécialités et le cadre.

Conseils

Logez de préférence à Sidi Bou Saïd *(voir p. 146)*.

La ville ne possédant pas de façade sur la mer, pour la plage, rendez-vous à La Goulette, La Marsa, Carthage ou Sidi Bou Saïd.

Tunis ne s'apprivoise pas en un jour, il faut du temps pour en découvrir tous les charmes. Car cette capitale de l'Orient s'impose d'abord par ce qu'elle n'est pas : ni monumentale, ni grandiose, ni fardée façon *Mille et Une Nuits*, ni prétentieuse, ni même mystérieuse... Du moins de prime abord. Tunis surprend au contraire par sa simplicité désuète, mélange de ville arabe millénaire et de France des années 1950. Dômes blancs et minarets à lanternon côtoient un théâtre Art nouveau, et devant les banques ultramodernes défilent des autos vieillottes importées de l'ancienne métropole. Par bien des aspects, ses discussions de rue, ses joueurs de jacquet en *jebba* claire ou burnous marron, ses vieux messieurs endimanchés, son parc du Belvédère peuplé d'animaux et de badauds, Tunis a même des allures de grosse ville de province, une ville qui prendrait son temps... Pour mieux nous l'offrir.

Arriver ou partir

En avion - Les avions de ligne atterrissent à l'**aéroport Tunis-Carthage**, ☎ 71 754 000/755 000, à mi-chemin entre Tunis et La Marsa (9 km de part et d'autre). Dès le hall d'arrivée, vous trouverez tous les services nécessaires à votre premier contact avec la Tunisie, des agences de voyages ainsi qu'une annexe de l'office de tourisme. Pour le change, deux banques sont ouvertes tous les jours. Également à votre disposition, un distributeur de billets de la STB Bank vous permet de retirer directement des dinars grâce à votre carte Visa. Attention au départ de Tunisie, l'heure limite d'embarquement est fixée à 40mn avant l'heure de décollage.

De l'aéroport au centre-ville - Le bus n° 35 passe en principe toutes les 30mn, en direction du centre ville, terminus av. Mohamed V, juste avant la place du 7 Novembre. Durée du trajet, 30mn environ, fréquence toutes les 15mn de 5h30 à 20h. Prix 800 millimes. Le prix de la course d'un taxi entre l'aéroport et le centre-ville ne devrait pas dépasser 3 d, mais les chauffeurs rechignent à mettre le compteur sur ce trajet, et appliquent un tarif forfaitaire de 5 d. Après 21h, comptez environ 9 d.

En bateau - Liaisons quasi quotidiennes avec Marseille, et exceptionnellement avec Toulon. Le bateau fait également certaines liaisons depuis l'Italie, au départ de Gênes et Naples. L'arrivée se fait au port de La Goulette, à 10 km de Tunis. Un service régulier de trains, le TGM (Tunis-La Goulette-La Marsa) assure la liaison avec le centre de Tunis ou avec les différentes stations balnéaires.

En train - **SNCFT**. La gare centrale est place de Barcelone, à 5mn à pied de l'avenue Habib Bourguiba, ☎ 71 334 444 ou 71 259 977. Tous les horaires au départ de Tunis sont publiés quotidiennement dans le journal *La Presse*, en français. Tunis n'est plus desservie que par des trains venant de la province, depuis l'interruption temporaire de la ligne vers l'Algérie et le Maroc. Ouvert tlj 6h-22h.

Parmi les principales directions desservies : 4 omnibus par jour pour Bizerte (durée 1h30) ; un train quotidien pour Hammamet (durée 1h15), 11 trains quotidiens pour Sousse, 2 pour Mahdia, 7 pour El Jem et Sfax, 3 pour Gabès (durée 7h) et 1 train de jour et un autre de nuit pour Gafsa (durée 7h35).

Consigne : 5h30-21h30. Prix : 2 d le petit casier, 3 d le grand.

En TGM - Le train Tunis-La Goulette-La Marsa permet de rallier les plages des stations balnéaires les plus réputées. Départ de la gare de Tunis Marine, en bas de l'avenue Bourguiba (métro lignes 1 et 4 et plusieurs lignes de bus), ☎ 71 244 696. Les trains, qui partent toutes les 15mn environ, entre 6h et 1h du matin, mettent 35mn pour atteindre le terminus de La Marsa-Plage. L'aller simple vaut 350 millimes jusqu'à La Goulette, 550 millimes jusqu'à La Marsa.

En bus - Il existe deux gares routières, selon la destination choisie.

Gare routière Nord, à 400 m de la place Bab Saadoun, en direction de Bizerte. Informations, ☎ 71 562 299. Trois sociétés se partagent le marché :

La SNTRI, informations de 5h-21h, ☎ 71 560 736. Cette compagnie nationale dessert toutes les villes du Nord : 5 départs par jour vers Tabarka (3h15), 4 départs vers Aïn Draham et 11 départs vers Le Kef.

La SRTB (Société régionale de transport de Bizerte), informations ☎ 71 563 653. La compagnie dessert Bizerte (21 départs par jour), Menzel Bourguiba. Pour quelques millimes de plus, nous vous conseillons de choisir les cars « confort », climatisés avec vidéo (durée 1h).

La SRT Jendouba, ☎ 71 246 053, dessert Jendouba, Béja et Menjez el Bab.

Gare routière Sud, à Bab Alioua. Renseignements, ☎ 71 495 255. De là, les bus partent dans toutes les autres directions, y compris la Libye et l'Algérie.

En taxi collectif - Les stations sont souvent situées près des gares routières et desservent les mêmes destinations. Ne marchandez pas, les prix sont fixés par les pouvoirs publics, ils sont à peu près équivalents à ceux des bus. Vous pouvez demander à consulter la plaquette des barèmes, certaines sont en français.

La gare de **Bab Saadoun** dessert le nord et l'est du pays : Le Kef, Tabarka et Bizerte.

Place Moncef Bey, les voitures font la route du Sud : Sousse, Monastir, Sfax, Gafsa et Kairouan.

Bab Alioua pour le cap Bon : Hammamet et Nabeul.

Se repérer

Il est aisé de se repérer dans Tunis. Le plus simple est de s'orienter en fonction des deux grands axes à partir desquels s'ordonne la ville moderne : d'une part, l'avenue Habib Bourguiba qui se prolonge par l'avenue de France (axe est-ouest). Long de 1,5 km, cet axe relie le lac de Tunis à la médina. D'autre part, l'avenue de Paris qui devient ensuite avenue de Carthage (axe nord-sud).

Comment circuler

Le centre-ville se visite facilement à pied : l'av. Habib Bourguiba concentre restaurants, hôtels, ambassades, et débouche sur la médina qui se visite exclusivement à pied.

En métro - SMLT (Société métro léger de Tunis). Il est d'autant plus agréable qu'il est en plein air. Tunis étant au niveau de la mer, il a été impossible de creuser des souterrains. Depuis 1985, la ville a donc choisi un système ressemblant fort à un tram, baptisé « métro léger ». Il est composé de 5 lignes, dont presque toutes passent devant la gare SNCFT. La n° 4 a un arrêt au musée du Bardo, et la n° 3 vous conduira non loin de la gare routière de Bab Saadoun. La n° 1 relie la gare du TGM de Tunis Marine. Billets précompostés (370 millimes si vous faites toute la ligne), cartes hebdomadaires et mensuelles (valables pour un seul aller-retour par jour) s'achètent au guichet de chaque station. Être contrôlé sans billet vous coûtera 10 d sur place, 15 d si vous payez dans un délai d'une semaine. Bureau des amendes, 60 av. J.-Jaurès, ☎ 71 348 333.

En bus - Les bus sont peu pratiques pour les touristes, même si certains circulent 24h/24. Peu de plans, à part celui affiché place de Barcelone. Les directions sont indiquées en arabe. Les billets vont de 300 à 750 millimes.

SNT (Société nationale des transports) 1 av. Habib Bourguiba, ☎ 71 259 422. Informations ☎ 71 380 157. Informations au dépôt de Bab Saadoun, ☎ 71 562 299.

En taxi - Vous avez le choix entre les « grands taxis », seuls autorisés à sortir du gouvernorat de Tunis, ou les « petits taxis », que l'on reconnaît à leur couleur jaune. Très bon marché, ces derniers ne sont habilités à circuler que dans les limites du gouvernorat, ce qui est largement suffisant pour vous conduire aux stations balnéaires alentour. La prise en charge est de 350 millimes et la course dépasse rarement 2 d en ville. Comptez environ 5 d pour l'aéroport, une dizaine de dinars pour les plages. Tous les taxis officiels ont des compteurs. Ils sont très nombreux et vous pouvez les héler en ville. Station avenue Habib Bourguiba. **Allô Taxi** ☎ 71 840 840/783 311.

En voiture - Évitez la voiture en centre-ville, se garer est difficile et les sens interdits sont surtout un vrai casse-tête. Ne l'utilisez que pour visiter les quartiers périphériques ou le musée du Bardo. Les parcmètres fonctionnent rarement mais il n'est pas rare de voir un Tunisien vous demander de l'argent pour le parking. Les seuls autorisés à le faire sont munis d'un permis et délivrent un reçu. Comptez 150 millimes pour 1h. Comme dans tout le reste de la Tunisie, attention au sabot de Denver.

Location de voiture - En plus des filiales des compagnies internationales, la Tunisie compte une dizaine d'entreprises locales. La plupart des agences de location vous demanderont 5 d de supplément pour livraison à l'aéroport.

Avis, Av. de la Liberté, ☎ 71 788 563. Hôtel Hilton, Belvédère, ☎ 71 284 112. Aéroport, ☎ 71 750 299.

Europcar, 17 av. Habib Bourguiba, ☎ 71 340 303. 81 av. de la Liberté, ☎ 71 287 235. Aéroport, ☎ 71 233 411.

Hertz, 29 av. Habib Bourguiba, ☎ 71 256 451. Aéroport, ☎ 71 231 822.

Mattei (Ada), Aéroport, ☎ 71 755 000.

Adresses utiles

Informations touristiques - ONTT (Office national du tourisme tunisien), 1 av. Mohammed V, ☎ 71 341 077/80 100 333 (n° vert), www.tourismtunisia.com. En été, 7h30-18h. Hors saison, 8h-18h en semaine ; 9h-12h le dimanche. Plans gratuits de Tunis et de la médina ainsi qu'une carte de la Tunisie au 1/1 000 000 avec mention des principaux sites et attractions.

CRTT (Commissariat régional au tourisme tunisien), 31 rue Hasdrubal, 1002 Tunis Lafayette, ☎ 71 845 618/840 622.

Bureaux de tourisme, aéroport de Tunis-Carthage, ☎ 71 755 000, et gare de Tunis, place de Barcelone, ☎ 71 334 444.

Banque / Change - Un bureau de change est disponible dans la plupart des grandes banques.

Amen bank (ex-Crédit foncier et commercial de Tunisie), 13 av. de France.

Banque du Sud, 95 av. de la Liberté.

STB (Société tunisienne de banque), 52 av. Habib Bourguiba.

UIB (Union internationale de banque), 65 av. Habib Bourguiba.

Hors des horaires d'ouverture des banques, deux **distributeurs** font des opérations de change automatique, av. Habib Bourguiba, à la hauteur de la rue de Hollande et à l'Amen Bank, 13 av. de France.

À la suite d'un accord avec la STB, vous trouverez de nombreux distributeurs de billets, accessibles aux détenteurs de la carte **Visa** : notamment av. Mohammed V ; 52 av. Habib Bourguiba ; 57 rue Mokhtar Attia ; Centre commercial Dorra, av. 1er Septembre 1969 ; place de la Victoire ; rue Hedi Nouira.

Poste centrale - 30 rue Charles-de-Gaulle. 8h-18h ; 9h-11h le dimanche toute l'année. En été, 7h30-13h/17h-19h du lundi au jeudi, 7h30-13h30 le vendredi et le samedi. Pendant le Ramadan 8h-15h du lundi au samedi.

Téléphone - Partout dans la ville, vous trouverez des taxiphones publics, signalés par un panonceau. Bureau permanent 8 rue Jemal Abdelnasser, 24h/24. Celui au 5 rue de Marseille est ouvert jusqu'à 23h, et au 6 rue de Carthage (à l'angle du Café de Paris) 24h/24. Certains taxiphones sont équipés de fax, notamment au Publitel de la gare SNCFT, place de Barcelone.

Publinet - 35 rue Mokhtar Attia ; 14 rue de Grèce ; 18 av. Bourguiba ; 3 av. de Madrid. ; place de Barcelone.

Représentations diplomatiques - Ambassade de France, 2 place de l'Indépendance, ☎ 71 358 111. Fermé le week-end.

Consulat, 1 rue de Hollande, ☎ 71 358 000. Ouvert de 8h30 à 14h et l'été de 7h45 à 13h.

Ambassade de Belgique, 47 rue du 1er Juin, ☎ 71 781 655.

Ambassade du Canada, 3 rue du Sénégal, ☎ 71 796 577.

Ambassade de Suisse, 10 rue Echchenkiti, ☎ 71 281 917.

Activités culturelles - Institut français de coopération, 87 av. de la Liberté, ☎ 71 105 200, www.ifctunisie.org

Centre culturel/Médiathèque Charles-de-Gaulle, 22 av. de Paris, ☎ 71 342 732.

Centre culturel Bir Lahjar, 40 rue du Pacha, la médina-el Hafsia, ☎ 71 572 682.

Centre national des arts de la marionette, 23 av. de la Liberté, ☎ 71 833 079/834 614.

Urgence / Santé - La liste des numéros d'urgence est publiée chaque jour dans *La Presse*.

Pharmacie de nuit Bel Cadhi, 43 av. Bourguiba, ☎ 71 348 443.

SOS médecins, ☎ 71 341 250.

Centre anti-poison, ☎ 71 245 075.

Hôpital Habib Thameur, ☎ 71 764 325.

Compagnies aériennes et maritimes - Air France, 1 rue d'Athènes, à l'angle de la rue Habib Thameur, ☎ 71 355 422. 8h-17h en hiver ; 7h30-14h en été. 8h-12h, le samedi. Aéroport ☎ 71 754 000/755 000, poste 3616, 3658 et 3659. 9h-17h.

Crossair, bd du 7 Novembre, immeuble Maghrébia, ☎ 71 940 940.

Tunisair, Centrale de réservations, ☎ 71 700 700 ; 113 av. de la Liberté, ☎ 71 841 967 ; El Mechtel, ☎ 71 785 777 ; hôtel Hilton, ☎ 71 782 800/282 000. aéroport Tunis-Carthage, ☎ 71 754 000/755 000/ 848 000.

Tuninter, bd du 7 Novembre, immeuble Maghrébia, ☎ 71 701 111 ; aéroport, ☎ 71 754 000/755 000, postes 3465 et 3466.

CTN (Compagnie tunisienne de navigation), 5 av. Dag Hammarskjoed, ☎ 71 346 572. La Goulette, ☎ 71 736 048.

Agence de voyages - Batouta Voyages, 97 rue de Palestine, ☎ 71 802 881, www.batouta.com. Spécialisée dans l'organisation de circuits culturels, cette agence propose des séjours de grande qualité. Possibilité de louer les services d'un guide à la demi-journée, pour visiter, par exemple, le musée du Bardo.

Se loger

Contrairement aux hôtels des stations balnéaires qui modulent leurs tarifs en saison, les prix des hôtels à Tunis sont stables toute l'année. Pour les petits budgets, dormir à Tunis et aller à la plage en TGM est une solution économique. Les hôtels du bord de mer sont néanmoins plus agréables et il est aisé de faire le trajet en sens inverse jusqu'à Tunis.

▸ La médina (Plans II et III)

Moins de 10 d (6,5 €) par personne

Auberge de jeunesse, 25 rue Essaïda Ajoula, ☎ 71 567 850 – 60 lits. Une sympathique maison traditionnelle réaménagée en auberge. Les mosaïques aux murs du patio, les chambres fraîches et propres (pas plus de 6 lits par pièce) en font une très bonne adresse, au cœur de la médina. Uniquement pour les détenteurs de la carte.

Moins de 20 d (13 €) par personne

Hôtel du Soleil, 32 rue de la Kasba, ☎ 71 323 065 - 60 lits. Au cœur du souk, parfois difficile d'accès à l'heure de pointe tant les chalands sont collés les uns aux autres. Les chambres sont très simples et les douches communes (1 d). L'intérêt principal réside dans sa situation, juste au-dessus d'un café populaire aux prix imbattables, particulièrement apprécié à l'heure du petit déjeuner.

Hôtels El Médina et **Marhaba**, à l'entrée de la médina, respectivement à droite et à gauche de la porte de France, ☏ 71 327 497 - 24 et 20 ch. Les deux établissements, équivalents, sont gérés par la même direction. Simples, assez bien tenus.

▸ *Ville moderne (Plan I)*

À partir de 20 d (13 €)

Hôtel de France, 8 rue Moustapha M'Barek, ☏ 71 326 244, hotelfrancetunis@yahoo.fr - 56 ch. L'ascenseur en bois (en cours de restauration) contribue au charme désuet de cet hôtel dont le bâtiment fut construit en 1903. L'ensemble est assez vétuste mais les chambres sont bien tenues et très hautes de plafond. Supplément pour les douches dans la chambre (2 d).

Autour de 30 d (20 €)

Hôtel Transatlantique, 106 rue de Yougoslavie, ☏ 71 240 680/334 319 - 45 ch. Les chambres sont spacieuses avec un mobilier en bois des années 1950. Bien qu'un peu désuète, une excellente adresse (malheureusement il y flotte une odeur de désinfectant).

Hôtel Salammbô, 6 rue de Grèce, ☏ 71 334 252, hotel.salammbo@gnet.tn - 55 ch. Un hôtel modeste, mais propre et central. Demandez de préférence les chambres avec salle de bains, et rajoutez 5 d par jour si vous tenez à avoir l'air climatisé et la télévision.

De 30 à 40 d (20 à 26 €)

☺ **Hôtel Maison Dorée**, 6 bis rue de Hollande (accès par le 3 rue d'El Karfa), ☏ 71 240 631/240 632 - 48 ch. CC C'est la grande référence, pour les habitués d'un séjour calme et sans prétention. Construit en 1906, l'hôtel est un des plus vieux de la ville avec le Majestic, et même le personnel s'y trouve bien : on le retrouve, d'année en année. Demandez une chambre avec salle de bains, la climatisation est en option (3 d).

Hôtel Majestic, 36 av. de Paris, ☏ 71 332 848/666, www.majestichotel.com.tn - 92 ch. TV L'autre vétéran de l'hôtellerie tunisoise, un peu vieillot désormais. Sa façade ouvragée rappelle que ce fut longtemps un des palaces locaux, avant d'être supplanté par des constructions plus récentes. Les chambres, de qualité inégale, restent très convenables, et surtout vous pouvez profiter de l'une des terrasses les plus agréables de Tunis à l'heure de l'apéritif, au 1er étage. Des travaux de réhabilitation sont prévus, et les tarifs devraient augmenter.

De 70 à 80 d (46 à 52 €)

Hôtel Carlton, 31 av. Habib Bourguiba, ☏ 71 330 644, www.placestostay.com, carlton@planet.tn - 78 ch. TV CC L'hôtel, fonctionnel, a le charme d'une maison de petite dimension. En plein centre-ville, cela en fait un séjour recommandé pour les hommes d'affaire. Accueil mou de la réception.

À partir de 100 d (65 €)

Hôtel Abou Nawas El Mechtel, 3 av. Ouled Haffouz, ☏ 71 783 200, www.abouna was.com.tn - 486 ch. TV CC Légèrement excentré, entre le parc du Belvédère et un quartier populaire de Tunis. Pour satisfaire une clientèle huppée, il offre cinq restaurants dont un chinois, ainsi qu'un dîner-spectacle oriental au 9e étage. En été, évitez les chambres avec vue sur la piscine, plus bruyantes et préférez celles en hauteur côté parc.

Se restaurer

Attention, les propriétaires des bonnes tables de Tunis prennent généralement leur congé annuel au mois d'août.

Les restaurants de la médina n'étant pas faciles à trouver, ils sont matérialisés sur le plan des souks *(Plan III)* par une pastille rose. En revanche, les autres établis-

Une terrasse de la médina de Tunis

sements de Tunis, aisément localisables, ne comportent que les coordonnées du plan dans le texte.

Ville moderne (Plan I)

Moins de 10 d (6,5 €)

Le Prince *(C4)*, 16 rue Jamel Abdennasser, ☎ 71 330 299. Voici un fast-food, qui propose des plats italiens et tunisiens (il en existe aujourd'hui quatre à proximité les uns des autres : choisissez votre décor). Vous pourrez manger, debout, dans une jolie salle ornée de mosaïques, ou bien emporter votre repas. Les pâtisseries sont particulièrement bonnes .

Bis-bouf *(C4)*, av. Bourguiba, ☎ 71 247 058. Dans une tranquille petite ruelle attenant à l'avenue Bourguiba, vous pourrez manger sur le pouce quelques merguez. L'ensemble est simple et l'accueil sympathique.

Carcassonne *(C4)*, 8 av. de Carthage, ☎ 71 240 702. La cuisine n'est ni originale ni raffinée mais ce rendez-vous des petits budgets propose un menu franco-tunisien (formule entrée-plat-dessert) pour environ 3 €. L'un des meilleurs prix du quartier et un service très efficace.

Margaritas *(C4)* (restaurant de l'hôtel Maison Dorée), 6 bis rue de Hollande, ☎ 71 240 631/632. 🍷 Cadre rétro et service impeccable pour ce restaurant où l'on vient déguster de la gastronomie franco-tunisienne en plein centre de Tunis. Amateurs d'exotisme s'abstenir. Attention, le soir, la cuisine ferme à 21h30. Menu touristique à 6 d.

De 10 à 25 d (6,5 à 16,5 €)

Chez Slah *(C4)*, 14 bis rue Pierre de Coubertin, ☎ 71 258 588 🍷 CC Celui-là n'a pas volé sa réputation de meilleur restaurant de poisson de Tunis. Bien que perdu dans un quartier hasardeux, en marge de l'avenue Habib Bourguiba, il est plein d'hommes d'affaires à midi, de familles le soir. Fermé le lundi.

L'Orient *(C4)*, 7 rue Ali Bach Hamba, ☎ 71 242 061, www.dareljeld.tourism.tn 🍷 CC Quelques gargoulettes vous signalent que vous vous trouvez bien à Tunis, et non dans une winstub alsacienne ou un chalet de montagne. Malgré ce décor hétéroclite, les feuilletons égyptiens du poste de télé, et les vestes tachées des serveurs, l'ambiance est bon enfant. Prenez la *méchouia*, les côtelettes d'agneau, et surtout les crevettes en gargoulette, la spécialité du chef. Menu à 12 d. Fermé le dimanche.

De 20 à 30 d (13 à 19,5 €)

☺ **Chez Nous** *(C4)*, 5 rue de Marseille, ☎ 71 254 043 🍷 CC C'est certainement l'institution des noctambules tunisois la plus courue, depuis son ouverture en 1935. Pour vous faire une idée du nombre de vedettes qui se sont succédé sur les banquettes, il suffit de regarder leurs photos dédicacées au mur. La cuisine est irréprochable. Amateurs de sensations fortes, demandez leur harissa, la sauce piquante est particulièrement succulente. Belle carte de poissons et menu du jour à 10 d.

Médina (Plan III)

Moins de 10 d (6,5 €)

☺ **Mahdaoui** *(B2)*, rue Jamaa ez Zitouna, juste avant la mosquée. Midi uniquement. Le plus réputé des restaurants-cantines auprès des Tunisois. Préférez les tables sous la voûte du souk. La carte change tous les jours, et tout y est bon.

Echikh *(B2)*, 26 rue des Tamis, souk el Attarine, ☎ 71 335 512. Midi uniquement, fermé le dimanche. Quelques tables serrées sur le trottoir pour observer les allées et venues du souk ou salle au 1er étage. Un restaurant sans prétention pour déguster à des prix raisonnables des spécialités tunisiennes. Les plats du jour sont en quantité limitée, n'arrivez pas trop tard.

De 25 à 35 d (16,5 à 23 €)

Dar Bel Hadj *(B2)*, rue des Tamis (à gauche en montant la route de la Kasba), ☎ 71 200 894. 🍷 Un des meilleurs restaurants de Tunis, légèrement moins coté que les deux suivants, mais l'ambiance y est plus intime. Musique malouf le week-end.

De 30 à 40 d (19,5 à 26 €)

☺ **Le Dar el Jeld** *(A1)*, 5 rue Dar el Jeld, ☎ 71 560 916 🍷 CC Dès l'entrée, le petit bouquet de jasmin servi sur un plateau d'argent à chaque convive annonce l'ambiance. Le décor vous plonge deux siècles en arrière bien que seuls les splendides carreaux d'inspiration andalouse soient vraiment d'origine. Construite au 18e s., cette maison de marchands de cuir (d'où son nom arabe) a d'abord été un hôtel. Ce n'est que récemment que les enfants ont repris l'affaire, avec force stuc, meubles et tapis anciens. Même effort de qualité sur la cuisine sauf sur le couscous franchement médiocre. Sinon la carte présente un échantillonnage de spécialités, telles le *m'batten* aux épinards (boulettes de veau aux épinards), ou les tajines à la feuille de brik (*malsouka*) qui n'ont rien à voir avec leur cousins marocains. Et les desserts ! Prévoir une petite laine en été, car la climatisation est à fond.

Le Hamouda Pacha *(A1)*, 56 rue Sidi Ben Arous, ☎ 71 566 584, hamouda.pacha@gnet.tn Le dernier grand restaurant à avoir ouvert dans une ancienne demeure, avec son large patio recouvert d'une verrière (7 m), mezzanine, pierre blanche et arcades. La carte propose un assortiment varié de cuisine méditerranéenne. Nombreux menus découverte de 30 à 60 d.

Sortir, boire un verre

Cafés - Le café est l'un des passe-temps favoris des Tunisiens, avec la plage. Vous en trouverez partout. Ceux de l'avenue Habib Bourguiba vous permettent en plus d'assister au spectacle des passants arpentant l'artère centrale de la capitale.

Ville moderne (Plan I)

Café de Paris *(C4)*, 2 avenue de Carthage (angle av. Habib Bourguiba), ☎ 71 240 583 Une véritable institution dont la terrasse constitue le meilleur observatoire de la capitale. Saluons au passage l'héroïsme des garçons, engoncés dans leur tenue de serveurs à la française, au plus chaud de l'été tunisois.

Le Panorama *(C4)*, 41 av. Habib Bourguiba. Café, fast-food, pizza, pâtisserie... le point de rendez-vous de la jeunesse. Bondé toute la journée. Salles enfumées et terrasse sur l'avenue.

Hôtel Majestic *(C3)*, 36 av. de Paris, ☎ 71 332 848/666. Très agréable terrasse au 1er étage, donnant sur un bosquet d'arbres, de l'autre côté de l'avenue de Paris.

Médina (Plan III)

Café Sidi Ben Arous *(B1)*, rue Sidi Ben Arous. Salle enfumée à l'intérieur mais les quelques tables dans la ruelle pavée, dominée par le minaret de la mosquée Jama Zitouna. La vue y est superbe, de jour comme de nuit. Chicha, café, thé... Ouvert de 5h à 23h.

Café M'rabet *(B2)*, souk el Trouk. On arrive dans une haute salle soutenue par quatre colonnes où l'on sert le thé, cafés... Ensuite, un patio pour fumer le narghilé. Très apprécié de la jeunesse de Tunis, particulièrement des jeunes couples. Ouvert de 7h à 18h. Bon restaurant au dernier étage, avec parfois dîner-spectacle (ouvert midi et soir).

Café Zitouna *(B2)*, rue Jamaa ez Zitouna, juste avant la mosquée. Quelques tables sous le passage voûté proposent un merveilleux poste d'observation. L'intérieur, couvert de boiseries et de faïences a pris la patine des siècles sous la fumée des narghilés. Ne désemplit pas depuis 25 ans. Ouvert de 5h à 21h30.

Loisirs

Festival - Festival de la médina. Nombreuses animations et concerts dans la vieille ville, le mois du Ramadan.

Hammams - Pour les hommes, rue Kachachine, l'un des plus authentiques. 5h-17h, entrée 1 d. On entre par la boutique du barbier. Pour les femmes, rue de Marseille.

Équitation - Centre d'animation équestre Tunis Belvédère, au nord du zoo, ☎ 98 652 085, ahmed.marrakchi@laposte.net - Essentiellement fréquenté par un public inscrit à l'année, toutes sortes de balades sont néanmoins envisageables à condition de s'organiser à l'avance avec les moniteurs. Tlj 9h-minuit sauf le lundi.

Cinémas - La majorité des salles sont situées dans le même périmètre, entre l'av. Habib Bourguiba, la rue de Yougoslavie et la rue Ibn Khaldoun. Les programmes sont publiés dans le quotidien *La Presse*. Sous-titrage en français pour les films américains.

Achats

Pâtisseries - Pour les grandes occasions, les Tunisiens commandent toujours leurs gâteaux à une pâtissière privée. Mais tous les gourmands ne peuvent pas être aussi patients.

Les Galets, 69 bis av. Taïeb Mehiri, ☎ 71 796 359 (en face du Belvédère, vers la place Pasteur). Jusqu'à 19h30, sauf le dimanche. On y trouve essentiellement des *baklaouas* ou *caak* aux amandes. Non seulement ces pâtisseries font les délices des connaisseurs, mais en plus elles sont prêtes au transport. Le patron a prévu de jolis coffrets, véritables écrins à joyaux sucrés.

Maison Dabari, 7 rue des Tanneurs. Jusqu'à 18h, sauf le dimanche. Spécialités de beignets sucrés, *bombolonis* et *makhroud*. Sert également des fricassés, ces beignets salés, farcis au thon, olives et œufs durs et… harissa.

Ben Yedder, 7 rue Charles de Gaulle, 20 av. Charles Nicolle, et 139 bd du 20 Mars, au Bardo. Cette chaîne de pâtisseries n'a plus la qualité d'antan.

Pâtisserie, à l'angle de la Jamaa Zitouna et du souk el Blat. Spécialité de *makhroud* et de *caak*.

Antiquités et artisanat - Les différents magasins de la **SOCOPA,** établissement d'État, vous présentent un échantillonnage standard de l'artisanat tunisien. En plus des tapis et des poteries traditionnelles, certaines pièces ont été créées exclusivement pour l'artisanat, qui assure ainsi sa vocation d'encouragement à la création artistique nationale. Plusieurs adresses : angle av. Habib Bourguiba et av. de Carthage (au rez-de-chaussée du Palmarium), ☎ 71 793 366 ; av. de l'Indépendance, ☎ 71 610 677 ; musée du Bardo, ☎ 71 513 842 ; rue Kord Ali El Omrane, ☎ 71 892 858 ; aéroport de Tunis-Carthage, ☎ 71 236 000, poste 3743 (accepte uniquement les devises et les cartes de crédit).

Ed-Dar, à l'angle de la rue Sidi Ben Arous et du souk el Trouk, ☎ 71 261 732, www.ed.dar.com. Ouvert en 1978 dans une maison du 15e s., les propriétaires ont constitué au fil des ans une impressionnante collection de textiles de Tunisie. Les prix pratiqués sont supérieurs à ceux des boutiques avoisinantes mais la qualité des produits est sans égal. Ainsi, les principaux clients (expatriés, ambassadeurs...) viennent ici en connaissance de cause. Ce magasin, qui mélange antiquités et produits d'artisanat moderne, a aussi l'avantage de présenter une gamme très complète de l'artisanat tunisien dans cette ancienne maison de la médina pleine de coins et de recoins. Belle vue depuis la terrasse.

Hanout Arab, 52 bis rue Jamaa Zitouna, ☎ 71 240 718. Écrin raffiné au milieu des échoppes bradant « moins cher que cher » babouches et cendriers. Dans ce qu'il a surnommé le « Jardin secret de l'artisanat tunisien », le patron présente de trop rares pièces, mais bien mises en valeur.

Tapis Salem Ben Ghorbal, 15-17 souk el Leffa, ☎ 71 561 042. Ce magasin offre un choix intéressant de kilims traditionnels.

La Maison d'Orient, 33 et 23 bis souk el Leffa, ☎ 71 561 054/573 741. Vous trouverez ici un vaste choix de tapis, ainsi que quelques bijoux. Il est par ailleurs possible de monter jusqu'à la terrasse, afin de jouir de la vue sur la médina.

Dar Hamouda Pacha, rue Sidi Ben Arous, ☎ 71 561 746. Voici un choix original d'artisanat tunisien. Certaines pièces sont créées spécialement pour Dar Hamouda Pacha. Et, à défaut d'acheter, vous pourrez toujours faire un tour dans cette belle demeure princière.

Librairies - Le français étant obligatoire à l'école, on trouve un peu partout des ouvrages dans la langue de Voltaire. Presque tous les kiosques de l'avenue Bourguiba sont bien approvisionnés en presse internationale. L'arrivage des quotidiens français est parfois fonction de l'humeur politique, tandis que celui des magazines, en particulier féminins, est plus régulier. Vous pourrez parfois dénicher de vieux livres sur la Tunisie, ou des livres de poche en français. Côté romans, les grands classiques sont disponibles dans les différentes librairies qui s'échelonnent av. de France, sur le trottoir de droite en direction de la médina.

Espace Diwan, 9 rue Sidi Ben Arous, en face de l'antiquaire El-Dar, dans le souk el Trouk, ☎ 71 572 398. Un des meilleurs endroits pour trouver les livres sur les années du protectorat, ainsi que de vieilles cartes postales.

Librairie du Carlton, dans la galerie de l'hôtel du même nom, 31 av. Habib Bourguiba (entrée par la rue Mustapha Kemal Ataturk), ☎ 71 336 750. 9h-13h/16h-19h, et jusqu'à 21h en été, mais la patronne n'est pas toujours à l'heure. En plus de quelques livres de poche ou d'art sur la Tunisie, cette librairie présente quelques CD de musique locale.

Bibliothèque de la Khaldounia (annexe de la Bibliothèque nationale), souk des Parfumeurs, ☎ 71 245 338. Une bonne adresse pour consulter sur place des livres anciens de référence sur la Tunisie. 8h-14h30 en hiver, et 7h30-13h30 en été.

HISTOIRE

Simple banlieue de Carthage

Perchée sur une modeste et douce colline de 44 m, protégée de la mer et des invasions maritimes par son lac étranglé, Tunes semble avoir été fondée au 4e s. av. J.-C. Il est cependant des historiens pour croire à sa naissance cinq ou six siècles plus tôt. La Tunes mentionnée par la chronique au 4e s. est un comptoir phénicien. Elle prendra ensuite fait et cause pour Carthage et sera finalement envahie par Scipion avant d'être entièrement détruite en 146 av. J.-C., subissant la même infortune que la ville d'Hannibal. Commence alors pour la future Tunis une période d'invasions et d'influences étrangères qui, à l'image du pays tout entier, l'a plongée dans un bain cosmopolite. « Jamais depuis deux mille ans, le Maghreb ne s'est appartenu à soi-même un seul instant » a pu écrire dans les années trente l'historien français E. F. Gauthier. Tunis illustre à merveille cette réflexion. Qu'on en juge : romaine pendant près de quatre siècles, la voici vandale en 439, puis byzantine à partir de 533, sous le règne de Bélisaire.

Et Tunis devint arabe…

La conquête du Maghreb par les Arabes débute au 7e s. – en 670 Uqba Ibn Nafi fonde Kairouan. Tunis tombe sous les coups de Hassan Ben Nomane qui démolit la Carthage byzantine (698), son port et ses fortifications. Il lui préfère Tunis, en raison de sa situation protégée. Hassan fait construire un canal qui amène littéralement la mer aux portes de Tunis, à La Goulette, pour y amarrer une flotte de guerre prête à bondir sur la Méditerranée. L'alliance Tunis-La Goulette supplante définitivement Carthage, tandis que la mosquée ez Zitouna érigée au cœur de la ville (vers 732) donne à Tunis sa dimension spirituelle et intellectuelle.

Sous les **Aghlabides** (800-909), la capitale reste Kairouan. Le 8e s. est brillant et marqué par l'arrivée à ez Zitouna d'un docteur en théologie, Sidi Ali Ben Ziad, qui va enseigner la doctrine d'un grand imam de La Mecque, Malik Ibn Anas. Le **malékisme** prône un islam tolérant, sobre, dépouillé. On peut dire sans exagérer que depuis onze siècles, Tunis a conservé, y compris dans son architecture, cette empreinte de modestie et de quasi-effacement hérité du malékisme. C'est pourquoi dès 800, Tunis se place résolument dans l'opposition au règne brutal des Aghlabides. Une insolence qui lui coûte cher : chacune de ses nombreuses révoltes est matée dans le feu et le sang.

Lorsque les **Fatimides** (909-1171) accèdent au pouvoir, ils font de Mahdia, sur la côte, leur capitale. Tunis connaît un grand essor commercial mais n'est toujours pas la capitale politique du royaume. Il lui faut encore patienter. Malgré le chiisme désormais dominant, le malékisme se maintient à Tunis et la médina s'ouvre aux juifs.

Une nouvelle dynastie s'installe à Tunis au 11e s., les **Khorassanides**. Elle encourage le commerce avec l'Occident tout en protégeant la ville derrière une

Bizerte
P 8
Jebel
Nabli
P 8
P 10
Ariana
Av. H. Bourguiba
Jebel
Amar
P 31
Novembre
7
du
Boulevard
Avenue C. Nicolle
EL MENZAH
CITÉ
OLYMPIQUE
Mateur,
Tabarka
P 7
Parc du
Belvédère
Bd du Maghreb Arabe
EL OMRANE
Musée
du Bardo
Avenue du 2 Mars 1934
BAB
SAADOUN
Tunis
Manouba
BAB SOUIKA
BARDO
Av. Mustapha Khaznadar
LA MÉDINA
Tunis marine
EZ ZOUHOUR
Béja,
Dougga,
Le Kef,
Tabarka
P 5
MONTFLEURY
P 1
Z 4
JELLAZ
Mégrine
A1
Sebkhet
Sejoumi
P 37
P 3
Zaghouan,
Kairouan
Sousse,
Hammamet,
Kairouan

TUNIS
agglomération
0
1,5
3 km
N
Sebkhet
Er Ariana
Gammarth
La Marsa
Soukra
Marsa plage
Corniche
Sidi Dhrif
Sidi Bou Saïd
Sidi Bou Saïd
P 10
P 33E
Carthage-
Amilcar
Port de plaisance
C.-Présidence
C.-Hannibal
Musée National
Carthage
C.-Dermech
Ports puniques
C.-Byrsa
Salammbô
P 9
P 33E
C.-Salammbô
Kram
Le Kram
L'aéroport
Khéreddine
Khéreddine
Lac de Tunis
Casino
Goulette neuve
Goulette vieille
La Goulette
TGM
Le bac
Port
Marseille
Gênes
Naples
Port de Tunis
Golfe de
Tunis
Radès
P 33
Oued Miliane
Ez Zahra
P 1
Ben Arous
Cap Bon

TUNIS
Centre
plan I
0
250
500 m
N
A
B
C
D
1
2
3
La Marsa
Sidi Bou Saïd
Voie X2
Métro
Ministères
MUTUELLEVILLE
CITÉ JARDINS
MONPLAISIR
EL OMRANE
BAB SOUIKA
Avenue Jugurtha
Av. Charles Nicolle
Rue Alain Savary
Place Pasteur
Piscine municipale
Musée d'Art moderne
Parc du Belvédère
Koubba
Zoo
Avenue Taïeb Mehiri
Avenue Kheredine Pacha
Avenue Mohammed V
Avenue Hedi Chaker
Avenue de la Liberté
Avenue Arabe Maghreb
Foire de Tunis
R. du Yémen
Rue Cyrus le Grand
Place de la Palestine
Avenue de Lyon
Avenue de Madrid
Place Bab el Khadhra
Avenue Bechir Sfar
Avenue Ouled Haffouz
Rue Bab
Hôpital militaire
Rue Militaire
Route de l'Hôpital
Boulevard Hedi Saïdi
Rue Bab el Saâdoun
Place Bab Saadoun
Boulevard
Musée du Bardo

HÔTELS
Abou Nawas El Mechtel ①
Carlton .... ②
Hôtel de France .... ③
Maison Dorée .... ④
Majestic........................ ⑤
Salammbô...................... ⑥
Transatlantique .... ⑦
La Médina
Grande Mosquée
BAB EL BHAR
BAB ALIOUA
MONTFLEURY
voir LA MÉDINA plan II
Hôpital C. Nicolle
Hôpital H. Thameur
Collège Sadiki
Maison du Parti
Square H. Thameur
St-Vincent-de-Paul
Théâtre
Magasin général
Monoprix
Marché central
Amb. de France
Ministère de l'Intérieur
Place de l'Indépendance
Place du 7 Novembre
Place de Barcelone
Place Moncef Bey
Palais des Congrès
Tunis marine
Port
TGM
Sidi Bou Saïd
Carthage
La Goulette
Cimetière du Jellaz
Avenue Habib Bourguiba
Avenue Mohammed V
Avenue de Paris
Avenue de Carthage
Avenue de la République
Avenue Moncef Bey
Avenue de la Gare
Avenue Bab Jedid
Avenue Mustapha Khaznadar
Av. Ali Belhaouane
Av. de France
Av. Habib Thameur
Boulevard Bab Bnet
Boulevard du 9 Avril 1938
Rue Bab Souika
Rue de la Kasba
Rue al Jazira
Rue Sidi el Bechir
Rue el Khadra
Rue de Londres
Rue de Rome
R. de Rome
R. Jamel Abdennasser
R. Charles de Gaulle
R. d'Algérie
R. de Grèce
Rue de Yougoslavie
Rue Ibn Khaldoun
Rue d'Italie
Rue de Marseille
Rue Jean Jaurès
Rue Lénine
Rue Gandhi
Rue P. de Coubertin
Rue A. Bach Hamba
Place Bab Souika
Métro
Voie Z4
GP I
Zaghouan Kairouan
Hammamet Sousse
Zaghouan Kairouan
Cap Bon
4
5

vaste enceinte. Tunis règne sur une principauté, pas encore sur un État. C'est seulement sous les **Almohades** marocains (1159), après la destitution de Mahdia, qu'elle contrôle l'ensemble du territoire de la future Tunisie. Les princes almohades ont une réputation d'austérité qui convient assez bien au tempérament malékite des Tunisois. L'artisanat est choyé. La kasba est édifiée au-dessus de la médina pour abriter les pouvoirs politique et militaire.

Une capitale d'Empire

L'âge d'or est pour bientôt. Il sonne avec l'arrivée au pouvoir de la dynastie **Hafside** (1230-1574). « Et voilà Tunis à la tête de l'islam, écrit l'historienne Jamila Binous [...] Belle revanche sur Mahdia, Kairouan... et Carthage. Tunis, de capitale de province, devient capitale d'Empire. » Pendant trois siècles, la ville connaît une grande stabilité politique et une expansion commerciale sans précédent. Les apports de population marocaine, andalouse et juive (chassée d'Espagne par la Reconquista) enrichissent Tunis. Un artisanat de luxe apparaît aux abords de ez Zitouna. Période de renouveau culturel également, marqué par la naissance à Tunis du grand historien et philosophe Ibn Khaldoun, en 1332. En 1534, le corsaire turc Barberousse parvient à déloger le sultan Hafside, qui est rétabli l'année suivante sur son trône par Charles Quint, après le siège de Tunis par la flotte espagnole. Cette péripétie se soldera par un pillage de trois jours, des massacres et des monuments détruits. Elle annonce en outre le déclin de la dynastie hafside et l'entrée en scène des Turcs malgré la présence espagnole.

Dans l'ombre de la Sublime Porte

En 1569, Tunis tombe aux mains des Turcs, mais don Juan d'Autriche reprend la ville pour le compte de la couronne d'Espagne. Une victoire sans grand lendemain : en 1574, les Turcs de Sinan pacha s'emparent pour la deuxième fois de Tunis, la « libérant des infidèles ». Le pouvoir ottoman crée ses propres palais, mosquées (à minaret octogonal terminé par un lanternon), mausolées et souks. Le rite malékite doit composer avec le rite hanéfite de l'occupant. Mais Tunis y gagne en grandeur, en cachet, en prestige, comme en témoignent encore les monuments turcs de la médina. Après le règne terne de la dynastie **mouradite** (1612-1702) vient la longue période **husseinite** : dix-neuf princes (ou beys) se succéderont de 1705 (Hussein Ier) au 25 juillet 1957, date de la proclamation de la République tunisienne. À partir du 18e s., divers flux de population s'établissent dans la capitale : juifs livournais, Maltais, Siciliens, Napolitains, Sardes. Sans oublier les captifs provenant de la course, vendus au souk des esclaves, employés dans l'artisanat et enfermés dans les bagnes. Dans les souks et le port, on entend parler l'arabe, le turc, l'espagnol, l'italien, le judéo-arabe... et même le français.

Le protectorat français

À la fin du 19e s. se développe l'embryon d'une ville coloniale et maritime, une cité extra-muros peuplée de chrétiens mal acceptés à l'intérieur de la médina. Il aura fallu au préalable remblayer la lagune entre le lac et Bab el Bahr (la « porte de la Mer »), porte d'enceinte de la médina. La ville européenne, perçue comme une antithèse de la ville arabe, contribuera fortement à dévaloriser cette dernière, provoquant son abandon et sa dégradation. Dernière avanie avant l'indépendance, Tunis subit l'occupation allemande de Rommel (1942) avant d'être libérée l'année suivante par les Britanniques.

VISITE DE TUNIS

LA VILLE MODERNE

(Plan I) 1h à pied.

La ville moderne a pris son essor à partir de 1881, date de la signature du protectorat. Expression la plus simple de l'urbanisme colonial, elle se présente comme un réseau de rues parallèles coupées de larges avenues, avec ses grands hôtels, ses banques, ses cafés, ses magasins de type occidental... Tous ingrédients d'un cosmopolitisme un peu impersonnel s'il ne subsistait quelques beaux restes d'une architecture éclectique datant de la fin du 19e s. et du début du 20e : style Beaux-Arts, Art nouveau, Art déco ou arabisant.

▸ L'**avenue Habib Bourguiba** et son prolongement, l'**avenue de France**, sont devenues le véritable centre de la capitale. Comme tel, elles rassemblent plusieurs des monuments remarquables de la ville neuve. Le **Théâtre municipal** (1911) est l'un des rares théâtres de style Art nouveau au monde. À l'ouest, l'artère se termine place de l'Indépendance par deux symboles de la présence française : la **Résidence générale** (aujourd'hui ambassade de France), construite en 1861, et la **cathédrale St-Vincent-de-Paul** (1882), de style romano-byzantin.

À l'est, en direction du port, l'ancienne place d'Afrique a été rebaptisée **place du 7 Novembre**, et la statue équestre du président Bourguiba a été remplacée par une horloge rectangulaire. Le « réveille-matin », comme l'appellent les Tunisois, est censé annoncer les temps nouveaux, l'ère du président Ben Ali arrivé au pouvoir le 7 novembre 1987.

L'avenue Habib Bourguiba ayant été partiellement défigurée par des constructions modernes – comme l'hôtel Africa qui en brise net la perspective –, c'est dans les rues parallèles et adjacentes qu'il faut aller chercher les belles façades rétro : avenue de Carthage et de Paris, avenue Habib Thameur, rue de Yougoslavie, rue de Rome, etc.

Si la prestigieuse avenue a quelque peu perdu de son lustre, elle n'en reste pas moins le lieu de promenade privilégié des Tunisois. Le soir venu, elle est prise d'une véritable effervescence à laquelle participent de leurs piaillements aigus les milliers de moineaux réfugiés dans les ficus du mail central. À l'heure où les bureaux ferment, il est temps de se mêler à la foule qui déambule sous les arbres : fonctionnaires et cols blancs, vendeurs de jasmin et étudiants, ou simplement oisifs à l'affût de quelque touriste esseulé. Il règne un vacarme épouvantable, symphonie des klaxons, coups de sifflet des femmes-agents (au demeurant fort élégantes), et flots de musique arabe qui s'échappent des boutiques voisines. Sur le mail au dallage inégal, un vieillard trébuche, costume trois pièces et chéchia, le nez rivé sur *La Presse* ; des adolescents, T-shirt « Made in USA », s'attardent devant un kiosque où pendent les posters de Michael Jackson et de Sylvester Stallone ; à l'étal du marchand de journaux, une Tunisoise aisée feuillette *Elle* et *Paris-Match*. La cité nonchalante se donne des airs d'Europe pour mieux s'enfoncer, un peu plus loin après la porte de France, dans la médina.

▸ Continuez l'avenue de France en direction de la médina, et prenez à gauche la rue Charles de Gaulle qui longe le marché. Le **marché central** *(6h-14h)* est également l'endroit propice pour prendre le pouls de la capitale. Les rues très commerçantes qui y mènent sont un préambule au tumulte qui emplit cette halle remarquable par l'abondance de ses poissons et les montagnes de carottes, de fraises, de haricots ou de pois. On peut également s'y approvisionner en fromages français ou italiens et en *robstabounes*, petits pains frais et moelleux comme des brioches. Dans le secteur réservé à la boucherie, la touche orientale vient moins des étalages que des enseignes bariolées aux noms pittoresques : « Le Roi de l'agneau » ou « La Boucherie de la joie ».

On l'aurait deviné, merguez et agneau dominent mais une petite place est laissée à la boucherie chevaline. Au printemps, senteurs d'épices et de fruits secs sont étouffées par les lourdes fragrances des géraniums séchés que les ménagères achètent en vrac pour en extraire des essences. Elles les utilisent ensuite comme parfum, ou plus curieusement en pâtisserie.

LA MÉDINA★★

(Plan II et III) 2 à 3h à pied.

La médina s'oppose à la ville moderne, aussi a-t-on pu parler à propos de Tunis de « ville double », voire de « ville inverse ». Inscrite en 1979 sur la liste du Patrimoine mondial de l'humanité

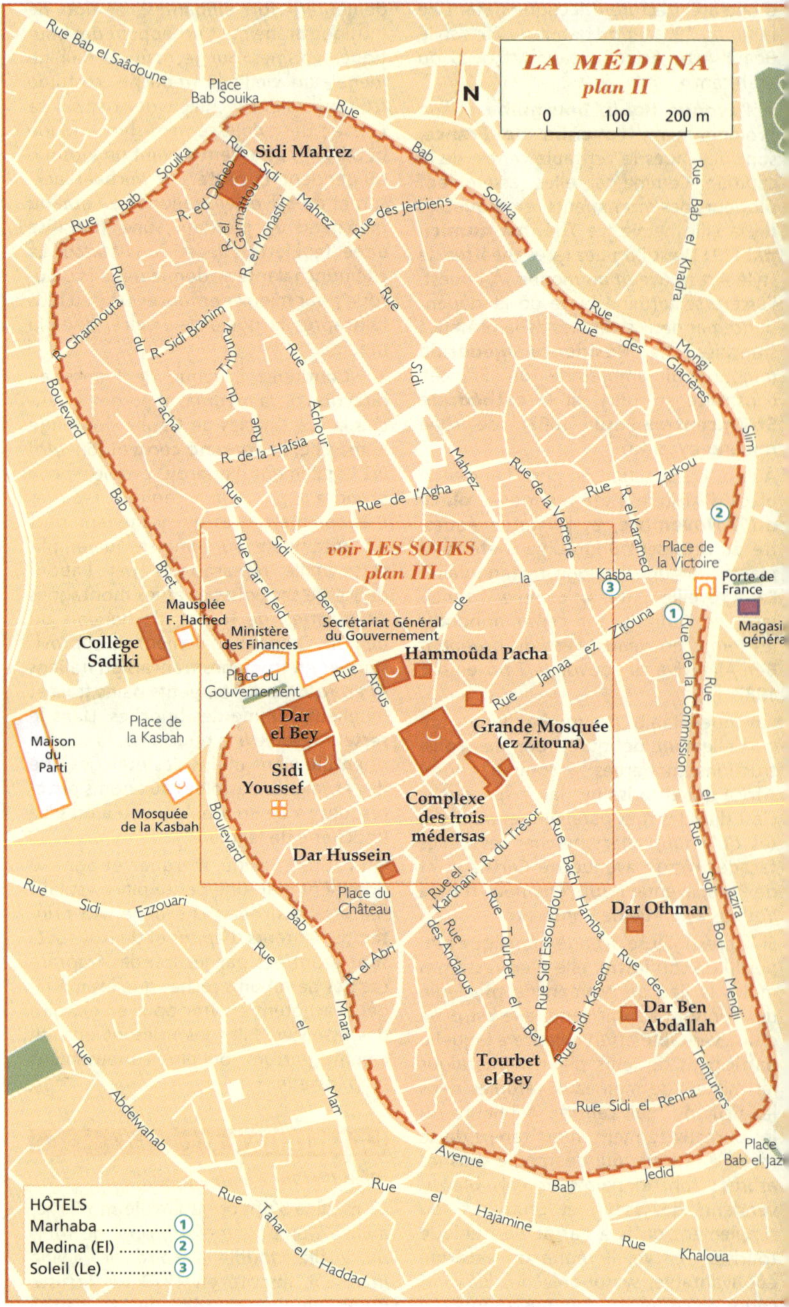
LA MÉDINA
plan II
0 100 200 m
N
voir LES SOUKS
plan III
Sidi Mahrez
Hammoûda Pacha
Grande Mosquée (ez Zitouna)
Complexe des trois médersas
Dar el Bey
Sidi Youssef
Dar Hussein
Dar Othman
Dar Ben Abdallah
Tourbet el Bey
Collège Sadiki
Mausolée F. Hached
Ministère des Finances
Secrétariat Général du Gouvernement
Place du Gouvernement
Place de la Kasbah
Maison du Parti
Mosquée de la Kasbah
Place du Château
Place Bab Souika
Place de la Victoire
Porte de France
Magasi généra
Place Bab el Jaz
Rue Bab el Saâdoune
Rue Bab Souika
Rue Bab el Khadra
Rue des Glacières
Rue Mongi Slim
Rue Zarkou
R. el Karamed
Rue de la Kasba
Rue Jamaa ez Zitouna
Rue de la Commission
Rue Sidi Bou Mendil
Rue el Jazira
Rue des Teinturiers
Rue Sidi el Renna
Avenue Bab Jedid
Rue el Hajamine
Rue Khaloua
Rue Tahar el Haddad
Rue Abdelwahab
Rue Mnara
Rue el Marr
Rue Sidi Ezzouari
Boulevard Bab Bnet
Boulevard Bab Mnara
R. Gharmouta
Rue du Pacha
R. Sidi Brahim
Rue du Tribunal
R. de la Hafsia
Rue Achour
Rue Sidi Mahrez
Rue des Jerbiens
R. ed Deheb
R. el Garmattou
R. el Monastir
Rue Sidi Ben Arous
Rue Dar el Jeld
Rue de l'Agha
Rue de la Verrerie
R. du Trésor
Rue el Karchani
Rue des Andalous
Rue Tourbet el Bey
Rue Sidi Essourdou
Rue Bach Hamba
Rue Sidi Kassem
R. el Abri
HÔTELS
Marhaba 1
Medina (El) 2
Soleil (Le) 3

de l'Unesco, la médina de Tunis est une véritable ville dans la ville, sombre et chatoyante, secrète et bonimenteuse : souks bruyants voués au commerce ; quartiers calmes des maisons résidentielles et des palais ; impasses et venelles à angle brusque qui préfigurent l'enchevêtrement intime des maisons où l'on n'entre pas, même avec les yeux.

Évitez le vendredi, certaines boutiques des souks étant fermées pour la journée. Visitez de préférence le matin.

Se repérer dans la médina

Il est bon d'avoir en main (ou en tête...) quelques clés. La ville arabe est traversée par **deux axes principaux** : le premier, dans le sens est-ouest, relie la porte de France à la place du Gouvernement ; le second, orienté nord-sud, court depuis Bab Souika jusqu'à Bab el Jazira. Certains ont voulu y voir les fameux *cardo maximus* et *decumanus* des cités romaines, mais aucun vestige ne permet d'attester la survivance d'un tel tracé. En revanche, ces deux parcours convergent et se croisent en un seul et même lieu : la mosquée ez Zitouna, « vers laquelle tout conflue et de laquelle tout reflue comme si elle était un cœur » (J. Berque). Toute la médina s'organise autour de la **Grande Mosquée**, enserrée comme dans une toile d'araignée par les **souks** regroupant les activités artisanales et commerciales nobles (tissage, parfumerie, bijouterie, librairie et reliure). Les métiers polluants ou bruyants (forgerons, tanneurs) sont rejetés en périphérie. Quant aux commerces de fruits et légumes, ils sont confinés aux portes de la ville, à proximité des anciens *fondouk* (établissements de logement et d'entreposage des marchandises, autrefois réservés aux nomades et aux étrangers). L'activité commerciale est séparée de l'habitat et certains souks « nobles » sont fermés la nuit par de grosses portes cadenassées. Les **quartiers résidentiels** se caractérisent par leurs ruelles dépourvues de commerces et leurs murs aveugles. Toute la décoration et la richesse de la maison tunisoise est réservée à l'espace intérieur, contrairement aux maisons et immeubles européens aux façades monumentales conçues pour être vues et admirées de la rue. De l'extérieur, rien n'indique le statut social de son propriétaire, si ce n'est l'ornementation de la porte d'entrée, belles portes cloutées à heurtoirs représentant souvent la main de Fatma.

Autour de la Grande Mosquée

La **porte de France** sera le point de départ de votre visite. L'ancienne Bab el Bahr, petit « arc de triomphe » aux dimensions modestes posé de travers sur la vaste place de la Victoire, fut construite en 1848 ; c'est l'une des portes de l'enceinte entourant autrefois la médina. Lorsqu'il séjournait en Tunisie, Garibaldi habitait **rue de la Commission** (immédiatement sur votre gauche). Sur la place, à droite, votre œil sera attiré par la superbe porte cloutée bleu pâle de l'ambassade de Grande-Bretagne.

Face à vous, la **rue Jamaa ez Zitouna** grimpe en pente douce vers la Grande Mosquée. Il ne faut pas se laisser rebuter par les trois cents premiers mètres de ce boyau très resserré – il s'élargit un peu plus loin –, encombré d'articles pour touristes : narghilés sous plastique, plateaux de cuivre ou cages à oiseaux ventrues. Dans ces incroyables bric-à-brac dorment parfois d'authentiques carreaux de céramique de Nabeul, des marionnettes anciennes du folklore tunisien ou de beaux bijoux en forme de main de Fatma.

La rue Jamaa ez Zitouna débouche sur le petit **souk el Fekka** (des fruits secs) qui se tient exactement au pied du grand escalier donnant accès à la cour intérieure de la mosquée.

La Grande Mosquée★★

8h-12h, fermée aux non-musulmans le vendredi. Entrée payante. L'accès à la cour est interdit aux visiteurs.

De la mosquée édifiée par les Omeyyades vers 732, il ne reste rien. **Jamaa ez Zitouna** (la mosquée de l'Olivier) fut en effet reconstruite en totalité sous le règne de l'émir aghlabide Ibrahim Ibn Ahmed, dans les années 856-863, puis rénovée et agrandie par les Zirides (10e s.) et enfin par les Turcs en 1637. La plus vieille mosquée de Tunis est aussi la plus grande, et la deuxième du pays après celle de Kairouan. À l'origine, ez Zitouna ne fut pas seulement un lieu de culte. Elle abritait une université renommée dans toute l'Afrique, en raison, notamment, des enseignements philosophiques du célèbre Ibn Khaldoun. La mosquée était aussi un centre de transactions commerciales où se négociaient contrats et échanges de marchandises. Mais son caractère sacré ayant prévalu, cette dernière activité fut « délocalisée » dans les souks voisins. Après l'indépendance, le jacobinisme laïque de Bourguiba mit fin à la vocation universitaire de ez Zitouna, mais celle-ci a repris en 1987 sous l'impulsion du président Ben Ali attentif aux revendications des islamistes.

Avec ses 184 colonnes provenant de sites antiques (essentiellement de Carthage), ses 15 nefs, ses chapiteaux renforcés sous les arcs par des impostes, ses nattes enroulées autour des piliers (ou déroulées à même le sol, pour le plus grand plaisir des chats), ses lustres imposants en verre de Venise, la **salle de prière hypostyle★★** est le lieu le plus impressionnant de la Mosquée. Une pure émanation du génie arabe, malgré la réutilisation de matériaux romains et byzantins. La salle peut accueillir 2 000 fidèles qui répondent chaque jour aux appels du muezzin – seul celui du vendredi est lancé au moyen d'un enregistrement diffusé par haut-parleur.

Au-dessus de l'entrée de la salle de prière, la très belle **coupole du « bahou »**, en pierre bichrome, date du 11e s. (art ziride). La **cour**, bordée sur trois côtés d'une large galerie construite par les Turcs (1653), ouvre sur les souks par un portique du 17e s. L'actuel **minaret**, grosse tour carrée typique de style hispano-mauresque et haut de 44 m, date de 1834.

En sortant de la mosquée sur la droite, il faut entrer dans le souk des Libraires.

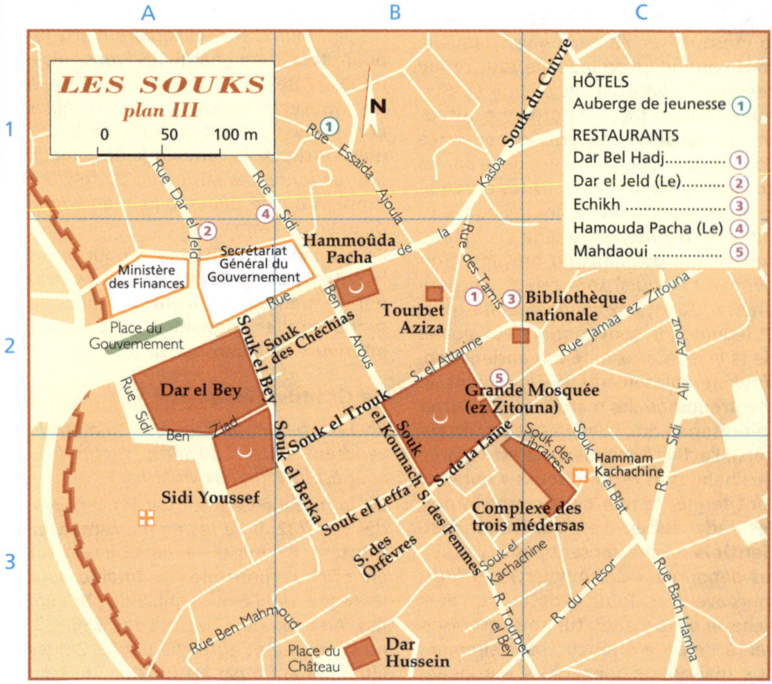

Complexe des trois médersas★

Deux des médersas ont été reconverties en écoles d'apprentissage, la troisième est désormais le siège des associations médicales de Tunis. Ce n'est pas un endroit public, mais rien ne vous interdit de pousser la porte (qui est d'ailleurs souvent ouverte) pour entrer dans l'intimité de ces anciens lieux d'instruction religieuse. Vous reconnaîtrez chaque fois la cour carrée, les chambres d'étudiants à l'étage courant sur trois côtés, le quatrième abritant une grande salle jadis réservée à la prière. Leur construction fut entreprise par les beys de la dynastie husseinite, soucieux d'améliorer l'enseignement et la formation.

La première, en venant de la Grande Mosquée *(nº 11 du souk des Libraires)*, est la **médersa du Palmier**, ainsi nommée en raison de l'arbre qui se trouvait autrefois dans le jardinet. Sa construction remonte à 1714. Si vous venez un jour de semaine, il y règne une ambiance à la fois studieuse et accueillante.

Un peu plus loin, la **médersa Bachiya** (1752) est reconnaissable à la fontaine qui orne le centre de la cour. Des colonnes de marbre noir à chapiteaux en marbre blanc rehaussent les atours du lieu, ainsi que les carreaux de faïence recouvrant les murs.

À l'angle du souk des Libraires et du souk Kachachine vous reconnaîtrez l'entrée de la **médersa Slimaniya** (1754) à son délicat porche à colonnes et à sa corniche de tuiles vertes.

▶ En revenant sur vos pas, vous passerez devant le **hammam el Kachachine** auquel on accède par la boutique d'un barbier. Dépaysement garanti dans ces salles aux plafonds très hauts où les voix résonnent à travers un rideau de vapeur. On peut jeter un coup d'œil sur la salle de détente avec ses sièges de bois vert, ses gradins tapissés de nattes. On peut aussi s'offrir une séance complète…

Les souks★★

(Plan III)

Dans les souks, les boutiquiers vous apostrophent en plusieurs langues, afin de repérer si vous êtes français, allemand, italien ou britannique… Mais tout cela se passe dans la bonne humeur et le marchandage est de rigueur. Si vous arrivez à l'ouverture (vers 9h le matin), sachez qu'un commerçant se fait un devoir de ne pas « rater » son premier client. Petite superstition qui lui fait craindre que sa journée ne soit perdue. N'en abusez pas, mais profitez au mieux de ce moment particulier.

▶ **Le souk el Attarine★★** (souk des Parfumeurs) date du 13e s. et c'est sans doute l'un des plus beaux de la vieille ville, avec ses boutiques étroites et profondes qui semblent contenir ce que l'Orient renferme de plus mystérieux. Il faut y entrer toutes narines ouvertes. Chaque échoppe est un régal pour les sens, pour l'odorat d'abord, avec toutes ces fragrances un peu lourdes et sucrées : la rose, le jasmin, l'orange, mais également le cactus et le musc, l'ambre et l'encens. Les yeux y trouvent aussi leur compte, éblouis par une féerie de fioles multicolores que les marchands s'empressent d'ouvrir devant vous. Chacun d'eux trône derrière son comptoir en bois filigrané de rayures d'or, son étal chargé de mottes vertes de henné (celui de Gabès est le plus réputé) et d'herbes à parfums.

Un peu plus bas dans le souk el Attarine, la **Bibliothèque nationale** a investi une ancienne caserne construite par les Turcs en 1814. L'ensemble est agencé autour d'une cour intérieure de forme oblongue. Odeur de papier et de vieux bois. Des milliers d'ouvrages et de manuscrits arabes provenant de la Grande Mosquée et des médersas ont trouvé leur place à l'étage, dans les anciennes chambrées des compagnies de janissaires.

▶ Faites ensuite demi-tour et remontez en direction de la Grande Mosquée que vous longerez en continuant tout droit jusqu'au **souk el Trouk★★** *(souk des Turcs)*, qui doit son nom aux tisserands et tailleurs turcs qui y travaillaient jadis. De nos jours, le commerce des vêtements y côtoie celui des meubles, des tapis, des souvenirs et surtout des articles de cuir. La rue est entièrement couverte par de hautes voûtes de brique qui lui confèrent

L'amine

Juste avant la cour des esclaves, sur la droite, se trouve le bureau de l'amine. Autrefois, chaque corporation désignait un amine chargé d'évaluer le juste prix des transactions, de veiller à leur exécution et de trancher les litiges. La fonction a périclité, mais l'Association pour la sauvegarde de la médina encourage sa résurgence. L'amine supervise ainsi chaque jour, vers midi, une vente de bijoux. Si vous arrivez en fin de matinée, vous aurez peut-être la chance d'assister à l'une de ces étranges ventes aux enchères qui se déroulent à l'insu des passants dans une ambiance feutrée.

une certaine élégance. Nombre de boutiques disposent de terrasses qui offrent un point de vue intéressant sur la médina et ez Zitouna. Le plus beau panorama est sans conteste celui de la **maison Ed-Dar** *(au n° 7)* : vous êtes littéralement au pied du minaret. Un regard plongeant permet d'appréhender la structure des souks couverts, avec leurs voûtes en berceau percées çà et là de petites ouvertures. Cette très ancienne bâtisse qui abrite un magasin réputé d'antiquités a su préserver son cachet. Ed-Dar réserve en effet la surprise d'une demeure aux cuisines équipées comme autrefois, aux escaliers de guingois recouverts de céramique d'époque, aux puits de lumière percés dans le toit (certains ont hélas été bouchés pour des raisons de sécurité).

▸ En sortant du souk des Turcs, vous ne manquerez pas le minaret on ne peut plus turc de la **mosquée Sidi Youssef★**. Édifiée au 17e s. par les Ottomans qui voulaient posséder leur propre mosquée de rite hanéfite, elle fut le premier monument construit avec un minaret de forme octogonale terminé par un balcon circulaire et un auvent. Le muezzin pouvait ainsi lancer son appel à la prière sans craindre la pluie. À noter aussi le *minbar*, en maçonnerie et non en bois, et la haute estrade *(sedda)* réservée aux lecteurs du Coran. La cour abrite le tombeau du fondateur Youssef dey, conférant à la mosquée sa dimension funéraire.

▸ Après avoir quitté la mosquée, vous reviendrez sur vos pas en direction du souk el Trouk et entrerez dans le **souk el Berka★★★**. À mi-chemin de cette venelle entièrement couverte, vous déboucherez sur une placette. Là, sous la voûte soutenue par six colonnes peintes en rouge et noir, se tenait jadis le **marché aux esclaves**. Ces infortunés étaient vendus à la criée sur une estrade. Dernier captif dans une cage suspendue à l'un des piliers, un oiseau lance sa plainte. La cage est toute petite et l'oiseau minuscule. Ce souk date du 17e s., et il ne cessa cette activité lucrative qu'en 1841. Aujourd'hui, on y négocie de préférence les bijoux et les pierres précieuses. Les boutiques en bois sculpté peintes en bleu ciel sont presque aussi belles que la myriade de colliers, de bagues, de bracelets et de boucles d'oreilles qui partout scintillent. Le patron, sur le pas de sa porte, est parfois en costume traditionnel – culotte blanche, gilet blanc et chéchia –, pas seulement pour épater le touriste car, à en juger par les jeunes filles qui s'extasient devant ces parures très orientales, la clientèle est en grande partie tunisienne.

▸ Perpendiculairement au souk el Berka, vous tomberez sur le **souk el Leffa★★★**, spécialisé dans le travail de la laine : tapis et couvertures. Il règne là – ainsi que dans le petit **souk ed Dziria** dans lequel nous vous conseillons de faire une incursion – une ambiance plus intime qu'ailleurs. Tout y est très vieux : les bazars et les commerçants, patriarches endimanchés… Le sol des échoppes, en planches, est surélevé à hauteur de la taille. On a ainsi l'impression de défiler devant les images d'une bande dessinée, l'œil attrapant au passage le geste de l'artisan accroupi sur sa natte dans un fatras d'étoffes, ou le regard vague du marchand perdu dans sa rêverie… Parfois, une corde pendue à la poutre de la devanture permet au propriétaire des lieux de se hisser plus facilement dans son antre.

▸ En bas du souk el Leffa, prenez à gauche le **souk el Koumach★★** *(souk des Étoffes)* qui date du 15e s. Il longe le côté ouest de la Grande Mosquée et est constitué de trois allées séparées par des colonnes décorées en rouge et vert. Là encore, les antiques échoppes disparaissent sous des piles de tissus multicolores et d'habits de fête (mariages et cérémonies de circoncision). Drapé des étoffes, profusion des couleurs créent un décor quasi théâtral où chacun répète un rôle presque millénaire.

▶ En revenant sur vos pas, vous traverserez plusieurs souks affectés au négoce des textiles. Le **souk des Femmes**, où s'échangent surtout des fripes, puis le **souk de la Laine** et celui du **Coton**. Moins spectaculaires, ils sont sans doute plus authentiques, c'est-à-dire plus proches des puces de Montreuil que des délices de l'Orient. Les Européennes peuvent apprécier d'y fouiner, mais les parures et vêtements sont pour l'essentiel destinés aux femmes arabes.

▶ En remontant le souk de la Laine ou celui du Coton, vous vous perdrez bientôt dans le dédale du **souk des Orfèvres**, caverne d'Ali Baba de la bijouterie orientale.

Les souks au sud de la médina

Il est difficile de proposer un parcours type à l'intérieur des souks, tant l'attrait de ces labyrinthes très peuplés vient du plaisir de s'y perdre. Descendez la rue Tourbet el Bey qui prolonge le souk des Femmes. Au brouhaha du commerce succède peu à peu la respiration de la vieille ville, avec ses jeux d'enfants, ses femmes tenant leur voile serré entre les dents, ses marcheurs progressant d'un pas lent. Le promeneur est assuré de ne pas s'égarer, il suffit de lever le nez au coin des rues : des carreaux de céramique indiquent la direction des principaux monuments du circuit dit « culturel ».

▶ La rue Tourbet el Bey se termine en beauté par le monument du même nom *(en été, 9h-19h ; en hiver, 9h30-16h30, fermé le lundi. Entrée payante)*. Le **Tourbet el Bey★**, mausolée des princes husseinites construit sous le règne d'Ali pacha II (1758-1782), est le plus vaste monument funéraire de Tunis, comme en attestent les dômes qui dominent la façade de grès jaune. Ils correspondent aux différentes chambres funéraires qui abritent les tombes des souverains, de leurs familles, et de certains de leurs ministres. À l'intérieur, on est saisi par la fraîcheur des lieux ainsi que par l'apparent désordre dans la disposition des pierres tombales, qui entravent le passage. Les murs sont couverts de céramique dans les tons orange et jaunes ; seule la salle des souverains ayant régné est richement décorée de marbre polychrome de style italien. Les sarcophages des hommes se caractérisent par des colonnettes prismatiques à inscriptions coiffées d'un *tarbouch* ou d'un turban. Ceux des femmes sont reconnaissables aux plaques de marbre disposées à chacune des extrémités.

▶ Descendez la rue Sidi Zahmoul qui longe le mausolée sur la gauche, puis à nouveau sur votre gauche, une venelle qui passe sous des arches, la rue Sidi Kassem. Face au n° 9, engagez-vous sur votre droite sous l'arche de l'impasse Ben Abdallah. Le **Dar Ben Abdallah★** *(9h30-16h30, sauf le lundi. Entrée payante)*, somptueux palais du 18e s. tout en boiseries, stuc et céramique, abrite désormais le **musée des Arts et Traditions populaires**. On y entre par une chicane qui débouche sur un patio central donnant accès à quatre appartements aujourd'hui transformés en salles d'exposition qui retracent la vie quotidienne de la bourgeoisie tunisoise au 19e s. et au début du 20e. Cette évocation se fait sous forme de quatre tableaux consacrés respectivement à l'homme, à la mariée, à la femme et à l'enfant. Les mannequins en costume d'époque, les meubles, jouets, bijoux et ustensiles domestiques rendent cette visite particulièrement vivante. Outre les splendeurs habituelles – plafonds peints et patio de marbre –, le palais a conservé son ancienne cuisine. Voilà peut-être la pièce la plus touchante et la plus agréable (chaleur exceptée) pour des modernes : elle est fonctionnelle, spacieuse, et surtout très claire, ce qui contraste avec les autres pièces très sombres uniquement ouvertes sur le patio. Dans les dépendances de la maison principale est présentée une exposition permanente sur les métiers traditionnels du souk : serruriers, tisserands, selliers, orfèvres, fabricants de chéchias ou de babouches... tous les artisans que vous retrouverez à l'œuvre dans la médina.

▸ Revenez sur vos pas jusqu'à la rue Sidi Kassem que vous descendrez à droite jusqu'à la rue des Teinturiers. Tournez à gauche et remontez cette dernière, puis prenez à droite la rue El M'Bazaa qui comprend plusieurs passages voûtés. Au n°16 bis se trouve le **Dar Othman★**, bâtisse du 16e s. que l'on doit au bey Othman dont la richesse provenait en grande partie de la course *(voir p. 197)*. Palais de dimensions modestes, il ne comporte qu'un rez-de-chaussée et quatre chambres. Celles-ci ouvrent par de curieuses portes à six battants sur un patio transformé en un petit jardin un peu négligé qui lui donne tout son charme. Le Dar Othman accueille désormais les bureaux de la **Conservation de la médina** qui dépend du ministère de la Culture ; il faut vite aller le voir avant qu'il ne soit trop retapé. *(À ne pas confondre avec l'Association de la sauvegarde de la médina, installée à Dar Lasram, rue du Tribunal).*

La chéchia

Même si elle a « perdu des parts de marché », la chéchia a mieux résisté aux différentes modes que son homologue des années 1930, le béret basque en France. Les chéchias tunisiennes s'exportent encore en Libye, au Tchad et en Somalie, parfois avec quelques variantes. Les Libyens, par exemple, portent des chéchias noires avec pompon. Elle a également su s'adapter au goût du jour : on fabrique maintenant des chéchias de différentes couleurs pour les femmes, brodées ou ornées de perles. Si la tradition demeure, la fabrication en revanche évolue. Les chéchias haut de gamme sont désormais faites avec de la laine importée d'Australie, de meilleure qualité et indéformable. La laine des moutons tunisiens est réservée au second choix. Quant à la teinture, elle n'a rien des antiques procédés orientaux ; elle vient d'Allemagne... Il paraît que « ça ne bouge pas ! »

Si vos jambes ne vous lâchent pas, remontez la rue des Teinturiers. Empruntez ensuite sur votre gauche les rues du Trésor et el Karchani, rues paisibles aux murs aveugles ponctués çà et là de superbes portes cloutées peintes en bleu. En continuant votre ascension, vous croiserez la **rue des Andalous★** *(la prendre sur la droite)* qui est sans doute l'une des plus belles de la médina. Les hautes portes à arc outrepassé rappellent le passé aristocratique de ce quartier résidentiel jadis peuplé de riches réfugiés andalous. Vous apprécierez le calme des lieux, loin de l'agitation touristique et mercantile.

▸ De la rue des Andalous, il vous faudra encore monter sur la gauche pour atteindre la place du Château qui donne accès au **Dar Hussein★** (18e s.), l'un des plus beaux palais de Tunis. Au 19e s., Youssef Sahib et Tabaa, fameux ministre de Hammoûda pacha, en fit l'acquisition et l'enjoliva. Le premier conseil municipal s'y tint en 1858. En 1882, le général Forgemol, commandant les forces françaises, y installa son état-major. La place du Château, devant l'entrée, date de cette époque ; elle fut aménagée sur un ancien cimetière. Depuis l'indépendance, le Dar Hussein est le siège de l'**Institut national d'archéologie et d'art**. En principe, cette administration n'est pas ouverte au public, mais on ne fait pas de difficultés au visiteur un peu curieux qui ose en franchir le seuil et qui se verra récompenser de son audace. Impossible de voir les différentes salles qui sont occupées par des bureaux, mais on a accès au très vaste patio : dallage et colonnes de marbre blanc, chapiteaux de style néocorinthien, faïences des Kallaline, stucs... Dans un angle du patio, une porte ouvre sur une petite cour intérieure agrémentée d'un joli jardin.

Au nord de la Grande Mosquée

À la Grande Mosquée – angle souk el Koumach (des Étoffes) et souk el Attarine –, remontez la rue Sidi Ben Arous.

Le souk des Chéchias

Le premier souk que vous rencontrerez sur votre gauche est celui des **Chéchias**. Il est aisément repérable à sa porte de pierre brune formant un arc majestueux, laquelle donne sur une sorte de tunnel obscur. Là, se perpétue – timidement – un artisanat très ancien introduit en Tunisie par les immigrants andalous. Ce couvre-chef connut son heure de gloire lorsque les chéchias de Tunis s'exportaient dans tout l'Orient. Les magasins au sol carrelé ne manquent toutefois pas d'allure, avec leurs panneaux de bois ajouré et peint de blanc, de vert pâle et de bleu. Au premier plan des boutiques se trouve l'atelier, et au fond le bureau.

Le souk el Bey, à la sortie de celui des Chéchias, tranche par sa sobriété. Ses hauts murs de pierre taillée et ses tons ocre en font une promenade agréable. Ce souk est adossé au **Dar el Bey★** édifié au sommet de la médina. Dans ce palais du 18e s. – richement décoré dans le style andalou flamboyant – séjournaient autrefois les beys. Durant le protectorat, il devint le siège du gouvernement tunisien et on y hébergeait les hôtes illustres venus d'Europe. Il est aujourd'hui occupé par le Premier ministre et le ministère des Affaires étrangères.

De la place du Gouvernement (devant le Dar el Bey), vous descendrez la rue de la Kasba. Vous découvrirez sur votre droite la **mosquée Hammoûda Pacha** réputée pour son élégance et son originalité : symétrie, arcades aveugles, superbe minaret octogonal. Le **mausolée d'Hammoûda Pacha** (1655), qui jouxte la mosquée, possède la même grâce. Cet ensemble architectural a servi de modèle pour la construction du mausolée de Bourguiba à Monastir.

Plus bas en continuant la rue de la Kasba, prenez à droite la rue el Jelloud, puis engagez-vous dans l'impasse Echmmahia. Le **tombeau de la princesse Aziza** est au n° 9 de l'impasse, dans une maison particulière. Cette princesse ottomane, âme charitable, avait affranchi ses esclaves avant de mourir en 1669. Ce mausolée ou *tourbet*, qui contient plusieurs sépultures, vaut surtout par sa riche décoration intérieure : céramique polychrome et stuc.

Poursuivez votre chemin dans la rue de la Kasba. La porte de France n'est plus très loin, mais il vous faudra d'abord faire un petit détour par le **souk du Cuivre** *(1er embranchement à gauche)*. Vous n'échapperez pas au martèlement des jeunes artisans confectionnant les incontournables plateaux ciselés... un peu trop brillants.

À la périphérie de la médina

Pour un vrai contact avec cette « ville dans la ville » qu'est la médina, on ne saurait trop conseiller d'en quitter le centre touristique et de vaguer à la périphérie. Passant parmi les passants, la vieille cité se livrera à vous sans réserve. Si par endroits la tentation est grande de restaurer abusivement maisons et ruelles dans le style Sidi Bou Saïd, la médina n'en conserve pas moins un caractère essentiellement populaire qui date de la fin du 19e s. et du début du 20e. C'est à cette époque que la médina se prolétarisa, les Tunisois aisés délaissant palais et maisons ancestrales pour la ville européenne considérée comme supérieure. La médina se ressent encore de cet état de fait, et hors des circuits touristiques, il n'est pas rare de voir des enfants courir dans les ruelles après un mouton, une vieille penchée sur un seau en train d'écosser ses pois, ou des chats maigres faisant pitance sur un tas d'ordures. Quant aux hommes, ils lisent le journal à deux ou à trois dans la rue, ou jouent aux cartes.

La médina a fait l'objet de plusieurs tentatives d'assainissement plus ou moins réussies dont on peut se faire une idée en visitant le quartier entourant la **place Bab Souika.** Ce projet, l'un des plus importants, date des années 1980. Pour sa réalisation, on a dû procéder à la destruction d'une bonne part du tissu urbain préexistant. Le résultat en est un ensemble d'immeubles assez éclectique dans le style arabisant, ensemble qui comprend également la restauration quelque peu abusive de la **mosquée Sidi Mahrez**, une zone piétonnière et une vaste place. Cette mosquée du 17e s., coiffée de nombreux dômes blancs, est directement inspirée des mosquées d'Istanbul. La cour, relativement étroite, forme un L, l'essentiel de l'espace étant occupé par la salle de prière. Sidi Mahrez est considéré comme le saint patron de Tunis. Sa **zaouïa** se trouve de l'autre côté de la rue, face à la mosquée. Ces lieux très vénérés sont inaccessibles aux non-musulmans et il est délicat de s'approcher pour jeter un œil.

▶ Tout en haut de la médina, la **place du Gouvernement** ouvre sur le quartier des ministères avec sa débauche de drapeaux, ses limousines noires, et ses bâtiments officiels dans le style arabisant. Avec son pavement de marbre, ses plantations de ficus et ses superbes palais, cette place contraste avec les faubourgs populaires. Elle donne une interprétation idéale et moderne de l'arabité dont la médina serait le pendant vétuste et sale. Les hauteurs qui dominent la vieille ville se présentent comme un espace dégagé (sur l'emplacement de l'ancienne kasba) : vaste esplanade et terrasses venteuses d'où l'on a vue sur Tunis et par endroits sur le lac. Au sommet de la butte, l'énorme édifice dans le style arabisant est la **maison du Parti**. Légèrement en contrebas sur la droite, rue Sinan Pacha, se dresse le prestigieux **collège Sadiki** par lequel est passée toute l'élite tunisienne.

EN S'ÉLOIGNANT DU CENTRE

De l'avenue Bourguiba, remontez l'avenue de Paris sur la droite, puis tournez à gauche, avenue de Madrid, à hauteur de la place de la République. Sortez ensuite de la ville par Bab Saadoun et prenez le boulevard du 20 Mars 1956. Accès par le métro léger n° 4. Le musée est à 4 km du centre-ville.

LE MUSÉE DU BARDO★★★

Comptez 2h.

9h30-16h30 hors saison, 9h-17h en été, fermé le lundi. Entrée payante. Visite guidée possible en contactant à l'avance l'agence Batouta Voyages.

Bardo, mode d'emploi

Le musée rassemble une collection unique au monde de mosaïques récupérées sur les sites les plus prestigieux de la Tunisie antique : Carthage, Thuburbo Majus, Bulla Regia, Dougga... Les cinquante salles et galeries du Bardo en sont couvertes ; même Rome ne possède pas d'équivalent. Les collections retracent cinq grandes périodes : la préhistoire, l'époque punique, l'époque romaine, l'époque chrétienne, et l'époque arabo-musulmane. Une sixième section est plus particulièrement consacrée à la statuaire grecque exhumée lors des fouilles sous-marines de Mahdia. Pour la visite, laissez votre esprit cartésien au vestiaire et préparez-vous à une déambulation tout orientale. Les différentes salles d'exposition ne suivent pas l'ordre chronologique du fait de l'architecture intérieure du palais. En outre, certaines salles sont fermées pour réaménagement. Il est donc peu sûr de se fier à l'ancienne numérotation des salles qui semble ne plus correspondre à rien. D'importants travaux sont prévus (pas de date précise), et toute la muséographie sera repensée à cette occasion.

Histoire du Bardo

Le Bardo formait autrefois un vaste ensemble architectural composé de plusieurs palais. Les plus anciennes constructions dataient des Hafsides, les plus récentes des beys husseinites qui, à la fin du 19e s., en avaient fait leur résidence et le siège du gouvernement. Nombre d'entre elles ont été détruites au siècle dernier. L'**Assemblée nationale** occupe aujourd'hui une partie des lieux, l'autre étant réservée au musée installé depuis 1888 dans l'un des palais du 19e s. De l'extérieur, les bâtiments ressemblent davantage à une caserne qu'à un palais, seules les sentinelles en costume beylical qui gardent l'entrée de l'Assemblée en rappellent le caractère princier. Mais les surprises sont à l'intérieur et la visite du musée vous donnera un petit aperçu du luxe qui régnait à la cour des beys : les collections sont exposées dans des salles aux superbes plafonds de bois peint ou doré, espace aérien d'une salle des fêtes ou vaste patio habillé de stuc...

Départements romains et paléochrétiens

La visite suivante propose une sélection des mosaïques romaines et paléochrétiennes les plus intéressantes.

Les mosaïques paléochrétiennes

Les mosaïques rassemblées dans les salles du rez-de-chaussée *(à gauche du couloir d'entrée)* proviennent d'églises chrétiennes et byzantines (4e-7e s.). Nombre d'entre elles recouvraient des tombes et sont assez bien conservées. L'une d'elles, prélevée à Tabarka et dite « **Ecclesia mater** », est riche d'informations en ce qu'elle nous donne une représentation assez précise d'une église au 4e s. Une autre, dite « **Victoria** », peint deux personnages : un homme assis derrière un pupitre (scribe, comptable, ou banquier ?), et une femme nommée Victoria qui serait sa femme ou sa fille. Parmi les mosaïques figurant la martyrologie, on remarquera un beau pavement mettant en scène ***Daniel dans la fosse aux lions***, exposé dans le couloir menant à la collection des stèles et des sarcophages.

Salle Thuburbo Majus

Les mosaïques et sculptures (3e-4e s. surtout) de cette salle, dont un superbe ***Hercule*** en marbre, ont été prélevées sur le site archéologique du même nom. La pièce la plus intéressante est un petit bas-relief de style hellénistique représentant des **ménades** (1er s. ap. J.-C.).

Salle Bulla Regia

Sont rassemblés ici les vestiges ayant pour origine l'antique Bulla Regia parmi lesquels trois statues provenant d'un temple consacré à Apollon : ***Apollon Citharède★***, ***Esculape★*** et ***Cérès***.

Dans une petite salle au fond sont exposés plusieurs bustes d'empereurs dont **Vespasien**, l'inventeur des toilettes payantes. Les guides se font un plaisir de lui attribuer ce mot : « L'argent n'a pas d'odeur. » Moyennant quoi c'est le seul qui arbore un nez parfait.

Revenez sur vos pas et prenez l'escalier qui conduit au 1er étage.

Salle de Carthage

Cette salle occupe l'ancien patio du palais beylical. L'escalier qui y conduit est tapissé de mosaïques funéraires paléochrétiennes (4e-5e s.) et vous êtes accueilli sur le palier par un ***Apollon*** (2e s.) exhumé des ruines du théâtre de Carthage. Statues et bustes ont également été récupérés pour la plupart sur le site de Carthage. Dominée par la silhouette majestueuse d'une impératrice romaine au sourire énigmatique, cette salle monumentale tout en colonnade met en valeur de superbes mosaïques exposées sur le sol comme des tapis. Les deux très grandes mosaïques proviennent de la maison des Laberii à Oudna. La première, d'inspiration grecque (2e-3e s.), représente une scène mythologique : ***Dionysos faisant don de la vigne au roi de l'Attique Ikarios***. Sur le côté s'élève la statue de l'empereur ***Hadrien en dieu Mars***, au visage d'une grande beauté malgré son nez brisé. Le second pavement peint des **scènes de la vie agreste★** : travaux des champs et chasse. Art noble et distraction chez les riches qui disposent d'armes et de chevaux, la chasse est une activité de survie chez les pauvres qui ont recours à des pièges ou à des déguisements (peaux de chèvre) pour attraper des oiseaux…

L'autel, au centre de la salle, dédié à la **gens Augusta**, c'est-à-dire à la famille de l'empereur Auguste (1er s.), présente quatre faces ornées de bas-reliefs allégoriques ou mythologiques ayant trait à l'empereur : Énée (ancêtre d'Auguste dans la mythologie impériale) fuyant Troie ; Rome en costume d'amazone ; scène de sacri-

La dépose des mosaïques

Pour transporter ces œuvres fragiles prélevées dans des villas ou des temples romains, il faut suivre le processus suivant : on les enduit sur place de colle forte sur laquelle on pose une bâche. Lorsque la colle est sèche, on découpe la bâche en carreaux que l'on soulève délicatement ; le mortier étant ancien et friable, la mosaïque se détache assez bien. On scelle ensuite les carreaux sur un nouveau support, puis on retire délicatement colle et toile à l'eau chaude.

fice dans laquelle Auguste est l'officiant ; et enfin Apollon protecteur d'Auguste.

Salle de Sousse (Hadrumetum)

Le gigantisme est à l'honneur. Outre la tête et les énormes pieds d'une **statue de Jupiter** (Thuburbo Majus), cette ancienne salle des fêtes du palais abrite l'immense mosaïque du ***Triomphe de Neptune★★*** (3e s.) Ce pavement de 137 m² ornait une demeure de Sousse. Au centre, le dieu Neptune, sur son char tiré par des hippocampes, est entouré de 56 médaillons représentant des sirènes chevauchant des monstres marins. Mais la pièce maîtresse de cette salle est la mosaïque dite du ***Seigneur Julius★★★*** (4e-5e s.) trouvée dans une villa de Carthage. Il s'agit d'un témoignage unique sur la vie des grands propriétaires terriens d'Afrique du Nord sous le Bas-Empire. Cette œuvre se lit comme une bande dessinée : en bas à droite, le seigneur Julius, assis, reçoit un message ; à gauche, sa femme est à sa toilette, une servante tient un coffret à bijoux et lui tend un collier. Le deuxième niveau représente la villa patricienne et deux scènes de chasse. Le niveau supérieur a donné lieu à des interprétations diverses : la femme s'éventant au centre serait soit l'épouse du maître, soit un génie protecteur du domaine.

Salle de Dougga

Le nom de cette salle se justifie surtout par deux anciennes maquettes du capitole et du théâtre de Dougga, car si les mosaïques qui y sont exposées proviennent pour une part de ce site, la plus intéressante a été découverte dans la région de Sfax. Certains considèrent même le ***Dieu Neptune et les quatre saisons★★★*** (La Chebba, 2e s.) comme la plus belle pièce du Bardo (également désignée sous le nom de « Triomphe de Neptune », elle ne doit pas être confondue avec celle de la salle de Sousse). Deux raisons à cela : son excellent état de conservation et l'extrême finesse de son exécution. Avec cette œuvre, l'art de la mosaïque a atteint son apogée ; les auteurs ne sont plus seulement des artisans mais de véritables artistes. Le motif en est en revanche moins original : Neptune triomphant sur son char est entouré des quatre figures allégoriques des saisons.

À remarquer également une mosaïque, assez endommagée, figurant trois immenses **Cyclopes★** qui frappent le métal en feu dans la forge de Vulcain (thermes de Dougga, 3e-4e s.).

Salle d'El Jem

D'El Jem, l'antique Thysdrus, il ne reste rien sinon le colisée. À croire que la cité a été engloutie. Les archéologues ont néanmoins retrouvé quelques mosaïques exposées dans cette salle. L'une d'elles est un immense **pavement représentant des natures mortes** ou *Xenia* (3e s.) : canards, poissons, lièvres, fruits, légumes... quelques scènes de la vie quotidienne sont aussi parfois évoquées comme ici des joueurs de dés. Au sol, on peut voir un ***Triomphe de Bacchus★★*** (3e s.) dont le char, tiré par deux tigresses, est guidé par le dieu Pan. Comme toutes les scènes réalistes, la mosaïque dite de la **chasse à courre★** est particulièrement touchante – on remarquera le malheureux lièvre tapi sous un buisson.

Revenez dans la salle de Carthage pour accéder à celle d'Althiburos.

Salle d'Althiburos

Les balcons d'orchestre indiquent qu'il s'agit de l'ancienne salle de concert du bey. L'orchestre était dissimulé derrière de larges rideaux pour éviter aux épouses du souverain de tomber sous le charme de quelque musicien. Au sol, une mosaïque du 4e s. récupérée à Médeïna, l'antique Althiburos. Intitulée le « **catalogue de bateaux★** », c'est un document exceptionnel sur les techniques de pêche et de navigation : 23 bateaux y figurent avec leur nom en grec ou en latin. La ***mosaïque du Banquet★★*** date de la même époque. Elle constitue un précieux témoignage sur la vie des patriciens de Carthage en mettant en scène les différents acteurs d'un festin : convives, serviteurs, musiciens et danseurs. Contrairement à l'image d'Épinal des agapes romaines, les invités sont assis et non couchés.

Salle d'Oudna (Uthina)

Dans cette ancienne salle à manger au plafond de bois sculpté et doré a pris place une belle mosaïque aux couleurs un peu passées : ***Orphée charmant les animaux sauvages***.

Salle de Virgile

Cette salle est sans conteste l'une des plus belles du palais. Octogonale et richement décorée de plafonds stuqués, elle faisait partie des appartements privés du bey. Elle renferme surtout la « Joconde » tunisienne, qui n'est autre qu'une mosaïque représentant le grand poète latin ***Virgile★★***. Cette œuvre du 3e s., prélevée sur le site de Sousse, montre le poète tenant sur ses genoux un rouleau de papyrus sur lequel on peut lire le huitième vers de l'Énéide. Virgile est entouré de Clio, la muse de l'Histoire, et de Melpomène, la muse de la Tragédie. Cette mosaïque à peu près intacte est le seul portrait de Virgile connu à ce jour.

Salles des fouilles sous-marines de Mahdia

Ces salles, qui viennent d'ouvrir au public, vous proposent de découvrir ces trésors arrachés à la carcasse d'un navire, à 5 km au large de Mahdia. Le vaisseau transportait une cargaison d'œuvres d'art de la **période hellénistique** (3e -2e s. av. J.-C.) : des marbres, et surtout des bronzes en parfait état de conservation. Il semble avoir sombré corps et biens vers 81 av. J.-C., et ce n'est qu'au début du siècle que des pêcheurs d'éponges en repérèrent l'épave par 39 m de fond.

Salles des mosaïques marines

Dans cette partie du palais, la collection réunit de nombreuses mosaïques marines mettant en scène des paysages de bord de mer, des Néréides, des monstres marins, des hippocampes, des dauphins… *(Cette section est en travaux pour une durée indéterminée).*

Salle d'Ulysse

On s'attardera plus particulièrement devant la ***mosaïque d'Ulysse★★★*** (Dougga, 4e s.) qui relate un épisode fameux de l'*Odyssée* : le héros de Homère est attaché au mât de son navire pour ne pas succomber au chant des sirènes, tandis que ses compagnons se sont bouché les oreilles avec de la cire. Selon la mythologie romaine, les sirènes étaient mi-homme mi-rapace, aussi sont-elles représentées ici avec des serres en guise de queue de poisson, ce qui est censé leur donner un aspect plus redoutable.

La salle présente également d'autres scènes marines dont un ***couronnement de Vénus*** (Carthage, 4e s.) : la déesse à moitié nue sous un dais se pose un diadème sur la tête. Dans la mosaïque du ***Triomphe de Neptune et d'Amphitrite★*** (Utique, 3e-4e s.), la tête du dieu Océan est représentée selon une composition très commune en Afrique du Nord : de la longue chevelure pointent des pattes de homard.

Dernières salles

Les œuvres exposées dans cette partie du musée sont de valeur inégale et dans un état de conservation très variable. Plusieurs d'entre elles méritent cependant qu'on s'y arrête. ***Vénus couronnée par deux centauresses*** (4e s.) comporte une inscription qui fait sans doute référence au nom des chevaux représentés de part et d'autre : *Polystephanus* (« aux multiples couronnes ») et *Archeus* (« le

Excursions d'une ou deux journées au départ de Tunis

- Le **nord du golfe de Tunis** : La Goulette, Carthage, Sidi Bou Saïd, La Marsa… sont à environ 30mn de la capitale en TGM.
- Les **sites archéologiques** : Carthage *(p. 152)*, Dougga *(p. 164)*, Thuburbo Majus *(p. 162)* ou Utique *(p. 194)*.
- Un **circuit** en voiture : la péninsule du Cap Bon *(p. 174)*.
- Les villes du **littoral** : Hammamet *(p. 186)*, Nabeul *(p. 180)* ou Bizerte *(p. 198)*.

premier »). Cette omniprésence des chevaux dans nombre de mosaïques est là pour nous rappeler l'engouement des Romains d'Afrique du Nord pour les courses. La composition ***Thésée tuant le Minotaure*** est intéressante par son décor géométrique symbolisant le labyrinthe. À noter enfin une très belle ***Diane chasseresse*** (Thuburbo Majus, 3e-4e s.). La déesse, chevauchant un cerf, est entourée de médaillons où figurent un gladiateur et différents animaux (pas tous féroces) destinés aux jeux du cirque.

LE PARC DU BELVÉDÈRE

Quittez le centre-ville par l'avenue Mohammed V que vous suivrez tout droit pendant 2 km jusqu'à la place Pasteur.

Véritable oasis de fraîcheur en pleine ville, le parc du Belvédère a des proportions trompeuses. Si l'entrée ombragée de la place Pasteur évoque un simple jardin public, il s'agit en réalité d'un très vaste espace de plus d'une centaine d'hectares traversé de routes que l'on peut parcourir à pied ou en voiture. Aménagé à flanc de coteau, ce parc harmonieusement fleuri est planté de nombreuses essences (pins, palmiers, ficus, eucalyptus, oliviers…). Peu après l'entrée principale a été creusé un lac artificiel entouré de pelouses. Le salon de thé est un rendez-vous apprécié de la jeunesse tunisoise, en particulier des étudiants et de leurs professeurs. Lorsque la chaleur étouffe la ville, cette concentration de verdure est un véritable ballon d'oxygène.

Au **jardin zoologique** *(9h-18h, sauf le lundi. Entrée payante)*, la faune africaine est à l'honneur : flamants roses, éléphants, lions, singes, chacals, ours à collier… À noter aussi une salle d'ablutions ou *midha* (17e s), et un café maure bien abrité du soleil sous trois caoutchoucs géants. À proximité sont installées des attractions pour les enfants, sans oublier les inévitables marchands de glaces et de sucreries.

Si vous souhaitez découvrir quelques artistes tunisiens contemporains, faites une visite au **musée d'Art moderne** qui a trouvé refuge dans l'ancien casino de Tunis *(ouvert tlj ; entrée gratuite)*.

Le haut du parc est occupé par un étonnant pavillon de style arabo-andalou, la **Koubba** (17e s.). Jadis installé dans l'ancien quartier de la Manouba, il vit au Belvédère une seconde jeunesse, déployant ses superbes galeries, ses arcs de plâtre sculpté, ses colonnades, ses vitraux et ses panneaux de stuc ajouré sous de superbes coupoles. La Koubba est un but de promenade et un havre de repos. De la terrasse, on jouit d'une vue superbe sur les frondaisons mais aussi sur le golfe de Tunis et le lointain Bou Kornine. Les amoureux de Tunis recommandent de s'y rendre en fin de journée pour admirer les couleurs chatoyantes et douces du crépuscule.

LE NORD DU GOLFE DE TUNIS
DE LA GOULETTE À GAMMARTH

Accès facile de Tunis

Quelques repères

Gouvernorat de Tunis - Gammarth est à 27 km de Tunis - Voir plan de l'agglomération de Tunis p. 124.

À ne pas manquer

Un dîner à La Goulette.

Le palais du baron d'Erlanger et le café des Nattes à Sidi Bou Saïd.

Conseils

Comptez une journée.

Visitez Sidi Bou Saïd de préférence hors saison pour éviter la cohue.

Il y a peu d'hôtels vraiment bon marché sur cette côte, les petits budgets devront plutôt chercher à Tunis. La plupart des établissements (construits dans les années 1960) ont beaucoup de charme. Plus au nord la plage de Raoued est couverte d'hôtels modernes, destinés au tourisme de masse.

Ce circuit aux abords immédiats de la capitale permet de découvrir une série de bourgades agréables jalonnant la côte nord du golfe de Tunis. Après l'atmosphère confinée des souks, il fait bon respirer l'air du grand large dans un décor « verdoyant » parsemé de pins et de mimosas. Les noms de Sidi Bou Saïd et de La Marsa résonnent comme autant de promesses de farniente, de ciel bleu et de plages accueillantes. Salammbô et Carthage nous rappellent quant à eux quelques leçons d'histoire revisitées par Flaubert…

Arriver ou partir

En voiture - La circulation est aisée entre Tunis et les banlieues chic de la côte Nord. En voiture, quittez Tunis par l'av. Bourguiba et traversez le lac de Tunis. *Pour les locations de voiture à Tunis, reportez-vous p. 116.*

En TGM - Comptez environ 35mn de trajet par la ligne du TGM (Tunis-La Goulette-La Marsa). Fréquence : toutes les 12mn la journée (18mn les dim. et j. fériés) et toutes les 30mn le soir (interruption de 0h30 à 3h30). Départ de Tunis Marine et terminus à La Marsa, prévoyez un taxi pour aller à Gammarth.

En taxi - Le taxi est une solution pratique et bon marché : il vous en coûtera guère plus de 10 d pour faire la vingtaine de kilomètres séparant la capitale de Gammarth ou Sidi Bou Saïd.

En bateau - *Voir p. 114.*

LA GOULETTE

Malgré des abords peu avenants, cette petite localité n'est pas dénuée de charme. Il y règne, surtout l'été, une ambiance populaire et bon enfant. Les Tunisois ont l'habitude d'y déguster le « complet-poisson », un plat traditionnel composé le plus souvent d'un loup fraîchement pêché, accompagné de tomates et de frites. C'est le soir que la ville s'anime, avec ses gargotes illuminées de lampions et ses petits marchands de jasmin.

Adresses utiles

Informations touristiques - **Bureau de tourisme**, port de La Goulette, ☎ 71 735 300.

Banque / Change - **BNA**, port de La Goulette ; **UIB**, av. Habib Bourguiba.

Urgences et santé - **Bureau de police**, ☎ 71 736 653.

Garde nationale, ☎ 71 735 040.

Douane, ☎ 71 735 064/736 856. Bureau financier, ☎ 71 735 177/ 736 045.

Se loger

Autour de 80 d (52 €)

Hôtel Lido, 20 rue Ali Bach Hamba, face à la mer, ☎ 71 738 045, www.lido.tourism.tn - 44 ch. Chaque chambre lumineuse dispose d'un agréable balcon, et la plupart ont vue sur la mer. Mobilier en fer forgé et marbre avec, en général, 3 lits par chambre. Grande salle des fêtes pour des mariages presque quotidiens en été, auxquels vous serez probablement convié.

Se restaurer

Le poisson est abondant, toujours frais, mais relativement cher. Demandez à choisir celui qu'on vous servira. Comme le prix est au poids, cela vous évitera de mauvaises surprises à l'addition.

Moins de 10 d (6,5 €)

Le long de l'av. Franklin Roosevelt, les gargotes et les échoppes de vente de beignets à emporter sont idéales pour satisfaire votre appétit à bon compte.

De 15 à 30 d (10 à 19,5 €)

Le Café Vert, 68 av. Franklin Roosevelt, ☎ 71 736 156 Cette institution gastronomique doit sa réputation à la fraîcheur de son poisson et à la générosité des portions. Témoin, la *menina*, l'assortiment de petites salades servies en apéritif. Bref, voilà le digne héritier de la tradition goulettoise : qualité et quantité. Rendez-vous le dimanche pour goûter le couscous au poisson. Menu touristique (sans poisson) à 9 d. Fermé le lundi midi.

La Spigola, 52 av. Franklin Roosevelt, ☎ 71 738 345 Service continu de 12h à 24h. Fait office de bar en dehors des heures de repas.

Boire un verre

Café La Marina, 144 av. de la République, La Goulette Casino. Au bout de la plage, au niveau du canal, ce grand café populaire déploie une immense terrasse. Sert aussi pizzas et snacks.

Loisirs

Festivals - Festival de la karaka. Spectacles de variétés cherchant – avec plus ou moins de bonheur – à reconstituer La Goulette mythique des années 1950. En juillet.

Achats

Antiquités - SOCOPA, gare maritime, ☎ 71 736 667.

À voir, à faire

▸ La traversée du lac de Tunis et l'arrivée sur La Goulette ne sont pas franchement engageantes ; on pénètre dans une zone portuaire et industrielle, no man's land où se profilent pylônes, centrale électrique, grues, et autres réservoirs d'hydrocarbure… Sur une place, à l'entrée de la ville, se dresse la **statue équestre** du « Combattant suprême » qui se trouvait auparavant place d'Afrique, à Tunis. Sa situation à La Goulette rappelle que le peuple tunisien réserva un accueil délirant à Bourguiba le 1er juin 1955, à son retour de France. Il y avait négocié avec Mendès France puis Edgar Faure les Conventions franco-tunisiennes, premier pas vers l'indépendance. La place est entourée de masures et jonchée de papiers et de sacs en plastique au milieu desquels jouent des gamins. Seule l'ancienne porte d'enceinte (16e s.), derrière la statue, a encore fière allure. On ne peut en dire autant de la **kasba** (16e s.) : la vieille forteresse hispano-turque, qui servit longtemps de prison, est un peu décatie.

Sortez de La Goulette par l'avenue Franklin Roosevelt et traversez les faubourgs de Khereddine, du Kram et de Salammbô. On aperçoit Carthage dominée sur la gauche par la colline de Byrsa que surplombe le bâtiment monumental et ocre de la cathédrale St-Louis.

CARTHAGE★★

Description p. 152. À la sortie de Carthage, passez devant le palais présidentiel *(sur votre droite)* et filez tout droit en direction de Sidi Bou Saïd.

SIDI BOU SAÏD★★

Comptez 1h.

En TGM, descendez à la station Sidi Bou Saïd ; le centre du village est à 15mn de marche. Remontez l'av. du 7 Novembre jusqu'au rond-point, puis prenez la rue H. Thameur sur la gauche. Accès interdit aux voitures, parking payant en bas du village, près de l'ancienne fontaine.

Véritable image d'Épinal de la Tunisie éternelle, avec ses maisons aux murs d'une blancheur éclatante ponctués de volets et de moucharabiehs bleus, ses ruelles pavées et pentues, Sidi Bou Saïd est une sorte de Montmartre huppé ou de St-Paul-de-Vence. Perché sur une colline, ce charmant village surplombe Carthage et le golfe de Tunis. L'absence de voitures favorise une ambiance joyeuse et feutrée que renforcent les fières maisons de Sidi Bou Saïd. Chacune laisse deviner un mystère qui, hélas, reste entier. Aucune de ces demeures cossues ne peut être visitée, hormis le palais du baron d'Erlanger. On peut cependant rêver devant les lourdes portes cloutées qui s'ouvrent parfois sur de somptueux jardins, remplis de bougainvillées, de chèvrefeuilles et de vignes sauvages. Gide, Colette, Simone de Beauvoir, Paul Klee et bien d'autres artistes sont venus ici mettre leurs pas dans ceux de Flaubert et de Chateaubriand.

Adresses utiles

Banques - UIB, av. Habib Bourguiba.

Poste centrale - Av. de la République, ☎ 71 270 795.

Urgences / Santé - Bureau de police, rue de la République, ☎ 71 741 487.

Garde nationale, Poste maritime, ☎ 71 740 871.

Se loger

De 50 à 60 d (32 à 38 €)

Hôtel Sidi Bou Farès, 15 rue Sidi Bou Farès, ☎ 71 740 091, hotel.boufares@gnet.tn - 10 ch. Pour les inconditionnels de Sidi Bou Saïd, peu soucieux de leur confort, une agréable halte à deux pas du café des Nattes : dix petites chambres au mobilier monacal, autour d'un patio central, ombragé de deux superbes figuiers.

Autour de 150 d (98 €)

Hôtel Sidi Bou Saïd, rue de Sidi Drif, ☎ 71 740 411 - 32 ch. Si la décoration est quelconque, tout le charme de l'hôtel réside dans son emplacement, surplombant la baie.

À partir de 220 d (143 €)

Hôtel Dar Saïd, rue Toumi, ☎ 71 729 666, www.darsaid.com.tn - 24 ch. Hôtel de charme aménagé dans une maison traditionnelle, doté du confort d'une chambre d'hôte. Possibilité de profiter du hammam à toute heure du jour et de la nuit.

Se restaurer

De 6 à 17 d (4 à 11 €)

Raies Labhar, 3 bis av. Bourguiba, ☎ 71 728 648. Un bon endroit, près de la place du 7 Novembre, loin du flux touristique. Vous avez le choix entre des spécialités tunisiennes et de bonnes pizzas. Excellent rapport qualité-prix. Clientèle tunisienne.

De 10 à 27 d (6,5 à 17,5 €)

Café-restaurant Chergui, à droite quand on fait face au café des Nattes, ☎ 71 740 987 On se croirait dans un grand café maure à ciel ouvert. En fait, c'est un restaurant qui permet de déguster tajine ou couscous. L'adresse est très touristique en saison, mais difficile de trouver autre chose à Sidi Bou ! L'espace, légèrement compartimenté, permet tout de même une certaine intimité. La terrasse du haut, entre la mosquée et la mer, offre une très belle vue.

De 15 à 40 d (10 à 26 €)

La Bagatelle, 9 av. Habib Bourguiba, ☎ 71 741 116 Un peu moins touristique que les autres restaurants de Sidi Bou car il est situé en bas du village, à 100 m de la place du 7 Novembre. Bonne cuisine tunisienne. Sandwicherie au rez-de-chaussée et belle salle de restaurant avec terrasse entièrement refaite au premier.

De 25 à 50 d (16 à 32,5 €)

Dar Zarrouk, rue Hédi Zarrouk, ☎ 71 740 591, restaurantdarzarrouk@gnet.tn Ouvert en 1938, ce restaurant fut le plus fameux de Tunisie entre les deux guerres. Fermé pendant huit ans pour travaux, il a rouvert ses portes début 2004. Terrasse surplombant le port de plaisance, belle salle lumineuse, jardin (bar et salon de thé à

Le café des Nattes à Sidi Bou Saïd

la belle saison). Le soir, joueur de sitar ou de luth. Bien entendu, la cuisine tunisienne et méditerranéenne est à la hauteur du cadre.

De 27 à 46 d (18 à 30 €)

Le Pirate, port de Sidi Bou Saïd, ☎ 71 748 266 Dans la fournaise de l'été, ses frondaisons offrent une oasis de fraîcheur incomparable. Dommage, la qualité de la cuisine est loin d'être à la hauteur du décor.

Au Bon Vieux Temps (Ayem Zamen), 56 rue Hedi Zarrouk, ☎ 71 744 788/733 Mêmes propriétaires qu'à La Marsa. Le patron vous accueille comme son invité dans cette jolie maison traditionnelle restaurée et meublée à l'ancienne. Exigez de choisir votre poisson, pour éviter un monstre d'un demi-kilo dans votre assiette.

Boire un verre

Café des Nattes, en haut de la montée de Sidi Bou Saïd, ☎ 71 749 661. Ce café maure est certainement l'endroit le plus célèbre de Tunisie. Sur ces nattes se sont assis André Gide, Paul Klee, Simone de Beauvoir. Le thé à la menthe est banal, mais vous surplombez un des plus jolis villages de Tunisie. Ouvert de 7h30 à 2h30 du matin.

Café Sidi Chabaane, rue Sidi Chabaane *(par la rue à droite du café des Nattes)*. De sa cascade de terrasses surplombant le port, vous découvrirez le plus beau point de vue de Sidi Bou Saïd. Venez tôt le matin afin d'éviter la foule. Chicha.

Loisirs

Festivals - Centre des musiques arabes et méditerranéennes Ennejma Ezzahra, ☎ 71 746 051, directeur. cmam@email.ati.tn. Environ 30 concerts de grande qualité par an (musiques arabe, contemporaine...) Programme dans la presse locale (pages culturelles) ou en contactant le centre (site Internet en projet). Quelques journée à thème avec études et débats en matinée, concerts illustrant le propos en soirée. L'été, les concerts sont donnés en plein air, surplombant la baie de Tunis. À ne manquer sous aucun prétexte. Regroupant par ailleurs la Phonothèque nationale et un centre de recherche et de documentation, cette maison est le haut lieu de la musique en Tunisie.

À voir, à faire

▸ Laissez-vous guider le long de la rue principale qui vous conduira jusqu'aux imposantes marches de pierre du célèbre **café des Nattes★**. On ne peut que succomber au rituel du thé à la menthe servi avec des pignons, assis en tailleur au milieu des fumeurs de *chicha*.

En continuant l'ascension vers le sommet du village, en direction du phare, on rencontre un petit **cimetière** aux pierres tombales blanches légèrement incurvées sur le dessus. Ces creux qui gardent l'eau de pluie sont appelés « bols des oiseaux ».

En redescendant un peu la rue, on atteint le **phare** situé juste en dessous du cimetière ; ce n'est pas un monument touristique mais les rares curieux sont bien accueillis. Du haut de cette petite tourelle rouge, le regard embrasse la baie bleutée, fermée au loin par une majestueuse montagne souvent baignée de brume, le mont Bou Kornine.

Pour le reste, Sidi Bou Saïd se respire davantage qu'il ne se visite. Il faut s'éloigner du centre pour découvrir des ruelles un peu moins retapées et aseptisées à l'intention des touristes et des étrangers à demeure. En redescendant du phare, rue Taïeb Méhiri, on aperçoit les coupoles de la **zaouïa** où repose Abou Saïd, le saint patron du village. Une légende voudrait que ce personnage fût en réalité... Saint Louis. Ayant succombé aux charmes du pays et d'une jeune Berbère, le roi pieux aurait pris l'identité d'Abou Saïd, tandis qu'un pauvre homme, opportunément son sosie, se mourait de la peste ! La réalité est plus prosaïque : Saint Louis est bel et bien mort de la terrible maladie et Sidi Bou Saïd, mystique d'origine marocaine, fut pour sa part une figure du soufisme. Ce lieu de recueillement est malheureusement fermé aux non-musulmans.

Le baron d'Erlanger (1872-1932)

Héritier de riches banquiers français d'origine allemande, mais élevé à Londres, le baron Rodolphe d'Erlanger s'établit à Sidi Bou Saïd en 1912. Il espérait renforcer dans ces lieux enchanteurs une santé réputée fragile. Il y donna cours à sa double passion de la peinture et de la musique, tout en manifestant le désir presque obsessionnel de figer ce merveilleux village dans un bicolorisme bleu et blanc. En 1915, il obtint des autorités coloniales que le site fût protégé par décret. Le baron, qui débuta comme peintre orientaliste, s'éprit aussi de la musique arabe dont il devint un grand expert, au point de lui consacrer un traité en six volumes parus entre 1930 et 1959 à Paris, aux éditions Paul Geuthner : « La Musique arabe, ses règles, leur histoire. » En 1932, il fut même choisi par le roi Fouad Ier d'Égypte pour préparer le grand congrès du Caire consacré à cette musique.

▶ Rejoignez la rue du 2-Mars 1934, dans le bas du village près du parking. Là se trouve l'entrée de l'**Ennejma Ezzahra★★** (« l'étoile resplendissante »). Le palais que se fit construire le **baron d'Erlanger** entre 1912 et 1922, est devenu le Centre des musiques arabes et méditerranéennes *(9h-13h/14h-17h en hiver, 9h-13h/15h-18h en été, fermé les jours fériés ; entrée payante)*. Il abrite de multiples activités liées à la conservation et à la diffusion du patrimoine musical. Des concerts y sont régulièrement organisés. On y accède par une allée d'aloès et de petits orangers. Entouré d'un grand parc dominant la mer, agrémenté de jardins andalou et persan, le palais dispose de superbes salles riches en colonnes et en panneaux de bois ajouré. Au gré des salles on découvre ainsi de belles collections de peintures, tapis, meubles et verreries. Le salon de musique, la bibliothèque, la fontaine en marbre noir du grand salon sont un enchantement. Les lieux retrouvent leur véritable vocation lorsque les cordes du luth vibrent d'une pièce à l'autre, comme au temps du baron…

LA MARSA

Gare terminus du TGM, La Marsa est à 3 km de Sidi Bou. Cette petite station balnéaire où les beys installèrent jadis leur résidence d'été est désormais une banlieue huppée de Tunis. Elle offre d'agréables promenades sur la plage qui court jusqu'à Gammarth. Pendant la saison, les pêcheurs d'oursins attendent les amateurs, armés de ciseaux à découper et de petites cuillères pour une dégustation sur place. Malheureusement, le plaisir en est quelque peu gâché par les détritus (canettes, pots de yaourt, etc.) qui jonchent les abords immédiats du rivage.

Adresses utiles

Banque / Change - La plupart des banques assurent un service de change.

CFCT, 44 av. Taïeb Méhiri.

UBCI, rue El Mekki.

UIB, av. Habib Bourguiba.

Compagnies aériennes - Tunisair, 14 av. Habib Bourguiba, ☏ 71 740 680/272 222.

Air France, 42 rue Abou Kacem Chabbi, ☏ 71 555 422.

Urgences / Santé - Bureau de police, plage, ☏ 71 728 845.

Garde nationale, ☏ 71 744 303.

Pharmacie de nuit Khalil Ben Salah, 2 rue Tahar Ben Achour, ☏ 71 775 770.

Se loger

Autour de 140 d (91 €)

Hôtel Plaza Corniche, 22 rue du Maroc (en prenant la route qui monte à gauche du terminus du TGM), ☏ 71 743 577/489 ou 742 554, www.plaza-corniche.com - 14 ch. Voilà un hôtel pas comme les autres. Le patron, qui a tout décoré lui-même, a voulu chaque chambre différente des autres. Entre le papier à fleurs Liberty et la vieille céramique tunisienne, le mélange n'est pas désagréable, certainement insolite. On regrette juste que les pièces soient si petites. Petit jardin très fleuri à l'entrée ; côté piscine, vue sur mer (gâchée par d'horribles antennes paraboliques).

Se restaurer

Moins de 13 d (9 €)

Arthe Pizza Sprint, 5 rue Ibn Abi Rabina, ☎ 71 749 866. Installé de façon originale dans un jardin, ce restaurant italien est bien sympathique. Il n'ouvre qu'à partir de 19h.

De 20 à 40 d (13 à 26 €)

La Falaise, route de Sidi Dhrif (à la station TGM « Corniche », prenez à droite la rue de Sidi Dhrif jusqu'au grand carrefour), ☎ 71 747 806, CC L'un des meilleurs emplacements de la côte avec sa terrasse surplombant la mer. Spécialités de viandes et de poissons et un accueil très aimable.

Au Bon Vieux Temps, 1 rue Aboul Kacem Chebbi, ☎ 71 744 733/788 CC Les diplomates et les Tunisois aisés se retrouvent dans l'ambiance confortable de ce restaurant spécialisé dans la gastronomie typiquement française. Grand choix de plats de viande. Dîner et souper uniquement.

Le Golfe, 5 rue Larbi Zarrouk, Sidi Abdelaziz, ☎ 71 748 219. Un peu à l'écart dans un secteur résidentiel, son excellente réputation attire une clientèle tunisienne exigeante. Terrasse au bord de la mer en été.

Boire un verre

Café Saf Saf, en face de la mosquée, ☎ 71 749 347. L'institution de La Marsa où l'on vient manger des briks croustillants, boire un thé à la menthe, jouer aux échecs et même dîner en soirée. Malgré l'affluence touristique, cet établissement a conservé toute son authenticité.

Loisirs

Discothèques - **Plaza Corniche Hôtel**, 22 rue du Maroc, ☎ 71 743 577/489. Sur la corniche de Sidi Dhrif, après avoir dépassé le restaurant La Falaise. Le night-club est le rendez-vous de la haute société tunisienne.

Festival - **Nuits de La Marsa** : Spectacles de variétés, théâtre ou cinéma de qualité variable, organisé en juillet-août.

Hammam - **Hammam Saf Saf**, 200 m à droite de la mosquée, prenez la rue en passant sous l'arcade et tournez à gauche avant le poste de police. Un peu plus loin à droite. Le hammam le plus proche et le plus propre de La Marsa.

Achats

Pâtisseries - **Salem**, face au terminus du TGM à La Marsa-plage. Quand le soleil fait fondre le bitume, la foule se presse autour des glacières où l'on sert à la spatule d'excellentes crèmes glacées ou granite ainsi que des pâtisseries européennes.

Madame Zarrouk, rue du Maroc, en face de la gare TGM, ☎ 71 767 664. Pas de gâteaux à l'unité, mais assortiments alléchants de spécialités tunisiennes.

Antiquités - **Maison Abdel Majid**, av. Fatima Bourguiba, km 13, route de la Soukra, ☎ 71 764 725. L'accueil n'est pas aimable, mais les deux magasins du propriétaire, à 50 m l'un de l'autre, recèlent de vrais trésors : tables ou consoles en marqueterie, meubles incrustés de nacre du Moyen-Orient. Les prix comportent beaucoup de zéros.

Librairie - **Le Mille Feuilles**, 99 av. Bourguiba (en face de la station du TGM), ☎ 71 744 229. Véritable caverne d'Ali Baba, pour les intellectuels de La Marsa. Située à l'emplacement de la pâtisserie Salem d'origine, cette librairie offre un choix sélectif de livres sur la Tunisie (essais, romans ou livres d'art). Espace d'exposition au premier, café littéraire certains après-midi à 18h.

À voir, à faire

▶ Dans la ville même, sur une petite place non loin de la gare, à proximité de la mosquée, vous serez sans doute attiré par les flots de musique arabe qui sortent du **café Saf Saf** (café du Peuplier). C'est l'attraction de La Marsa, avec son puits d'époque hafside et son chameau, censé activer la noria... À la sortie du café, des marchands vendent de l'eau fraîche dans de jolies gargoulettes, et de délicieux beignets.

▶ Quelques palais ici et là attestent encore du caractère aristocratique de ce lieu de villégiature : l'**Abdalliya**, la résidence du consul d'Angleterre, la résidence d'été de l'ambassadeur de France (sur la route de la Corniche), etc.

▶ En quittant La Marsa, longez la côte et prenez la route montant sur la gauche en direction de Gammarth. Sur la colline, face à l'ambassade d'Espagne, se trouve un vaste **cimetière français** de 8,5 ha où reposent plus de 4 500 soldats, dont 1 200 tués pendant la campagne de Tunisie (1942-1943). Sur les tombes recouvertes de gravier blanc sont scellés des casques des combattants pieds-noirs tombés au champ d'honneur pendant la Première Guerre mondiale – leurs corps furent ensuite rapatriés en Tunisie. En parcourant les allées bordées de cyprès, on peut lire les noms de nombreux soldats des bataillons sénégalais, tonkinois et annamites. Une petite nécropole juive a aussi été retrouvée sur ce site douloureux qui offre un **panorama★** de toute beauté sur la mer.

GAMMARTH

Autrefois recherchée pour sa longue plage bordée par une forêt d'eucalyptus, Gammarth a bien changé depuis la construction anarchique de complexes hôteliers et d'immeubles. La plage est aujourd'hui tronçonnée. Rares sont désormais les petites criques tranquilles dans ce paysage en chantier permanent, hérissé de toutes parts de panneaux orange signalant la présence d'un grand constructeur français. Dommage !

Se loger

Autour de 80 d (52 €)

Hôtel La Tour Blanche, av. Taïeb Méhiri, ☎ 71 774 788 – 200 ch. Le bâtiment est quelconque, les chambres ordinaires mais c'est l'hôtel le moins cher du coin en bord de mer. Boîte de nuit à l'entrée.

Autour de160 d (104 €)

Hôtel Mégara, av. Taïeb Méhiri, ☎ 71 740 366 - 77 ch. Au cœur d'un jardin luxuriant, cette demeure coloniale construite dans les années 1920 fut longtemps la destination des nostalgiques de la Tunisie d'antan. Cet hôtel, qui se distingue des grands complexes voisins par son charme, ne dispose pas de la plus belle portion de plage. Mais 5mn à pied suffisent pour rejoindre celle de La Marsa. L'air conditionné est en option. Près de 50% de réduction hors saison.

Plus de 200 d (130 €)

Hôtel Abou Nawas, av. Taïeb Méhiri, ☎ 71 741 444, www.abounawas.com.tn - 117 ch. Luxe sans tape-à-l'œil, telle est la recette du succès. C'est ici que cette chaîne d'hôtels à capitaux koweitiens a testé la formule qui a fait école dans toute la Tunisie. Malgré les années, les bungalows de luxe, constamment rénovés, n'ont pas pris une ride. Bien que les pieds dans l'eau, l'hôtel offre tous les services d'un hôtel d'affaires. En particulier chaque chambre est équipée d'un téléphone avec ligne directe. Certaines sont équipées de kitchenette.

The Residence, ☎ 71 910 101, www.theresidence-tunis.com - 170 ch. Couleurs pastel pour cet hôtel somptueux qui dispose de thermes marins, le tout dans un décor de volupté. Les chambres ont toutes un coin sofa et une terrasse. Tennis. Encadrement médicalisé pour la thalasso. Le plus élégant des hôtels des environs de Tunis.

Se restaurer

De 17 à 30 d (11 à 19,5 €)

Sindbad Café, 105 av. Taïeb Méhiri, ☎ 71 749 876. La décoration est certes moins raffinée que le restaurant voisin mais la clientèle tunisienne y est bien plus fidèle. Petit orchestre les jeudi, vendredi et samedi soir.

De 35 à 50 d (23 à 32,5 €)

Le Grand Bleu, av. Taïeb Méhiri (longez la côte sur 3 km environ en quittant la zone résidentielle de Gammarth), ☎ 71 746 900 Le grand rendez-vous de la jet-set tunisienne. Belle terrasse surplombant la mer. Café maure et piano bar attenant au restaurant.

Loisirs

Tennis - Club de l'hôtel Cap Carthage, Chott el Ghaba, route de Raoued, ☎ 71 774 225. 40 courts (5 d/h) dont 11 de terre battue. Certains courts éclairés le soir. Location de raquettes.

CARTHAGE★★

Les panoramas variés

Les vestiges dispersés

Quelques repères

Gouvernorat de Tunis - À 17 km de Tunis par La Goulette

À ne pas manquer

Le tophet de Salammbô.

Les thermes d'Antonin.

Conseils

En été, visitez le site le matin, puis déjeunez en bord de mer, au Neptune par exemple.

Dès le premier abord, vous serez séduit par le calme et la beauté de cette élégante banlieue de Tunis, aux vastes villas et aux rues tranquilles ombrées de bougainvillées, de palmiers et d'eucalyptus géants. Pas étonnant que le président tunisien et quelques ambassades y aient élu domicile. Mais où est donc passée la capitale punique qui fit trembler Rome ? qui comptait 400 000 habitants au temps de sa splendeur ? celle dont le nom est devenu mythique à travers Hannibal et Salammbô ? Il faudra vous lancer dans une grande partie de cache-cache, aidé par les nombreux panneaux disséminés dans la ville, pour découvrir les vestiges de la ville antique : les ports et le tophet puniques, les thermes d'Antonin, les villas romaines... En consentant à un réel effort d'imagination, aidé de bons souvenirs des programmes scolaires, vous discernerez dans ce passé enfoui et douloureusement exhumé ce que fut la grandeur de Carthage, tour à tour punique, romaine, vandale, byzantine. Il reste de ces civilisations successives quelques sédiments superposés, chaque vainqueur ayant marqué son empreinte sur les traces du vaincu avant de s'effacer à son tour. Les guides parlent toujours avec émotion d'Hannibal comme si le général « égalé mais jamais dépassé » venait à peine de mourir. Parfois, ils vous font goûter du bout des lèvres la « terre salée », la tradition voulant que Carthage une fois détruite, les Romains aient répandu du sel sur le sol afin de le rendre stérile. Depuis 1973, l'Unesco et le gouvernement tunisien ont relancé les fouilles et les travaux de sauvegarde entrepris dès le début du siècle dernier.

Arriver ou partir

De Tunis, on peut y accéder en voiture (30mn en passant par La Goulette) ou par le TGM (20 à 25mn de Tunis à Carthage). La station Carthage-Salammbô dessert le tophet et les ports puniques et Carthage-Hannibal dessert la colline de Byrsa et des thermes d'Antonin.

Se loger

Autour de 100 d (65 €)

Hôtel Hannibal, 16 rue Hannibal, jouxte le tophet, ☎ 71 730 786 – 8 ch. Tout petit hôtel entièrement rénové, à l'écart des circuits touristiques traditionnels.

À partir de 350 d (228 €)

Villa Didon, rue Mendès France, à l'entrée du musée archéologique, ☎ 71 733 433, www.villadidon.com – 10 mini-suites. Mongi Loukil, richissime homme d'affaires tunisien, s'est offert cet établissement à l'architecture contemporaine. Dominant la baie, chaque chambre et salle de bains ne fait qu'une grande pièce avec baignoire-Jacuzzi. Joli hammam prévu.

Se restaurer

Moins de 5 d (3,5 €)

Snack Chez Matri *(C3)*, rue T. Mehiri. Plats et sandwichs à emporter, très appréciés des habitants du quartier.

De 16 à 24 d (10 à 15,5 €)

Le Neptune *(C3)*, 2 rue Ibn Chabbat, au bout de la rue Hammarskjold, ☎ 71 731 456 L'endroit idéal pour manger des poissons grillés, en regardant la mer, sans chichis et à des prix raisonnables.

De 16 à 36 d (10 à 23,5 €)

Le Punique *(C5)*, 16 rue Hannibal, Salammbô, ☎ 71 730 786 Quand les journées se font fraîches, le restaurant de l'hôtel Hannibal offre une halte agréable entre deux ruines.

À partir de 70 d (45,5 €)

Le Spoon Carthage *(C5)*, Villa Didon, ☎ 71 733 433, www.spoon.tm.fr. Le nouveau restaurant concept d'Alain Ducasse. Le seul restaurant en Tunisie à avoir l'autorisation d'importer du vin de l'étranger. Du lundi au samedi midi, formule *speedy spoon* à 42 d : un continent visité chaque jour et la Tunisie le samedi. Mobilier et couverts Spoon, larges baies vitrées, transparences...

Loisirs

Festival - Festival international de Carthage, en juillet-août. Spectacles de variétés, de musique ou de théâtre qui peuvent parfois procurer d'excellentes surprises. Renseignements, maison de la culture Ibn Khaldoun, 16 rue Ibn Khaldoun, ☎ 71 242 356.

Journées cinématographiques. Festival du film méditerranéen organisé les années paires, en octobre-novembre. Les années impaires, le film laisse la place aux **Journées théâtrales**.

Concerts - Acropolium, ☎ 71 735 866. Informations à Scoop Organisation, ☎ 71 727 314, www.scooporganisation.com

HISTOIRE

Au commencement était une femme

L'histoire proprement dite se confond d'abord avec la légende de la reine Didon qui illustre la fondation de Carthage par les Phéniciens de Tyr en 814 av. J.-C.

Carthage développe une civilisation qui va lui être propre : la civilisation punique, mélange d'influences phéniciennes et berbères. Très vite, elle s'impose comme puissance commerciale et ne cesse d'accroître son emprise en Méditerranée contrôlant, outre une partie de la Tunisie et des côtes d'Afrique du Nord, la Sicile, la Sardaigne, Malte et les Baléares ainsi que le sud de l'Espagne.

Au 5e s. av. J.-C. ses navigateurs ont les premiers exploré l'Afrique Noire jusqu'au mont Cameroun.

Contre les Grecs (480-264 av. J.-C.)

Les tentatives d'expansion territoriale de Carthage en Sicile déclenchèrent les hostilités avec les Hellènes. En 480, les Carthaginois sont battus à Himère et ils doivent évacuer la Sicile. À la fin du 5e s., un nouveau conflit oppose Grecs et Carthaginois en Sicile ; les Carthaginois prennent Sélinonte mais essuient un échec devant Syracuse. En 339, toujours en Sicile, l'armée punique est défaite à Crisimos. Agathocle, qui a pris le pouvoir en Sicile, débarque en Afrique en 310 mais est battu par les Carthaginois. Après l'effondrement de l'empire d'Alexandre, les Grecs ne sont plus en mesure de défier Carthage qui devient dès lors la puissance dominante de la Méditerranée.

Contre Rome (264-146 av. J.-C.)

La **première guerre punique** (264-241) a cette fois pour cause l'impérialisme de Rome qui, ayant terminé la conquête de l'Italie méridionale, s'attaque à la Sicile. Le conflit s'achève pour Carthage par la perte de la Sicile. On connaît mieux la **deuxième guerre punique** (218-201), **Hannibal** et ses éléphants franchissant les Alpes et marchant sur Rome. Hannibal affaibli ne peut cependant entreprendre le siège de Rome. **Scipion** contre-attaque, conquiert l'Espagne et débarque en Afrique. Hannibal, contraint de quitter l'Italie, est écrasé à Zama en 202. Malgré le déclin de la cité punique, les Romains échaudés craignent son retour en puissance : *Delenda est Carthago*, « Il faut détruire Carthage » revient comme une idée fixe clore chacun des discours

La légende de Didon

Après l'assassinat de son mari par son frère Pygmalion, Didon quitte le royaume de Tyr pour fonder Carthage. Virgile et les vers de l'*Énéide* nous rappellent la ruse de cette femme qui ne demanda à occuper que la surface couverte par la peau d'un bœuf (*byrsa* en grec). On la lui apporta sans méfiance, mais elle découpa le cuir en si fines lanières qu'elle put étendre son territoire d'élection sur plusieurs hectares, encerclant ainsi l'actuelle colline de Byrsa.

de Caton au Sénat. Les Romains décident alors d'en finir une bonne fois pour toutes et c'est la **troisième guerre punique** (149-146) qui aboutit à la destruction totale de Carthage par les légions de Scipion Émilien.

La Carthage romaine

En 44 av. J.-C., Jules César décide de reconstruire Carthage. César assassiné, c'est Octave, le futur empereur Auguste, qui mène à bien le projet. Capitale de la province romaine d'Afrique et grenier à blé de l'Empire, Carthage devient en peu de temps la seconde agglomération de l'Occident après Rome.

La Carthage chrétienne et les dernières invasions

Le christianisme apparaît en Afrique à la fin du 2e s. Saints et martyrs témoignent du courage des premiers chrétiens dans la capitale africaine. Perpétue et Félicité sont livrées aux fauves en 203. Cyprien subit le martyre en 258. Avec Tertullien (v. 155-v. 220), Cyprien et surtout **saint Augustin** (350-430), Carthage peut s'enorgueillir d'avoir donné à la chrétienté ses premiers théologiens.

En 439, les Vandales prennent la ville et en font leur capitale. Libérée par Bélisaire en 534 lors de la conquête byzantine, elle connaît un bref renouveau. L'Empire en proie à de graves difficultés internes ne tarde cependant pas à se désintéresser de Carthage qui, abandonnée progressivement par ses habitants, tombe aux mains des Arabes en 698. L'antique cité, transformée en carrière, sert à la construction de Tunis.

VISITE DU SITE

Comptez une demi-journée.

8h-19h en été, 8h30-17h en hiver. Entrée des principaux sites payante (billet commun en vente à chaque guichet, mais attention la cathédrale St-Louis n'est pas incluse).

LES PORTS PUNIQUES

Comment croire que ces grosses flaques d'eau stagnante entourées de villas cossues, face à la mer, furent les glorieux et redoutés ports puniques ? Ils avaient été conçus au 4e s. av. J.-C. selon un ingénieux dispositif, et ils étaient la clé de la suprématie des Carthaginois en Méditerranée occidentale. Le premier port, de forme rectangulaire, était dévolu au **commerce**. Le second, circulaire avec une île au centre, était à vocation **militaire**. L'île et le port étaient entourés de quais qui, suppose-t-on, pouvaient accueillir jusqu'à 220 embarcations de 60 rameurs. On aperçoit encore près de l'îlot central une cale sèche très étroite. Les deux ports étaient entourés de murailles et reliés à la mer par un chenal que l'on pouvait fermer avec une chaîne. Ils communiquaient entre eux par une passe secrète et les Romains n'auraient découvert l'existence de cet arsenal qu'à l'issue de la troisième guerre punique. Le port romain fut édifié exactement sur l'emplacement des ports puniques. Des pièces de monnaie à l'effigie d'Auguste témoignent des envois de vivres vers Rome.

LE TOPHET PUNIQUE★

Enclos planté de stèles émergeant des herbes folles, le tophet a l'allure d'un cimetière campagnard. Nous sommes ici pourtant dans un lieu de culte punique extrêmement ancien où se déroulaient, suppose-t-on, des rites barbares. On ignore comment les Carthaginois appelaient l'endroit. Le terme « tophet » est emprunté à l'Ancien Testament, en référence au sanctuaire de Ben Hinnon où se pratiquaient des sacrifices d'enfants. Les archéologues l'utilisent pour nommer les cimetières d'enfants qui ont été découverts dans les cités phéniciennes et puniques.

Ce tophet était un sanctuaire à ciel ouvert ceint d'un mur de 2 m d'épaisseur dont il subsiste quelques vestiges. Il était dédié à Baal Hammon et Tanit, dieux tutélaires de la cité. Les stèles votives, qui marquent l'emplacement des urnes contenant les cendres des sacrifiés, portent les symboles des deux divinités : disque solaire coiffé du croissant de lune renversé. Souvent même, on distingue la silhouette d'un nouveau-né gravée dans la pierre. S'il a fallu remettre en place nombre de stèles après les

CARTHAGE
0 100 200 m
N
A
B
C
Sidi Bou Saïd
R. Victor Hugo
Carthage-Présidence
Rue A. K. Chabbi
Palais présidentiel
Avenue Habib Bourguiba
Rue Roosevelt
Odéon
Parc des Maisons romaines
Théâtre
Parc archéologique d'Antonin
Thermes
Avenue des Thermes d'Antonin
Avenue du 7 Novembre
Rue Mohammed Ali
Rue Florus
Rue Tanit
Rue Augustin
Rue Sophonisbe
Rue Procope
Rue Septime Sévère
Golfe de Tunis
Carthage-Hannibal
Avenue de la République
Quartier Magon
Avenue de l'Amphithéâtre
R. Mendès France
Rue Hammarskjold
Rue Ibn Chabaat
Musée national
Ancienne cathédrale Saint-Louis
Rue Astarté
Rue du Président Kennedy
Rue Pierre Viénot
R. de l'Algérie
Amphithéâtre
Rue Hannon
Carthage-Dermech
Rue Pline
Rue Taieb Méhiri
R. Ct M. Bjaoui
Rue Tite Live
R. Diodore
Rue Nefaa Ibn Okba
Rue Eschmoun
Rue Khérédine
Musée paléochrétien
R. de l'Amirauté
Port militaire
Rue Strabon
Rue Ali Belahouane
Ports puniques
Carthage-Byrsa
Av. du 20 Mars 1934
Av. de l'indépendance
Rue Plutarque
Port de commerce
Rue Habib Thameur
SALAMMBÔ
Rue Hédi Chaker
Rue Taha Houssine
Rue Virgile
Rue Hannibal
Tophet
Avenue Farhat Hached
Carthage-Salammbô
la Goulette, Tunis
HÔTELS
Hannibal 1
Villa Didon............ 2
RESTAURANTS
Neptune 1
Snack Chez Matri 2

Les sacrifices d'enfants, légende ou réalité ?

La thèse des sacrifices d'enfants, qui doit beaucoup à la haine des Romains et au lyrisme de Flaubert, a fait l'objet d'âpres controverses. L'analyse des urnes ne fait cependant aucun doute, s'il a pu y avoir des sacrifices de substitution au moyen de chevreaux ou d'agneaux, les ossements sont bien ceux de jeunes enfants, de quelques jours ou quelques mois. Les fouilles montrent en outre la persistance du culte pendant près de sept siècles. Reste à savoir si ces enfants étaient mort-nés ou morts peu après la naissance, ou bien s'ils furent immolés vivants ? Archéologues et historiens s'accordent aujourd'hui majoritairement sur la seconde hypothèse. Sacrifices expiatoires lorsque la cité était en danger, ils auraient également pu jouer un rôle de régulation des naissances.

fouilles, certaines d'entre elles se trouvent à l'endroit même où les Carthaginois les avaient scellées.

Au fond du sanctuaire, dans une fosse plantée de palmiers, plusieurs stèles d'enfants se cachent parmi la verdure. En s'enfonçant plus profondément dans cette végétation de grenadiers, de câpriers, de capucines et de papyrus, on atteint de petites grottes voûtées. Là, dans une atmosphère humide et une semi-obscurité, on distingue d'autres stèles. Si vous avez la chance d'être seul au moment de pénétrer en ce lieu, vous ne manquerez pas d'être ému par l'ambiance qui y règne : l'âme de ces jeunes sacrifiés semble encore l'habiter. Ces voûtes sont empreintes de mystère, même si l'on sait qu'elles datent de l'époque romaine. Après avoir remblayé le sanctuaire, les Romains les avaient construites pour supporter les entrepôts du port de commerce.

LE PARC DES THERMES D'ANTONIN★★

Ce site comprend les thermes proprement dits et un parc archéologique d'environ 4 ha qui jouxte le palais présidentiel (Attention ! Les photos en direction du palais sont interdites. Si vous contrevenez à cette règle, vous risquez de vous faire confisquer votre pellicule).

▶ Le parc archéologique est quadrillé d'allées qui pour la plupart empruntent le tracé d'anciennes voies romaines *(cardo)* à travers un véritable capharnaüm architectural et végétal. En remontant l'allée des palmiers *(à gauche peu après l'entrée)*, vous parviendrez à une **villa romaine à péristyle** (4e s. ap. J.-C.) dont la salle de réception est dite « trifoliée », c'est-à-dire en forme de trèfle à trois feuilles. Il ne reste pas grand-chose de la villa sinon une intéressante mosaïque dans l'une des absides de la pièce trifoliée : elle représente quatre enfants qui dansent sous un édifice à coupole soutenue par des colonnes corinthiennes. Certains spécialistes ont interprété cette scène comme étant une cérémonie de culte impérial... Les paris sont toujours ouverts.

À l'époque byzantine, deux basiliques se dressaient juste au-dessus de la villa (à l'intersection avec le *cardo XIV*). De celle de gauche, dite de Dermèch II, il ne subsiste quasiment rien. En revanche, le vaste dégagement à droite d'où émergent des fûts de colonnes correspond à **Dermèch I** (4e s.). De cette basilique à cinq nefs, on distingue encore bien la configuration générale, quelques beaux pavements de mosaïque, et le baptistère. L'emplacement d'une troisième basilique a été identifié dans le périmètre du parc et on soupçonne qu'il en existait une quatrième, preuve s'il en est qu'en ces premiers siècles du christianisme, une foi puissante animait les habitants de l'Afrique du Nord. Dans la ville même de Carthage, on a relevé 22 noms de basiliques.

Un peu plus haut dans le parc, derrière la basilique, s'étend une **nécropole punique**. Les plus anciennes de ces sépultures remontent au 8e s. av. J.-C., mais la plupart datent du 7e et du 6e s. Il s'agit soit de caveaux enfouis dans la terre et constitués de gros blocs de pierre – on en aperçoit la petite entrée carrée –, soit de tombes à fosses, c'est-à-dire que le corps reposait dans un cercueil ou sur un support en bois dans une fosse qui pouvait atteindre 5 m de profondeur. Ces fosses sont disséminées en plusieurs endroits du site, vous pourrez en voir au niveau de l'intersection du *cardo XVI* et du *decumanus IV*. Nombre de ces sépultures renfermaient un mobilier funéraire : poteries, statuettes et masques grimaçants qui pour la plupart se trouvent désormais au Bardo.

▸ Le *decumanus IV*, belle voie romaine qui descend en pente douce vers la mer, débouche sur une petite esplanade dominant les **thermes d'Antonin★★**. La perspective qui s'offre alors à vous est devenue l'image d'Épinal de la Tunisie touristique : l'imposante colonne du *frigidarium* avec en arrière-plan la mer et le mont Bou Kornine. Vous trouverez également là une maquette qui permet de se faire une idée de la configuration de cet édifice pour le moins complexe *(voir également la planche d'architecture p. 97 pour une description type des thermes romains).*

La construction de ces thermes a duré dix-sept ans, de 145 à 162 ap. J.-C. Ce sont les vestiges les plus impressionnants de la Carthage romaine. Il n'en subsiste aujourd'hui que les sous-sols qui étaient réservés au personnel et servaient de magasin, notamment pour le stockage du bois. Quelques colonnes ont été relevées ; dont celle du *frigidarium* qui donne une idée de la dimension colossale de cette salle de 1 034 m². Le fût en granit dont le poids est évalué à 50 tonnes et qui mesure plus de 20 m, supporte un chapiteau en marbre blanc de 4 tonnes. Soutenues par huit colonnes semblables, on estime que les voûtes du *frigidarium* s'élevaient à environ 30 m. Le gigantisme et le luxe de ces thermes les rangeaient parmi les plus remarquables de l'Empire.

LE PARC ARCHÉOLOGIQUE DES MAISONS ROMAINES★

Situées sur le flanc de la colline de l'Odéon, environnées de chardons bleus, de mimosas et de ces curieuses fleurs de câpriers qui se rétractent au soleil, les maisons romaines valent surtout par la **vue★** qu'elles offrent sur Carthage, le golfe de Tunis et les montagnes du cap Bon. Ce quartier résidentiel de l'époque romaine fut bâti sur une ancienne nécropole punique dont certains sarcophages en pierre sont aujourd'hui transformés en jardinières.

Les villas n'ont pas résisté au temps, et surtout aux différentes vagues d'envahisseurs. Il subsiste néanmoins çà et là de belles **mosaïques** éteintes par la poussière mais qui reprennent leurs couleurs vives à peine les a-t-on aspergées d'eau. On découvre alors des motifs animaliers ou des scènes de chasse : chasse au lasso, par exemple, et les guides se font un plaisir de vous dire que « les Américains n'ont rien inventé ». L'une des villas (3e s.), dite de « **la volière** » en raison de sa très belle mosaïque, a été aménagée en antiquarium : les colonnes ont été relevées et de nombreux fragments lapidaires rassemblés, dont un splendide torse d'éphèbe.

Les fouilles en cours sont loin d'être achevées. Les habitués des lieux guettent les averses qui remuent le sol en surface et font briller d'anciennes pièces de monnaie ou des tesselles de mosaïque.

En poursuivant vers le sommet de la colline, on trouve des traces de l'**odéon** (3e s.). Il en reste peu de chose bien qu'il fût le plus important des édifices de ce type pour l'époque romaine. Au pied de la même colline, le **théâtre** (2e s.) a retrouvé sa splendeur. Après d'importantes restaurations, il accueille aujourd'hui le **Festival international de Carthage**.

LE MUSÉE NATIONAL★

8h-19h en été, 8h30-17h30 en hiver. Entrée payante.

Comme tous les sites élevés de Carthage, le musée vaut d'abord par son **panorama★** : le golfe, Carthage, et une perspective plongeante sur les ports puniques. On domine aussi le vaste champ de fouilles de la colline de Byrsa. On a là, sous les yeux, les derniers quartiers d'habitation puniques, ceux où les assiégés luttèrent, maison après maison, contre la folie destructrice des

Romains. Une table d'orientation située sur le fût d'une colonne brisée permet de se repérer. Les jardins du musée forment comme un ossuaire minéral de stèles puniques, de chapiteaux corinthiens, de morceaux de colonnes torsadées et de statues décapitées.

Le musée proprement dit, installé dans l'ancien couvent des Pères blancs, rassemble des collections illustrant les différentes périodes de l'histoire de Carthage. Pour la période punique, les plus belles pièces sont sans conteste deux **sarcophages anthropoïdes★** découverts en 1902 dans un caveau. Ces deux sépultures, qui datent de la fin du 4e ou du début du 3e s. av. J.-C., sont sans doute celles d'un prêtre et d'une prêtresse. Elles témoignent d'une triple influence : étrusque concernant la représentation du défunt sur le sarcophage ; grecque pour les canons de la statuaire et le matériau ; punique pour l'attitude des deux personnages.

Les **masques grimaçants**, que les Carthaginois déposaient près de leurs morts pour les protéger des mauvais esprits, sont caractéristiques de la civilisation punique. On remarquera surtout un grand masque de 45 cm très expressif (3e ou 2e s. av. J.-C.) découvert au tophet de Salammbô. La plupart des **stèles funéraires** proviennent également du tophet, et sont classées selon un ordre chronologique. Une **maquette** reproduit une coupe du terrain de fouilles du sanctuaire, montrant ainsi qu'il fut en activité depuis le 9e s. av. J.-C., date de la fondation de Carthage, jusqu'à la destruction de la cité en 146 av. J.-C. Autre spécialité carthaginoise, les **amulettes en pâte de verre**. Les verriers carthaginois étaient passés maîtres dans l'art de miniaturiser de petits masques polychromes qui accompagnaient les défunts dans leur ultime demeure.

La période romaine est représentée par différentes sculptures trouvées sur les sites de Carthage. Vous ne pourrez manquer la **Victoire** monumentale qui domine la salle du rez-de-chaussée et qui fut découverte dans l'amphithéâtre. Ces Victoires étaient « produites en série » à Rome, et envoyées dans tout l'Empire pour conjurer les défaites. Plusieurs bustes également, parmi lesquels une belle **tête d'empereur coiffée d'une peau de lion** ; il lui manque bien évidemment le nez, comme à toutes celles qui ont eu le malheur de passer entre les mains des Vandales.

Les **mosaïques** exposées sont pour la plupart des pavements prélevés dans les villas environnantes.

La **salle des amphores** est une véritable curiosité. Phéniciens et Romains en ont fabriqué de toutes sortes : cylindriques, pansues, ovoïdes, avec ou sans col, fermées par un bouchon de plâtre… Certaines portent gravé sur l'épaulement un épi de blé, d'autres sur la lèvre un timbre rectangulaire mentionnant le nom du fabricant. Le type et la forme de l'amphore indiquent souvent ce qu'elle contenait. Elles furent utilisées parfois comme cercueil pour des enfants.

À la sortie du musée, vous vous ferez très certainement alpaguer par des marchands vous proposant lampes à huile et pièces de monnaie prétendument authentiques… Cela fait partie du jeu, à vous d'être le plus malin.

L'ANCIENNE CATHÉDRALE SAINT-LOUIS

Jouxtant le musée. 9h-19h, entrée payante (non incluse dans le billet combiné des ruines, et cher pour ce qu'il y a à voir).

La cathédrale fut édifiée en 1890 par la volonté du **cardinal Lavigerie**, fondateur des Pères blancs. Construite en l'honneur de Saint Louis, mort devant Tunis en 1270, on n'y célèbre plus aucun office religieux depuis l'indépendance. Un piano installé dans le chœur et des tableaux modernes accrochés aux murs témoignent de sa vocation désormais culturelle. Épousant la forme d'une croix latine, longue de 65 m et large de 30 m, la cathédrale allie en un syncrétisme assez malheureux les styles byzantin et mauresque : frises polychromes et arcs outrepassés, coupoles de faïence

bleue et chapiteaux dorés. À travers la mémoire de Saint Louis, le cardinal Lavigerie souhaitait rappeler ce que fut l'antique Église de Carthage, celle de saint Cyprien et de saint Augustin (tous deux représentés sur les vitraux de la nef centrale). Les piliers portent de petites plaques de marbre sur lesquelles sont gravés les noms et les armes des 234 souscripteurs sollicités pour la construction du monument, tous descendants de croisés.

▶ Dans le **quartier Magon**, en bord de mer *(entrée par l'av. de la République)*, vous pourrez voir des brise-lames et des corniches de la muraille punique qui ceignait Carthage. Les murs creux comprenaient deux niveaux. Le premier réservé aux éléphants, le second aux soldats et aux chevaux. Deux salles abritent des maquettes reconstituant les fortifications et les quartiers d'habitation.

Le **Musée paléochrétien** présente peu d'intérêt, si ce n'est une jolie statuette de Ganymède ; retrouvée en 17 fragments, elle a été admirablement reconstituée. À part cela, quelques amphores, de la poterie et des lampes à huile dont la place devrait être au Musée national.

AU SUD DE TUNIS
TUNIS À THUBURBO MAJUS VIA ZAGHOUAN

Quelques repères

Gouvernorat de Zaghouan - Env. 57 km de Tunis

À ne pas manquer

Le temple des Eaux de Zaghouan dans son écrin de montagnes.

Conseils

Comptez une journée.

Partez tôt le matin afin de visiter Thuburbo Majus avant les heures chaudes.

Cet itinéraire au sud de Tunis traverse une plaine céréalière dominée par le majestueux jebel Zaghouan qui se dresse d'un seul bloc et culmine à 1 300 m. Quelques sites et monuments romains de grand intérêt jalonnent la route, à commencer par l'aqueduc de Zaghouan qui déroule sa dentelle de pierres ocre sur plusieurs kilomètres.

Se repérer

Sortez de Tunis par la P 3 en direction d'El Fahs et Kairouan. Bifurquez à gauche après environ 30 km, et prenez à gauche en direction de Zaghouan.

L'AQUEDUC DE ZAGHOUAN★

Cette impressionnante construction, qui remonte à l'époque d'Hadrien (120 ap. J.-C.), reliait le temple des Eaux de Zaghouan à la ville de Carthage sur une longueur de 123 km. Restauré à plusieurs reprises au cours de l'histoire, l'édifice semble jouer à cache-cache avec l'automobiliste. Les arches sont tantôt ramenées au ras du sol – quand elles n'ont pas entièrement disparu, la canalisation étant alors souterraine –, tantôt dressées de toute leur hauteur sur plusieurs kilomètres, en particulier à l'approche d'Oudna. Au sommet apparaît même la conduite d'eau, comme si l'aqueduc s'apprêtait à reprendre du service.

OUDNA

Environ 3 km après la précédente bifurcation, tournez de nouveau à gauche en suivant l'aqueduc et prenez la direction d'Oudna. Après Oudna-gare, continuez pendant 5 km dont 3 km de piste.

Ce site fait l'objet de fouilles intenses depuis 1993. Oudna, l'antique Uthina, était l'une des plus anciennes colonies romaines d'Afrique recensées par Pline l'Ancien. Peuplée de vétérans de la 13ᵉ légion, elle connut son apogée au 2ᵉ s. ap. J.-C., puis déclina à partir des invasions vandales. Le site, peu spectaculaire actuellement, est en pleine évolution. Il ne se passe guère de mois sans que les équipes d'archéologues exhument des colonnes, des tessons et des plaques de marbre qui renseignent peu à peu sur l'histoire de la cité.

▸ Ces ruines bucoliques émergent d'un paysage assez sauvage qui n'a guère dû changer depuis près de vingt siècles… Le premier monument visible est un vaste **amphithéâtre** qui pouvait contenir 15 000 spectateurs. De grands **thermes** publics ont récemment été découverts, ainsi qu'une vingtaine de maisons romaines. La plus importante est celle d'**Ikarios**, ainsi baptisée à cause d'une mosaïque représentant Dionysos adolescent offrant la vigne au roi de l'Attique Ikarios (maintenant au Bardo). Cette vaste demeure à péristyle de plus de 30 pièces jouxte un important complexe thermal. Les chambres étaient décorées de nombreuses mosaïques désormais conservées au musée du Bardo. D'autres vestiges importants méritent votre attention : les **citernes**, monumentales, le **capitole**, et la **maison dite d'Industrius** encore richement décorée.

LE TEMPLE DES EAUX DE ZAGHOUAN★

Reprenez la direction de Zaghouan que vous traverserez sans vous y attarder. Montez directement vers le temple des Eaux qu'on atteint en empruntant la rue principale, puis une petite route dans son prolongement qui grimpe à travers une colline boisée.

Construit sous le règne d'Hadrien, ce **nymphée** ressemble à une coquille Saint-Jacques ouverte, encastrée dans la montagne. Dans sa partie supérieure, le monument forme un hémicycle composé de 12 niches qui abritaient les statues des nymphes. Au centre, une treizième niche, plus importante, constituait le temple proprement dit et renfermait une statue de la divinité protectrice de la source. De la terrasse – fermée jadis par un double portique –, des marches conduisent en contrebas à un bassin de décantation des eaux. Assis à une table du café aménagé au pied du site, vous bénéficierez d'une très belle perspective sur ce décor théâtral.

Traversez Zaghouan en sens inverse, puis continuez tout droit pendant environ 7 km. Prenez alors à gauche en direction d'El Fahs. Thuburbo Majus est à environ 4 km d'El Fahs, sur la P 3 en direction de Tunis.

THUBURBO MAJUS★

Comptez 1h30.

9h-13h/16h-19h en été, 9h30-16h30 hors saison. Fermé le lundi. Entrée payante.

Perdu au milieu des champs de blé, Thuburbo Majus est l'un des principaux sites archéologiques de la région de Tunis. *Thuburbo* est vraisemblablement un nom d'origine berbère, ce qui suppose une très ancienne occupation des lieux... Mais on n'en sait guère plus sur les débuts, sinon que la cité punique paya très cher de prendre le parti de Carthage contre Rome. Les Romains victorieux l'accablèrent de taxes et ce n'est qu'en 128 ap. J.-C. qu'elle obtint le rang de municipe. S'ouvrit alors une période prospère qui dura un siècle et demi comme en témoignent les superbes mosaïques rassemblées au Bardo. Thuburbo Majus se dota de prestigieux monuments publics et les riches propriétaires terriens se firent construire de somptueuses villas. Comme toutes les villes de l'*Ifriqiya* romaine, l'arrivée des Vandales lui fut fatale : désertée par ses habitants, cette cité qui avait compté environ 10 000 habitants au temps de sa splendeur se trouva réduite à l'état de simple bourgade. Elle fut définitivement abandonnée avec l'arrivée des Arabes.

L'archéologue français Charles Tissot ne devait en retrouver la trace qu'en 1857, mais les premiers vestiges ne furent véritablement exhumés qu'en 1912, lors des fouilles de A. Merlin et L. Poinssot.

▸ Le site, qui s'étend sur 40 ha, est loin d'avoir livré tous ses trésors. La colline de l'amphithéâtre n'est que partiellement fouillée tout comme l'emplacement des citernes. Les ruines mises au jour sont néanmoins très importantes, en particulier celles du **capitole★** avec ses belles colonnes cannelées que précède un escalier massif. Après la période romaine, alors que le temple était sans doute désaffecté, un pressoir à huile fut installé dans les parties souterraines du capitole. Dans ces soubassements voûtés, on a également retrouvé les restes d'une statue de Jupiter colossale désormais exposés au Bardo.

▸ Avec ses 49 m de côté, le **forum** de Thuburbo Majus est plus important que ceux de Dougga et de Bulla Regia. Construit de 161 à 192 ap. J.-C., et profondément remanié vers 376, il était à l'origine dallé et entouré sur trois côtés par un portique de style corinthien dont quelques colonnes sont encore debout. Au pied du capitole, l'emplacement de l'autel est toujours visible.

Outre le capitole, le forum est bordé de plusieurs temples : le **temple de la Paix** et le **temple de Mercure** qui datent tous les deux du 2e s. ap. J.-C. Du premier, il reste quelques marches, un pavement de marbre, et un bas-relief représentant le cheval ailé Pégase. Du second, on devine encore la cour circulaire entourée de colonnes.

À l'angle sud du forum, on remarque l'emplacement du **marché** (2e s.), constitué de trois cours dont l'une débouche sur la voie de l'Aurige.

▸ En continuant cette voie vers le sud-est, on accède aux **thermes d'hiver** qui ont conservé d'importantes plaques de mosaïque blanche à minuscules tesselles.

On aperçoit de l'autre côté de la voie le petit **temple de la Baalat** (2e s.) en forme de fer à cheval.

Sur la colline voisine se trouvent les ruines d'une **basilique byzantine** renfermant un baptistère d'époque.

▶ Au niveau des thermes d'hiver, la voie de l'Aurige fait une fourche avec la rue des Petronii. Cette dernière vous conduira à la **palestre des Petronii★** (225 ap. J.-C.) qui a retrouvé un peu de son éclat d'antan avec la remise sur pied du portique, aux douze colonnes de marbre surmontées de chapitaux corinthiens. D'après une inscription, la cité doit cette superbe infrastructure sportive à Petronius Felix. Les habitants de Thuburbo Majus y pratiquaient la gymnastique ou la lutte avant de se rendre aux bains. Sur le sol de la cour, dans un angle, est gravé le jeu romain des 36 lettres. La palestre comportait également une mosaïque représentant des boxeurs ; elle est désormais conservée au Bardo... comme tant d'autres. C'est une constante des sites archéologiques tunisiens : la plupart ont été privés de leurs mosaïques, ce qui enlève aux vestiges *in situ* un peu de leur faste et de leur couleur. Préservation oblige, mais l'œil s'en trouve quelque peu frustré !

▶ Les **thermes d'été** (2e-3e s.) sont attenants à la palestre des Petronii. D'une superficie de 2 m^2, ils sont beaucoup plus importants que les thermes d'hiver. Après avoir traversé un vestibule, on accède aux deux piscines du frigidarium encore couvertes de mosaïque blanche. Une très belle salle de repos et une salle de massage prodiguent encore aujourd'hui au visiteur une sensation de bien-être.

Suprême raffinement, les fouilles ont également permis de dégager plusieurs habitations dont certaines pièces étaient chauffées par des conduits d'air chaud (hypocauste).

DOUGGA★★★

Son cadre pastoral

Gouvernorat de Béja - À 110 km de Tunis et à 60 km du Kef - Alt. 500 m

À ne pas manquer

Le théâtre et le capitole.

La vallée vue du temple de Saturne.

Conseils

La visite éclair que proposent certains guides ne permet pas de goûter au charme des lieux.

La saison idéale est le printemps, lorsque la campagne se couvre de fleurs.

Disséminées sur une colline cernée de champs de blé et d'oliviers, les ruines de Dougga sont les plus belles de Tunisie. Fidèles à ces vieilles pierres qui leur accordèrent si longtemps refuge, les autochtones continuent de hanter les lieux, et ce n'est pas le moindre charme de Dougga. Il est fréquent de croiser un paysan sur son bourricot, engoncé dans le capuchon de sa *kachabiya* ; l'animal, titillé par les talons nus de son maître, se faufile prestement entre les chapiteaux et les fûts de colonne ébréchés. Sous l'arc de Sévère Alexandre, une gamine, foulard rouge et costume chamarré, garde ses trois vaches brunes et vous souhaite le bonjour. Une autre cueille pour vous quelques brins de menthe sauvage. C'est surtout le soir venu, lorsque le touriste se fait plus rare, que les pasteurs et leurs troupeaux investissent silencieusement les ruines, telles des ombres. Vous rencontrerez peut-être l'une d'elles près du temple des Cælestis.

Se loger

Autour de 40 d (26 €)

Hôtel Thugga, à Téboursouk, sur la route d'El Kef (route P 5, à 6 km du site), ☎ 78 46 66 47 - 32 ch. Architecture des années 1960 rénovée en 2002, au cœur de la campagne, qui sert de relais de chasse pendant la saison. Bon restaurant.

HISTOIRE

La Tukka libyco-punique

La topographie des lieux, le climat, et la nature des sols expliquent à eux seuls l'occupation très ancienne du site : plateau et falaise qui permettent une position défensive ; environnement presque montagneux qui dispense des températures plus fraîches ; terres généreuses et sources abondantes. Le nom latin de la ville, *Thugga*, est une déformation de *Tukka*, dont on a retrouvé trace sur des inscriptions en libyque, qui signifierait « roc à pic ». Le nom confirme le caractère stratégique du site et il nous rappelle en outre que les premiers habitants de la région furent des Numides, c'est-à-dire des Berbères.

Selon Diodore de Sicile, la cité est déjà « d'une belle grandeur » au 4e s. av. J.-C. Elle est à cette époque, et pour encore deux siècles, sous influence carthaginoise. De nombreux vestiges attestent cette double origine libyque et punique : on a retrouvé sous le temple de Saturne les vestiges d'un ancien sanctuaire dédié à Baal, et le mausolée funéraire du chef numide Ataban datant de la fin du 3e s. av. J.-C. Carthage anéantie (146 av. J.-C.), Tukka tombe dans le giron du roi numide Massinissa allié de Rome lors de la troisième guerre punique. En 46 av. J.-C., après la défaite de Juba Ier qui eut le malheur de prendre le parti de Pompée contre César, les royaumes numides sont annexés à la province romaine d'Afrique.

La Thugga romaine

Au substrat punico-numide vient s'ajouter une population d'origine romaine, mais il n'y a pas de colonisation intensive. Les deux communautés coexistent mais sont régies selon des systèmes administratifs distincts : les autochtones conservent le modèle punique des *civitas* (assemblées de décurions), et les

Romains s'organisent en *pagus*. Cette double administration reflète une différence de statut entre les citoyens romains et les autres... sujets de second ordre. Il faudra attendre le règne de **Septime Sévère**, premier empereur « africain », pour que Thugga accède en 205 ap. J.-C. au rang de municipe et que tous les Thuggenses deviennent citoyens romains. Nul doute que les plus riches et les plus influents des Thuggenses de souche avaient compris que cette citoyenneté était le seul moyen de se faire une place au soleil et qu'ils l'avaient obtenue depuis longtemps soit en se mariant avec des Romains, soit en raison des privilèges associés à leur charge.

Avec l'arrivée de Septime aux affaires, la course aux honneurs et aux grosses enveloppes s'intensifie... et Thugga s'embellit. Pour un patricien romain, il est de bon ton de marquer son élévation à une dignité ou sa nomination à une sinécure dans la capitale impériale par quelque pompeux monument qui rappellera sa munificence et ses hauts faits. À Thugga, on rivalise de libéralités, construisant toujours plus grand et plus beau. Au 2e s., les Gabinii font bâtir de leurs sesterces les temples de la Concorde, de Frugifer, et de Liber Pater. Ils remettent la main au porte-monnaie quelques années plus tard et offrent le portique du forum et le temple de Minerve. Les Maedii ne sont pas en reste et font don d'un temple à la Fortune Auguste, à Vénus et à Mercure. Plus mesquins ou plus modestes, les Pompeii limitent leur prodigalité au minuscule temple de la Piété Auguste. Sous Marc Aurèle, il doit faire bon appartenir au clan des Marcii, car ces derniers ne lésinent pas ; ils se lancent dans des dépenses excessives, finançant coup sur coup le temple anonyme, le théâtre, et le capitole.

Une lente agonie

À Dougga, l'irrémédiable désagrégation de la civilisation romaine ne doit rien aux Vandales comme ce fut le cas dans le reste de l'Afrique du Nord. Nulle trace de ces hooligans dans la petite ville provinciale. À l'écart des grandes voies de communication, il semble que les Thuggenses aient tout simplement été oubliés. Oubliés de leurs édiles partis faire carrière à Rome. Oubliés des Vandales et autres pillards. À peine « remis » par les Byzantins, et négligemment conquis par les Arabes. Dès le 4e s., on ne construit plus, on se contente de restaurer. Si Dougga semble avoir succombé à la fièvre de la nouvelle foi chrétienne, les vestiges de cette époque sont rares. Sans doute se borne-t-on à transformer les temples en églises. Les Byzantins fortifient le forum et le capitole, mais la cité n'est même plus un enjeu stratégique comparé à Téboursouk ou Aïn Tounga.

Au moment de l'avancée arabe, Dougga est déjà très délabrée. Les temples se sont effondrés et les habitants campent ou bien aménagent des gourbis. La ville, peu à peu ensevelie sous l'action du ruissellement des eaux et l'affaissement des sols, sera à nouveau cultivée. Une vie communautaire va néanmoins se maintenir sur l'emplacement de l'antique cité, et il y a quelques dizaines d'années, les derniers natifs du lieu logeaient encore misérablement dans les anciennes citernes romaines. La mise en valeur du site a nécessité le déplacement de ses occupants et la création quelques kilomètres plus loin de **Dougga al Jadida** (Dougga la Nouvelle).

DE TUNIS À DOUGGA

On peut faire cette excursion soit directement à partir de Tunis, soit au départ du Kef. On accède à Dougga par la P 5 qui relie ces deux villes. Au départ de Tunis, prenez la direction Béja, Le Kef étant rarement indiqué. En bus, allez jusqu'à Teboursouk (à 6 km du site) ou à Dougga la Nouvelle (3 km). Il est difficile de trouver un taxi, que ce soit à l'aller comme au retour du site... Prévoyez de bonnes chaussures de marche ou de quoi payer (à un prix exorbitant) un éventuel taxi.

▶ La périphérie de Tunis n'est pas du meilleur effet : gourbis, terrains vagues, campagne pelée et très sale... Vous en sortirez après une quinzaine de kilomètres pour pénétrer dans un paysage assez plat et monotone mais fertile : la **plaine de la Mejerda**. La route longe le fleuve après Mejez el Bab et devient plus onduleuse : collines arrondies où alternent champs de céréales, vergers, et olivaies. Avec ses cyprès et ses oliviers, cette campagne a même au printemps un petit air toscan. Pas étonnant que les Romains s'y soient sentis chez eux !

▸ Sur la route de Dougga, **Testour** mérite quelques minutes d'arrêt. Cette petite ville proprette doit son cachet aux réfugiés andalous qui l'érigèrent au 17e s. : maisons aux toits de tuiles, rues larges et droites, place centrale, et **minaret** en forme de tour carrée… Seul minaret de l'islam à se parer d'une horloge. Après Testour, le paysage prend encore du relief et la route devient plus sinueuse. Pins et eucalyptus se succèdent, entrecoupés de champs verdoyants qui virent au rouge et à l'ocre une fois passé le temps des moissons.

▸ Située sur un promontoire, **Téboursouk** offre un joli **point de vue★** sur les environs. À la sortie de la ville, il vous faut tourner à droite pour atteindre Dougga, à 5 km. Dougga surgit au détour de la route, quatre colonnes (celles du temple de Saturne) émergeant au sommet d'une falaise abrupte. Le site se dévoile dans toute sa splendeur une fois contourné cet escarpement. L'endroit, qui de prime abord semblait désolé et sauvage, apparaît bucolique ; planté d'oliviers, il domine les formes douces de la vallée de l'oued Khalled préservée des stigmates de la modernité et de toute urbanisation.

Si vous arrivez par le sud, en provenance d'El Krib, le **panorama★★** est encore plus spectaculaire. De ce champ de ruines qui se fond littéralement dans le paysage jaillit au premier plan le mausolée libyco-punique tandis qu'au loin se détache la silhouette majestueuse du capitole.

LE SITE DE DOUGGA

Comptez 3h.

8h-19h en été, 8h30-17h30 en hiver. Entrée payante.

La route aboutit sur un parking presque au pied du théâtre. Une buvette est installée en contrebas ; on peut s'y rafraîchir à l'ombre d'oliviers centenaires sur une terrasse d'où le regard embrasse la vallée. Toutes ces « infrastructures d'accueil » restent néanmoins discrètes et n'altèrent en rien le caractère pastoral de ces ruines.

Le plan de la cité semble avoir été dicté par l'escarpement du lieu et peut-être par le tracé de l'ancienne occupation numide, car il ne correspond en rien à celui des villes romaines. Les imposants monuments ont été bâtis en fonction des terrains (libres ?) appartenant aux généreux donateurs, et du relief. Au temps de sa splendeur, Dougga présentait une étonnante concentration de temples et d'édifices publics sans souci de perspective. De même, les rues épousent la pente, souvent raide, et suivent un tracé tortueux. On peut penser que les Thuggenses avaient de bonnes jambes et il vous en faudra aussi.

▸ Difficile de ne pas commencer la visite par le **théâtre★★★**. C'est le monument le plus proche du parking et le mieux conservé de Dougga. Du haut des gradins vous aurez une vue d'ensemble sur le site. Le théâtre a été construit en 168-169 ap. J.-C. avec les modestes économies du citoyen Publius Marcius Quadratus, flamine (prêtre) du culte impérial, qui souhaitait immortaliser ainsi son flaminat. Il y a réussi puisque 1 800 ans plus tard, ce monument fait l'admiration de milliers de visiteurs et qu'on y joue encore des pièces classiques pendant le festival de théâtre qui se déroule au mois de mai.

Marcius avait vu grand : la *cavea* pouvait accueillir 3 500 spectateurs, or Dougga ne comptait à l'époque que 5 000 habitants. Elle s'élève à 15 m au-dessus de l'orchestre sur trois niveaux de gradins séparés par des galeries de circulation – on peut regretter la restauration en ciment des gradins supérieurs. La réfection du portique de la scène, dont les colonnes ont été relevées par L. Poinssot, est en revanche très réussie. Le mur de scène a disparu mais la scène elle-même a conservé son pavement de mosaïque. Les deux escaliers latéraux

Le capitole de Dougga

Téboursouk
DOUGGA
0 50 100 m
Temple de Saturne
Église
Victori
Théâtre
P
Citernes d'Aïn el Hammam
Arc de Sévère Alexandre
Capitole
Temple de Mercure
Temple de la Piété Auguste
Place de la Rose des Vents
Forum
Marché
Temple de Junon Cælestis
Temples de la Concorde de Frugifer et de Liber Pater
Théâtre cultuel
Arc de Septime Sévère
Temple de la Victoire de Caracalla
Thermes Liciniens
Temple anonyme
Maison "Omnia tibi felicia"
Maison de Dionysos et d'Ulysse
Maison du Trifolium
Thermes des Cyclopes
Mausolée libyco-punique
N

qui mènent à l'orchestre sont séparés par des niches sans doute ornées à l'origine de statues ou de fontaines. Les machineries étaient dissimulées dans une salle voûtée sous la scène. Lorsque le soleil se faisait par trop agressif, on tendait un velum et l'on aspergeait le sol d'eau fraîche – les citernes sous les gradins étaient sans doute réservées à cet usage.

Si vous souhaitez aller à l'essentiel, dirigez-vous directement vers le capitole ; sinon profitez de ce que vos jambes ne vous lâchent pas encore pour grimper, au-dessus du théâtre, jusqu'au temple de Saturne et jusqu'à l'église Victoria.

▶ Bâti au bord de la falaise qui domine la vallée au nord-est, le **temple de Saturne** (195 ap. J.-C.) occupe l'emplacement d'un ancien sanctuaire dédié à Baal. Le temple comprenait un vestibule et une cour entourée d'un portique qui donnait accès à trois salles ; celle du centre abritait la statue du dieu. Les Romains avaient une capacité peu commune à intégrer les divinités des pays conquis dans leur propre panthéon : Saturne est ainsi la version romanisée de Baal.

▶ L'**église de Victoria** (fin 4e-début 5e s.), un peu en contrebas du temple, est le seul monument chrétien de Dougga. Une inscription dans la crypte évoque la défunte Victoria… Religieuse ou martyre ?

Du théâtre, dirigez-vous vers le capitole en empruntant la voie romaine qui sinue entre les chardons et les boutons-d'or.

▶ Le **temple de la Piété Auguste** (2e s.) est surtout remarquable par sa petitesse. Faut-il y voir la mesquinerie des héritiers du dénommé Caius Pompeius Nahanius qui en avait demandé l'exécution par voie testamentaire. La minuscule abside est précédée d'un vestibule dont il subsiste quatre gros piliers et deux colonnes. Un peu en retrait sur la droite se dresse l'ancienne **mosquée** du village arabe, petit édifice carré bâti sur les vestiges du temple de la Fortune.

▶ La **place de la Rose des Vents** doit sa configuration si particulière en forme d'hémicycle au souci de corriger une perspective mise à mal par les constructions successives. Son nom lui vient de la grande rose des vents gravée sur son dallage.

De la place, on accède au **temple de Mercure** par un escalier de quatre marches. L'édifice comprenait un vaste portique de dix colonnes et trois salles cultuelles.

Le marché se tenait en face, de l'autre côté de la place : dix boutiques s'agençant autour d'une cour à ciel ouvert. Ce sont sans doute les commanditaires du temple et du marché qui aménagèrent la place à leurs frais.

▶ Le **capitole★★★**, monument le plus majestueux du site, tranche par sa belle patine dorée. Majesté faite de grâce et d'élégance qui le classe parmi les plus beaux édifices romains d'Afrique du Nord. Difficile de ne pas être ému en gravissant l'imposant escalier qui conduit au portique. Les six colonnes monolithes (sauf une) d'une hauteur de 8 m supportent une architrave sur laquelle sont gravés la dédicace à la triade capitoline : Jupiter, Junon et Minerve ainsi que le nom des deux donateurs généreux mais ostentatoires – une inscription rappelle opportunément que l'édifice fut construit avec leurs deniers : *Sua pecunia fecerunt*. Le bas-relief que l'on distingue encore à peu près au tympan représente l'apothéose de l'empereur Antonin le Pieux : un homme enlevé par un aigle. La *cella* comprend trois niches dans lesquelles étaient placées les statues des divinités. Dans celle du centre, une statue colossale de Jupiter dont on a retrouvé la tête, et dans les deux autres, celles de Junon et de Minerve.

Le petit espace dallé au pied de l'escalier servait sans doute d'*area* mais on n'a pas trouvé trace de l'autel où se pratiquaient les sacrifices.

De l'*area*, une volée de marches conduit au **forum**. De dimensions modestes (38,5 m sur 24), il était apparemment encombré de statues si l'on en juge par le nombre des piédestaux. La famille Gabinii offrit le portique (2e s.) qui l'entourait sur trois côtés et donnait accès à divers édifices publics et religieux.

Cet ensemble fut ruiné au 6e s. lors de la fortification par les Byzantins de tout le quartier du capitole. Les temples et les bâtiments autour du forum furent démolis à cette époque, ainsi que le marché.

▶ Il faut s'éloigner du forum et s'aventurer dans les champs d'oliviers pour atteindre le **temple de Junon Cælestis★**. Ce gracieux monument est unique en son genre. La *cella*, entourée d'un portique, est érigée sur une plate-forme au centre d'une cour en hémicycle qui à l'origine était complétement fermée de murs. Un portique longe le mur dans sa partie circulaire, ménageant une galerie qui devait servir aux processions. Le temple ayant été construit vers 222-235 ap. J.-C. sur un ancien lieu de culte consacré à Tanit, certains ont voulu voir dans cette architecture un rappel du fameux croissant de lune de la déesse punique.

▶ Non loin du temple, sous les oliviers, on aperçoit les **citernes d'Aïn el Hammam**. Elles étaient alimentées par un acqueduc qui amenait l'eau depuis une source située à 12 km.

L'**arc de Sévère Alexandre** se dresse à proximité, enjambant une voie bordée de figuiers de Barbarie qui vous rapprochera du forum. Cet arc fut édifié entre 222 et 235 ap. J.-C., probablement pour commémorer certains privilèges accordés à la cité.

▶ Du forum, une jolie voie pavée descend sur la droite en direction du temple de la **Victoire de Caracalla** (214 ap. J.-C.) et du **temple Anonyme** (164-166 ap. J.-C.). Comme son nom l'indique, on ignore la fonction exacte de ce dernier bâtiment parfois appelé Dar Lachheb. Il s'agit probablement d'un temple si l'on en juge par la vaste cour cernée d'un portique au fond de laquelle devait se trouver la *cella*. Pour l'heure, le temple Anonyme est devenu le sanctuaire des photographes : la porte, en excellent état de conservation et précédée d'une jolie colonne cannelée, permet de cadrer le capitole en arrière-plan.

▶ Cette rue mène un peu plus bas à deux maisons romaines dans lesquelles furent découvertes des mosaïques désormais exposées au Bardo. La **maison « Omnia tibi felicia »** doit son nom à la formule de bienvenue inscrite sur la mosaïque du vestibule : « Que tout te porte bonheur. » Quant à la **maison de Dionysos et d'Ulysse**, elle a offert au Bardo l'une de ses plus belles pièces.

▶ Malgré la déclivité du terrain, les **thermes Liciniens★** (3e s. ap. J.-C.) présentent un schéma classique *(voir la planche d'architecture p. 97)*, mais il a fallu procéder à de gros travaux de terrassement. À l'origine, on entrait dans ces thermes d'hiver par un vestibule situé au nord ; la pièce a conservé quelques colonnes et une partie de son pavement de mosaïque. De la rue principale, on pénètre désormais dans les thermes par deux passages souterrains. Profonds et sombres, il faut s'y lancer comme on se jette à l'eau ; on est récompensé de son audace lorsque l'on débouche dans un vestibule attenant au frigidarium. À l'une des extrémités de la salle froide, l'horizon s'encadre entre les deux belles colonnes de l'une des portes ; sur le côté, trois arcades massives dispensent un peu de fraîcheur.

▶ La construction des **temples de la Concorde**, **de Frugifer**, et **de Liber Pater** dura de 128 à 138 ap. J.-C. Le terrain appartenait aux Gabinii père et fils qui financèrent également les travaux. Cet ensemble est surtout intéressant par un petit **théâtre culturel** (parfois nommé « auditorium ») dont on ne détermine pas très bien la fonction. Peut-être y célébrait-on des mystères liés au culte de Liber Pater ? Il est vrai que l'endroit forme un belvédère et que le décor se prête admirablement à l'organisation de rites initiatiques... Et à une petite halte sur votre parcours.

▶ Une petite ruelle en contrebas vous mènera à la **maison du Trifolium**. L'entrée vous en est indiquée par les deux colonnes du porche qui subsistent et empiètent un peu sur la chaussée. Cette demeure du 3e s. est la plus vaste de Dougga ; elle s'étage sur deux niveaux à partir de la rue. Le rez-de-chaussée s'organise autour d'une grande cour entourée d'un portique dont le centre était aménagé en jardin.

Les thermes des Cyclopes ont été baptisés ainsi en raison d'une mosaïque représentant ces géants en train de forger les foudres de Jupiter. Cette mosaïque d'une belle facture est malheureusement très abîmée (aujourd'hui au musée du Bardo). Vu leur petite taille, ces thermes semblent avoir été réservés à l'usage privé des occupants de la maison du Trifolium toute proche. Les latrines, dans un excellent état de conservation, sont constituées d'un banc de pierre semi-circulaire percé de 12 trous. Face au banc, une vasque alimentée par l'eau d'une citerne permettait de se laver les mains.

L'**arc de Septime Sévère**, en très mauvais état, fut édifié en 205 ap. J.-C. pour commémorer l'accession de la cité au rang de municipe. L'arc marquait le départ d'une voie qui rejoignait la route de Carthage à Theveste (Tébessa en Algérie).

Revenez sur vos pas. À mi-chemin entre l'arc et les thermes des Cyclopes, empruntez la voie de gauche.

Le seul « vandale » à avoir laissé son empreinte à Dougga s'appelle Sir Thomas Read, consul d'Angleterre à Tunis. On lui doit en 1842 la démolition du **mausolée libyco-punique★★**, rare exemplaire de l'architecture royale numide à être parvenu à peu près intact jusqu'au 19e s. Pour s'emparer de l'inscription bilingue en libyque et punique, il n'hésita pas à démonter le monument pierre par pierre. Cette « pierre de Rosette », aujourd'hui conservée au British Museum, nous indique que la sépulture est celle du chef numide Ataban.

Le mausolée fut remis en état de 1908 à 1910 par L. Poinssot. Il date de la fin du 3e s. av. J.-C. et son architecture est un synchrétisme de différentes influences : grecque, orientale, et égyptienne. Le monument, constitué de trois niveaux, s'élève à une hauteur de 21 m. Une ouverture, située au niveau inférieur et fermée d'une dalle, permettait d'accéder à la chambre funéraire.

1 jour ou plus	Séjour balnéaire
Lieu de séjour	Nabeul *(p. 180)* ou Hammamet *(p. 186)*.
Transport	À Nabeul ou Hammamet, la plupart des hôtels se trouvent dans la zone touristique, un peu excentrée. Bus et taxis collectifs sont cependant très fréquents entre le centre-ville et les plages alentour.
Conseils	Hammamet présente plus de cachet que sa voisine Nabeul. Dans la mesure du possible, évitez juillet et août. Les stations balnéaires sont non seulement beaucoup plus agréables hors saison, mais les hôtels de Nabeul et de Hammamet pratiquent également des tarifs réduits très intéressants.
1 ou 2 jours	**Le tour du cap Bon (p. 174) à partir de Nabeul (ajouter 34 km supplémentaires à partir de Hammamet)**
Boucle dans le sens des aiguilles d'une montre (env. 215 km)	Nabeul *(p. 180)*, Soliman, Korbous, Sidi Daoud, El Haouaria, Kerkouane, Kelibia, Korba. *Voir carte p. 176.*
Transport	Voiture de location quasiment indispensable.
Étapes	Si vous effectuez l'itinéraire en 2 jours, logez à El Haouaria ou à Kelibia.
Conseils	Visitez le cap Bon de juin à septembre, pour assister à l'un des nombreux festivals qui se déroulent dans la région.
1 jour	**Excursion à Tunis à partir de Hammamet**
120 km AR	Voir Tunis *(p. 114)*.
Transport	Nombreux bus ou taxi collectifs, plus pratiques que le train (changement en gare de Bir Bou Rekba). En voiture, il faut compter 50mn de trajet entre Tunis et Hammamet par l'autoroute A 1.
1 jour	**Les sites archéologiques à l'ouest de Hammamet**
Env. 180 km AR	Zaghouan *(p. 161)* et Thuburbo Majus *(p. 162)* sont situés à respectivement 50 km et 80 km à l'ouest.
Transport	Une location de voiture est fortement conseillée pour effectuer cet itinéraire dans la journée.

LE CAP BON

LA PÉNINSULE DU CAP BON★★

Peu de touristes

Mal desservie par les transports en commun

Quelques repères

Gouvernorat de Nabeul - 230 km jusqu'à Hammamet.

À ne pas manquer

Les paysages côtiers autour de Korbous.

Le site punique de Kerkouane.

Conseils

Comptez une journée en voiture.

Pensez à votre maillot de bain.

Le cap Bon, presqu'île odorante et fleurie, pousse sa pointe dans la Méditerranée, à l'extrême nord du pays, entre le golfe de Tunis et celui de Hammamet. C'est une mosaïque chatoyante de vergers et de jardins, une terre fertile et généreuse réputée pour son ensoleillement. Les sources thermales y jaillissent nombreuses, la vigne y est opulente, citronniers et orangers croulent sous leurs fruits, et la rose y dispute au jasmin sa suprématie. Rien d'étonnant à ce que cette passerelle vers l'Europe – la Sicile n'est qu'à 140 km – ait attisé la convoitise de tous les envahisseurs du Bassin méditerranéen. L'heure est désormais à une invasion plus pacifique, hordes de touristes qui s'abattent de préférence sur les stations balnéaires de Nabeul et Hammamet, épargnant ainsi le reste de la péninsule. Une contrée paisible, où il n'est pas rare de croiser au détour du chemin un vaillant bourricot qui traîne une charrette brinquebalante, chargée de paille, d'agrumes ou de figues de Barbarie. Où malgré les préceptes de l'islam, on produit une petite eau-de-vie blanche et un muscat sec pas mauvais du tout. Les habitants ont su préserver une certaine douceur de vivre et des traditions fortes : fêtes célébrant la récolte des oranges, la chasse au faucon, la pêche au thon, ou les vendanges.

Se repérer

Sortez de Tunis par Bab Alioua au niveau du cimetière du Jellaz. Évitez l'autoroute à droite et prenez à gauche en direction de Megrine puis de Hammam Lif. 8 km plus loin, à Borj Cedria, se termine le gouvernorat de Ben Arous. Suivez les panneaux « Soliman » et « Kelibia » par la route de gauche. Derrière la voie ferrée, vous pénétrez dans le gouvernorat de Nabeul.

Arriver ou partir

En voiture - La voiture est le moyen le plus pratique pour découvrir le Cap Bon.

Comment circuler

Location de voiture - Royal Car, av. Ali Balhaouane, Kelibia.

Se loger

Les infrastructures hôtelières se sont récemment développées autour de la péninsule, essentiellement pour les groupes puisque les transports collectifs n'ont pas suivi. Nous vous indiquons ici les hôtels les plus conviviaux, qui ne sont ni les plus grands ni les plus récents.

▸ *El Haouaria*

De 40 à 50 d (26 à 32 €)

Hôtel l'Épervier, 3 av. Habib Bourguiba, ☎ 72 297 017 - 11 ch. Évitez les chambres donnant sur la rue de cet hôtel modeste, situé en plein centre du village. La meilleure adresse pour profiter du Festival de l'épervier, en juin. Beaucoup de groupes.

▸ *Kelibia*

Autour de 5 d (3,5 €) par personne

Maison des jeunes, en bord de mer avant le fort, ☎ 72 296 105 - 50 lits. Bien tenu pour cette catégorie, à proximité d'une belle plage.

À partir de 40 d (26 €)

Pension Anis, av. Erriadh (face au marché aux poissons, prendre la rue à droite), ☎ 72 295 777 - 12 ch. Bon rapport qualité-prix pour cette pension bien tenue. Douches et WC mixtes sont sur le palier, mais témoignent du même souci de propreté que dans le reste de l'établissement. Deux chambres plus vastes sont équipées de ces facilités.

Pension Dar Toubib, ☏ 72 297 163 - 11 ch. Du centre-ville, suivez les panneaux indicateurs. Les chambres de cette pension sont disposées autour d'un patio fleuri et joliment orné de mosaïques. Spartiate, mais calme, propre et charmant.

Autour de 70 d (46 €)

Hôtel Palmarina, Kelibia plage, ☏ 72 274 063 - 36 ch. Kelibia a son hôtel de standing, tout en restant à taille humaine. Les chambres sont décorées d'un mobilier en fer forgé.

Se restaurer

El Haouaria

De 10 à 20 d (6,5 à 13 €)

La Daurade, près des grottes romaines, ☏ 72 269 080 On y vient pour le décor spectaculaire, surplombant les eaux houleuses du Cap Bon. On en profite pour goûter de délicieux poissons grillés. Plusieurs formules de dîners avec animation, sur réservation.

Kelibia

De 10 à 20 d (6,5 à 13 €)

Restaurant Anis, av. Erriadh, ☏ 72 295 777. Dans un décor aussi simple que celui de la pension du même nom, le cuisinier vous propose un choix de poissons ou de viandes grillées.

Restaurant Palmarina, Kebilia plage, ☏ 72 274 062. Le restaurant de l'hôtel Palmarina. Les grillades sont bonnes, mais c'est surtout la terrasse, donnant sur la jetée, qui vaut le détour.

De 15 à 30 d (10 à 20 €)

El Mansourah, Kelibia, ☏ 72 295 169. Le parcours est fléché après le port. À 1,6 km du panneau quand vous arrivez à un grand tournant, prenez la route qui continue tout droit. Poursuivez encore 600 m. Le service est un peu nonchalant. Dommage ! car le poisson est fort bon et le restaurant donne sur une petite plage surprenante, mise en valeur, la nuit, par des projecteurs. Profitez de l'occasion pour goûter au délicieux muscat sec de Kelibia.

Boire un verre

El Haouaria

La Buvette, en contrebas du restaurant La Daurade. Un site idyllique, sur la falaise face à la mer. Dommage que la musique assourdissante gâche cette halte.

Kelibia

Sidi El Bahri, port de Kelibia L'endroit est bien agréable pour boire une bière fraîche ou un thé à la menthe.

Festivals

Hammam Lif

Festival de variétés de Bou Kornine. Rap, raï ou musique techno, en juillet-août.

Menzel Bou Zelfa

Fête de l'orange. Manifestations autour de la cueillette de fleurs d'oranger, en mars.

Sidi Daoud

La matanza, de mai à fin juin. Pêche au thon traditionnelle, selon des rites semblables à ceux pratiqués en Sicile. Il est très difficile d'obtenir les autorisations nécessaires pour assister à l'événement. Il faut solliciter plusieurs ministères et organismes officiels.

El Haouaria

Festival de l'épervier, ☏ 72 297 066. Concours d'élevage d'éperviers (voir El Haouaria). L'événement se produit la deuxième quinzaine de juin, quand les animaux ont atteint la taille adulte.

Kelibia

Festival du film amateur. Très ancienne manifestation qui a servi de creuset au cinéma tunisien d'aujourd'hui. En juillet-août, tous les ans.

SOLIMAN

▸ Cette première halte sur le circuit du cap Bon permet de découvrir un village maraîcher où les Andalous, fuyant l'Espagne, s'installèrent au 17e s. Outre sa prospérité, Soliman leur doit sa **mosquée★** au toit de tuiles vertes, architecture peu fréquente en Tunisie.

▸ Environ 8 km après Soliman, prenez à gauche en direction de Korbous. On

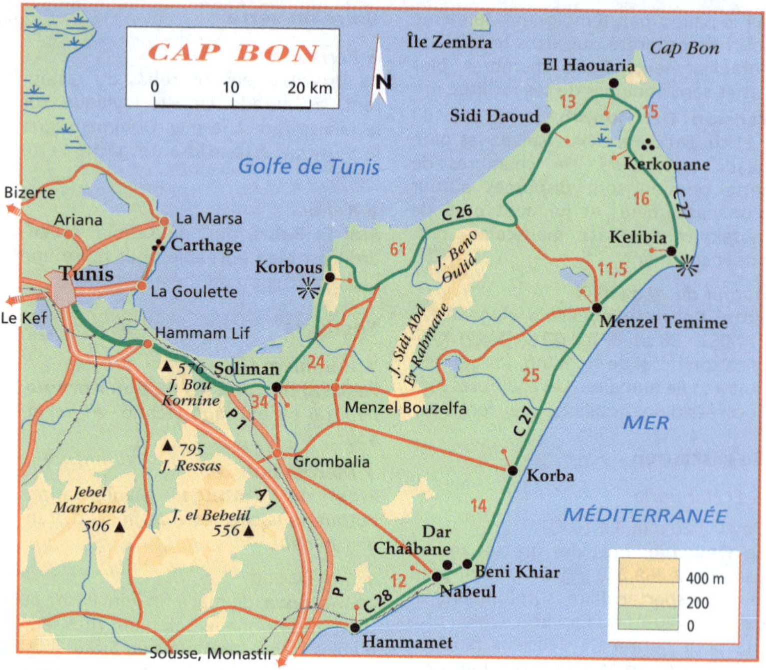

se retrouve très vite sur une route de corniche. Les falaises ocre, où croissent l'aloès et le figuier de Barbarie, tombent à pic dans une mer dont le flot varie du bleu au vert. La **vue★★** s'étend sur tout le golfe de Tunis. À la sortie d'un virage apparaît Korbous, minuscule village blanc niché au creux d'un vallon rocailleux qui s'enfonce dans la mer.

KORBOUS

Fréquenté dès l'Antiquité pour ses eaux chaudes, Korbous fut relancé au 19e s. par les beys qui y construisirent un pavillon dans lequel est installé l'actuel **Office du thermalisme**. Aujourd'hui viennent s'y faire soigner les curistes bénéficiant des prestations de la Sécurité sociale tunisienne... De nombreuses sources aux noms évocateurs - *Al Kebira* (la grande), *Es Sbia* (la santé), etc. - sont réputées traiter les affections arthritiques et l'hypertension, ainsi que l'obésité, la cellulite ou les rhumatismes. Nul besoin d'être malade pour venir y jouir d'un point de vue superbe sur la mer... et se baigner, un peu plus loin (à environ 2 km), à **Aïn el Atrous**, où une source à 50 °C se déverse dans la mer.

Après Korbous, la route longe la côte puis traverse le jebel pour redescendre dans une vallée couverte d'oliviers et de figuiers. 10 km après Korbous, vous arriverez à hauteur d'une fourche. Prenez à droite dans la direction d'El Haouaria et, 3 km plus loin, à gauche, la C 26. Roulez environ 45 km, puis tournez à gauche en direction du port de Sidi Daoud.

SIDI DAOUD

Rien ne distingue les habitants de Sidi Daoud des autres autochtones : ils arborent ce même air bonhomme, cette même nonchalance qui est le trait caractéristique d'une région où il fait bon vivre. Pourtant, ce petit port doit sa réputation à une forme très violente de pêche au thon : la **matanza**. Fin mai début juin, il s'y pratique un rituel sanglant qui remonte à la plus lointaine Antiquité. Les bancs de thons qui viennent frayer en Méditerranée sont dirigés par d'immenses filets vers des madragues. Piégés dans ces arènes, ils sont mis à mort par milliers : assommés, harponnés ou surinés à bras le corps dans un flot écumant qui se teinte de pourpre. Si ce petit intermède nautique ne vous a pas définitivement dégoûté du thon, sachez que les conserves de Sidi Daoud sont renommées dans toute la Tunisie et qu'elles entrent comme une denrée de choix dans la préparation de la *méchouia* et autres briks à l'œuf.

À la sortie de Sidi Daoud, vous rejoindrez la route principale (C 26). Roulez pendant environ 11 km, puis prenez à gauche au carrefour, en direction d'El Haouaria.

EL HAOUARIA

Le cap Bon constitue la dernière escale des oiseaux migrateurs avant leur traversée de la Méditerranée. Parmi ceux-ci, de nombreux rapaces trouvent refuge dans les falaises qui forment la pointe extrême du cap. À El Haouaria, village le plus septentrional de la péninsule, on capture les jeunes faucons en mars, puis on les dresse pendant plusieurs semaines. Commence ensuite la saison de la chasse qui se clôt en juin par le **Festival de l'épervier**. À cette occasion, les fauconniers effectuent des démonstrations spectaculaires de chasse au cours desquelles les rapaces fondent sur les perdrix, cailles et autres petits gibiers à plume... Les faucons retrouvent, paraît-il, leur liberté après la saison.

▸ En remontant la rue principale, depuis la place centrale dominée par l'imposante statue d'un rapace, puis en poursuivant pendant 3 km en direction du cap, on arrive aux carrières romaines ou **grottes de Ghar el Kébir★** *(8h-19h en été, 9h-17h hors saison ; entrée payante)*. La falaise est inhospitalière, mais l'accès au site aisé. Dans la roche, on distingue trois grandes excavations d'où les esclaves extrayaient d'énormes blocs de pierre que l'on transportait ensuite par bateau jusqu'aux cités voisines. Ce matériau servit entre autres à la construction de la Carthage punique, et sous les Romains la carrière continua d'être exploitée. En levant la tête, on aperçoit les ouvertures étroites par lesquelles on remontait les monolithes à la surface. Des trous creusés le long des parois permettaient aux hommes de sortir des grottes. À l'entrée de la grotte principale, un rocher ressemble à s'y méprendre à un dromadaire couché, mais quoi qu'en dise la légende, c'est le fruit du travail des hommes et non un effet de l'érosion.

▸ On ne visite pas le **cap Bon** proprement dit, sauf à emprunter un mauvais chemin caillouteux et à marcher quelques kilomètres le long des falaises depuis le site des grottes de Ghar el Kébir. (Possibilité d'excursions en bateau à partir du restaurant La Daurade à El Haouaria.)

Faites demi-tour, retraversez El Haouaria et prenez la C 27 pour filer sur Kerkouane, à 15 km. Traversez Dar Allouche puis, après 6 km, tournez à gauche en direction de Kerkouane. Une petite route sur la gauche conduit pendant 2 km aux ruines puniques.

LE SITE DE KERKOUANE★★

En été, 9h-19h ; en hiver, 9h-16h30 ; entrée payante.

Située sur un promontoire dominant la mer transparente de quelques mètres, l'antique cité émerge de jardins bien entretenus. Découverte en 1952 et fouillée à partir des années 1960, on sait assez peu de chose sur son histoire, sinon qu'elle fut sans doute fondée au 6e s. av. J.-C. On hésite en revanche sur la datation de sa destruction. Fut-elle mise à sac lors de la première guerre punique (3e s. av. J.-C.) ou partagea-t-elle le funeste destin de Carthage en 146 av. J.-C. ? Elle fut en tout cas définitivement abandonnée, offrant ainsi aux archéologues un site vierge de toute autre civilisation, romaine, byzantine, ou arabe.

▸ En arpentant les rues de Kerkouane, vous découvrez une ville fortifiée de 2 000 habitants telle qu'elle pouvait être du temps d'Hannibal. Si les vestiges ne dépassent guère la hauteur des genoux, la topographie générale de cet ensemble urbain reste très visible : de belles rues pavées, de vastes places, des boutiques, des escaliers, de grosses colonnes çà et là. D'une maison à l'autre, le plan ne varie guère : une entrée conduit à une cour munie d'un puits qui dessert les différentes pièces. La plus étonnante est sans conteste la salle de bains, avec sa baignoire sabot couverte d'un enduit rouge. Cet enduit était extrait du murex, un mollusque utilisé par les Phéniciens, les Grecs et les Romains pour la fabrication de la pourpre. La cité semble avoir vécu principalement de cette activité si l'on en juge par la quantité de coquilles de murex présentes sur le site. Les pavements intérieurs sont constitués de mosaïques un peu frustes : débris de poteries parsemés de fragments de marbre blanc ou de coquilles de murex. Les motifs sont rares et il s'agit le plus souvent du symbole de Tanit.

▶ La périphérie immédiate de la cité comprenait un sanctuaire, et surtout une nécropole dans laquelle on a retrouvé de nombreux objets. Ceux-ci sont désormais exposés au **musée** construit à proximité du site. La plus belle pièce en est un sarcophage en bois de cyprès dont le couvercle sculpté représente une déesse veillant sur le sommeil des morts. Les vitrines présentent également une riche collection de bijoux, de céramiques, de brûle-parfums et de poteries à vernis noir, ou encore de boutons en os et de biberons en forme de hérisson.

Continuez la C 27, Kelibia sera sur la gauche à environ 15 km.

KELIBIA

▶ Cette petite ville occupe une position stratégique sur le détroit de Sicile. Située sur une pointe, elle donne l'impression d'être cernée d'eau. Sa situation exceptionnelle a sans doute été la cause de sa ruine : occupée par Agathocle en 310 av. J.-C., puis par Regulus en 256, elle connut finalement le même sort que Carthage à l'issue de la troisième guerre punique. Par la suite, elle eut à subir les assauts des envahisseurs successifs et plus particulièrement les attaques destructrices des Espagnols (1535-1547).

Bref, il ne reste pas grand-chose de la cité punique et guère plus de l'antique Clupea romaine, à part quelques ruines de **maisons romaines** (près de l'école de pêche).

Aujourd'hui, Kelibia est surtout connue pour son port de pêche et son petit muscat sec que vous pourrez siroter en regardant les bateaux appareiller. Kelibia peut également s'enorgueillir d'une très belle plage (à 1,5 km). Chaque année en été, la ville vibre un peu à l'occasion du **Festival international du film amateur**.

La **forteresse★** est le seul monument digne d'intérêt *(8h-19h en été et 8h30-17h en hiver. Entrée payante).* Construite au 6e s. par les Byzantins, elle fut restaurée et remaniée au cours des âges par les Espagnols et les Turcs. Elle abrite aujourd'hui derrière ses murailles crénelées un phare et une station météorologique. Des remparts, vous aurez une vue panoramique sur les plages de sable blanc et le petit village de pêcheurs de Kelibia.

▶ Suivez la C 27 en direction d'Hammamet. Traversez **Menzel Temime**, réputée pour ses poivrons que l'on voit sécher l'été en guirlandes colorées, puis **Korba**, une petite ville jardin dotée de l'une des plus belles plages de la région, qui s'anime chaque année à l'époque du festival de théâtre.

▶ À **Beni Khiar**, on peut assister au travail des artisans fabriquant les fameuses couvertures à rayures de Tunisie, ainsi que les tapis tissés et à points noirs.

▶ **Dar Chaâbane**, un peu plus loin, est un centre d'extraction et de sculpture de pierre *(voir « Artisanat » p. 107).* Après Dar Chaâbane, continuez la C 27, Nabeul est à 2 km.

Pêcheurs de Kelibia

NABEUL

☹ **Beaucoup de touristes au marché du vendredi**

Quelques repères

Chef-lieu de gouvernorat - 56 700 hab. - À 67 km de Tunis

À ne pas manquer

Le marché du vendredi.

Conseils

Si vous souhaitez acheter de la poterie tunisienne, c'est ici et nulle part ailleurs.

La ville est très étendue : utilisez un moyen de locomotion.

Fondée par les Phéniciens au 5e s. av. J.-C., cette ancienne plaque tournante du commerce carthaginois est aujourd'hui la capitale du cap Bon, ou si l'on préfère le chef-lieu du gouvernorat. Cette petite cité a bâti sa réputation sur un artisanat ancien de poterie vernissée au plomb, et de céramique. Cette activité remonte au moins à l'époque romaine, lorsque la cité s'appelait *Colonia Julia Neapolis*. De nos jours, les trottoirs des rues commerçantes sont toujours encombrés de cruches et de vases de toutes tailles aux couleurs vives. Dans les magasins et ateliers s'amoncellent bibelots, vaisselle bicolore (vert et jaune le plus souvent), jarres pansues et carreaux de céramique émaillée décorés de motifs traditionnels ou modernes. Nabeul a su conserver sa vocation artisanale et industrielle en dépit de ses belles plages et de la proximité de Hammamet.

Arriver ou partir

En train - SNCFT, av. Habib Bourguiba, ☎ 72 285 054. Un seul train par jour à destination de Tunis, ce qui n'est pas très commode. Il vaut mieux rejoindre Bir Bou Rekba, d'où partent 11 trains par jour à destination de Tunis (de 50mn à 1h10), 10 à destination de Sousse (1h20), 4 à destination de Monastir (1h50), 2 à destination de Mahdia (2h40), 6 à destination d'El Jem (3h) et Sfax (3h50), 2 à destination de Gabès – dont 1 de nuit (6h) –, et 2 à destination de Gafsa dont 1 de nuit (7h).

En bus - Gare routière, av. Habib Thameur, ☎ 72 285 273/043. Les cars de la **SRTG** et la **SRTN** mettent Nabeul à portée des principales villes de Tunisie. Avec Tunis, 12 liaisons quotidiennes en bus climatisés, 5 seulement le dimanche (55mn), 4 bus à destination d'El Haouaria (1h45), 3 départs vers Kairouan (5h), 8 vers Zaghouan, 2 vers Sousse (4h15), 1 vers Monastir, et 1 vers Mahdia. Enfin, 10 cars font tlj la navette entre Nabeul et la gare de Bir Bou Rekba, *via* Hammamet.

En taxi collectif - Station av. Habib Thameur, à côté de la gare des bus. Nabeul est un centre d'artisanat très fréquenté. Les taxis collectifs s'y rendent en grand nombre et l'attente n'est jamais longue.

En voiture - Nabeul est à une heure de route de Tunis. Au lieu de suivre l'autoroute jusqu'au bout, et de perdre ainsi de longues minutes à la traversée de Hammamet, vous pouvez sortir à Grombalia, et emprunter la C 27 en direction de Dar Chaâbanne.

Comment circuler

En taxi - Allô Taxi, ☎ 72 222 444. Les taxis jaunes qui sillonnent la ville permettent de se rendre aux hôtels, souvent excentrés.

Location de voiture - La voiture est bien utile pour s'éloigner des plages du centre-ville. **Hertz**, av. Habib Thameur, ☎ 72 285 327. **Mattei Car**, av. Habib Bourguiba, ☎ 72 285 967.

Location de moto - Dans les grands hôtels de la région, plusieurs agences louent des motos. Notamment **Rollers Rent**, au club Khéops, avenue du 7 Novembre, ☎ 72 286 555/144.

On trouve un plus grand choix d'agences de location à Hammamet.

Adresses utiles

Informations touristiques - Commissariat régional au tourisme, av.

Taïeb Méhiri, ☎ 72 286 800/737. 8h30-13h/15h-17h45 en hiver, sauf le dimanche. 7h30-13h30/16h-21h en été. Permanence le dimanche 9h-12h/17h-20h et les vendredi et samedi 8h30-13h30. Demandez à consulter le classeur, qui contient notamment les horaires des cars et des trains, ainsi que les différentes activités de loisirs de la région. On vous fournira également les plans de Nabeul et de Hammamet. Vous pouvez également visiter le site de la ville : www.nabeul.net

Syndicat d'initiative, place du 7 Novembre (face à la gare). On y trouve un petit peu moins d'informations qu'à l'Office de tourisme mais il a l'avantage d'être plus central.

Banque / Change - Nombreuses, elles possèdent souvent un bureau de change. 7h15-12h en été.

DAB Visa - Banque STB, 60 av. Habib Bourguiba.

Poste centrale - Av. Habib Bourguiba, ☎ 72 285 289. En hiver, 8h-18h ; en été, 7h-13h.

Publinet - 79 av. Hedi Chaker ; 100 rue Habib Thameur.

Urgences / Santé - **Bureau de police**, av. Habib Bourguiba, ☎ 72 285 474.

Garde nationale, av. Habib Bourguiba, ☎ 72 286 153.

Clinique les Violettes, sur la route de Hammamet, à la sortie de la ville, ☎ 72 224 000/286 183.

Clinique Ibn Rochd, av. Mongi Slim, ☎ 72 285 199.

Centre de dialyse, sur la route de Hammamet (9 km), ☎ 72 280 677.

Compagnie aérienne - **Tunisair**, av. Habib Bourguiba, ☎ 72 285 193, réservations ☎ 72 286 200.

Se loger

La ville étant très touristique, la plupart des hôtels et pensions appliquent près de 50 % de remise hors saison.

Autour de 5 d (3,5 €) par personne

Auberge de jeunesse, av. Mongi Slim, ☎ 72 285 547 - 42 lits, 4 dortoirs. Implantée en bord de mer dans une ancienne caserne de l'armée française, l'auberge jouit d'une situation agréable. Réhabilité en 1999, l'ensemble est correct. Camping possible (5 d/tente, 1 d/personne).

Moins de 10 d (6,5 €)

Camping Les Jasmins, rue Abou el Kacem Chabbi, ☎ 72 285 343/285 699. Terrain situé à côté de l'hôtel du même nom *(voir ci-dessous)*. La piscine est payante pour les campeurs.

De 20 d à 30 d (13 € à 20 €)

Pension El Habib, route de Hammamet, ☎ 72 224 785, GSM 98 485 994 - 18 ch. Pension simple et sans prétention. WC et douches sur le palier. Les chambres sont propres, certaines avec douche (3 avec baignoire). Évitez celles donnant sur la rue, particulièrement bruyantes et préférez celles du 3e étage, légèrement en retrait, profitant d'une large terrasse.

Pension Mustapha, à l'angle des av. H. Karma et Ali Belhouane, ☎ 72 222 262 - 24 ch. Le seul hôtel près du centre et le moins cher ; et si les toilettes sont sur le palier, les petites douches et les lavabos dans les chambres sont bien tenus. Préférez celles avec les numéros pairs qui donnent sur la cour intérieure. Le restaurant au pied de l'hôtel propose des plats tunisiens, des pizzas...

De 40 à 50 d (26 € à 34 €)

Hôtel Fakir, route touristique, ☎ 72 285 477 - 20 ch. Ce petit hôtel tout simple, près de l'ancien site de Neapolis, est une bonne solution pour profiter de la plage à petit prix. La mer est à 100 m. Malheureusement la ligne de chemin de fer passe juste à côté.

Pension Monia Club, route touristique, en face de l'entrée du site de Neapolis ☎ 72 285 713 - 16 ch. Décoration très simple pour cet hôtel également pris en sandwich entre le train et la plage. L'hôtel a un joli restaurant qui sert en terrasse l'été.

Pension Les Oliviers, dans la rue qui part en face du camping Les Jasmins, ☎ 72 286 865, pensionlesoliviers@yahoo.fr - 30 ch. Enfin du calme ! Cette pension de famille a choisi de s'installer au milieu d'une mer d'oliviers (mais la

NABEUL

plage n'est pas loin). Chaque chambre d'une propreté irréprochable s'ouvre sur un balcon. Ni piscine ni restaurant, mais les clients peuvent utiliser les installations de l'hôtel Les Jasmins moyennant un droit d'entrée modique.

De 80 à 100 d (52 à 66 €)

Hôtel Les Jasmins, rue Abou el Kacem Chabbi, ☎ 72 285 343, hotel.jasmins@gnet.tn - 45 ch. Comprenant qu'elle avait de l'or entre les mains, cette famille tunisienne a décidé de transformer sa maison en hôtel. Les installations sont désormais complètes, avec bar, restaurant, et même une piscine au milieu des oliviers. Le restaurant associé à l'hôtel, « Le Slovénia », associe spécialités tunisiennes et gastronomie yougoslave. Là encore, une affaire de famille, puisque la femme du patron est slovène.

Hôtel Byzance, dans une petite rue perpendiculaire aux av. Taïeb Méhiri et Bourguiba, à côté du champ de foire, ☎ 72 271 000/299, hotel.byzance@planet.tn - 70 ch. Un des tout derniers établissements de Nabeul, à 50 m de la plage. Demandez une chambre avec vue sur mer, l'arrière de l'hôtel faisant face à un environnement désagréable (terrain vague, chantier...)

À partir de 100 d (66 €)

Iberostar Lido - Hôtel et Bungalows, av. du 7 Novembre, ☎ 72 362 988, h.lido@planet.tn, www.iberostar.com - 166 ch. Sur 14 ha en bord de mer, tout ce qu'il faut pour un séjour en autarcie. Tennis, mini-golf, sauna, massages, boutiques, animations... ce complexe s'adresse avant tout aux familles avec enfants.

Se restaurer

Moins de 10 d (6,5 €)

Hala *(A3)*, 66 av. Bourguiba, ☎ 72 286 669. Fast-food local, très propre, avec une salle au 1er étage. Spécialités maghrébines.

De 10 d à 15 d (6,5 € à 10 €)

La Rotonde *(C2)*, bord de mer, ☎ 72 285 782. Restaurant tout simple à côté de la plage. Spécialités de poissons.

De 15 à 20 d (10 à 13 €)

Le Bon Kif *(B3)*, 25 rue Marbella, ☎ 72 222 783 12h-15h/19h-minuit. Un des meilleurs restaurants de la ville. Quelques spécialités sur commande. Réservez dans la jolie cour, au calme.

Autour de 25 d (17 €)

L'Olivier *(B3)*, av. Hédi Chaker (presque à l'angle de l'av. Habib Bourguiba), ☎ 72 286 613 Ombragé par quelques arbres sur le trottoir, L'Olivier offre une halte apaisante quand Nabeul est accablée de chaleur. Le service est soigné et la carte propose des spécialités européennes de qualité.

Le Flamboyant (Monia Club) *(C5)*, route touristique, ☎ 72 285 713. Ce restaurant offre l'occasion de déguster un poisson grillé dans un cadre de verdure, tout près de la plage et de l'antique site de Neapolis.

Sortir, boire un verre

Cafés - Errachidia, av. Habib Thameur (à proximité de l'av. Habib Bourguiba) *(A3)*. Le rendez-vous des habitants, des vendeurs de jasmin et des touristes pour savourer un thé à la menthe, des fruits et des pâtisseries tunisiennes dans un ravissant cadre typique (la cuisine vaut le coup d'œil). Les douceurs servies avec le thé ne sont pas comprises dans le prix : attention par conséquent aux additions salées !

Café de la Place, place des Martyrs *(A2)*. Au cœur du souk, idéal pour observer l'agitation du vendredi.

Loisirs

Festivals - Festival des orangers, place de la Foire, av. Habib Bourguiba, ☎ 72 285 374. La fin de la saison des oranges est l'occasion d'une grande foire internationale avec animations folkloriques. Deuxième quinzaine du mois de mars.

Festival d'été de Nabeul, théâtre de plein air, av. Taïeb Méhiri, ☎ 72 286 683. De mi-juillet à mi-août. Des chanteurs de variétés tunisiens s'y produisent, et surtout on y joue des pièces de théâtre

NABEUL
0
250
500 m
N
A
B
C
Kelibia
Tunis
Hammamet
Bir Bou Rekba
Hammamet
Mer
Méditerranée
Avenue du 7 Novembre 1987
Oued Sidi Moussa
Rue Arbi Zarrouk
Rue Ahmed Tlili
Avenue Ali Belhaouane
Avenue Mongi Slim
Rue Ennozha
Rue Errihan
Rue du 9 Avril
Rue Jardin Neapolis
Av. des Martyrs
R. M. Bey
Avenue Taïeb Méhiri
Foire de Nabeul
Avenue Habib Bourguiba
Av. Habib Karma
Av. Hédi Chaker
Av. F. Hached
R. de France
Place des Martyrs
Marché aux chameaux
Souk hebdomadaire
Musée du Pain
Grande Mosquée
Souks couverts
ONAT
Dar Bya
Hammams
Place du 7 Novembre
Musée archéologique
Avenue Marbella
Rue Jedeida Maghrebia
Avenue Mohammed V
Av. de la République
Avenue Habib Bourguiba
Avenue du 2 Mars 1934
Avenue Habib Thameur
ONAT
Rue Ech Chajâa
Route touristique
Neapolis
Oued Souhil
Rue Abou el Kacem Chabbi
HÔTELS
Auberge de Jeunesse 1
Byzance 2
Fakir 3
El Habib (Pension) 4
Iberostar Lido 5
Jasmins (Hôtel et Camping Les) 6
Monia Club (Pension) 7
Mustapha (Pension) 8
Oliviers (Pension Les) 9
RESTAURANTS
Bon Kif (Le) 1
Hala 2
Olivier (L') 3
Rotonde (La) 4

de tout le Bassin méditerranéen. Elles sont malheureusement en arabe, et donc peu accessibles aux touristes.

Hammam - Bains Sidi Maaouia, av. Habib Thameur, en face de la fontaine aux Oranges.

Achats

Souk hebdomadaire - Le vendredi matin est presque exclusivement destiné aux touristes. N'oubliez pas que le prix se fait à la tête du client, et que vous pouvez donc marchander, jusqu'à 70 % du prix demandé voire plus. Évitez le marché aux chameaux, véritable attrape-nigaud. En vous éloignant un peu de l'axe principal du souk, vous pourrez néanmoins trouver des marchés s'adressant à la population locale qui profite de cette journée pour faire les courses de la semaine (places et marchés couverts proposent aussi bien des légumes que des vêtements).

Antiquités et artisanat - La capitale du cap Bon est surtout réputée pour ses poteries, mais on y trouve aussi des tissages en laine du village voisin de Beni Khiar, des tapis à rayures, des couvertures ou des vêtements traditionnels. Dar Chaâbane, à proximité de Nabeul, est un centre important d'extraction et de sculpture de la pierre. Il est conseillé de se rendre dans des centres de production excentrés, où le choix est plus grand et à « prix usine ». Mais pour vous donner une idée du travail, vous trouverez quelques ateliers **rue Arbi Zarrouk** après avoir passé l'oued Sidi Moussa *(A1-2)*.

SOCOPA, magasin de l'Office national de l'artisanat tunisien (**ONAT**), av. Farhat Hached, ☎ 72 285 177, et av. Habib Thameur, ☎ 72 285 007.

Centre des traditions et des métiers d'art (ONAT), av. Habib Thameur, juste derrière la SOCOPA. 8h30-13h/15h-18h en hiver. 8h-12h/15h-18h en été. Fermé le dimanche.

Poteries - Slama Céramique, av. Farhat Hached, ☎ 72 230 200. Céramiques de très bonne qualité. Les articles sont aux normes de l'ONAT, ce qui est un gage de sérieux.

Poterie Gastli, 117 av. Farhat Hached, ☎ 72 272 008, et 190 av. Habib Thameur, ☎ 72 271 516. On peut également acheter directement à l'usine : zone industrielle, route de Tunis, ☎ 72 222 247. Cette fabrique, l'une des plus grandes de Nabeul, produit quantité de céramiques distribuées dans tout le pays. Vous y verrez les modèles blanc et bleu tunisiens, mais également des pièces d'inspiration marocaine, ou même française.

Khedidi, à 1,5 km sur la route de Tunis, ☎ 72 287 576. Cette fabrique, recèle un choix très varié de carrelages. Les plus beaux sont faits main, ils sont aussi les plus chers (45 d/m^2 contre 15 à 25 d/m^2 le carrelage fait machine). Les panneaux décorés d'un arbre de vie coûtent entre 100 et 400 d. 8h-12h/13h-17h en hiver, et 7h-14h en été. Fermé le dimanche. Paiements Visa, MC.

Eaux parfumées - Outre l'eau de fleur d'oranger, que l'on trouve facilement en France, Nabeul est aussi le centre de fabrication d'eau de géranium (récolte en avril). S'utilise aussi bien en massage, pour éloigner les moustiques ou pour parfumer le thé et le café.

Librairie - Alif, 115 av. Farhat Hached.

VISITE DE LA VILLE

Nabeul n'a pas le cachet de Hammamet, sa rivale en cet endroit de la côte qui concentre à elle seule près du tiers de l'activité touristique tunisienne. Mais elle peut faire valoir d'autres atouts : son artisanat, bien sûr, mais aussi son dynamisme commercial.

LE MARCHÉ★ DU VENDREDI

Ce marché hebdomadaire, qui se tient le matin, est l'un des plus importants de Tunisie. Il vous donnera un aperçu de la production locale : les incontournables poteries, mais également de très belles broderies et des essences destinées à la parfumerie. Nabeul est en effet un grand centre de distillation des fleurs d'oranger, de géranium, et de jasmin. Richesses de l'Orient qui côtoient pêle-mêle des amas de peaux de mouton et les objets les plus hétéroclites *Made in Europe* ou *Taiwan*... Nabeul se targue

Le miracle de la fleur d'oranger

Médication tout orientale, le *zehar*, l'eau de fleurs d'oranger, allie l'utile à l'agréable, les vertus curatives aux plaisirs gustatifs. Le zehar guérit tout ou presque : le cœur, les migraines, les troubles gastriques, les insomnies... et surtout il parfume les pâtisseries, les salades de fruits, le café, et même le biberon des enfants fébriles. La ménagère tunisienne en a toujours un flacon en réserve, et le cap Bon ne produit pas moins de 2 000 tonnes de fleurs d'oranger par an. La distillation représente une part importante de l'activité économique, et la fabrication est assurée pour moitié de façon artisanale dans des alambics familiaux. Il faut une tonne de fleurs pour obtenir 500 kilos d'eau. Cette fleur miraculeuse est fêtée au printemps lors du Festival de la fleur d'oranger qui se déroule à Nabeul.

également d'être une place importante pour la vente des dromadaires, ce dont on peut douter si l'on considère les rares et mornes spécimens présents sur place. Les chameliers pratiquent-ils une politique des flux tendus ?

DAR BYA★

4, rue Saladin. En été 9h-18h, le reste de l'année sur rendez-vous, GSM 98 658 256. Visite guidée 15mn, 3 d.

Cette maison traditionnelle de Nabeul, toujours habitée, est décorée avec des matériaux typiques de la région. Depuis près de cent ans, chaque génération y apporte sa touche personnelle. À travers les sept pièces, vous découvrirez les moments importants de la vie d'un Nabeulien : naissance, mariage... Collection de costumes traditionnels en cours d'acquisition.

L'OFFICE NATIONAL D'ARTISANAT TUNISIEN

Rien ne vaut une visite à l'ONAT, avenue Habib Thameur, pour juger du savoir-faire des artisans tunisiens. On y découvre quantité de petits métiers : ferronnerie, sculpture sur pierre, confection de nattes en tiges de joncs par de jeunes ouvriers assis en lotus, fabrication de tapis noués, peinture sur poterie. La qualité est irréprochable, mais les prix sont en conséquence.

LE MUSÉE DU PAIN★

Rue Mongi Slim. 10h-18h, fermé le week-end ; entrée payante.

Le docteur Farouk Chaabouni, son fondateur, a parcouru la Tunisie dans ses moindres parcelles pendant six années, en quête d'outils, d'ustensiles, d'instruments mais également d'anecdotes et de proverbes, qui émaillent l'exposition. Réunis dans une belle maison datant de la fin du 18e s., ces objets et documents, enrichis de légendes explicatives et de photos, relatent « l'aventure du grain au pain ». Le labour, le moissonnage, le battage du grain, les procédés de conservation, les méthodes de cuisson du pain, le travail du boulanger n'auront plus aucun secret pour vous.

LE MUSÉE ARCHÉOLOGIQUE

Dans le centre-ville en face de la gare. 9h30-16h30 en hiver, 9h-13h/15h-19h en été ; entrée payante.

Consacré aux vestiges archéologiques du cap Bon, ce musée, assez pauvre, recèle néanmoins d'intéressantes statues en terre cuite, de la céramique punique, des objets cultuels, et les mosaïques du site de Neapolis.

Prenez la route touristique en direction de Hammamet. Le site de Neapolis est en face de la pension Monia Club, dans une friche en bordure de mer.

▶ Les fouilles du **site de Neapolis** ont permis de dégager une maison romaine du 4e s. ap. J.-C. La demeure qui comprenait une vingtaine de pièces était – on s'en douterait – pavée de mosaïques désormais conservées au Musée archéologique de Nabeul. Plus rare, on a découvert sur le site une unité de production de *garum* datant de l'époque romaine. Le *garum*, condiment très prisé des Romains, était fabriqué à base de menu fretin et d'intestins de poissons que l'on laissait sécher au soleil. *(L'accès au site, en cours de fouilles, est interdit au public pour une durée indéterminée.)*

HAMMAMET★

☺ Climat plaisant toute l'année

☹ Yasmine Hammamet et son hôtellerie démesurée

Quelques repères

Gouvernorat de Nabeul - Env. 51 300 hab. - 12 km de Nabeul

À ne pas manquer

L'immense plage de sable fin.

Un thé à la menthe au café Sidi Bou Hedid.

Conseils

Pour un peu de calme, évitez juillet et août.

Malgré la prolifération des hôtels sur le front de mer, Hammamet est restée ce petit paradis terrestre qui en fit le point de ralliement de l'intelligentsia européenne dans les années 1920 et 1930. André Gide, Georges Bernanos, Paul Klee, Man Ray, Frank Lloyd Wright... Tous furent les hôtes du milliardaire roumain Georges Sebastian qui s'y était fait construire une demeure très originale, qui abrite désormais le Centre culturel international *(voir p. 191)*. La guerre venue, le feld-maréchal Rommel et l'Afrikakorps vinrent souiller de leurs bottes le petit paradis. Puis, revers de l'histoire, on vit s'y profiler la silhouette massive de Churchill tirant des bouffées de son ineffable cigare. Après-guerre, quelques stars s'entichèrent du lieu, et l'on put se pâmer au spectacle de Sophia Loren foulant de ses beaux pieds l'immense plage de sable fin. Mais l'expansion de ce modeste village de pêcheurs ne commença véritablement que dans les années 1960. Peu à peu, les hôtels se firent une place au soleil entre les somptueuses villas, posant ainsi les premières pierres de ce qui allait devenir la « Riviera tunisienne ». Ces constructions récentes ont su néanmoins se fondre dans le paysage et respecter une norme d'aménagement qui impose à tout édifice de ne point dépasser la hauteur d'un cyprès.

Arriver ou partir

En voiture - Hammamet n'est qu'à 60 km de Tunis, soit à 50mn par l'autoroute.

En bus - La plupart des cars partent de Nabeul, beaucoup mieux desservie. C'est là qu'arrivent les bus en provenance de Sousse, Monastir ou Mahdia.

Plusieurs gares routières : av. de la République, devant la banque Biat, s'arrêtent les bus pour Yasmine Hammamet. En face, ceux pour Nabeul. Av. Bourguiba, vers la gare, se trouvent les bus pour Kairouan et Sousse. Mais la gare routière principale, Baraket es sahel, se trouve au sud de la ville (env. 5 km).

SRTG : 10 cars quotidiens assurent la liaison avec Nabeul. 3 bus par jour avec Kairouan, 8 avec Zaghouan, et 8 avec Grombalia.

SRTN : 16 AR par jour avec Tunis (2h).

En taxi collectif - Vu le trafic entre Tunis et Hammamet, le taxi collectif est une solution très rapide. Il ne faut guère attendre avant que le taxi ne soit plein et puisse partir.

En train - Pour une fois, le chemin de fer n'est vraiment pas une solution pratique. La gare, au bout de l'avenue Habib Bourguiba, est loin du centre-ville. Et il n'y a chaque jour qu'un seul train direct pour Tunis. Pour tous les autres, il faut changer à Bir Bou Rekba *(voir « Arriver ou partir » de Nabeul p. 180)*.

Comment se déplacer

Le centre-ville est tout petit, mais les zones touristiques s'étendent bien au-delà au nord et au sud.

En voiture - L'automobile n'est pas recommandée en ville, en raison des embouteillages et du manque de places de stationnement. Elle est en revanche très utile, car nombre d'hôtels sont loin du centre. De plus, Hammamet est un excellent point de départ pour des excursions dans tout le pays et particulièrement au cap Bon.

En train touristique - Il en existe 3, au départ de la kasba, desservant les différents hôtels de la route touristique

A
B
C
Nabeul
HAMMAMET
0 300 600 m
N
R. Zayane
Avenue de la Libération
Avenue Assad Ibn el Fourat
R. Sidi Bou Ali
Avenue 7 Novembre 1987
Avenue Hedi Ouali
Avenue Tahar Sfar
Av. Taïeb Azzabi
Rue du Stade
Avenue Hedi Chaker
Av. Habib Thameur
Av. de la République
Rue des Jasmines
R. S. Ben Youssef
R. M.Bachrouch
Belhaouane
Oued el Kaïd
Avenue Mongi Slim
Rue Ali
R. el Imam
Sahnoun
Médina
Kasba
R. Ibn Khaldoun
R. du 20 Mars 1956
Avenue Habib Bourguiba
Av. Taïeb Méhiri
Pépinière
Av. du 3 Août 1903
Av. du Roi Faycal Ibn Abdelaziz
Av. du Koweit
Rue de la Corniche
Mer Méditerranée
Rue Patrice Lumumba
Avenue des Nations Unies
Bou Rekba
Oued Faouara
Villa Sebastian (Centre culturel international)
T
Route touristique
Tunis, Sousse
HÔTELS
Citronniers (Les) 1
Dar Hayet 2
Fourati 3
Khella 4
Résidence Hammamet 5
Samaris (Camping les) 6
Sinbad 7
RESTAURANTS
Achour (Chez) 1
Angolo Verde (L') 2
Dar Lella 3
Marin (Le) 4
Pomodoro 5
Trois Moutons (Les) 6
Vert 7

au nord et au sud d'Hammamet (2,5 d) ainsi que Yasmine Hammamet.

En taxi - Allô taxi, ☎ 72 282 400. La station est installée à l'entrée de la kasba.

Location de voiture - Avis, av. du Koweit, ☎ 72 280 164 et av de Nevers, ☎ 72 280 303. **Hertz**, av de Nevers, ☎ 72 280 187. **Intercar**, av. Dag Hammarskjöld, ☎ 72 281 423. **Europcar**, av. Dag Hammarskjöld, ☎ 72 280 146.

Location de mobylette - Société de Tourisme et Loisirs Plus (STLP), av. Dag Hammarskjöld (à proximité de l'hôtel Fourati), ☎ 72 279 087. 15 d l'heure, 60 d la journée et 200 d la semaine.

Adresses utiles

Informations touristiques - ONTT, 22 av. de la République (en face de la poste), ☎ 72 280 423. En été, 7h30-18h30 (ou plus tard en fonction des touristes) ; en hiver, 8h30-18h, sauf le dimanche. Des permanences se tiennent également en saison mais les horaires peuvent varier (le bureau est en général ouvert jusqu'à 22h en été).

Syndicat d'initiative, av Habib Bourguiba, ☎ 72 262 891.

Banque / Change - Les banques sont nombreuses et font souvent office de bureau de change. Distributeurs de billets av. Bourguiba et av. de la République.

American Express, route des Hôtels, ☎ 72 282 880.

DAB Visa : STB, Centre commercial.

Poste centrale - Av. de la République, ☎ 72 280 598. 8h-12h/15h-17h45 du lundi au jeudi et 7h-13h/17h-19h en été. 8h30-13h le vendredi et 8h-13h30 le samedi. Fermé le dimanche. Pendant les travaux (prévus jusqu'en 2005 ou 2006), une agence accueille le public environ 300m plus haut dans la même avenue.

Téléphone - De nombreux taxiphones sont disponibles dans la ville, souvent ouverts jusqu'à 23h.

Publinet - 117 av. de la Libération, ☎ 72 260 280.

Urgences / Santé - Pharmacie de nuit, av. de la République, ☎ 72 280 257.

Polyclinique Hammamet, en face de l'entrée de la villa Sebastian. Urgences, ☎ 72 266 000.

Police - Av. Habib Bourguiba, ☎ 72 280 079/542.

Pressing - 169 av. de la République.

Se loger

Cet ancien paradis touristique peut vite tourner à l'enfer en plein été. Profitez de la demi-saison pour vous installer dans un palace à des prix raisonnables (la plupart des hôtels proposent jusqu'à 60 % de réduction).

Moins de 10 d (6,5 €)

Camping Les Samaris, ☎ 72 226 353. À environ 5 km au sud de Hammamet par la route P 1 en direction de Sousse (derrière la station-service Star Oil). Si vous désirez camper à Hammamet, vous n'aurez comme choix que ce terrain un peu triste près d'un carrefour bruyant.

De 70 à 80 d (46 à 52 €)

Hôtel Khella, 89 av. de la République, ☎ 72 283 900 - 36 ch. Un peu plus haut que l'hôtel Sahbi, le bâtiment est certes moins attractif que ce dernier mais les chambres sont en bien meilleur état et mieux équipées (salle de bains).

Résidence Hammamet, 72 av. Habib Bourguiba, ☎ 72 280 733, residence.hammamet@planet.tn - 184 ch. CC Cet établissement situé en plein Hammamet a aménagé une petite piscine au 3e étage, mais la plage n'est qu'à 300 m. Les chambres sont équipées de kitchenette. Les plus agréables donnent sur un jardin fleuri, situé à l'arrière de l'hôtel.

De 100 à 120 d (64 à 78 €)

Hôtel Les Citronniers, rue de Nevers, ☎ 72 281 650/282 088, hotel.lescitronniers@planet.tn, www.hotel-citronniers.com - 60 ch. CC Prix raisonnables pour ce petit hôtel sans prétention à l'écart des hordes de touristes. La plage est de l'autre côté de la route. Assez bruyant en revanche : on entend la télévision jusque dans les salles de restaurant. Fermé de nov. à fév.

De 120 à 140 d (78 à 92 €)

☺ **Hôtel Dar Hayet**, 33 rue Farhat Hached, ☎ 72 283 399, dar.

hayet@planet.tn - 50 ch. À l'écart des hordes de touristes mais à 5mn à pied de la médina par la plage, cette maison traditionnelle offre tout le confort d'un 5 étoiles. Quelques chambres avec kitchenette. Un des deux restaurants donne directement sur la plage avec vue sur la kasba.

Hôtel Fourati, rue de Nevers, (72) 280 388, fourati.hammamet@planet.tn - 400 ch. s Allez-y au moins pour visiter le cadre, une splendide demeure coloniale à la décoration tunisienne typique. Malheureusement, le service est digne des pires usines à touristes, avec sono la nuit jusqu'à 1h du matin. Moyennant supplément vous avez vue sur la mer.

Sinbad, av. des Nations Unies, (72) 280 122, sindbad@planet.tn - 145 ch. Voilà l'hôtel où descendre hors saison pour profiter d'un cadre luxueux à prix abordable. En revanche, les prix atteignent des sommets en été. Les clients ont accès au golf d'Hammamet à des tarifs préférentiels.

Se restaurer

Vous trouverez bon nombre de restaurants av. de la République et av. Bourguiba, de qualité équivalente, proposant des plats au goût du plus grand nombre.

Moins de 5 d (3,5 €)

Le Marin *(C2)*, au pied des remparts sud-ouest, à l'intérieur de la médina. Assiette complète, plat du jour, bons ragoûts maison cuisinés par la mère du propriétaire.

Moins de 10 d (6,5 €)

Restaurant vert *(C2)*, 19 av. de la République, 72 278 200. Très européen, ce lieu est sympathique avec son balcon surplombant l'agitation de la rue. La nourriture est honorable (hamburger, pâtes, grillades) et c'est une des rares adresse de cette catégorie fréquentée hors saison.

L'Angolo Verde *(C2)*, angle rue du Stade et rue Ali Belhaouane, 72 262 641. Une carte variée de pizzas et pâtes italiennes, et surtout une « gelateria » où sont servies de succulentes glaces artisanales dont les couleurs acidulées évoquent celles du restaurant. L'intérêt principal réside dans les plats à emporter, puisque vous êtes à deux pas de la plage, après le cimetière.

De 20 à 30 d (13 à 20 €)

Chez Achour *(C2)*, 55 rue Ali Belhaouane, 72 280 140, www.chezachour.com Cette petite retraite ombragée est un peu à l'écart du tumulte de Hammamet (la terrasse n'est malheureusement ouverte que l'été). Si vous vous y prenez à l'avance, vous pouvez commander un délicieux agneau en gargoulette. Musique le week-end.

Les Trois Moutons *(C2)*, Centre commercial, 72 280 981 Cuisine tunisienne et internationale. Préférez la première salle avec verrière, moins sombre et bien plus agréable que la pièce principale. Un des restaurants les plus appréciés en ville.

Pomodoro *(C3)*, 6 av. Bourguiba, 72 281 254 Qualité équivalente au restaurant précédent mais ici la déco est à base de néons verts et roses.

De 30 à 40 d (20 à 26 €)

Restaurant Dar Lella *(A4)*, rue Patrice Lumumba (à 50m de l'av. du Koweit), 72 280 871. Le seul restaurant à proposer exclusivement des spécialités tunisiennes : la carte reprend les plats jadis préparées dans les grandes familles. Certaines saveurs sont tout à fait inhabituelles. Pensez à réserver, en particulier pour le soir.

Sortir, boire un verre

Cafés / Pâtisseries - **Sidi Bou Hedid** *(C3)*, 72 280 040 Blotti entre les remparts de la médina et le mur de la kasba, ce café à ciel ouvert figure parmi les plus beaux de Tunisie : installé sur des tapis, des nattes ou des coussins, on se laisse transporter par les vapeurs de chicha et les grands classiques orientaux en fond sonore. À l'extérieur des remparts, une seconde terrasse, plus commune, offre une vue imprenable sur le golfe de Hammamet.

Canari Tutti Frutti *(C2)*, av. de la République. L'endroit est certes très touristique, mais les jus de fruits sont les meilleurs de toute la ville.

La Reine *(B2)*, av. Mongi Slim av. de la République. Salle et terrasse pour déguster des jus de fruits frais et des pâtisseries. Spécialité de millefeuilles.

Discothèques - Plusieurs hôtels ouvrent leur discothèque au public, notamment **Les Orangers**, le **Hammamet Hôtel**, le **Miramar** et l'**hôtel Venus** sur la route touristique. Hors des hôtels, on trouvera les discothèques suivantes : **Manhattan**, une des plus connues de Tunisie, à 4 km au sud de Hammamet, ☏ 72 226 226 ; le **Tropicana**, en face du Manhattan, ☏ 72 227 200 ; le **Nirvana**, Hammamet Nord, ☏ 72 278 408.

Loisirs

Golf - **Golf Yasmine**, parcours de 18 trous, ☏ 72 227 001.

Golf Citrus, ☏ 72 226 500, www.golfs.tourism.tn. 2 parcours de 18 trous qui s'étendent autour de 6 lacs sur 420 acres de pelouse et d'oliveraies. Les 6 hôtels actionnaires peuvent offrir des conditions privilégiées à leurs clients : Abou Nawas, ☏ 72 281 344 ; Aziza, ☏ 72 283 666 ; Manar, ☏ 72 281 333 ; Méditerranée, ☏ 72 280 932 ; Phénicia, ☏ 72 226 533 ; et Sindbad, ☏ 72 280 122.

Plongée sous-marine - Le **Club Vénus** (hôtel Vénus, 5 km au sud sur la route de Sousse, ☏ 72 226 442) et le **Club Samira** (hôtel Samira, 2 km plus loin, ☏ 72 226 185) proposent des cours d'initiation ainsi que des plongées diurnes et nocturnes pour plongeurs confirmés (l'été seulement).

Équitation - **Club hippique Phénicia**, hôtel Phénicia, ☏ 72 226 533.

Festivals - **Festival international**, Centre culturel international, av. des Nations Unies, ☏ 72 280 410, www.ccih.tripod.com. Le festival se déroule de juin à la mi-août dans le théâtre en plein air de l'ancienne villa Sebastian. La programmation fait surtout appel à des variétés du Maghreb et du Moyen-Orient. Début du spectacle à 21h30.

Casino - **Grand Casino**, hôtel Sol Azur Beach, route touristique, Hammamet, ☏ 72 261 777. Les différents jeux (black-jack, poker, roulette anglaise, chemin de fer, machines à sous) se font exclusivement en devises étrangères. 17h-4h pour la salle des bandits manchots, et 20h-4h pour les autres jeux. Vous trouverez également sur place un bar américain et un restaurant. L'entrée du casino est interdite aux moins de 20 ans.

Hammam - Indispensable dans la fournaise de l'été. Dans la kasba, à gauche de l'entrée de la mosquée, avec des céramiques sur les murs (attention, l'autre bain maure à quelques mètres de là, bien signalé, est fortement déconseillé). Femmes l'après-midi et hommes le matin et le soir (fermeture en fonction des clients). Bons masseurs (2,5 d).

Achats

Souk hebdomadaire - Le jeudi.

Antiquités et artisanat - **Village ken**, Sidi Khalifa (Bouficha), à 20 km sur la route de Soussse, ☏ 73 252 110. Premier espace de ce type en Tunisie, il présente un musée vivant de l'artisanat et du folklore tunisien.

Nigro Bazar, 55 av. Bourguiba, ☏ 72 287 497. Beaucoup d'articles, dont de très beaux tapis.

Fella, médina, ☏ 72 280 426. Pour changer, allez jeter un coup d'œil à toutes ces broderies.

DANS LA VIEILLE VILLE

▸ Les animations balnéaires multiples proposées par les hôtels ne doivent pas faire oublier le spectacle immuable des pêcheurs s'activant autour de leurs grandes barques. À la fin de la journée, au moins dix hommes sont nécessaires pour les tirer sur la plage, à l'ombre de la **kasba★**. Du haut de cet édifice du 15e s. *(8h30-17h30 hors saison, et 8h-19h en été ; entrée payante)*, on jouit d'une très belle vue sur la **médina** et sur la baie de Hammamet. La vieille ville, enfermée dans ses remparts, a conservé tout son charme coloré. On peut flâner en toute quiétude dans les ruelles calmes et tortueuses qui, même au cœur de l'été, ne donnent pas l'impression d'être prises d'assaut par des hordes de visiteurs. Le **souk** se concentre dans une seule rue étroite où s'accumulent étoffes et parfums, céramiques et tapis.

Les âmes vagabondes trouveront à méditer de l'autre côté de la médina. Là, entre les remparts et la mer, s'étend le **cimetière marin**, quelques tombes chrétiennes qui se délitent au pied de la muraille et, de l'autre côté du chemin, l'immense troupeau blanc des sépultures musulmanes. Le cimetière est un lieu de rencontre ; les femmes discutent par groupe de quatre ou cinq, assises par terre ou sur le bord du sépulcre.

VERS LA ZONE TOURISTIQUE

Sur l'av. des Nations Unies, en direction de Sousse.

Propriété de l'État tunisien depuis 1959, la **villa Sebastian★** *(voir encadré)* a été transformée en Centre culturel international *(8h-18h ; entrée payante)*. La demeure est cernée de riches **jardins botaniques★** qui compte plus de 300 espèces (on regrette que presque aucun nom ne soit indiqué) et qui s'étendent sur 14 ha jusqu'à la plage : une promenade paisible loin de la frénésie de Hammamet. Au bout du jardin se trouve le café de la Lune (ouvert seulement en juillet-août) avec une belle vue sur la baie. En 1964, on a construit dans ce parc un théâtre en plein air. Dans cet espace à l'antique, conçu par les architectes P. Chemetov et J. Deroche, se déroule de juillet à août le **Festival international de Hammamet** *(voir « Loisirs »)*. Le centre culturel propose aussi un petit ciné-club avec des séances l'après-midi à 16h.

En continuant en direction de Sousse, vous découvrirez l'ancienne cité romaine de **Pupput** *(en été, 8h-17h ; en hiver, 9h-16h)* dont il y a peu à voir et presque rien à dire, la majeure partie du site étant encore à l'état de fouilles ou sous les hôtels.

La villa Sebastian

Il n'est pas de meilleure preuve que cette villa pour démontrer que le style arabe s'intègre parfaitement à l'architecture contemporaine. Inspirée de l'habitat traditionnel tunisien, cette maison se présente comme un emboîtement de parallélépipèdes chaulés de blanc d'une rigueur et d'une simplicité toute moderne. Ce minimalisme est adouci par des arcades aux colonnes trapues, notamment autour de la piscine. Côté plage, des terrasses à emmarchement graduent un jardin d'une rare luxuriance. Séduits par cette réussite architecturale, Européens et riches Tunisiens se firent bâtir des résidences secondaires sur le même modèle. Les hôtels copièrent également le style Sebastian et Hammamet doit peut-être une partie de son charme au bon goût du milliardaire roumain.

À quelques kilomètres au sud de Hammamet, **Yasmine Hammamet** se dresse face à la mer. La nouvelle Riviera tunisienne, totalement démesurée, est sortie de terre en quelques années seulement, et déjà le complexe compte près de 40 hôtels sur les centaines prévues. Cette destination s'adresse essentiellement à une clientèle de voyagistes attirée par la thalasso, le casino, le port de plaisance ou Carthageland, le parc d'attractions. Les voyageurs individuels peuvent néanmoins prévoir une excursion d'une demi-journée, en particulier pour visiter Medina Mediterranea. Projet pharaonique sur 11 ha, cette médina reconstituée mêlant différents styles architecturaux du pays abrite 200 boutiques, 20 restaurants, 20 cafés, trois musées, deux hammams, un night-club ainsi que des animations de rue dont des charmeurs de serpents (www.medina.com.tn).

2 jours ou plus	Séjour nature en Kroumirie
Circuit organisé	Les agences de voyages ou guides locaux proposent, en général, des randonnées à travers la forêt de chênes-lièges de Kroumirie jusqu'à la mer, avec découverte de quelques sites archéologiques.
Transport	Randonnée à cheval ou à pied (550 km de sentiers balisés). Adressez-vous à l'hôtel Rihana d'Aïn Draham *(p. 212)* ou auprès d'une agence de voyages de Tabarka *(p. 208)*.
Étapes	Le village de Aïn Draham *(p. 212)* sert de base de départ. Bivouac pendant la randonnée et hébergement parfois prévu dans un hôtel de la côte (en général à Tabarka).
Conseils	Le printemps et l'automne sont les meilleures saisons pour visiter la région.
3 jours	**La côte du corail**
Boucle (env. 380 km)	Tabarka *(p. 205)*, Bizerte *(p. 198)*, parc naturel d'Ichkeul *(p. 204)*.
Transport	- Bus et taxis collectifs fréquents entre Tabarka et Bizerte, mais l'idéal est de louer une voiture pour prendre les chemins de traverse, notamment jusqu'au cap Serrat *(voir carte Michelin n° 743)*. - Pour aller de Bizerte au lac d'Ichkeul (env. 80 km AR), si vous n'avez pas de voiture, possibilité de louer un deux-roues à Bizerte (balade agréable aux abords du lac).
Étapes	Tabarka, Bizerte.
Conseils	- Bizerte est une ville bien plus attrayante que Tabarka, mais cette dernière est préférable pour les amateurs de plongée sous-marine. - Ceux qui se trouvent au nord de la Tunisie en hiver feront contre mauvaise fortune bon cœur : le parc naturel d'Ichkeul se peuple d'oiseaux migrateurs à cette époque.
5 jours	**Les sites archéologiques du Nord (de Tunis au Kef)**
Circuit (env. 550 km)	Tunis *(p. 114)*, Utique *(p. 194)*, Bizerte *(p. 198)*, Tabarka *(p. 205)*, Aïn Draham *(p. 212)*, Chemtou *(p. 216)*, Bulla Regia *(p. 213)*, Dougga *(p. 164)*, Le Kef *(p. 218)*.
Transport	Transports en commun fréquents entre les villes étapes (Bizerte, Tabarka, Le Kef), mais une voiture de location est fortement recommandée pour la visite de tous les sites.
Étapes	Bizerte, Tabarka (ou Aïn Draham), Le Kef.
Conseils	Essayez de combiner votre séjour avec une randonnée en Kroumirie *(voir ci-dessus)*.

Le vieux port de Bizerte

LE NORD

DE TUNIS À BIZERTE

Quelques repères

Gouvernorat de Bizerte - Circuit d'env. 140 km.

À ne pas manquer

Le lac de Ghar el Mehl au lever du soleil.

Conseils

Comptez une journée.

Pour une baignade, préférez la plage de Sidi Ali el Mekki à celle de Raf Raf.

Ce circuit le long de la côte nord est l'occasion de découvrir une Tunisie moins touristique, mais plus authentique. Comme partout dans le pays, des paysans mènent paître leur bétail sur les talus, d'autres font une sieste recroquevillés sur le côté sans souci des automobiles. Les grandes voies attirent également quantité de camelots : marchands de mobilier en plastique pour le jardin ou les chambres d'enfants, vendeurs de fruits et légumes ou plus modestement gamins qui proposent du thé ou de petits pains ronds. Environ 18 km après Tunis, une fois franchies les collines pelées de l'Ariana, on descend dans la plaine de la Mejerda. Cette plaine alluviale, qui n'offre guère d'intérêt pour l'œil, est chargée d'histoire : le port d'Utique s'y est enlisé et c'est depuis l'Antiquité une très importante région céréalière. Après Utique, plutôt que de se rendre directement à Bizerte par la P 8, il est préférable de faire un détour par la côte, et de visiter les petites villes de Ghar el Melh et de Raf Raf... et surtout leurs immenses plages de sable fin, moins fréquentées que celles du Sud.

Se repérer

Quittez Tunis par la P 8 en direction de Bizerte. Environ 5 km après Pont-de-Bizerte (Protville sur certaines cartes), tournez à droite – la bretelle fait une sorte de « S », vire à gauche, revient ensuite sur la droite et traverse la route principale que vous venez de quitter. Roulez à peu près 3 km, vous passerez alors devant le petit musée d'Utique et, 1 km plus loin, les ruines seront indiquées sur votre gauche. Suivez la piste sur 500 m jusqu'à l'entrée du site.

LE SITE D'UTIQUE

Comptez 45mn.

8h30-17h30 en hiver et 8h-19h en été. Entrée payante, le billet donne également droit à la visite du musée.

L'endroit est rendu très agréable par les efforts d'un jardinier poète qui a fleuri les abords des ruines d'une main délicate et inspirée. Mais la débauche de géraniums et de roses trémières ne peut dissimuler le délabrement du site. Est-ce la conquête arabe ou l'assèchement du port qui sonna le glas d'Utique ? La cité est à présent ensevelie sous les alluvions de la Mejerda. La mer elle-même semble s'en être détournée, reculant à plus de 12 km. Utique a-t-elle expié sa félonie à l'égard de Carthage ? Elle, qui se targuait d'être plus ancienne que sa cousine, aurait été fondée par les Phéniciens en 1101 av. J.-C., soit trois siècles avant Carthage. Au 5e s., elle n'est cependant plus en mesure de le disputer en puissance à cette dernière et passe sous sa domination. Carthage la considère néanmoins davantage comme une alliée que comme une vassale. L'aînée soutient d'ailleurs la cadette dans le conflit qui l'oppose aux Grecs. Attendant sans doute un moment plus propice à sa trahison, elle lui prête encore main-forte lors de la seconde guerre punique. Mais en 146 av. J.-C., Utique se livre corps et âme aux troupes de Scipion qui s'en sert de base-arrière. Carthage anéantie, Rome récompense Utique de ses bons et déloyaux services en lui octroyant le titre de ville libre. Mais celle-ci semble prédestinée à ne jouer que les seconds rôles, elle perd son statut de capitale africaine dès que Carthage est relevée de ses ruines. Sous les Vandales et les Byzantins, c'est encore une cité prospère, et l'on explique mal sa totale disparition qui coïncide avec la conquête arabe. Une fin mystérieuse… et sans gloire.

Visite du site archéologique

Le site est assez décevant mais on peut se consoler en songeant qu'il reste encore 80 ha à fouiller.

L'époque punique

Les vestiges puniques sont peu visibles car enfouis sous les stratifications romaines. De cette époque, c'est la **nécropole** qui présente le plus d'intérêt. Les plus anciennes tombes datent du 7e s. av. J.-C., les plus récentes du 4e s. Il n'a d'ailleurs pas été retrouvé de traces antérieures au 8e s., ce qui incite les archéologues à remettre quelque peu en question les allégations de Pline l'Ancien qui situe la naissance de la cité en 1101 av. J.-C. Les sépultures sont de plusieurs sortes : simples fosses creusées dans le tuf, sarcophages monolithes, ou tombeaux constitués de blocs de grès coquiller ou de briques séchées au soleil. Ont également été retrouvés, au fond de fosses très profondes, de petits coffrets à incinération en calcaire ; la pratique de l'incinération remonte aux 3e et 2e s. av. J.-C. Une petite casemate construite sur la nécropole renferme la tombe – et le squelette – d'une jeune fille morte au 4e s. av. J.-C. (demandez au gardien-jardinier de vous ouvrir). Selon une coutume dont la signification nous échappe, le crâne était recouvert d'un masque funéraire constitué d'une coquille d'œuf d'autruche. Sur la coquille étaient peints des traits humains ; sans doute ceux du défunt. Un fragment de ce masque est exposé au petit musée local, ainsi qu'une partie du mobilier funéraire découvert dans les tombes *(voir ci-dessous)*.

L'époque romaine

La plupart des édifices publics ayant disparu, seules les maisons romaines méritent une courte visite. Sur la vingtaine de maisons dégagées, quatre seulement sont vraiment dignes d'intérêt. Quelques mosaïques sont restées *in*

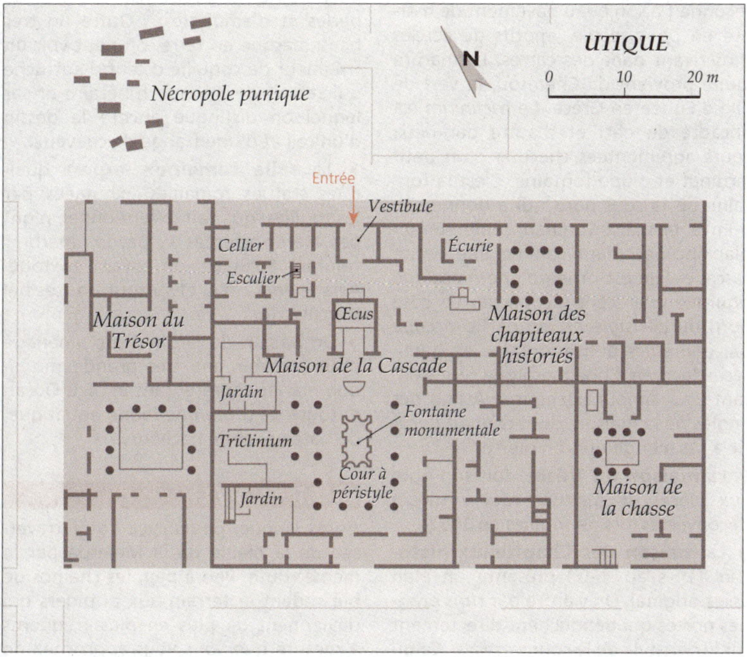

DE TUNIS À BIZERTE

situ, mais elles sont protégées par des coffrages en bois. Il vaut mieux se faire accompagner du gardien car il découvrira les mosaïques et en ravivera les couleurs en les aspergeant d'une belle eau claire puisée sous vos yeux dans une antique citerne romaine. La margelle de la citerne porte de profondes cicatrices, et c'est ce tracé millénaire qu'emprunte la corde à laquelle est attachée le seau.

▶ La **maison de la Cascade** (4e-5e s. ap. J.-C.) est de loin la mieux conservée et la plus grande. On entre par un vestibule donnant accès à plusieurs couloirs. Au fond du couloir central, face à l'entrée, se trouvait une fontaine formée d'une vasque (soutenue par deux petits piliers de marbre encore visibles) et d'un bassin rectangulaire. Le fond du bassin est orné d'une mosaïque représentant une foultitude de poulpes, murènes et autres poissons. Les différentes pièces s'agencent autour d'une cour à péristyle entourant une fontaine monumentale creusée de niches semi-circulaires. L'un des côtés du péristyle ouvre sur la salle à manger ou *triclinium* que l'on reconnaît à son beau pavement de marbre en *opus sectile* : motifs de cercles s'inscrivant dans des carrés. Le marbre jaune provient de Chemtou, le vert de l'île d'Eubée en Grèce. Le *triclinium* est encadré de part et d'autre par deux cours agrémentées chacune d'un petit jardinet et d'une fontaine. C'est la fontaine de la cour nord qui a donné son nom à la maison : l'eau coule sur un plan incliné créant comme une petite cascade. Elle est ornée d'une mosaïque figurant une scène de pêche. Le côté nord du péristyle est en partie occupé par une autre petite fontaine en hémicycle décorée d'une mosaïque représentant un « Amour pêcheur ». À l'un des angles de la maison, on reconnaît l'écurie à ses mangeoires en pierre.

▶ La **maison du Trésor** doit son nom aux pièces de monnaie qui y furent découvertes lors de fouilles en 1957.

▶ La **maison des Chapiteaux historiés** (1er s. ap. J.-C.) présente un plan assez original. On y entre par trois grandes portes qui débouchent directement sur le péristyle de la cour centrale. Celui-ci est composé de 12 colonnes à chapiteaux historiés dont certains représentent Hercule avec sa massue, Minerve, et Apollon Citharède. Le côté sud du péristyle ouvre sur une salle qui couvre toute la largeur de la maison et donne accès à trois autres petites pièces.

▶ La **maison de la Chasse** abritait une mosaïque représentant plusieurs scènes de chasse (désormais conservée au musée d'Utique).

Le musée

À env. 1 km. 8h30-17h30 en hiver et 8h-19h en été.

Il ne paie pas de mine mais recèle néanmoins quelques belles pièces.

▶ La **salle punique** conserve le mobilier funéraire découvert sur le site. Vous n'échapperez pas aux poteries puniques et grecques ni aux collections de lampes à huile que l'on voit dans tous les antiquariums de Tunisie, mais les bijoux sont assez exceptionnels et valent qu'on s'y arrête : bague en or représentant le dieu Baal Hammon, scarabées en cornaline ou en cristal de roche, collier de perles et d'amulettes... Outre un très beau masque en terre, on peut voir un fragment de coquille d'œuf d'autruche qui servait de masque funéraire et sur lequel on distingue encore le dessin d'un œil et d'une frange de cheveux.

▶ La **salle romaine★** expose quelques statues romaines exhumées par les fouilles, qui, fait exceptionnel, n'ont pas été transférées au Bardo : marbres figurant Esculape, un enfant en toge, Ariane endormie, et surtout un très bel Hercule.

▶ Un **bassin** du jardin a été aménagé pour recevoir une très grande mosaïque marine représentant le dieu Océan entouré de toute une faune aquatique, de bateaux et de pêcheurs.

GHAR EL MELH

Après Utique, poursuivez votre traversée de la plaine de la Mejerda par la même route. Peu à peu, les champs de blé cèdent le terrain aux potagers qui deviennent de plus en plus fréquents à mesure que vous vous approchez de la côte et des montagnes qui se profilent au loin. Petits enclos délimités par des cyprès avec, çà et là, une cahute au mileu des plantations maraîchères. Environ 2 km après Aousja, tournez à droite en direction de Ghar el Melh.

Ce village de pêcheurs est construit tout en longueur au pied du jebel Nadour, sur les rives du lac Ghar el Melh. Cette immense étendue d'eau qui communique avec la mer est bordée d'une végétation luxuriante : palmiers, cyprès, figuiers de Barbarie et aloès. Un régal pour l'œil dans la lumière du matin. Le site est malheureusement menacé d'envasement et les eaux glauques du rivage n'invitent guère à la baignade.

▶ Deux anciens **forts turcs** sont là pour nous rappeler que Ghar el Melh occupait une position stratégique. Pourtant, à considérer le vieux port endormi, ses barques colorées et l'onde immobile, on a peine à imaginer qu'il s'agit là de l'ancien Porto Farina, l'un des plus redoutables repaires de corsaires de toute la Méditerranée. À la fin du 18e s., lorsque la guerre de course eut fait son temps, les beys pensèrent transformer Gahr el Melh en un port militaire, mais l'envasement du lac eut raison de ce projet.

▶ Il faut continuer la route au-delà de Ghar el Melh pendant environ 3 km, puis prendre sur la droite une piste étroite entre la mer et le lac pour atteindre le **nouveau port de pêche**. Farniente et dépaysement garantis si, au lieu de tourner en direction du port qui n'a rien de typique, on poursuit son chemin jusqu'à la **plage Sidi Ali el Mekki** : sable blanc et eau turquoise de la mer qui contraste avec le flot saumâtre du lac *(comptez 6 km du vieux port à la plage, dont 3 km de piste caillouteuse. Le lieu est pratiquement désert, mais on y trouve un restaurant).*

Rebroussez chemin sur environ 14 km à partir du vieux port de Ghar el Mehl et prenez à droite en direction de Raf Raf.

La course

Les corsaires musulmans ou *raïs* étaient très souvent d'anciens esclaves européens qui s'étaient convertis à l'islam. Sous couvert de guerre sainte, chrétiens et musulmans se livraient en fait une véritable guerre économique. Les butins – sur lesquels les souverains prélevaient leur dîme – étaient réintroduits dans le circuit commercial par l'intermédiaire de réseaux parallèles. On retrouvait ensuite ces marchandises dans les souks de Tunis ou d'Alger. Cette prééminence de l'économie amène à remettre en question certaines légendes. Le captif était d'abord une marchandise qu'il fallait ménager si l'on souhaitait l'échanger ensuite contre rançon ou le revendre comme esclave ; sa condition ne fut sans doute donc pas aussi épouvantable qu'on l'a décrite. De même, suivant en cela une morale assez répandue, les corsaires ne se hasardaient à livrer bataille ou à massacrer les équipages qu'en cas d'absolue nécessité ou de nette supériorité.

RAF RAF

La route qui mène à cette station balnéaire réputée serpente à travers de jolies collines couvertes de vergers, de vignes, d'oliviers touffus et de petites pinèdes. Mais en arrivant à la baie de Raf Raf, il faut déchanter : les abords de la plage ont été envahis et enlaidis par les résidences secondaires que les Tunisois « aisés » se sont fait construire au cours des dernières années. Les amoureux des lieux parlent de « gourbification » : maisons en brique inachevées, simples cubes ou arabisances du plus mauvais goût. Quelques immeubles sont même carrément plantés dans le sable. Fort heureusement, l'**île Pilao** est à l'abri d'un tel saccage. Face à la plage, sous-marin à demi immergé, elle semble menacer les vandales de l'immobilier.

On se consolera en faisant demi-tour et en passant par **Metline**. De ce village haut perché, on a une vue panoramique sur la côte et sur Raf Raf décidément très belle… de loin.

Environ 10 km après Metline, tournez à droite au croisement en direction de Bizerte à un peu plus de 20 km.

BIZERTE★

Son ambiance populaire

Une courte saison estivale

Quelques repères

Chef-lieu de gouvernorat - Env. 111 900 hab. - À 65 km de Tunis par la P 8 et à 150 km en passant par Raf Raf.

À ne pas manquer

Prendre un verre sur le vieux port.

Flâner dans les ruelles de la médina.

Conseils

Louez un deux-roues pour visiter les environs.

En hiver, vous verrez un plus grand nombre d'oiseaux dans le parc naturel d'Ichkeul.

Bizerte n'est en rien une ville apprêtée pour le tourisme, même si ses rues, son port, et sa médina exercent sur le visiteur un incontestable attrait. Disons que Bizerte plaît sans le vouloir, sinon sans le savoir, et ne se laissant pas désirer, elle ne déçoit nullement.

Bizerte éprouve pourtant quelques difficultés à se dessiner un nouveau visage. Devenue depuis l'indépendance un centre sidérurgique et pétrolier de premier plan, elle semble toujours hésiter sur sa véritable vocation. Si l'arrière-pays est profondément agricole, la cité, de par sa situation géographique et son histoire, est tentée de se tourner entièrement vers le grand large. Bizerte, l'antique Hyppo Diarrhytus, est la clé d'un vaste système de vases communicants : lac d'Ichkeul, lac de Bizerte et Méditerranée. *Diarrhytus* signifie d'ailleurs en grec « traversé par les eaux ». Position éminemment stratégique, la ville contrôle l'accès au lac de Bizerte qui de tout temps a constitué une rade idéale pour tous les navires de guerre des puissances étrangères : romaine, espagnole ou turque... Et aussi plus récemment allemande durant la Seconde Guerre mondiale, et surtout française.

La base navale de l'armée française a fermé en 1963, mais Bizerte est restée une ville de garnison. Les autorités, qui tentent de faire oublier cette double identité industrielle et militaire, ont entrepris une mise en valeur du patrimoine historique, comme en témoignent les efforts de nettoyage de la médina qui en a bien besoin. Bizerte peut également se prévaloir de tous les atouts d'une station balnéaire moderne : sa plage, sa forêt de pins, ses hôtels confortables, son golf...

Mais il faut pour cela sortir de la ville et prendre la corniche en direction du nord. En outre, Bizerte et le cap Blanc (à 20 km), terres les plus septentrionales d'Afrique, ne jouissent pas d'une longue saison estivale. En dehors des mois de juillet et août, la mer peut être jugée trop froide et le fond de l'air un peu frais.

Arriver ou partir

En train - SNCFT, rue de Russie, ☎ 72 431 070. 4 omnibus par jour relient Bizerte à la capitale sur la ligne TA (l'ancienne ligne Tunis-Alger). Durée 1h30, prix 3 d.

En bus - SNTRI, rue d'Alger, ☎ 72 431 222. Dessert Menzel Bourguiba, Ras Jebel, Raf Raf, Ghar el Melh et Tabarka.

SRTB (Société régionale de transport de Bizerte), quai Tarak Ibn Ziad, ☎ 72 590 255. Permet aussi bien de rejoindre la corniche que d'atteindre Tunis, Aïn Draham ou Beja.

En taxi collectif - La station est au bord du canal, près du pont de Tunis. Bizerte étant dans un cul-de-sac, il est souvent plus sage de passer par Tunis (3 d) pour rejoindre les autres grandes villes du pays. De Bizerte, les taxis collectifs desservent néanmoins Le Kef (7 d, 3h).

En bateau - Port de plaisance (100 anneaux), ☎ 72 436 610, www.portplaisance.bizert1.com ou www.asm.bizerte1.com. Projet d'aménagement d'une nouvelle marina à l'étude.

Comment circuler

En bus - **SRTB** (Société régionale de transport de Bizerte), quai Tarak Ibn Ziad, ☎ 72 431 371/736, dessert la zone touristique de la corniche.

En taxi - On peut les héler dans toute la ville.

En voiture - Il est préférable de se déplacer à pied dans le centre-ville. La voiture est néanmoins bien pratique pour rejoindre les différentes plages de la côte.

Location de voiture - **Avis**, 7 rue d'Alger, ☎ 72 433 076. Europcar, place des Martyrs, ☎ 72 439 018. **Euro Rent**, rue d'Algérie, ☎ 72 435 189. **Hertz**, place des Martyrs, ☎ 72 438 388. **Inter Rent Europe Car**, rue Ahmed Tilli, ☎ 72 431 455. **Mattei**, 27 rue d'Alger, ☎ 72 431 508.

Location de scooter - **Palais du Cycle**, 50 av. Habib Bourguiba, ☎ 72 431 622. Environ 35 d la journée.

En calèche - Deux calèches (4 en été), largement utilisées par les autochtones vous mèneront aux quatre coins de la ville. Point de départ habituel sur la place du vieux port.

Adresses utiles

Informations touristiques - **Commissariat régional au tourisme** (abrite l'Office de tourisme), quai Khmais Ternane, vieux port, ☎ 72 431 091. 8h30-13h/15h-17h45 ; 8h30-13h le vendredi et 8h30-13h30 le samedi, fermé le dimanche.

Banque / Change - **BIAT**, rue Moncef Bey, ☎ 72 431 322. Distributeur.

BNA, rue du Ier Juin, ☎ 72 439 708.

Banque du Sud, av. Taïeb Méhiri, ☎ 72 436 111.

Amen Banque, av. H. Bourguiba. Distributeur.

STB, rue Farhat Hached, ☎ 72 431 633.

ATB, rue Farhat Hached, ☎ 72 433 878.

UIB, rue Moncef Bey, ☎ 72 432 532. Distributeur.

Poste centrale - Av. d'Algérie, ☎ 72 431 190.

Publinet - **Cyber house,** rue Habib Thameur.

Urgence / Santé - **Police**, rue du 20 Mars 1956, ☎ 72 431 200/ 065.

Garde nationale, ☎ 72 431 500.

Pharmacie de nuit Mahmoud Srarfi, 28 rue Ali Belhaouane, ☎ 72 439 545.

Compagnie aérienne - **Tunisair**, 76 av. Habib Bourguiba, ☎ 72 432 201.

Se loger

▸ *Ville moderne*

Moins de 20 d (13 €)

Hôtel Africain, rue Sassi el Bahri, ☎ 72 434 412. Pour les petits budgets, assez bien tenu. Un autre hôtel, juste à côté, propose des chambres encore moins chères, sans draps...

De 30 à 40 d (20 à 26 €)

Hôtel de la Plage, 34 av. Mohammed Rejiba, ☎ 72 436 510 - 23 ch. Simple et agréable, à 2mn de la plage.

Hôtel El Fath, av. du Président Habib Bourguiba, ☎ 72 430 596 - 30 ch. Établissement propre, rénové en 2002. Chambres avec douche minuscules et WC sur le palier. Dormez sur cour pour éviter le bruit, ce qui ne vous empêchera pas d'être réveillé par le muezzin, car la mosquée est voisine.

De 80 à 100 d (52 à 65 €)

Complexe touristique de Sidi Salem, zone touristique, en face de la kasba, ☎ 72 420 365, hsalem.bizerte@planet.tn - 40 ch. TV CC Idéalement situé entre la plage, la médina et son vieux port. Bungalows de 15 m² avec une petite terrasse de pelouse, répartis sur un terrain de 2 ha. Nombreuses activités proposées. Près de 50 % de remise hors saison.

▸ *Sur la corniche*

De 40 à 100 d (26 à 65 €)

Hôtel Petit Mousse, route de la Corniche, ☎ 72 432 185/438 871 - 10 ch. Pour les amoureux de la mer qui n'ont pas peur du bruit. L'hôtel donne en effet sur la route de la Corniche, mais c'est le prix à payer pour être en bord de mer. La gentillesse des serveurs compense l'accueil glacial de la réception.

Se restaurer

Peu de restaurants en ville, hormis des pizzerias. Il faut s'éloigner du centre-ville pour trouver des tables chic où l'on sert poissons et fruits de mer.

Ville moderne

Moins de 5 d (3,5 €)

Pizzeria Les Étoiles *(A2)*, rue Ibn Khaldoun, ☎ 72 435 906. Ici sont fabriquées les meilleures pizzas de toute la ville. On y mange bien et pas cher.

De 5 à 10 d (3,5 à 6,5 €)

La Mammina *(A2)*, 1 rue d'Espagne non loin du restaurant du Bonheur, ☎ 72 439 023. Cuisine italienne. Cadre campagnard pour cette pizzeria, en plein cœur de Bizerte. Spaghettis à midi et pizza le soir. Pas d'alcool et fermé dimanche.

De 14 à 23 d (9 à 15 €)

Restaurant du Bonheur *(A2)*, 31 rue Thaalbi, ☎ 72 431 047. 🍷 CC Ne pas confondre avec l'entrée du bar à bière juste à côté et portant le même nom. Spécialités franco-tunisiennes dans ce restaurant du centre-ville. Choisissez de préférence la salle du fond, climatisée. Cuisine et service de qualité. Tenu par les mêmes propriétaires, un restaurant flottant ancré dans le vieux port doit ouvrir courant 2004. À suivre.

De 14 à 32 d (9 à 20 €)

Le Sport Nautique *(C2)*, quai Tarak Ibn Ziad, ☎ 72 432 262 🍷 CC Dans une grande salle aux baies largement ouvertes sur le port de plaisance, on vous sert des spécialités de la mer selon des préparations très internationales : couscous au poisson, mais aussi paella (sur commande) ou risotto aux fruits de mer.

Sur le vieux port

De 5 à 10 d (3,5 à 6,5 €)

☺ **Le restaurant du Vieux Port - chez Mouam** *(B1)*, GSM 97 210 180. Idéal pour un poisson grillé tout en regardant les pêcheurs ranger leurs filets. Fermé le soir.

Sur la corniche

De 20 à 40 d (13 à 26 €)

Le Petit Mousse *(hors plan)*, route de la Corniche, ☎ 72 432 185 Le rendez-vous du Bizerte chic. En plus des poissons et des coquillages très frais, l'établissement propose des spécialités franco-tunisiennes. Formule snack-bar en été, dans la partie du restaurant située directement en bord de mer.

Sortir, boire un verre

Cafés - ☺ **Café Cheikh Khamais Termane**, entre le marché couvert et le vieux port. La terrasse proche du port n'a rien d'exceptionnel mais c'est à l'intérieur qu'on découvre toute la magie du lieu : voûte en pierre et en brique à l'atmosphère tout droit sortie d'un film de pirates. L'aimable propriétaire affirme que ce lieu date du 15e s. Thé à la menthe, café et chicha. Parfois des concerts en été pendant le week-end.

☺ **Restaurant Zerga**, sur le vieux port. Contrairement à son nom, il s'agit d'un petit café populaire proposant café, thé et chicha. Idéalement placé sur cette partie du vieux port interdite à la circulation, passage obligé pour les habitants de la kasba se rendant en ville à pied ou en vélo.

☺ **Les Cafés des Deux Forts**, au bout du vieux port avant l'ouverture sur la mer, se font face. Le premier offre sa large terrasse aux amoureux au sommet des remparts de la kasba (entrée 0,5 d) tandis que le second est lové au pied d'une tour du fort Sidi Henni. Les deux proposent boissons non alcoolisées et chicha.

Discothèques - Hôtel Jalta, ☎ 72 443 100.

Hôtel Corniche ☎ 72 436 088/470.

Loisirs

Activités sportives - Centre équestre Mohammed Hajji, Hôtel Corniche, ☎ 72 431 844/431 831.

Sport Nautique Bizerte, à l'entrée du port de plaisance, ☎ 72 420 411. Planche à voile, Laser, Optimist, caravelle et canoë kayak.

Bizerte Marine, à l'entrée du port de plaisance, ☎ 72 420 411,

Pêcheur dans le port de Bizerte

bizerteplongee@planet.tn. Baptêmes de plongée, plongées sur épaves...

Hammam - Hammam de la Médina, à l'entrée de la kasba, contournez la mosquée par la gauche. Vous trouverez une porte bleue sur votre gauche juste après les arcades. En bon état malgré son âge vénérable. **Hammam el Kebir**, le plus ancien de la ville, construit sous l'Empire ottoman.

Festivals - Festival international de la Méditerranée. Variétés et musiques méditerranéennes essentiellement, mi-juillet et début août.

Festival El Médina. Théâtre, poésie, musiques, pendant tout le mois du Ramadan.

Achats

Marchés - Dimanche (et mardi, pour les produits agricoles), place du marché, devant la kasba.

Aux alentours : à **Sejnane** le jeudi ; à **Ras Jebel** le vendredi ; à **Mateur** les vendredi et samedi.

Pâtisseries - La Délicieuse, 52 av. du Président Habib Bourguiba, ☎ 72 432 152.

Bertfouma, av. du Président Habib Bourguiba, ☎ 72 431 283.

Makhlouka, rue Ibn Khaldoun.

Antiquités et artisanat - Au Palais d'Orient, av. du Président Habib Bourguiba (à l'angle avec la rue d'Alger). Des mosquées en terre cuite aux plateaux en cuivre, tout l'artisanat entassé dans un magasin. Cartes de crédit acceptées.

SOCOPA, quai Khémais Ternane (Vieux port), ☎ 72 439 684. Fermé le dimanche.

Librairie - Librairie Sciences et culture, av. Taïeb Méhiri (à l'angle de la rue Moncef Bey). Dépôt de presse française.

VISITE DE LA VILLE

Comptez 2h.

▶ Lové entre la kasba et le fort Sidi Henni, le **vieux port★★** est l'endroit le plus charmant de Bizerte. Le quai s'étire en arc de cercle le long des remparts terre de Sienne de la kasba et des basses maisons blanches. Une modeste embarcation peinte en rouge et vert fend l'eau calme, un pêcheur débarque son poisson pour le marché tout proche, un autre lève l'ancre... Spectacle familier d'un petit port de pêche provençal ou espagnol qui aurait troqué son clocher pour un minaret.

▶ On entre dans la **kasba★** aux fières murailles crénelées par une porte extrêmement basse et de guingois, ainsi conçue jadis pour rendre très difficile l'accès à la médina. Des femmes en habit blanc, mais le visage entièrement voilé de noir (y compris les yeux), demandent l'aumône en tendant la main. Étrange vision de Belphégor, très rare dans ce pays où, depuis Bourguiba, les femmes ont l'habitude de se montrer sans entraves. Les ruelles, d'une étroitesse absolue, forment un labyrinthe mystérieux peuplé de chats maigres et d'enfants. Aucun commerce, seulement des habitations au sol lavé à grande eau. Dans cette partie de la ville, l'absence d'activité commerçante a permis de préserver une certaine authenticité : ici, pas de souvenirs et autres objets clinquants. On a vraiment l'impression

Mourir pour Bizerte

Bizerte formait avec Toulon et Mers el Kébir le fer de lance de la présence française en Méditerranée. Elle fut donc un enjeu important au moment de la décolonisation. Bourguiba, soucieux de préserver les relations franco-tunisiennes, laissa cette base aéronavale sous administration française. Mais en pleine guerre d'Algérie, cette enclave française était un symbole de l'impérialisme. Le 18 juillet 1961, les Bizertins se mobilisèrent pour réclamer l'évacuation des forces françaises, et des manifestants pénétrèrent dans la base. La troupe ouvrit le feu faisant au moins 1 000 morts dans la population civile. Des négociations s'engagèrent sous l'égide de l'ONU, et les Français se retirèrent définitivement en 1963. Le cimetière des Martyrs, sur les hauteurs de la ville, rappelle cet épisode douloureux.

d'entrer chez les gens, d'approcher de leur intimité, même si le regard n'attrape rien d'autre que des images furtives d'intérieurs sombres, de patios et de couloirs coudés... Chaque voix, chaque pas résonne, comme les coups de marteau venus du souk des forgerons tout proche, de l'autre côté de la muraille.

L'activité portuaire – surtout celle liée à la course – et l'arrivée des Andalous favorisèrent l'artisanat. Bizerte se fit ainsi une spécialité de la ferronnerie comme en témoigne le **souk des Forgerons** qui abrite d'ailleurs surtout des menuisiers. Il n'a pas vocation touristique et répond essentiellement à une demande locale. Le pittoresque est ici d'un autre genre : une poule caquetant dans un atelier ou de jeunes mariés commandant une chambre à coucher. Une vie simple sur laquelle veille depuis trois siècles le minaret octogonal de la **Grande Mosquée** toute proche.

▸ La **place Slahedine Bouchoucha** correspond à un ancien bras du canal qui fut comblé au 19e s. Là se tiennent des marchés et l'endroit est très animé en fin de matinée. Surplombant le marché couvert, la **mosquée du Rebaa**, blanc et vert, dresse son minaret carré.

En face de la kasba, fermant l'entrée du port, le petit **fort Sidi Henni** abrite un Musée océanographique d'un intérêt limité *(ouvert tlj ; entrée payante. Voir « Sortir, boire un verre »).*

Sur la colline voisine du vieux port, le **fort d'Espagne** monte la garde. Il est aujourd'hui utilisé comme théâtre. Contrairement à ce que laisse supposer son nom, cette forteresse fut bâtie par les Turcs au 16e s.

ENVIRONS DE BIZERTE

Sortez de Bizerte par le boulevard de la République et prenez la direction de Mateur.

MENZEL BOURGUIBA

À 25 km de Bizerte, l'ancienne **Ferryville** – baptisée ainsi en l'honneur de Jules Ferry qui inaugura la politique coloniale africaine – était réputée être un « petit Paris ». La comparaison était sans doute excessive, mais de vieux habitants assurent qu'il y a encore vingt ans la ville évoquait certains faubourgs parisiens. Aujourd'hui, suite à des constructions anarchiques, elle ne ressemble plus à rien, et seuls les platanes, dans certaines rues, rappellent la présence française... Encore sont-ils mal en point.

Menzel Bourguiba a désormais pour elle de se trouver à proximité du lac d'Ichkeul.

PARC NATUREL D'ICHKEUL★

Au minimum 1h30 de visite.

7h-19h toute l'année (le musée est ouvert de 8h à 18h), faible droit d'entrée. Photographies interdites.

À la sortie de Menzel Bourguiba, prenez la direction de Mateur. Au bout de 3 km, vous récupérez la P 11 qu'il faut suivre sur 4 km. Derrière la voie ferrée, un panneau signale l'entrée du parc. Il reste 6 km à parcourir jusqu'au parking, au bas de l'escalier qui monte à l'écomusée.

▶ Ce parc naturel s'étend sur un lac, des marais et le jebel Ichkeul (511 m). Inscrit au Patrimoine mondial de l'Unesco en 1997, il est l'une des plus belles réserves ornithologiques du monde où se réfugient canards siffleurs, oies cendrées, foulques... En hiver, lorsque près de 200 000 oiseaux peuplent la réserve, le spectacle est fascinant. Avec un peu de chance, vous pourrez également apercevoir des buffles qui rôdent dans le parc.

TABARKA★

☺ Superbe parcours de golf

Quelques repères

Gouvernorat de Jendouba - Environ 13 500 hab. - À 180 km de Tunis par la P 7 et à 150 km de Bizerte.

À ne pas manquer

La vue du haut du fort génois.

Les Aiguilles.

Un repas de poissons ou de crustacés.

Conseils

Attention ! Tabarka est au nord, la pluie y a ses habitudes.

Tabarka est un excellent point de chute pour visiter Aïn Draham, Bulla Regia et Chemtou.

C'est probablement à Tabarka que le tourisme tunisien offre son visage le plus original. La route qui mène à l'ancien port phénicien de Thabraca – ce qui signifie « lieu ombragé » – en donne déjà un aperçu. Un paysage vallonné et peuplé de chênes-lièges, des parfums de sous-bois mêlés aux effluves bien perceptibles de l'air marin, des panneaux indiquant la présence de gibier, voici réunis les atouts majeurs de la région : la mer et la forêt, les poissons et le corail, les sangliers et les perdrix...

Arriver ou partir

En avion - Aéroport « 7 Novembre », ☎ 78 680 005/113/127/130. En saison, l'aéroport est surtout desservi par des compagnies charter.

Tunisair, ☎ 78 680 082/092.

En train - Le train n'arrive pas à Tabarka mais à Béja. De là, un service de bus assure la liaison avec Tabarka (changement à Jendouba pour se rendre à Aïn Draham). Pour chaque destination, 4 AR par jour en voitures climatisées (3h30).

En bus - SNTRI, 18 rue du Peuple, ☎ 78 670 404. Tabarka est desservie par des bus venant de Tunis, la meilleure route passant par Béja. Départ 4 fois par jour *via* Mateur, 2 fois par jour via Béja (3h15). Choisissez de préférence les bus verts. Avec un peu de chance, ils sont climatisés. Les premiers bus partent très tôt le matin alors que les départs les plus tardifs se font vers 15h30. 10 bus AR vers Aïn Draham, 5 pour Jendouba, 2 pour Le Kef et un pour Bizerte.

En taxi collectif - La station de louage est située av. Habib Bourguiba, à proximité de la station-service (au pied de la route conduisant à l'hôtel Mimosas). Taxis pour Jendouba, et Tunis, et de rares véhicules assurent une liaison avec Bizerte.

En voiture - La route passant par Béja et Aïn Draham est un peu plus rapide, même si celle *via* Mateur et Nefza compte moins de kilomètres. Environ 3h de trajet en provenance de Tunis.

En bateau de plaisance - La petite marina de Tabarka accueille des régates de voiliers en provenance de France ou d'Italie. Capitainerie du port de plaisance Montazah Tabarka, ☎ 78 670 599. L'accostage revient à 135 d par mois pour un voilier de moins de 10 m.

Comment circuler

En bus - C'est la solution la moins chère pour se rendre aux hôtels de la zone touristique :

SRT Jendouba (Société régionale des transports), 84 av. Habib Bourguiba, ☎ 78 670 087. 7h-23h45 en été ; départ toutes les heures env. Prix : 300 millimes. L'arrêt est devant la BNA, 69 av. Bourguiba.

En taxi - Allô Taxi, ☎ 78 673 636. La station est rue de la Constitution, près de la statue de Bourguiba.

Location de voiture - La ville est si petite qu'elle se parcourt essentiellement à pied. La voiture est en revanche très utile pour découvrir les paysages de montagnes de Kroumirie.

Hertz, résidence Corallo, port de plaisance, ☎ 78 670 670.

Europcar, résidence Corallo, port de plaisance, ☎ 78 670 834.

Adresses utiles

Informations touristiques - Le **Commissariat régional au tourisme** est installé dans l'ancienne gare ferroviaire, 65 bd du 7 Novembre (entrée par le 3 rue de Bizerte), ☎ 78 671 491 ou 673 496/555. 8h30-13h/15h-17h45, 8h30-13h30 les vendredi et samedi, fermé le dimanche.

Bureau de tourisme, 32 av. Habib Bourguiba. En été, 9h-13h/15h-19h, fermé le lundi. Fermé hors saison. Pour les renseignements téléphoniques, contactez le CRT.

Banque / Change - La plupart des banques organisent des permanences de change tous les samedis et dimanches de 9h à 11h.

UIB, 48 av. Habib Bourguiba. 8h-11h30/14h-17h.

BNA, 69 av. Habib Bourguiba. 8h-12h/14h-17h du lundi au jeudi ; 8h-12h/13h30-16h30 le vendredi.

STB, av. Habib Bourguiba. Distributeur de billets.

Banque du Sud, résidence Corallo, port de plaisance. 8h-11h30/14h-17h du lundi au vendredi. En été, 7h15-11h45.

Poste centrale - 12 av. Hédi Chaker. En hiver, 8h-12h/15h-18h. En été, 7h30-13h, et 17h-19h en opérations réduites. 7h30-13h, le samedi.

Publinet - Av. du 7 Novembre, près de l'Office de tourisme.

Urgences / Santé - SAMU, ☎ 78 673 661/665. **Secours routiers**, ☎ 78 670 021.

Polyclinique Sidi Moussa, av. Bourguiba, en face de l'hôtel Les Aiguilles, ☎ 78 671 200. Centre de soin pour rein artificiel et dialyse.

Pharmacie de nuit Bessassi Nourreddine, 19 rue Ali Zouaoui (en face de l'hôtel Novelty), ☎ 78 673 314.

Se loger

Comme dans l'ensemble des villes côtières, les prix chutent hors saison.

▸ *En ville*

Moins de 20 d (13 €)

Hôtel Le Corail, av. Habib Bourguiba, ☎ 78 673 082 - 21 ch. Le moins cher en ville avec lavabo dans les chambres et douches collectives. L'ensemble est passable, en particulier les draps. D'importants travaux sont prévus pour les chambres du 1er étage et les prix devraient grimper en conséquence.

Autour de 30 d (20 €)

Pension Mamia, 3 rue de Tunis, ☎ 78 671 058 - 24 ch. Les chambres donnent sur un charmant patio fleuri. Accueil chaleureux. Propre et central. Douches collectives mais WC et lavabos dans les chambres. Le meilleur rapport qualité-prix pour les petits budgets.

À partir de 40 d (26 €)

Hôtel de la Plage, 11 av. du 7 Novembre, ☎ 78 670 039 - 53 ch. ▤ Incontestablement le meilleur rapport qualité-prix de la ville. Les chambres sur rue sont dotées d'un petit balcon. Confort basique, avec douche et WC sur le palier pour certaines, mais l'ensemble est impeccable et l'accueil chaleureux. Supplément pour les douches dans les chambres (rénovées) et pour la clim.

De 70 à 80 d (46 à 52 €)

Hôtel Les Aiguilles, 18 av. Habib Bourguiba, ☎ 78 673 789 - 20 ch. ✗ Hôtel modeste mais propre. Demandez les chambres avec vue sur le jardin et le port, moins bruyantes que celles donnant sur la rue. Possibilité de petit-déjeuner sur la terrasse du 3e étage.

Résidence Corallo, Marina. Deux agences se partagent la location des studios et des 2-pièces de cette résidence : Agence Mbarki Youssef&Fils, ☎ 78 670 800, sahar@planet.tn, et Mme Khadhraoui Azouzi Salwa, ☎ 78 671 723 - 50 appt. Au cœur de la marina, les appartements mériteraient un rafraîchissement mais l'architecture, dans le style de Sidi Bou Saïd, a du charme. Location de 1 jour à plusieurs semaines.

Autour de 100 d (65 €)

☺ **Hôtel Les Mimosas**, accès par l'avenue Habib Bourguiba à côté de la station-service, ☎ 78 673 018/028 - 77 ch. ✗ CC Ravissant hôtel construit au début du siècle sur la colline dominant Tabarka. Entièrement restauré en 2003, cette adresse allie charme et confort. Petits salons avec vue sur la piscine dominant la ville et le mer. Les 5 chambres de l'ancienne bâtisse sont souvent réservées pour les invités de marque ; si vous avez de la chance, ne les manquez pas. Toutes les autres sont dans un bâtiment plus récent : au RDC, agréable terrasse avec pelouse mais la vue ne vaut pas celle des chambres du 1er.

À la plage

À partir de 140 d (90 €)

Hôtel Royal Golf, zone touristique, ☎ 78 673 002, royal@gnet.tn - 160 ch. Des chambres confortables mais sans cachet particulier pour cet hôtel situé à 300 m de la plage. L'UCPA est installée dans cet établissement de mai à octobre. Hammam.

À partir de 160 d (104 €)

Mehari, nouvelle route touristique, ☎ 78 671 444, www.goldenyasim.com - 196 ch. Cet hôtel propose une formule résidence, de l'autre côté de la route, avec 57 bungalows équipés de kitchenettes. Les résidents ont accès aux services de l'hôtel. Pour l'hôtel, obligation de prendre au moins la formule demi-pension. Supplément vue sur mer. Différentes activités sont possibles : fitness, dancing et l'hôtel accueille dans ses locaux l'agence Tunisie Voyages, particulièrement efficace.

Hôtel Dar Ismael, zone touristique, ☎ 78 670 303, shti@shti.com.tn - 300 ch. Ce nouvel hôtel a beaucoup de charme malgré sa taille. Hammam, sauna (massages et soins), café maure et feu de bois dans la cheminée du restaurant pendant l'hiver.

Se restaurer

Moins de 5 d (3,5 €)

La Sirène *(B3)*, av. de l'Algérie en partant de l'av. Bourguiba en direction de la mer. Ouvert le midi seulement. Une gargote locale qui propose des plats copieux avec quelques tables dehors le long du jardin, à l'ombre des arbres.

Autour de 8 d (5 €)

Le Corail «chez Cherif» *(B3)*, av. Habib Bourguiba (à proximité de l'hôtel Novelty) Ce n'est pas la portion la plus animée de l'avenue mais la terrasse est agréable. Le patron de ce petit restaurant viendra vous conseiller son poisson ou ses crustacés les plus frais (goûtez les briks aux crevettes)..

De 10 à 17 d (6,5 à 11 €)

Le Pirate *(B2)*, port de plaisance, ☎ 78 671 940 Sa terrasse disposée sur une pelouse face à la mer donne tout son charme à l'endroit. Bonnes spécialités de poissons, de fruits de mer et de langoustes. La qualité constante de ce restaurant est appréciée depuis douze ans.

De 10 à 28 d (6,5 à 18 €)

Le Panorama *(B3)* (restaurant de l'hôtel Les Mimosas). L'accès se fait par l'av. Habib Bourguiba, ☎ 78 673 018/028 Allez-y plus pour profiter de la vue panoramique sur la côte de Tabarka que pour la cuisine. La maison vous propose du jambon de sanglier « chassé maison » malheureusement un peu trop salé. Autre curiosité locale, les côtelettes d'agneau sont cuites au beurre. Il faut dire que c'est la seule région de Tunisie où il y a des vaches. Spécialités de gibier en saison.

Le Novelty *(B3)*, 68 av. Habib Bourguiba, ☎ 78 670 176 Cuisine honnête au restaurant de l'hôtel du même nom. Le menu affiche des spécialités de la cuisine familiale tunisienne, notamment la chorba, une soupe légèrement citronnée. En été, la terrasse permet de profiter de l'animation nocturne.

Les Aiguilles *(B3)*, 18 av. Habib Bourguiba, ☎ 78 673 789 Un autre restaurant d'hôtel qui présente un large assortiment de poissons et de crustacés.

Le Festival *(B2)*, bd du 7 Novembre, ☎ 78 671 862. De la terrasse ombragée et fleurie, on prend le temps d'observer la rue, très passante. La carte est classique et sans surprise mais le restaurant est très fréquenté par la population locale. Quelques spécialités sur commande dont le délicieux gigot d'agneau à la gargoulette.

Barberousse *(B2)*, port de plaisance, ☎ 78 673 095 Nouveau en ville, ce restaurant est d'ores et déjà largement apprécié des Tunisiens et des touristes. Nombreuses spécialités de langouste.

Sortir, boire un verre

Cafés - Café Andalou *(B3)*, en haut de la rue Hédi Chaker (angle de la rue du Peuple), ☎ 78 671 032. Le meilleur endroit de Tabarka pour boire un thé à la menthe. De splendides carreaux andalous donnent à ce café, d'une génération à peine, la patine des siècles. C'est d'ailleurs à la terrasse que l'on peut retrouver, entre deux tables de joueurs de cartes, les personnalités de Tabarka, du capitaine du port au commissaire régional au tourisme. Chicha.

Café du Golf, ☎ 78 670 028. Agréable terrasse surplombant le lac et le green, à l'ombre des pins.

Discothèques - Les hôtels de la zone touristique possèdent généralement une boîte de nuit. En été, des paillotes sur la plage abritent des disco-bars animés : parmi ces quelques établissements, seul le **Blue Lagoon**, au niveau du Golf Beach Hôtel, est ouvert toute l'année. Celle du **Royal Golf** opère une sélection à l'entrée pour éviter les débordements parfois liées à l'alcool.

Loisirs

Activités sportives - **Tabarka Golf**, au bout de la route touristique à droite (prenez immédiatement la route de gauche et continuez sur 700 m), ☎ 78 670 028, www.tabarkagolf.com. Le seul golf de Tunisie naturellement vert (arrosage en été seulement). Un des plus beaux parcours du monde, avec 7 trous en bord de mer. Le parcours 18 trous coûte 40 d par jour et 255 d pour 7 jours. Cours à l'heure, pour 20 d par personne, et des stages (débutants : 315 d par semaine, perfectionnement : 425 d par semaine). Paiement par carte Visa.

Plongée sous-marine - **Le Mérou**, hôtel Méhari, ☎ 78 673 136, www.meharidivingcenter.com - Le club organise des cours pour débutants ou plongeurs confirmés. Paiement toutes cartes et eurochèques. **Loisir de Tabarka**, Marina, ☎ (78) 670 664. **Club nautique municipal**, Marina, ☎ 78 671 478. Matériel en très bon état (25 d la plongée, formation brevet élémentaire : 310 d). **L'Espadon**, Marina, ☎ 78 671 213. Magasin de matériel de pêche sous-marine et de plongée.

Excursions - **Tunisie Voyages Centre Tabarka**, hôtel Méhari, ☎ 78 673 136, tv.tabarka@tunisie-voyages.com. Une bonne adresse qui organise des excursions à Aïn Draham, au Kef, à Dougga...

Randonnées pédestres - **Tabarka voyages**, 13 route Aïn Draham, ☎ 78 673 740.

Festivals - **Festival international de Tabarka** de fin juin à début septembre. Du célèbre « Ne bronzez pas idiot » dans les années 1970, il reste un pot-pourri de variétés et de musiques du monde. Programme et renseignements au CRT et sur www.scooporganisation.com

Tabarka Jazz. Les programmateurs invitent des têtes d'affiche la seconde quinzaine d'août. Les concerts sont donnés au petit théâtre de la Basilique.

Coralis. Concours international de photos sous-marines, début sept.

Hammam - **Saïd**, 52 rue Farhat Hached (angle rue de Tunis). 5h-11h30/17h-18h30 pour les hommes, 11h30-17h pour les femmes. Réservé aux hommes le dimanche. Les installations sont rudimentaires. Prix : 800 millimes.

Achats

Corail - Le corail reste une spécialité de Tabarka. Il abonde dans les magasins qui se succèdent le long de l'avenue Habib Bourguiba.

Tapis et articles en bois d'olivier - Le Drugstore de l'hôtel Mehari n'est pas le seul endroit intéressant. Vous pouvez aussi aller à Aïn Draham *(p. 212)*.

Presse étrangère - **Tabac**, au bout du port de plaisance, près de la capitainerie.

HISTOIRE

Du marbre et des jeux

Devenue colonie romaine au 3e s., Thabraca dut sa prospérité au commerce des fauves (destinés aux jeux du cirque), au bois de construction, à son minerai de fer et de plomb, et au marbre jaune de Chemtou qui habilla tant de demeures patriciennes, y compris à Rome. Depuis, l'offre et la demande ont quelque peu évolué et les amateurs de grands fauves

risquent d'être un peu déçus. Si l'on en croit la chronique locale, le dernier lion de Tabarka fut abattu à la fin du 19e s.

La guerre du corail

Plus tard, c'est pour une autre ressource naturelle que les puissances étrangères se disputèrent Tabarka : le corail. En 1542, les Génois en obtinrent le monopole et réussirent à le conserver deux siècles. Ils s'installèrent sur l'île Tabarque et construisirent le fort, la ville elle-même étant pratiquement abandonnée depuis la conquête arabe. Les Français, qui possédaient un comptoir au cap Negro et convoitaient depuis longtemps ces précieux madrépores, parvinrent à évincer les Génois en 1781. De nos jours, l'exploitation du corail subsiste mais à moins grande échelle qu'autrefois en raison de la méthode de pêche qui fait des ravages - lourdes barres de métal en forme de croix de Saint-André qui raclent les fonds et arrachent tout sur leur passage. Le corail alimente encore néanmoins l'artisanat local comme en témoignent les boutiques de la ville.

Pauvres Kroumirs

Avec l'instauration du protectorat, ce simple comptoir sur l'île Tabarque allait devenir une ville. Les Français qui occupaient l'Algérie depuis plus de trente ans saisirent le prétexte de prétendus troubles sur la frontière – dont les turbulents Kroumirs se seraient rendus responsables – pour pénétrer en Tunisie. L'invasion commença par l'ouest et, en 1881, une flottille française mouilla devant Tabarka, bombardant allègrement le port. Faisant fi des antiquités romaines, les Français rasèrent le site et construisirent une ville de toutes pièces. D'où l'aspect de Tabarka avec ses rues tracées au cordeau et ses toits de tuiles rouges.

Ne bronzez pas idiot

Outre l'activité liée au corail, Tabarka vit de quelques industries, sans pouvoir véritablement parler d'essor économique. L'usine de traitement du liège est la principale industrie de la région ; viennent ensuite une faïencerie et un peu d'agroalimentaire. Dans le secteur arti-

Le corail retrouve ses couleurs
Depuis une quinzaine d'années, la pêche au filet est interdite et la barrière de corail retrouve peu à peu sa beauté originelle. Ainsi peut-on admirer de nouveau du corail noir à partir de 15 m et du corail rouge au delà de 30 m.

sanal, Tabarka s'est spécialisée dans les sculptures sur bois d'olivier et les pipes en ronce de bruyère. Mais Tabarka tire désormais sa richesse d'un tourisme intelligent qui marie les plaisirs de la mer à ceux de la randonnée en montagne (circuits découverte à pied ou à cheval, plongée et photo sous-marine). La côte, venteuse et parsemée de rochers, compte de nombreuses épaves qui font la joie des plongeurs. La région est également le paradis des chasseurs de sangliers. À l'automne, sont organisées des battues auxquelles participent de plus en plus d'étrangers. La faune des forêts environnantes représente également un atout pour le tourisme vert. Tabarka prône depuis longtemps un tourisme différent. Déjà, dans les années 1970, la station balnéaire avait lancé son **festival** avec le fameux slogan de Lofti Belhassine, fondateur d'Air Liberté : « Ne bronzez pas idiot ». Un tourisme différent, mais pour combien de temps ? Pour l'heure, la ville est encore très calme. Les habitants se montrent accueillants et discrets à la fois. Il semblent s'adonner à leurs activités quotidiennes sans trop se soucier des estivants qui se fondent aussitôt au décor. Une tranquillité bien menacée si l'on en juge par le nouvel aéroport international et les hôtels qui poussent comme des champignons.

VISITE

Comptez 1 h.

Tabarka, c'est d'abord un climat, un environnement exceptionnel, et une atmosphère. Il serait vain de vouloir proposer un itinéraire dans la ville tant celle-ci est petite et pauvre en monuments. Prenez donc votre temps, assis sur un banc dans le modeste square qui entoure la statue de Bourguiba. Il y règne une gentille animation. Sur la terrasse des cafés avoisinants les Tabarkois boivent leur thé à la menthe pendant que d'autres, un peu plus haut du côté de la mosquée, bavardent devant la boutique du coiffeur en attendant de se faire raser. Vous vous lèverez alors tranquillement et commencerez le tour de la ville… Ce qui sera vite fait.

▶ Après être passé devant la marina et le **port de pêche**, vous emprunterez la digue qui relie la ville à l'île Tabarque dominée par le **fort génois**. Très beau **panorama★** du sommet de l'île.

▶ Les **Aiguilles** (sur la promenade, en prolongement de l'av. Bourguiba), immenses blocs de roches monolithes, évoquent les écailles dorsales d'un monstre marin échoué. L'une des roches, naturellement percée, offre un passage pour une promenade en bord de mer. L'eau est transparente et turquoise, dommage que la petite crique derrière ces rochers soit jonchée d'ordures.

▶ La **basilique** (rue de l'Indleus, au bout de la rue Hédi Chaker) est en fait une ancienne citerne romaine transformée en église. Devant l'édifice, sur un petit terrain sablonneux planté d'arbres, ont été disposés en arc de cercle quelques fragments lapidaires : chapiteaux et colonnes *(fermé au public)*.

PLONGÉE À LA GALITE

Cet archipel volcanique (à environ 60 km au large de Tabarka) est composé de sept îlots rocheux. Sur le plus grand, la Galite (5,3 km sur 2), quelques familles vivent de la pêche à la langouste. Aucune infrastructure hôtelière pour vous accueillir ni même de service maritime pour la traversée, mais les aficionados de la plongée sous-marine vaincront aisément cet obstacle en sollicitant les hôtels et les pêcheurs de Tabarka, ou le club de plongée local. La faune aquatique est très abondante : mérous, loups, homards, langoustes… Et surtout une **colonie de phoques moines**, les derniers en Méditerranée.

Les Aiguilles à Tabarka

LA KROUMIRIE

Les précipitations abondantes font de cette région une « autre Tunisie », couverte de mousse, de bruyères, lentisques, chênes-lièges, chênes verts, châtaigniers et pins maritimes... Le lit des oueds déborde de lauriers-roses. Le climat est vivifiant, et les personnes âgées y séjournent pour se refaire une santé. On y vient aussi en hiver, car c'est l'un des rares endroits du pays où l'on puisse voir de la neige.

AÏN DRAHAM★

Ce village de montagne, à 800 m d'altitude et à 25 km de Tabarka, est noyé dans la verdure. Il fut créé par des militaires et des colons au lendemain de l'annexion de la Tunisie à l'Empire français. Rien à visiter à Aïn Draham, mais le site est un bon point de chute pour une partie de chasse ou une randonnée.

À environ 2 km du village, en venant de Tabarka, la route menant au **col des Ruines** révèle un beau panorama sur l'Algérie voisine, particulièrement au coucher du soleil.

TABARKA

Arriver ou partir

En bus - La **SRT Jendouba**, ☎ 78 655 022, sur l'av. du 7 Novembre, au centre du village, assure quelques liaisons quotidiennes entre Jendouba et Tabarka *via* Aïn Draham.

En voiture - La route P 17 relie Tabarka à Jendouba *via* Aïn Draham.

Adresses utiles

Informations touristiques - Le **syndicat d'initiative** (plaque uniquement en arabe) est coincé entre un Taxiphone et le coiffeur « Salon des Amis » sur l'av. Habib Bourguiba. Les horaires d'ouverture sont irréguliers.

L'**Association des chasseurs** peut éventuellement vous donner des informations sur cette activité. Abdelhafidh Alfaoui, son directeur, tient l'épicerie en face de l'école, av. Habib Bourguiba.

Se loger, se restaurer

Moins de 5 d (3,5 €) par personne

Maison des jeunes, tout en haut du village - 60 ch. En cours de restauration. Pour l'instant, les douches fonctionnent mal, pas de draps...

De 50 à 70 d (32 à 46 €)

Résidence Les Pins, rue Bourguiba, ☎ 78 656 200 - 20 ch. En plein centre-ville, cet hôtel est un pied-à-terre reposant. Les chambres sont grandes, bien décorées et propres. Chauffage en hiver. Réservez à l'avance.

Hôtel Rihana, à 2 km au sud du village, ☎ 78 655 392/697 - 74 ch. Ici, la chasse et les randonnées sont à l'honneur. Des chambres correctes dont certaines donnent sur la vallée.

À partir de 100 d (65 €)

Hôtel Nour El Aïn, à 1 km au nord d'Aïn Draham, ☎ 78 655 600 - 61 ch. L'hôtel offre de belles vues sur les vallées environnantes.

À partir de 140 d (92 €)

Hôtel La Forêt, à 4 km au sud d'Aïn Draham, ☎ 78 655 302 - 60 ch. L'hôtel le plus luxueux de la région possède des chambres impeccables et dotées de tout le confort, sans toutefois le faste des stations balnéaires. Demi-pension minimum.

Loisirs

Chasse - Battues de sangliers organisées par l'hôtel Rihana de mi-octobre au dernier dimanche de janvier.

Équitation - L'hôtel Rihana organise des randonnées équestres en forêt de 1h à plusieurs jours.

Randonnées pédestres - Meilleure saison : d'avril à mi-octobre. 550 km de sentiers balisés ont été aménagés. Il est recommandé de partir avec un guide local. Votre hôtel se chargera de vous trouver des accompagnateurs.

BULLA REGIA★

Quelques repères

Gouvernorat de Jendouba - À 64 km de Tabarka et 69 km du Kef - Au pied du jebel R'bia (alt. 649 m)

À ne pas manquer

La Maison de la chasse.

Conseils

Mieux vaut disposer de son propre véhicule pour visiter aisément Bulla Regia et Chemtou.

La petite bourgade et les quelques bâtiments modernes aux alentours du site de Bulla Regia ne doivent pas effrayer les puristes, car ces constructions demeurent discrètes et n'altèrent en rien le caractère profondément campagnard des lieux. Ce que l'on remarque de prime abord, c'est le R'bia, mont pelé qui écrase l'antique cité de sa présence austère et presque hostile. Bulla, bâtie sur un terrain en pente douce, regarde ses anciennes possessions : riche plaine plantée de céréales et d'oliviers.

HISTOIRE

Bulla la Royale

Des terres alluviales très riches (Mejerda), un climat humide, des sources abondantes - qui alimentent encore aujourd'hui Jendouba –, il n'en faut pas davantage pour expliquer l'occupation très ancienne des lieux par les Numides.

À la mort de Massinissa, son héritage est démantelé par les Romains et partagé en différents petits royaumes dont Bulla est l'une des capitales. D'où son nom de *Regia*, c'est-à-dire de « royale ». Intégrée plus tard à la province romaine d'Afrique, Bulla est un maillon du vaste réseau routier qui relie Hippone (Annaba en Algérie) à Carthage en passant par Thuburnica, Chemtou, Dougga, etc. La ville est promue au rang de municipe sous Vespasien (69-79), et de colonie sous Hadrien (117-138). Bulla atteint son plus grand rayonnement politique et culturel du 2ᵉ au 4ᵉ s. C'est l'une des provinces d'Afrique qui donne à l'Empire le plus de sénateurs. La petite cité se couvre de monuments publics et la plupart des vestiges datent de cette époque. Mais il est toujours un esprit chagrin pour vous empêcher de jouir de votre prospérité en toute quiétude : en 339, saint Augustin de passage à Bulla, sermonne les habitants, stigmatisant leurs mœurs et leur goût immodéré du théâtre.

On ne sait rien de l'époque vandale, mais la présence d'un évêque est attestée au 7ᵉ s. On a également retrouvé sur le site un lot de 260 pièces d'argent datant du 12ᵉ s., ce qui peut laisser supposer une occupation des lieux jusqu'au Moyen Âge… Simple hypothèse dans l'attente de fouilles centrées sur la période islamique.

Le mystère des maisons souterraines

Elles sont la curiosité archéologique, architecturale, et touristique de Bulla

Les Numides

Ils étaient berbères et nomades, les Grecs les nommaient « Ceux qui font paître ». Leur territoire s'étendait de Carthage à l'est, à l'oued Moulouya à l'Ouest, en Algérie. Au 3ᵉ s., deux tribus numides se partageaient ce territoire : les Massyles et les Masaesyles. Massinissa, roi des Massyles, était d'une envergure exceptionnelle. En pleine guerre punique, il prit le parti de Scipion l'Africain contre Carthage et ses alliés masaesyles. Avec l'aval de Rome, il annexa les Berbères de l'Ouest, créant ainsi un puissant État numide. Il s'efforça de sédentariser son peuple et de le convertir à l'agriculture. Fait unique dans l'histoire de l'Afrique, les autochtones devenaient enfin maîtres chez eux. Les Numides étaient sans doute conscients de l'originalité de leur civilisation, même si celle-ci emprunta beaucoup à Carthage. Selon Tite-Live, Massinissa prônait « l'Afrique aux Africains »… Une formule promise à un certain avenir. Mais les Romains se firent fort de diviser cet héritage.

Regia, curiosité pour les touristes, et énigme pour les archéologues et les historiens. Ces maisons patriciennes comportent en effet un étage souterrain sur le même schéma que les étages supérieurs, c'est-à-dire avec une cour à péristyle, un *triclinium*, et deux chambres pour les plus riches d'entre elles. Non pas un simple sous-sol, mais de luxueux appartements à plusieurs mètres sous terre, ventilés et éclairés naturellement – un type d'habitat unique dans toute l'histoire de l'Antiquité.

Dans une région où il n'est pas rare de voir le mercure atteindre 40 °C à l'ombre, avec parfois des pointes à 50 °C, l'explication la plus évidente et sans doute la plus probable est celle d'un système de climatisation avant l'heure. Lors des mois les plus chauds, les notables jouissaient là d'une température idéale. Explication à laquelle certains spécialistes opposent un argument de poids : dans bien d'autres régions africaines et orientales de l'Empire, les températures sont aussi élevées, sinon supérieures, et pourtant on ne rencontre pas trace d'une telle architecture. D'où une seconde hypothèse qui repose sur le développement urbain et la spéculation immobilière. L'opulence se satisfaisant rarement de l'exiguïté, les patriciens ont cherché à agrandir leur espace vital en dépit des contraintes urbanistiques. Mais dans le cœur des villes anciennes, l'ambition des plus riches se heurtait à un manque de place : il fallait attendre que des terrains se libèrent ou racheter peu à peu les maisons d'une même *insula*. En cas de fort développement urbain, les élites assouvissaient leur appétit de grandeur en construisant de luxueuses maisons à péristyle dans de nouveaux quartiers périphériques, ou à l'emplacement des anciennes murailles de la ville. Bulla, en dépit de son dynamisme, ne semble pas avoir débordé de ses enceintes. L'ingénieux système des étages souterrains aurait ainsi permis de pallier le manque d'espace.

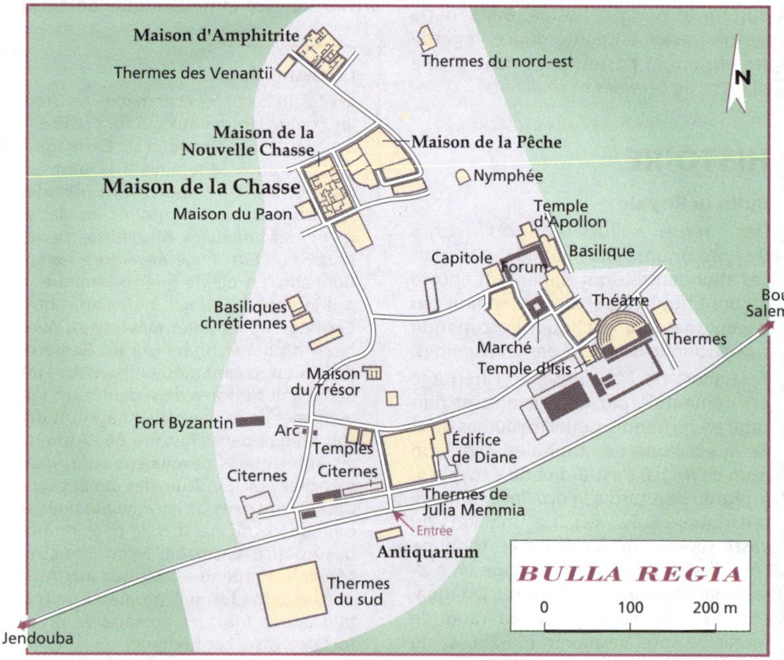

Que vous veniez de Tabarka ou du Kef, il faut prendre la P 17. À l'intersection avec la route C 59, un panneau indique le site à 3 km. La route d'en face mène à Chemtou.

VISITE EN SOUS-SOL

Comptez 1h.

8h-19h en été, 8h30-17h30 hors saison. Fermé le lundi. Entrée payante.

Vu le délabrement du site et l'inachèvement des fouilles, on n'ose en proposer une visite complète. On se contentera donc ici de ces joyaux que sont les maisons souterraines. En descendant les quelques marches qui conduisent à l'intimité de ces demeures aristocratiques, songez qu'elles ont entre 1 600 et 1 800 ans et qu'elles sont dans un état de conservation remarquable… Un instant d'intense émotion.

MAISON DE LA CHASSE★★★

Elle a été appelée ainsi en raison d'une mosaïque dont il ne reste pas grand-chose. Ce pavement, ainsi que ceux de la Nouvelle Chasse, nous renseigne sur l'environnement immédiat du site : le jebel R'bia, si dégarni aujourd'hui, était couvert de forêts giboyeuses (lièvres, sangliers, panthères…) qui furent incendiées au 11e s. par les Beni Hilal. Les appartements souterrains, à 5,15 m en dessous du niveau du sol ont conservé de beaux pavements presque intacts. Dans les chambres, l'emplacement des lits est marqué par une petite estrade décorée de mosaïque unie. Le péristyle se compose de huit colonnes à chapiteaux corinthiens qui se prolongeaient sans doute à l'étage supérieur. On remarquera plus particulièrement les voûtes construites selon un système très original de tubes en terre cuite s'emboîtant les uns dans les autres.

La **maison de la Nouvelle Chasse** présente de beaux pavements, notamment une scène de chasse dans le *triclinium* du rez-de-chaussée. Ces mosaïques ont malheureusement été abîmées par des tombes creusées à l'époque byzantine.

MAISON DE LA PÊCHE★

C'est l'une des plus grandes de Bulla. Les mosaïques du sous-sol ont été endommagées par le salpêtre, ces appartements étant assez sombres et humides (à 4,40 m sous le rez-de-chaussée). C'est la maison la plus fraîche en été, et les touristes s'y attardent volontiers avant de remonter dans la fournaise. Le pavement du *triclinium*, qui représente des **Amours pêcheurs**, a là encore donné son nom à cette demeure.

MAISON D'AMPHITRITE★★

Cettte maison présente un rez-de-chaussée très ruiné, et la mosaïque du *triclinium*, ***Persée délivrant Andromède***, est aujourd'hui conservée au Bardo. Le sous-sol réserve en revanche de belles surprises. Le plan en est assez original : trois salles perpendiculaires à un vaste vestibule en forme de galerie, et deux autres pièces plus petites de l'autre côté de ce même vestibule. Les pavements sont en excellent état, et le *triclinium* est orné d'une composition particulièrement réussie représentant le ***Triomphe de Vénus***. La déesse, nue et parée de bijoux, est portée en triomphe par deux monstres marins. Le nom de la maison s'explique par la confusion fréquente entre Amphitrite, épouse de Neptune, et Vénus. Dans le vestibule, une mosaïque figure une **femme en buste** entourée d'un beau cadre végétal. Ce décor faisait face à une fontaine encastrée dans le mur. On distingue encore çà et là des traces de stucs qui revêtaient les murs. Les guides présentent souvent cette demeure comme étant un temple. Certes les lieux sont baignés d'une lumière quasi mystique mais rien ne permet d'attester cette allégation.

Les plus belles statues – celles d'Esculape, d'Apollon, de Saturne, et d'une prêtresse du culte impérial – ayant été transférées au Bardo, on peut s'abstenir de visiter l'**antiquarium**.

CHEMTOU

Quelques repères

Gouvernorat de Jendouba - À 76 km de Tabarka et 81 km du Kef.

À ne pas manquer

Le Musée archéologique.

Les carrières de marbre.

Conseils

Commencez la visite de Chemtou par le musée.

Prenez un guide pour la visite du musée.

Logez au Kef, à Aïn Draham ou à Tabarka.

Surplombant la fertile vallée de la Mejerda, ces collines en apparence semblables à tant d'autres de la région recèlent de véritables trésors. Le site de Chemtou doit en effet sa réputation au fameux marbre jaune, rose ou mauve qui para quantité de monuments de l'Empire romain puis byzantin. Si les quelques vestiges de l'ancienne Simitthus ne présentent guère d'intérêt pour le profane, en l'état actuel des fouilles, les carrières et le nouveau Musée archéologique méritent quant à eux le détour.

Se repérer

Mêmes conditions d'accès que pour Bulla Regia par la P 17, en provenance de Tabarka ou du Kef. À l'intersection avec la C 59, prenez vers l'ouest (dans la direction opposée à celle de Bulla Regia). Au bout de 15 km, empruntez la route de gauche jusqu'au parking du musée situé 2 km plus loin.

HISTOIRE

La roche sacrée

Les Numides sont les premiers à occuper l'ancienne **Simitthus**, nom numide de Chemtou. Les vestiges d'un sanctuaire (2e s. av. J.-C.) retrouvés au sommet de la « montagne sacrée » attestent l'utilisation du marbre dès cette époque, bien que l'implantation du site soit antérieure – un monument datant du 5e s. av. J.-C. a été découvert sous le forum. Avec les Romains, l'exploitation de la carrière connaît son essor grâce à l'utilisation de forçats comme main-d'œuvre. Le marbre est ensuite transporté jusqu'au port de Tabarka d'où il est acheminé par navire vers Rome.

VISITE

LE MUSÉE ARCHÉOLOGIQUE★

8h-18h30 en été, 8h-17h hors saison. Entrée payante. Visites guidées proposées sur place. Les salles suivent un ordre chronologique, dans le sens des aiguilles d'une montre.

Ce musée du marbre, de conception moderne, est ouvert depuis novembre 1997. Sa construction commença sous les meilleurs auspices puisque, lors des travaux, on découvrit 1 648 pièces d'or datant du 4e s. av. J.-C., trésor pesant 7,2 kg.

En prélude à la visite, la première salle fournit quelques explications d'ordre géologique. Cette section consacrée aux Numides présente, entres autres aspects de cette civilisation, une belle collection numismatique.

La salle suivante abrite l'une des pièces maîtresses du musée avec son **temple numide★** (130 av. J.-C.) orné de motifs hellénistiques. Les fragments retrouvés ont été habilement incorporés à la reconstitution de ce sanctuaire majestueux qui coiffait le sommet de la colline.

La salle 3 nous plonge en pleine époque romaine et présente de multiples échantillons de marbre de Chemtou et d'autres provinces de l'Empire. Ici, l'accent est mis sur l'extraction du marbre, son transport et son travail.

La dernière section présente différentes œuvres de la période romaine dont une série d'originaux de **stèles votives★** consacrées à Saturne, remontant aux 2e et 3e s. ap. J.-C.

LE SITE DE SIMITTHUS

Un plan du site est disponible au musée.

▶ Les **carrières★** sont nichées à environ 1 km du musée (accessibles en voiture par la route qui ramène sur la C 59) sur une colline où quelques chèvres égarées s'aventurent parfois le long des parois abruptes aux reflets dorés et rosés.

Au sommet, la superposition des constructions témoignent des différentes vagues d'occupation de Chemtou. Sur l'ancien temple numide (reconstitué au musée) fut édifié un sanctuaire romain en l'honneur de Saturne puis une basilique chrétienne. À proximité, les motifs gravés dans la roche, également dédiés à Saturne, ont été presque totalement effacés par le temps.

▶ Au nord de la colline, le **camp des ouvriers** abrite les cellules où étaient logés les prisonniers, condamnés aux travaux forcés, ainsi que les ateliers de fabrication des objets en marbre.

Le site comprend également un théâtre – pas encore fouillé –, des thermes en ruine ainsi que les vestiges d'un aqueduc.

LE KEF★

Ville peu touristique

Quelques repères

Chef-lieu de gouvernorat - Env. 45 800 hab. - Alt. 850 m.

À ne pas manquer

Le panorama du haut de la kasba.

Un thé à la menthe au café Bou Makhlouf.

Conseils

Pour les voyageurs pouvant se passer d'un hébergement luxueux, Le Kef est une bonne base d'excursions pour Dougga (60 km) et Makthar (69 km).

Le Kef a deux visages suivant votre humeur ou la saison. Au premier abord, cette grosse bourgade accrochée à flanc de montagne (*kef* signifie « rocher ») peut paraître austère et renfermée sur elle-même. En été, la citadelle domine une plaine immense et brûlée qui vibre dans la poussière du soir. Le point de vue évoque alors un quelconque désert des Tartares et le regard s'abîme dans la contemplation du vide. Mais la ville peut présenter une face plus amène. Au printemps, c'est la capitale d'une riche contrée aux terres grasses et verdoyantes, et si la roche affleure sur les collines alentour, l'eau des sources n'en est que plus pure et le pin plus vigoureux.

La ville, en dépit d'un fort taux de chômage, semble prospère et bien entretenue : faut-il attribuer cet aspect très soigné à la présence d'une résidence présidentielle sur les hauteurs, ou bien cela tient-il au caractère des Kefois ? Ces derniers ont la réputation d'être rudes à la tâche et d'aimer la terre. Par malice ou par jalousie, les Tunisiens les surnomment les « 08 » (l'ancien indicatif téléphonique de la région), signifiant par là un être un peu fruste les souliers enfoncés dans la glèbe.

Jusqu'à très récemment, l'absence d'informations touristiques, le manque d'hôtels, et l'indigence des restaurants n'incitaient guère à une halte prolongée. La construction de l'hôtel Les Pins a en partie remédié à cette situation, mais Le Kef reste encore à l'écart des circuits touristiques, ce qui n'est pas le moindre de ses attraits.

Arriver ou partir

Attention : vous ne trouverez plus de transport collectif pour quitter la ville à partir de 16h.

En bus - Gare routière, rue Mongi Slim, ☎ 78 223 168/224 366. Le Kef est relié aux principales villes de Tunisie par des compagnies comme la **SNTRI**, ☎ 78 226 205, la **STK** (Société de transport du Kef), ☎ 78 224 366, et d'autres sociétés régionales de transport. Départ toutes les heures pour Tunis (3h), 3 départs par jour pour Sousse (4h30).

En taxi collectif - Station de louage, rue Mongi Slim. Comptez à peu près 2h15 pour Tunis, 2h30 pour Tabarka (avec un changement à Jendouba), 2h30 pour Kairouan (seulement le matin) et 3h pour Bizerte. Pour Dougga, prenez un taxi pour Tunis. Le chauffeur vous arrêtera en route, mais comptera le tarif jusqu'à la capitale.

En train - La gare la plus proche est à Dahmani, à 24 km du Kef sur la ligne Tunis-Kalaa Kasba. Il y a trois omnibus par jour, et le trajet dure 4h. Un taxi vous conduira ensuite au Kef.

En voiture - Le Kef est à 168 km de Tunis par la P 5 et à 2h de Tabarka par les montagnes de Kroumirie. Attention aux enfants ! Dans la région de Tabarka et d'Aïn Draham, ils se jettent presque sous les roues des voitures pour vendre leurs produits artisanaux. Méfiez-vous encore des vaches aux abords de Tabarka, elles traversent la route sans se soucier des voitures.

La mosquée Sidi Bou Makhlouf

Adresses utiles

Informations touristiques - Le Kef doit faire un effort si elle veut attirer les touristes : il n'y a pas d'ONTT, et le bureau qui fait office de **syndicat d'initiative** est quasi inexistant. **L'Association de sauvegarde de la médina**, 7 place de l'Indépendance, partage les locaux du syndicat d'initiative et souffre du même manque d'informations.

Centre national des arts dramatiques et scéniques, rue Mohammed Gamoudi, ☎ 78 201 831.

Banque / Change - **BH**, rue Mongi Slim.

BNA, 2 rue Belhaouane.

STB, place de l'Indépendance.

Un distributeur automatique de billets se trouve en face de l'hôtel Sicca Vénéria. Également distributeur à la poste centrale.

Poste centrale - Rue Hédi Chaker.

Publinet - Av. Bourguiba (au niveau de la place de l'Indépendance), av. Mongi Slim.

Urgence / Santé - **Garde nationale**, ☎ 78 223 690/200 475.

Police, ☎ 78 200 983.

Pharmacie de nuit Jeljeli, 21 rue Omar Khiam, ☎ 78 200 804.

Hôpital Mohamed Bourguiba, ☎ 78 228 815/923/900.

Hôpital régional, ☎ 78 280 211.

Hôpital Hosni, rue du 8 Juillet, ☎ 78 203 573.

Polyclinique Jugurtha, rue Salah Majed, ☎ 78 201 885/204 115.

Se loger

Le Kef a du mal à retrouver la vie d'antan, quand la ville était un véritable carrefour multiculturel, brassant musulmans et juifs, Tunisiens, Italiens et Maltais. L'hôtellerie s'en ressent. Pour les tout petits budgets, vous trouverez quelques hôtels au confort spartiate autour de la place de la Source.

Autour de 20 d (13 €)

Hôtel El Médina, 18 rue Farhat Hached, ☎ 78 204 183 - 12 ch. Vraiment pas cher et propre. Confort spartiate surtout en hiver, car les douches sont sur le palier et l'eau est froide.

Autour de 40 d (26 €)

Hôtel Ramzi, rue Hédi Chaker, ☎ 78 203 079 - 18 ch. ✕ L'hôtel est tout récent. L'ensemble est propre, quelques chambres ont une salle de bains et la télé. Le personnel est particulièrement gentil.

Résidence Vénus, rue Mouldi Khamessi, ☎ 78 204 695 - 20 ch. ✕ À proximité de la kasba, un bon hôtel assez confortable et d'une grande propreté.

Hôtel Sicca Vénéria, av. Habib Bourguiba, ☎ 78 202 389 - 34 ch. TV Hôtel moderne en plein centre-ville. Chambres très propres, confortables et spacieuses, qui manquent cependant de charme.

☺ **Hôtel Les Pins**, avenue de l'Environnement, à environ 2 km à l'entrée nord du Kef dans un virage sur la route qui monte au centre-ville, ☎ 78 204 300/204 021 - 60 ch. ✕ L'heureux propriétaire, qui possède déjà la Résidence Vénus, a vu grand : les chambres sont très spacieuses, on peut y travailler (chaise et bureau) et y vivre (canapé). Très belle vue sur la vallée, et calme assuré malgré la proximité de la route. Quelques chambres climatisées.

À partir de 70 d (46 €)

Hôtel Leklil, Forêt de la ville du Kef sur la route de Tunis, ☎ 78 204 747, www.hotel-leklil.planet.tn - 40 ch. ✕ Agréablement situé en bordure d'une forêt de pins, ce nouvel hôtel est le plus confortable du Kef. Il est cependant trop loin de la ville si vous ne possédez pas de véhicule.

Se restaurer

L'absence de touristes se ressent particulièrement au restaurant. Ici, vous trouverez de l'authentique.

Moins de 5 d (3,5 €)

Vénus *(B2)*, rue Farhat Hached, à l'angle avec la place de l'Indépendance (le restaurant n'est pas à la même adresse que l'hôtel), ☎ 78 200 355. Table simple et propre, à l'image de l'hôtel du même nom. Spécialités tunisiennes, *oja* (omelette) ou grillade d'agneau. Fermé le vendredi. Une des rares tables de la ville où l'on sert de l'alcool.

Sortir, boire un verre

Cafés - Café Barbouch et **Café du Dinar** *(A2)*, place de l'Indépendance. Ils ont chacun une petite terrasse, où se retrouvent les Tunisiens qui viennent en demi-saison se réchauffer au soleil de midi.

Café des Vitres *(B2)*, av. Habib Bourguiba (angle rue Farhat Hached). Cette nouvelle salle, surplombant l'av. Habib Bourguiba, est surtout le rendez-vous des jeunes.

☺ **Café Bou Makhlouf** *(B1)*, sur les marches qui mènent à la mosquée, quelques tables sous un mûrier procurent l'un des plus jolis cadres de la ville pour prendre le thé.

Café Édir *(hors plan)*, rue Édir. Un peu excentré, il faut prendre l'av. Habib Bourguiba en direction de l'hôtel Les Pins. Ce café tout neuf peut se prévaloir d'une salle climatisée et d'une terrasse qui domine la plaine. On n'y sert pas d'alcool.

Loisirs

Festivals - Festival Sidi Bou Makhlouf, où se produisent des troupes de théâtre, des musiciens locaux et parfois étrangers. Juillet-août.

Hammam - Hammam Ben Hanine, rue Taïeb Méhiri, tournez à gauche avant le restaurant Nacim el Kef. Le plus ancien et le plus réputé en ville.

Achats

Pâtisserie - Beignets, 42 rue Hédi Chaker, tous les matins jusqu'à 13h.

Antiquités et artisanat - Vous trouverez quelques bijoutiers dans la médina.

Librairies - Journaux-tabac, rue de Tebessa (angle rue Hédi Chaker).

Librairie Numidia, 3 rue d'Alger, ☏/Fax 78 225 803. On y trouve quelques livres en français. Les amateurs pourront essayer de rencontrer le patron, spécialiste en archéologie.

HISTOIRE

Le Kef était une cité numide sous la tutelle de Carthage. À l'issue de la première guerre punique, les Carthaginois choisirent d'y reléguer leurs mercenaires chassés de Sicile. Erreur fatale qui conduisit à la **guerre des Mercenaires** *(voir encadré)*. Sous le règne d'Auguste, Le Kef devint colonie romaine, puis, à l'époque de saint Augustin, un haut lieu du christianisme. Après la conquête arabe, la ville servit de place forte pour endiguer les attaques des chefs ottomans d'Algérie.

Pendant la Seconde Guerre mondiale, la ville ayant échappé à l'occupation des forces de l'Axe, elle fut choisie par les Français comme centre d'administration du pays. Le maréchal Juin, commandant en chef de toute l'Afrique du Nord, y eut un temps son quartier général.

La guerre des Mercenaires

Après leur défaite en Sicile (première guerre punique), les Carthaginois rapatrient sur leur territoire une armée de mercenaires bien encombrante. Ces soldats numides, libyens, ibères et celtes veulent être payés, mais l'effort de guerre et le tribut versé à Rome ont ruiné Carthage. La cité punique verse l'argent au compte-gouttes et éloigne ces sujets indésirables en les cantonnant à Sicca (Le Kef). C'est cette concentration de reîtres qui sera à l'origine de leur révolte. Conscients de leur force, ils s'insurgent, assiègent Utique et Bizerte, et parviennent même à paralyser Carthage. Leurs capitaines s'appellent Spendios, Autolicos et Mathô. Hamilcar Barca réussit cependant à rétablir la situation, et les chefs des révoltés sont mis en croix devant Tunis tenue par Mathô. Dans son roman, Flaubert étoffe quelque peu l'intrigue en suscitant chez Mathô un amour sans espoir pour Salammbô, la fille d'Hamilcar.

VISITE

PAR LES RUELLES PENTUES

Comptez 2h.

Commencez votre visite en partant du syndicat d'initiative – vous n'y trouverez aucune information –, et remontez la rue Fahrat Hached.

Le Kef n'est pas encore envahi par les touristes, et la vieille ville n'a pas eu à souffrir des avatars de l'urbanisme moderne, elle reste une authentique cité arabe, sans pittoresque excessif. La vieille ville est maillée d'un réseau de ruelles et venelles pentues, entrecoupées d'escaliers. La voiture en est bannie, et c'est un modeste bourricot qui assure le ramassage des ordures.

▶ L'**ancienne synagogue** *(ghriba)* se trouve dans une petite maison qui ne se distingue en rien des autres. Laissée à l'abandon pendant quelques décennies, elle a retrouvé une seconde jeunesse. On n'y célèbre plus aucun culte, mais elle est ouverte au public. L'édifice, qui ne vaut ni par son histoire ni par son architecture, vous touchera par son caractère intime et sa simplicité désuète : on se croirait dans une salle de classe sous la IVe République. Le temps s'est arrêté là avec l'indépendance : les objets du culte et les ex-voto sont restés à leur place, on les a seulement un peu dépoussiérés.

▶ Prenez la première rue à gauche après la synagogue, et remontez-la. À contempler les puissantes murailles de la **kasba**★ et sa position stratégique, on imagine aisément l'enjeu de cette citadelle ottomane du 17e s. Reconstruite en 1813 pour prévenir les attaques des Turcs d'Alger, elle était encore en service il y a peu. Pendant la Seconde Guerre mondiale, la menace vint de l'est et du sud. Les forces de l'Axe avaient fait main basse sur Bizerte et Tunis, et l'Afrikakorps de Rommel refluait de Libye, poussé par Montgomery. Des troupes françaises furent alors cantonnées dans la kasba sous l'autorité du maréchal Juin. La forteresse comprend deux parties dont la plus petite faisait office de **prison**. En cette période trouble, les Français y internaient indistinctement prisonniers allemands, collaborateurs, et prisonniers politiques indépendantistes que l'on suspectait d'intelligence avec l'ennemi. Les minuscules cellules où les détenus étaient enfermés pendant la nuit existent toujours ; Bourguiba passa une semaine dans l'une d'entre elles. Dans l'enceinte de la prison, on peut encore voir la maison (assez délabrée) qui servit de quartier général au maréchal Juin.

La partie la plus importante de la citadelle sert désormais de cadre à des festivals et manifestations culturelles. Par le côté Est de la cour, on pénètre dans une vaste salle voûtée, dite **mosquée turque**, construite en partie avec des colonnes et des chapiteaux antiques. Du bastion Est, le plus élevé de la kasba, on domine toute la région alentour : très belle **vue★** sur Le Kef, la plaine, les collines boisées, et sur la ligne bleue de la frontière algérienne située à une quarantaine de kilomètres.

▸ Il suffit de descendre quelques marches en aval de la forteresse pour découvrir une **basilique** chrétienne (4e-5e s.) également connue sous les noms de « Grande Mosquée » ou « édifice à auges ». On s'interroge encore sur la fonction originelle de cet édifice antique. Bas et rectangulaire, il se compose d'une vaste cour carrée entourée d'un portique et d'une salle voûtée cruciforme. Cette salle est bordée d'une série de cuvettes en pierre et de niches formant comme des guichets. À quoi servaient ces niches et l'ensemble de l'édifice ? S'agissait-il d'un marché couvert ? D'un centre de perception ? D'une banque ? Le bâtiment, transformé en mosquée au 8e s., accueille désormais certaines manifestations du festival Bou Makhlouf *(voir « Loisirs » dans la partie pratique).*

▸ Sur la gauche en sortant de la basilique, une rue graduée de quelques marches conduit à la **mosquée Sidi Bou Makhlouf★** (17e s.) reconnaissable à son minaret octogonal et à ses deux ravissants dômes côtelés. La mosquée, éblouissante de blancheur, doit sa renommée à sa décoration intérieure : stucs finement ciselés, ornementation faite de croissants et d'étoiles vertes. Un escalier très étroit mène au sommet du minaret qui surplombe les toits de la ville avec la plaine en toile de fond.

▸ Remontez jusqu'aux remparts de la ville que vous longerez jusqu'à la rue de la Kasba, sur votre droite. Le **musée des Arts et Traditions populaires** *(9h30-16h30 hors saison, 9h-13h/16h-19h en été ; fermé le lundi. Entrée payante)* se trouve un peu plus bas dans la rue, sur une petite place avec un rond-point (place Cheïk Ali Ben Aïssa, mais la plaque de rue est en arabe).

Ce musée été aménagé dans la **zaouïa Sidi Ali Ben Aïssa**. Cet endroit très bien conçu et plein de charme met l'accent sur le mode de vie des nomades. Une tente de Bédouins est montée au milieu d'une grande salle, en situation avec quantité d'ustensiles et d'objets évocateurs : tapis d'alfa, outres, couvertures, y compris les plaids pour couvrir la bosse du chameau et son bât... Une carte murale indique le nombre de nomades recensés par tribus, une autre décrit leurs déplacements. Un document reproduit un contrat oral entre un propriétaire et un berger : 10 agnelles données pour 100 moutons gardés, frais d'habillement, fourniture d'un sac de blé et d'orge, etc. Une salle voisine consacrée aux bijoux renferme un riche échantillon de parures de poitrine, de bracelets, et d'anneaux de cheville.

MAKTHAR★

Quelques repères

Gouvernorat de Siliana - Alt. 950 m - 69 km du Kef et 114 km de Kairouan

À ne pas manquer

Les grands thermes du sud-est.

La schola de Juvenes.

Conseils

Il fait très chaud en été, protégez-vous du soleil et apportez des boissons.

L'hôtellerie de Makthar laisse à désirer, logez au Kef ou à Kairouan.

En provenance du Kef ou de Kairouan, la route serpente à travers une belle région céréalière à l'approche de l'ancienne Mactaris, juchée sur un plateau aride en été et parfois couvert de neige l'hiver. L'emplacement de la cité, au cœur de la Tunisie septentrionale, la soustrait souvent aux circuits classiques. Makthar mérite pourtant un détour, non seulement pour son ravissant cadre champêtre mais surtout pour quelques vestiges remarquables, témoins des grandes pages de l'histoire tunisienne.

Se repérer

L'accès à Makthar s'effectue par la P 12 reliant Le Kef et Kairouan. Le site archéologique se trouve à l'entrée de la ville.

HISTOIRE

Un rempart contre le nomadisme

De 200 à 46 av. J.-C., cette région est aux mains des **Numides massyles**, tribu libyco-berbère à forte tradition agricole. Grâce à sa position stratégique entre Kairouan et Le Kef et à son emplacement sur un plateau, ce lieu remplit la fonction d'une place forte destinée à enrayer le nomadisme. Cette rude tâche de sédentarisation est accomplie par le roi **Massinissa** *(voir p. 213)*. De l'époque numide subsistent de nombreux monuments mégalithiques allant de simples dolmens à de vastes chambres funéraires remplies d'offrandes.

À la chute de Carthage (146 av. J.-C.), une importante colonie **punique** émigre à Makthar. Cette civilisation d'influence phénicienne a laissé bon nombre d'inscriptions, de sculptures, de stèles et un tophet fortement endommagé – découvert dans le ravin que domine l'arc de Bab el Aïn.

Une romanisation pacifique

Makthar est finalement annexée à l'Empire romain par Jules César en 46 av. J.-C. Dans ce chef-lieu de plus de 60 bourgades agricoles, la civilisation punique parvient cependant à conserver son particularisme au sein de l'Empire. À la demande des Maktharois, désireux d'une meilleure intégration, l'**empereur Trajan** accorde la citoyenneté romaine à l'élite, prélude au statut de **colonie romaine** auquel la cité accède en 180. Dans cet important centre agricole et industriel, le symbole de la réussite sociale se trouve parfaitement résumé par l'inscription du moissonneur (3e s. ap. J.-C.) conservée au musée du Louvre (pas exposée). Makthar est réputée pour le nombre important de hauts fonctionnaires qu'elle fournit à l'Empire, ce qui ne manque pas de se répercuter sur le visage de la cité : vers l'an 200 sont entrepris de grands travaux comme la construction d'un aqueduc et de grands thermes.

Le déclin de Makthar

Cependant dès le 3e s., une crise économique frappe durement l'Empire et la pression fiscale s'alourdit. Émergent les signes d'une « lutte des classes » opposant le petit peuple aux grands propriétaires. La révolte d'El Jem en 238 *(voir p. 266)* entraîne Makthar dans son sillage. La schola des Juvenes *(voir ci-dessous)*, détruite par les troupes de l'empereur Maximin, ne sera restaurée que cinquante ans plus tard lorsque l'ordre sera rétabli, à la fin du 3e s. Mais à l'implantation du christianisme, la menace du schisme entre catholiques et dona-

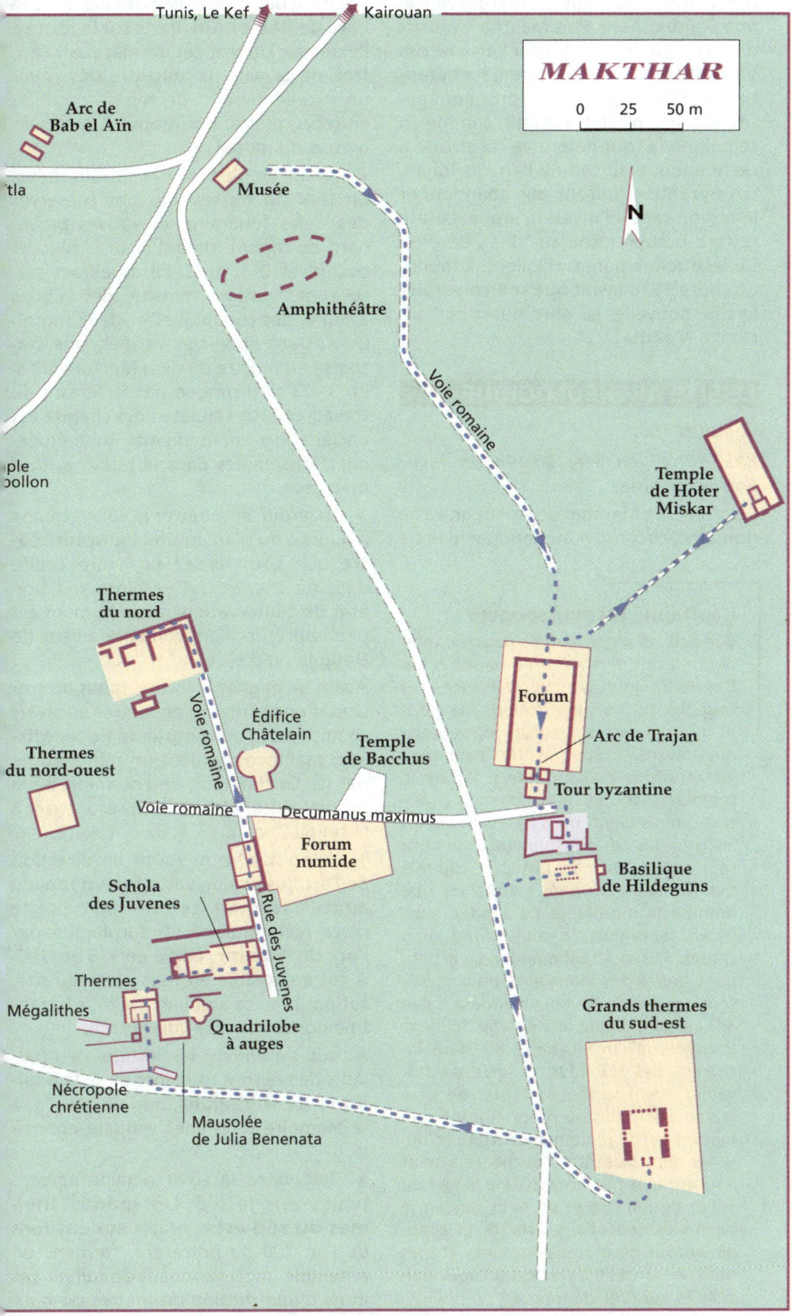
MAKTHAR
0
25
50 m
N
Tunis, Le Kef
Kairouan
Arc de Bab el Aïn
Musée
Amphithéâtre
Voie romaine
Temple de Hoter Miskar
Thermes du nord
Voie romaine
Édifice Châtelain
Temple de Bacchus
Forum
Arc de Trajan
Tour byzantine
Thermes du nord-ouest
Voie romaine
Decumanus maximus
Forum numide
Basilique de Hildeguns
Schola des Juvenes
Rue des Juvenes
Thermes
Mégalithes
Quadrilobe à auges
Grands thermes du sud-est
Nécropole chrétienne
Mausolée de Julia Benenata

tistes, qui a tôt fait d'émerger, laisse une Église divisée. Puis Makthar connaît d'autres temps troublés par l'arrivée des Vandales en 430. Si la reconquête byzantine voit l'édification de nouvelles églises, le calme n'est que relatif, comme en témoigne la tour défensive construite à cette époque au sud de l'arc de Trajan. Les Byzantins finiront par abandonner la région face à l'invasion arabe. Le site restera occupé jusqu'au 11e s., date de sa destruction par les Hilaliens. Il faudra attendre 1890 avant que soit construite la ville nouvelle, au nord-ouest de l'ancienne Makthar.

LE SITE ARCHÉOLOGIQUE

Comptez 1h30.

8h30-17h30 en été, 8h-19h en hiver. Entrée payante.

Les ruines de Makthar occupent un vaste domaine, circonscrit au nord par le lit de l'oued Saboun, au-dessus duquel s'élève l'**arc de Bab el Aïn**. Posté sur la route à l'extérieur du site, cet arc marquait l'entrée de la ville. Il constitue désormais un excellent point de repère pour les visiteurs, puisqu'il se trouve à quelques mètres du musée.

▶ Avant de partir sur le terrain, faites un tour au **musée** où sont conservés des stèles funéraires et votives provenant du tophet (datant pour la plupart des 1er et 2e s. ap. J.-C.), quelques statues, des vestiges romains, des lampes à huile, des céramiques et deux mosaïques. Dans l'une des vitrines, une statuette en bronze du dieu Mercure (1er s. ap. J.-C.) se distingue par la finesse du travail. D'autres stèles et des chapiteaux anciens provenant du site sont également disséminés dans le jardin autour du musée.

▶ Du jardin, empruntez la voie romaine à gauche du plan du site. L'**amphithéâtre** que vous laissez sur votre droite date du 2e s. ap. J.-C. Malgré son bon état de conservation, ce monument est peu impressionnant comparé à ceux de Dougga ou d'El Jem.

Avant de gagner le forum, faites un crochet d'une centaine de mètres à travers champs jusqu'au **temple de Hoter Miskar**, malheureusement en ruine. Édifié par les Carthaginois en l'honneur de la divinité Hoter Miskar, il fut reconstruit à la fin du 2e ou du 3e s. de notre ère.

▶ Reprenez votre route en direction de l'arc, jusqu'à un vaste **forum** romain au dallage intact. Le côté sud de cette place rectangulaire est surplombé par l'**arc de Trajan★**, édifié en 116 ap. J.-C. À cet arc, visible en tout point du site, fut par la suite accolée une tour byzantine dont la base se voit encore.

Au sud s'étendent les vestiges peu parlants de maisons romaines et de la **basilique de Hildeguns**, édifiée au 5e s. à la mémoire d'un chef vandale enterré là.

▶ Regagnez la voie romaine et continuez vers le sud. Les **grands thermes du sud-est★**, érigés aux environs de l'an 200 de notre ère, forment un ensemble impressionnant de ruines. Les murs d'une dizaine de mètres de hau-

L'épitaphe du moissonneur

« Je suis né d'une famille pauvre ; mon père n'avait ni revenus ni maison à lui. Depuis le jour de ma naissance, j'ai toujours cultivé mon champ. Ma terre ni moi n'avons pris aucun repos. Lorsque revenait l'époque de l'année où les moissons étaient mûres, j'étais le premier à couper mes chaumes ; lorsque paraissaient dans les campagnes les groupes de moissonneurs, qui vont se louer autour de Cirta, la capitale des Numides, ou dans les plaines que domine la montagne de Jupiter, alors j'étais le premier à moissonner mon champ. Puis quittant mon pays, j'ai pendant douze ans moissonné pour autrui sous un soleil de feu ; pendant onze ans j'ai commandé une équipe de moissonneurs et j'ai fauché le blé dans les champs des Numides. À force de travailler, ayant su me contenter de peu, je suis enfin devenu propriétaire d'une maison et d'un domaine. Aujourd'hui je vis dans l'aisance. J'ai même atteint les honneurs : je fus appelé à siéger au Sénat de ma cité et de petit paysan je devins censeur. J'ai vu naître et grandir autour de moi mes enfants et mes petits-enfants ; ma vie s'est occupée paisible et honorée de tous. »

teur sont encore bien conservés et se dressent au-dessus d'un labyrinthe de salles, que les Byzantins transformèrent en forteresse au 6e s.

À l'est des grands thermes, une débauche de colonnes corinthiennes se dressent à l'emplacement de la **schola des Juvenes★** – transformée par la suite en basilique chrétienne. Le siège de cette association de jeunes, dont la fondation remonterait au 1er s. ap. J.-C., regroupait des locaux tels que des salles des jeux, des piscines et des bureaux. Cette institution paramilitaire avait vraisemblablement la fonction d'une milice municipale, également en charge de la collecte d'impôts en nature. Ainsi le petit bâtiment, désigné sous le nom de **quadrilobe à auges** (4e-5e s. ap. J.-C.), devait servir de guichet de perception des redevances comme le blé ou l'huile.

À une centaine de mètres au nord-est de ce complexe, le **temple de Bacchus**, l'un des patrons de la ville, dominait l'ancien **forum numide**, qui s'étend de l'autre côté de la voie romaine (*decumanus maximus*).

Cette voie conduit aux **thermes du nord-ouest**, construits au cours de la seconde moitié du 2e s. de notre ère. Une **basilique chrétienne** fut érigée dans le *frigidarium* aux alentours du 5e ou 6e s. À proximité, les **thermes du nord**, plus récents, datent quant à eux de l'époque byzantine.

Revenez au musée, puis prenez sur votre gauche pendant environ 500 m, jusqu'au **temple d'Apollon** dont subsistent les soubassements. Ce temple de l'époque romaine fut édifié à l'emplacement d'un sanctuaire carthaginois, sans doute dédié à Baal Hammon. À proximité, les vestiges de l'**aqueduc** sont encore visibles.

4 jours	Entre mer et basses steppes (au départ de Sousse)
Boucle (env. 240 km)	Sousse *(p. 230)*, Monastir *(p. 242)*, Mahdia *(p. 248)*, El Jem *(p. 266)* et Kairouan *(p. 252)*.
Transport	- Le métro du Sahel assure régulièrement le trajet (1h30) entre Sousse et Mahdia *via* Monastir. - Pour le reste de l'itinéraire (El Jem et Kairouan), on peut opter pour les transports en commun (essentiellement taxis de louage).
Étapes	Sousse, Mahdia et Kairouan.
Conseils	Vous pouvez louer une voiture à Kairouan pour visiter le site de Sbeïtla *(p. 261)* dans la journée (232 km AR à partir de Kairouan). Comptez dans ce cas une journée supplémentaire de circuit.
5 jours	**Sousse et la côte sud**
Itinéraire (env. 170 km de route + bateau)	Sousse, Monastir, Mahdia, El Jem, Sfax *(p. 268)* et 1 jour sur les îles Kerkennah *(p. 276)*.
Transport	- Le train, les bus et les taxis de louage sont très efficaces dans cette partie de la Tunisie. - Pour se rendre aux îles Kerkennah, voir « Arriver ou partir » p. 276. - Location de voiture ou de mobylette conseillée sur les îles Kerkennah.
Étapes	Sousse (ou Monastir), Mahdia, Sfax et îles Kerkennah.

La plage de Sousse

LE SAHEL

SOUSSE★★

☺ **Climat agréable toute l'année**

☹ **Ville un peu bruyante**

Quelques repères

Chef-lieu de gouvernorat - Env. 152 200 hab.

À ne pas manquer

Le musée et le ribat.

Conseils

Vous êtes dans la capitale du tourisme tunisien, tout invite au farniente et aux plaisirs du bain en dépit de quelques alibis culturels. Alors laissez-vous aller !

Troisième ville du pays après Tunis et Sfax, la Mecque du tourisme tunisien a su préserver sa médina et son port de pêche. Le train qui la traverse plusieurs fois par jour à grands coups de sifflet ajoute encore à la note provinciale. Mais sous ses airs d'éternelle villégiature se cache une cité industrieuse qui rassemble près de 800 entreprises dans des domaines aussi divers que la mécanique, le montage automobile, le textile, les matériaux de construction et l'agroalimentaire. Entourée de 250 ha d'oliveraies, Sousse demeure également un centre important de production d'huile. L'activité de son port de commerce est en continuelle augmentation et la pêche n'est pas en reste avec 5 000 tonnes de poissons par an. Sousse est aussi un centre universitaire fréquenté par près de 10 000 étudiants.

Pourtant, l'image que l'on en garde est surtout celle d'une immense station balnéaire prise d'assaut chaque année par 700 000 vacanciers. La « Perle du Sahel » a su gérer habilement son potentiel touristique : les pieds dans l'eau avec juste ce qu'il faut de couleur locale. Ivres de soleil et de mer, les touristes flânent le soir venu sur la promenade bordée de palmiers où flottent des effluves de fleurs d'oranger et de *chicha*. Quoique très « retapée », la vieille ville fortifiée offre encore des scènes pittoresques : l'arrivée sur le marché de rougets tout juste sortis de l'eau et présentés en épis dans des caisses en bois ; le tri des dattes ou des épices ; la danse improvisée des enfants sur les derniers raïs à la mode...

Sousse et le Sahel n'attirent pas que les étrangers. Cette Californie du Maghreb exerce un irrésistible attrait sur les jeunes Tunisiens en mal d'emplois, fascinés par les promesses rarement tenues d'un mode de vie à l'occidentale.

Arriver ou partir

En voiture - Une autoroute à péage relie Tunis à Sousse.

En train - Gare SNCFT, bd Hassouna Ayachi, ☎ 73 224 955. Sousse est desservie par 13 trains quotidiens en provenance de Tunis. Les omnibus exceptés, ils ont tous la climatisation en classe « confort » (3h). Une dizaine de liaisons vers Bir Bou Rekba, la gare desservant Nabeul et Hammamet (1h20). Chaque jour, 6 trains partent à destination d'El Jem (55mn), 8 à destination de Sfax (1h45), 3 à destination de Gabès (5h), et 2 trains dont 1 de nuit, à destination de Gafsa (5h30).

Le Métro du Sahel, place Bab Jedid, ☎ 73 224 955. On nomme ainsi la ligne de chemin de fer omnibus qui dessert presque toutes les gares en direction de Monastir (21 trains par jour, 30mn) et Mahdia (16 trains, 1h30). Les trains sont moins nombreux le week-end et les tarifs sont un peu plus chers.

En bus - Le car est une solution idéale, non seulement pour voyager, mais aussi pour des excursions avec retour dans la journée. Seuls les bus de la SNTRI (grande distance) sont climatisés.

Départ de la place Sidi Yahia (à proximité de la place Farhat Hached), ☎ 73 224 382 - La **STS** assure des liaisons avec les localités alentour, en particulier Hergla (bus n° 18, 4 départs par jour, 45mn), Chott Mariem (bus n° 16, 6 départs quotidiens, durée 30mn), Monastir (bus n° 52, 12 départs, 45mn), Mahdia (14 départs, 1h30).

Départ de Souk Lahed - La nouvelle gare routière se trouve à côté du marché du dimanche, à 1 km au sud de la médina par l'av. du 3 Septembre 1934, ☏ 73 221 910. 11 cars à destination de Sfax *via* El Jem (2h30) ; 11 à destination de Gabès (5h) ; 1 à destination de Jerba *via* Jorf et 1 autre de nuit *via* Zarzis (6h) ; 1 bus de nuit pour Matmata (7h) ; 1 de nuit pour Tataouine (9h) ; 2 bus pour Zarzis *via* Medenine, dont 1 de nuit (5h) ; 11 bus à destination de Kairouan (1h30) ; 1 pour Le Kef (4h). 10 départs quotidiens pour Tunis (2h30) ; 2 pour Bizerte (13h30) ; 3 pour Nabeul *via* Hammamet (2h) ; 1 pour Zaghouan avec retour dans la journée (2h). 10 bus par jour pour Enfidaville (1h) ; 2 pour Le Kef *via* Fahs et Dougga (4h30) ; 2 pour Béja *via* Mejez el Bab (4h).

En taxi collectif - La station de louage se trouve en face de la gare routière. Toutes les grandes villes de Tunisie sont desservies : Tunis, Jerba (4h), Gafsa (3h), Tozeur (4h).

En bateau de plaisance - La marina de Port el Kantaoui est équipée de 340 anneaux, ☏ 73 348 600.

Comment circuler

En voiture - La voiture permet de quitter cette station balnéaire un peu trop bruyante et de visiter Monastir ou Kairouan, tout proches.

En bus - STS (Sté de transport du Sahel). Le n° 12 relie le centre-ville à Port el Kantaoui. Départs toutes les 20mn environ, 7h30-20h15.

En taxi - Station sur la place Farhat Hached, à l'angle avec le boulevard Hassouna Ayachi (anciennement bd René Millet), ainsi qu'à Port el Kantaoui.

En train touristique - The Happy Noddy Train, ☏ 73 240 353. Départ toutes les heures entre Sousse Boujaffar et Port el Kantaoui, 9h-23h. Prix 3,5 d.

Location de voiture - Avis, route touristique, Port el Kantaoui, ☏ 73 225 901. **Budget**, 65 av. Habib Bourguiba, ☏ 73 227 614. 8h-20h dimanche inclus. **Europcar**, 49 route de la Corniche, ☏ 73 226 252. **Hertz**, av. Habib Bourguiba, ☏ 73 225 428. **Mattei (Ada)**, 13 rue Ahmed Zaatir, ☏ 73 219 704.

Adresses utiles

Informations touristiques - ONTT, 1 av. Habib Bourguiba, ☏ 73 225 158. En hiver, 8h30-13h/15h-17h45 du lundi au jeudi, 8h30-13h30 le vendredi et le samedi. En été, 7h30-19h30, 9h-12h/16h-19h30 le dimanche. L'accueil est aimable et, pour une fois, on y trouve de vraies informations.

Le **syndicat d'initiative** occupe le petit kiosque place Farhat Hached. En hiver 9h-12h et 14h-17h. En été, 8h-18h ; 8h-12h/14h-20h le dimanche. Donne peu d'informations.

Commissariat régional au tourisme, 1 av. Habib Bourguiba, ☏ 73 225 157.

Centre culturel - Relais culturel de Sousse, Villa Marini, 4 rue des Jasmins, ☏ 73 227 935.

Banque / Change - En été, les banques organisent une permanence de change les jours chômés et fériés.

BNA, avenue Habib Bourguiba. En été, 7h-13h, 9h30-15h le samedi et le dimanche. Change et retrait avec carte Visa. L'accueil est à peine aimable, mais c'est la seule banque ouverte le week-end.

DAB Visa, **Banque STB**, av. Habib Bourguiba.

American Express, av. Habib Bourguiba.

Bureau de change, Centre Soula, place Sidi Yahia, ☏ 73 229 612. Cette officine change devises et Eurochèques.

Poste centrale - Angle bd Mohammed Maarouf et av. de la République, ☏ 73 227 130. Hors saison, 8h-12h/15h-18h. En été, 7h30-13h Fermée le dimanche.

Publinet - Immeuble Gloulou, 5 av. Mohammed Maarouf, derrière la poste en face du lycée de garçons, ☏ 73 212 780. Tlj 8h-24h (dimanche à partir de 15h). 2,5 d l'heure de connexion.

Compagnies aériennes et maritimes - Tunisair, 5 av. Habib Bourguiba, ☏ 73 227 955/223 952. **CTN**, rue Abdallah Ibn Zoubeir, ☏ 73 224 861.

Urgences / Santé - Bureau de police, rue Pasteur, ☏ 73 225 566.

Garde nationale, av. Léopold Senghor, ☏ 73 225 588.

Pharmacie de nuit Neji Khelifa, 38 av. de la République, ☏ 73 224 795. À 800 m de la place Farhat Hached.

Clinique Les Oliviers, bd du 7 Novembre, ☏ 73 242 711.

Médecins de nuit, bd Mohammed el Karaoui, ☏ 73 224 444.

Centre de dialyse, bd du 7 Novembre, ☏ 73 241 868.

Se loger

C'est à Sousse que l'on trouve la gamme d'hôtels la plus large, depuis les établissements très corrects en pleine médina, jusqu'aux hôtels les pieds dans l'eau, à 5mn à pied du centre-ville. Tous ont un point commun : le bruit, que ce soit la sono pour les hôtels du bord de mer ou le trafic des voitures pour les autres. Les remises octroyées hors saison sont assez variables et vont de 30 à 60 %.

▸ *Ville moderne*

Autour de 20 d (13 €)

Résidence Jeunesse 21 *(B2)*, av. Mongli Slim-La corniche, ☏ 73 213 373, www.auberge21.homestead.com - 20 ch. Contrairement à ce que son nom laisse supposer, l'établissement est ouvert à tous. Très simple mais très propre. Chaque étage de 3 chambres se partage une salle de bains avec baignoire.

Autour de 30 d (20 €)

Hôtel Corniche, 18 rue du 2 Mars 1934, ☏ 73 226 697/225 676 - 28 ch. Malgré sa très belle entrée, cet hôtel, propre, offre un confort spartiate. Il a l'avantage d'être situé près de la mer. Certaines chambres ont une douche. Attention de ne pas confondre avec l'hôtel Corniche Plazza tout proche, sordide.

Autour de 60 d (40 €)

Hôtel Sousse Azur, 5 rue Amilcar, entre le parc aux Oiseaux et l'av. Habib Bourguiba, ☏ 73 226 960/227 760 - 22 ch. Des chambres impeccables, dont certaines avec balcon s'ouvrent côté mer, un accueil aimable et un prix raisonnable.

▸ *Médina*

De 20 à 30 d (13 à 20 €)

Hôtel de Paris, 16 rue du Rempart Nord, ☏ 73 220 564 - 42 ch. Cet hôtel qui date pourtant d'avant-guerre n'a pas pris une ride. Il est remarquablement entretenu et d'une propreté exemplaire. Il séduira tous ceux qui acceptent les douches sur le palier en échange d'un tout petit prix. L'hôtel ne sert pas de petit déjeuner.

Autour de 30 d (20 €)

Hôtel Émira, 52 rue de France, ☏ 73 226 325 - 16 ch. Cet établissement offre une jolie vue sur la médina, de la terrasse du 3e étage ; accueil plaisant.

De 30 à 40 d (20 à 26 €)

Hôtel Médina, 15 rue Othman Osman, derrière la mosquée, ☏ 73 221 722 - 55 ch. Un peu plus cher, mais quand même plus confortable, en particulier les nouvelles chambres aménagées dans une partie du bâtiment récemment restauré, avec air conditionné. Le restaurant, le bar et le patio recouvert de faïence sont plein de charme.

▸ *Sur la plage*

Autour de 140 d (100 €)

Abou Nawas Boujaafar, au bout de l'av. Habib Bourguiba (en direction du centre-ville), ☏ 73 226 030, www.abounawas.com.tn - 234 ch. Avec le confort propre à la chaîne, cet établissement vous offre la plage en plein centre-ville. Il est de plus équipé d'un centre de thalassothérapie. Supplément pour la vue sur la mer.

▸ *Port el Kantaoui*

Autour de 90 d (60 €)

☺ **Les Maisons de la Mer**, Port el Kantaoui, ☏ 73 348 799, www.portelkantaoui.com.tn - . Avec Les Maisons des Jardins, 210 appartements à louer, du studio au 5-pièces, avec kitchenette. Les appartements autour de la marina offrent d'agréables terrasses au premier, mais sont très bruyants le soir. Pour ceux qui se trouvent côté mer (supplément), la plage est à 3 marches de votre petite terrasse ! Les locations sont acceptées à partir d'une nuit.

Se restaurer

Ville moderne

Autour de 5 d (3,5 €)

El Ons *(C3)*, rue de Rémada. Décoration kitsch, clientèle tunisienne, nourriture simple et bonne. Une adresse intéressante et pas chère.

De 10 à 20 d (6,5 à 13 €)

Restaurant Dar Sidi *(B3)*, av. Mohammed Maarouf, ☎ 73 214 244. Voici, dans un cadre digne des 1 001 Nuits, un choix original de très bonne cuisine tunisienne. Le pain est fabriqué sur place. Accueil soigné et prévenant.

Le Lido *(C4)*, av. Mohammed V, ☎ 73 225 329. Avec ses quelques tables installées sur le trottoir en face du port de commerce et sa grande terrasse, séparé de la mer par la voie de chemin de fer qui traverse la ville, ce restaurant est assez représentatif de Sousse. Le poisson grillé est cuit à la sfaxienne, légèrement mariné au cumin.

Autour de 20 d (13 €)

Le Surfin *(hors plan)*, av. Taïeb Méhiri, ☎ 73 225 871. Spécialités de poisson. Menu fixe : soupe de poisson, 8 choix d'entrées, plateau de fruits de mer et de poissons, sorbet et fruits.

De 20 à 25 d (13 à 16,5 €)

L'Escargot *(A1)*, 87 route de la Corniche (face à l'hôtel Hana), ☎ 73 224 779. Étonnant rendez-vous des amateurs d'escargots et de cuisine du terroir, en plein cœur de la Tunisie : escargot au lard ou gigot de lotte à l'estragon. Les irréductibles trouveront aussi du poisson grillé.

La Marmite *(C3)*, 15 rue de Rémada, ☎ 73 226 728. Voilà un restaurant qui fait un véritable effort, même si le résultat est un peu hétéroclite. De vieilles étagères tunisiennes côtoient sans pudeur de fausses fresques romaines. À la carte, moules marinière et *oja* aux merguez, couscous et chateaubriand sauce béarnaise. Bonne cuisine. Fermé le dimanche.

La Calèche *(C3)*, 6 rue de Rémada, ☎ 73 226 489. Cette salle à l'ambiance feutrée ressemblerait plutôt à une auberge française si ce n'étaient les quelques mosaïques romaines qui apportent la touche locale. La carte de spécialités franco-tunisiennes est présentée sous forme de menus thématiques : enfant, végétarien, touristique, tunisien, chasseur, pêcheur et royal. Soirée musicale le samedi.

Le Baron *(hors plan)*, av. Taïeb Méhiri, vers le Tej Marhaba, ☎ 73 212 120. Ambiance raffinée pour ce concurrent direct du Bonaparte. Un des restaurant chic les plus cotés en ville.

De 20 à 30 d (13 à 20 €)

Le Bonaparte *(hors plan)*, av. Taïeb Méhiri, à 50 m du Baron ☎ 73 225 342 Très tendance, avec une décoration bariolée allant du rose bonbon au vert pomme. Pub attenant au restaurant pour prolonger la soirée.

Autour de 30 d (20 €)

Le Gourmet *(C2)*, 3 rue Amilcar (en face de l'hôtel Abou Nawas), ☎ 73 224 751 Ici, la spécialité, c'est l'agneau ou le poisson en gargoulette, que l'on vous fait jeter à terre (à l'extérieur) après le service. Cela porte bonheur ! L'établissement est tenu par Taïeb, un artiste-restaurateur-entrepreneur.

Médina

De 5 à 10 d (3,5 à 6,5 €)

Restaurant du Peuple *(C3)*, rue du Rempart Nord (à droite de l'hôtel de Paris). À l'ombre des remparts, la terrasse bénéficie d'un léger courant d'air même en été. Poisson très frais. Pensez à réserver en été.

Restaurant de l'hôtel Médina *(C4)*, 15 rue Othman Osman, ☎ 73 221 722. Sous des voûtes de pierre, ce restaurant d'hôtel vous servira aussi bien tajines et *kamounia*, que spaghettis bolognaise et chateaubriand sauce béarnaise.

Port el Kantaoui

De 20 à 30 d (13 à 20 €)

La Daurade, ☎ 73 348 893 Une bonne qualité de poisson pour un restaurant, qui affiche cependant des prix supérieurs à la moyenne. Fermé le lundi. Danseuses orientales en été.

De 20 à 40 d (13 à 26 €)

Le Méditerranée, ☎ 73 348 788, www.lemediterranee.com . Le poisson

SOUSSE

le plus frais du port. Et une terrasse agréable donnant sur la marina en été. Fermé le mardi.

Sortir, boire un verre

Cafés - Café Central Souayah *(C4)*, place des Martyrs, ☎ 73 221 547. 4h-23h. Jus d'orange frais et terrasse bien placée à l'entrée de la médina. Beaucoup d'hommes tunisiens mais les femmes sont les bienvenues.

La Sirène *(C2)*, av. Bourguiba. Au bout de l'avenue Bourguiba, cet agréable bar donne sur la plage. Parfait pour café, croissant et jus de fruit frais !

Café Kmayes Harbi *(C2)*, 72 rue d'Angleterre. Café populaire de ce quartier de la médina. Thé, café, boissons fraîches et chicha. Les hommes s'y retrouvent pour jouer au rami et aux dominos dans un brouhaha indescriptible. Les femmes touristes sont les bienvenues. Ouvre un peu avant la première prière du matin et ferme tard le soir.

Glacier - Casa del Gelato, bd du 7 Novembre, à 4,1 km du centre-ville, vers Hammam Sousse, ☎ 73 244 996/997. 7h-24h (1h du matin en été).

Discothèques - Maracana, hôtel Tej Marhaba, route touristique, ☎ 73 229 800.

Samara King, hôtel Samarha, route touristique à 2,6 km de la place Farhat Hached, ☎ 73 226 699. Piano-bar et spectacle laser.

Loisirs

Festivals - Festival international de Sousse, musique et théâtre de plein air, rue Abou Kacem Chabbi du 1er juillet au 15 août, surtout en arabe.

Festival du Baba Aoussou (« août » en arabe), concerts, folklore, défilés et spectacles de majorettes. En juillet-août.

Activités sportives - El Kantaoui Golf Course, Port el Kantaoui, ☎ 73 348 756. Parcours de 27 trous s'étendant sur 103 ha depuis la plage.

Centre de plongée sous-marine, Port el Kantaoui, ☎ 73 348 756.

Thalassothérapie - Hôtel Nawas Boujaafar, ☎ 73 226 030, abnboujaafar.ssc@planet.tn

Hammams - Hammam Shifa, 21 rue de la Victoire. De la poste centrale, prenez l'avenue Zama Balaoui en direction de Tunis et Sousse. Le hammam est au fond de la 2e impasse sur la gauche, après le garage Renault. 6h-14h pour les hommes, et 14h-20h pour les femmes. **Hammam Sabra**, rue Ali Belhaouane, en face de la porte des Martyrs. En matinée pour les hommes, l'après-midi pour les femmes. **Hammam Bâziz**, prononcez Boaziz ; dans la médina, prenez la rue de Paris et tournez à droite après le passage voûté. Un hammam très populaire.

Achats

Souk hebdomadaire - Le dimanche.

Pâtisseries - Shérif, av. Habib Bourguiba. Spécialités de glaces.

Cherif, 83 av. de la République Trocadéro (près de la pharmacie de nuit). Une bonne adresse puisque les Soussois traversent la ville pour y acheter leurs gâteaux.

Épices - Ernez, rue de Paris. Un marchand de senteurs et de saveurs authentique, à l'opposé des nombreuses boutiques de parfums d'imitation.

Librairie - Cité du Livre (Librairie Taïeb Kacem), bd Hassanna Ayachi, ☎ 73 225 097. Hors saison, 8h-20h, en été, 8h-14h/16h-22h. Un choix impressionnant de livres français, assortis de quelques livres tunisiens publiés dans la langue de Voltaire.

Artisanat et antiquités - SOCOPA, av. Habib Bourguiba, Sousse, au 1er étage du centre commercial de l'hôtel Abou Nawas Boujaafar (à l'extérieur de l'hôtel, sur la gauche), ☎ 73 229 900. Hors saison, 9h-18h et en été 9h-20h. Le dimanche 10h-18h.

SOCOPA, rue des Jasmins, ☎ 73 241 066.

Centre commercial d'artisanat, Centre Soula, place Sidi Yahia, ☎ 73 229 612. Hors saison, 8h-17h. En été, 8h30-21h. Tout l'artisanat tunisien (y compris quel-

SOUSSE

ques objets importés d'Inde) est concentré sur quatre étages, au prix fort. Quelques cartes routières correctes en vente près des caisses.

HISTOIRE

La ville aux quatre noms

Fondée par les Phéniciens au 9e s. av. J.-C., Sousse, comme Utique, peut se prévaloir d'être plus ancienne que Carthage. Le petit comptoir commercial devient vite une cité florissante sous le nom d'**Hadrumetum**, mais au 6e s. av. J.-C., il lui faut composer avec la puissante Carthage. Les deux premières guerres puniques voient les citoyens d'Hadrumète se ranger aux côtés de leurs cousins carthaginois, et la ville sert de camp retranché à Hamilcar. La cité, qui sort à chaque fois exsangue de ces interminables conflits, se résout à la trahison et prend le parti de Rome lors de la troisième guerre punique. Félonie bien récompensée : Carthage est rayée de la carte et les Romains accordent à Hadrumète le statut de ville libre.

Au 1er s. av. J.-C., Hadrumète se trouve à nouveau entraînée dans des conflits qui la dépassent. Elle tire cette fois la mauvaise carte, s'allie à Pompée contre César, et perd ses privilèges. La domination romaine n'en profite pas moins à Hadrumète qui, dès le règne d'Auguste, redevient une place commerciale importante. Trajan (98-117 ap. J.-C.) lui accorde le statut de colonie, et Dioclétien (284-305) en fait la capitale de la Byzacène, vaste province qui couvre tout le centre de la Tunisie.

Digne capitale d'une province romaine, la cité se dote de toutes les infrastructures nécessaires au *roman way of life* : thermes, théâtres, temples… dont il ne reste pratiquement rien. L'époque chrétienne a laissé davantage de traces : les catacombes et de splendides mosaïques désormais exposées au musée de Sousse. Ce luxe ne laisse pas indifférente la soldatesque vandale qui s'abat sur l'Afrique au 5e s. Hunéric, l'un des chefs barbares, s'arroge Hadrumète qui se voit affublée du nom délicat de **Hunéricopolis**. Reconquise par les Byzantins vers 535, l'antique cité rebaptisée **Justianopolis** pouvait espérer mieux que ce patronyme qu'elle devra pourtant porter jusqu'à l'entrée en scène des Arabes.

Une entrée fracassante, car les cavaliers d'Uqba Ibn Nafi ne sont pas gens patients. Quelque peu irrités par un siège de deux mois, ils sont bien décidés à faire payer cher leur arrogance à ces « Justianopolitains » ridicules. Il ne restera pas pierre sur pierre de la cité, qui néanmoins recevra un petit nom charmant : **Siussa** (Sousse).

À 50 km à l'intérieur des terres, Kairouan, la nouvelle capitale, a besoin d'un débouché maritime. Ce sera tout naturellement Sousse qui connaît une nouvelle prospérité. L'arrivée au pouvoir des Fatimides et le transfert de la capitale à Mahdia l'éclipse pour un temps. Sous la domination turque, Sousse vit de la course comme tant d'autres villes du littoral *(voir p. 197)*, ce qui lui vaut au 18e s. les représailles des États européens, dont quelques bombardements de la part des Vénitiens et des Français.

Sousse, qui au 19e s. semble promise à un déclin irrémédiable, trouve un nouveau souffle sous le protectorat français. La construction d'une ligne de chemin de fer et d'un port de commerce la confirment dans son antique rôle de métropole régionale. Seuls les noms changent : non plus « capitale de la Byzacène » mais « chef-lieu du Sahel ».

VISITE DE SOUSSE

Comptez une demi-journée dont 2h pour le musée.

LA MÉDINA

Le kiosque installé face à la mosquée vend les billets d'entrée pour la Grande Mosquée et le ribat.

▶ À l'entrée de la médina, la **place des Martyrs** épouse la courbe de l'ancienne enceinte qui en cet endroit a disparu, éventrée par des bombardements lors de la Seconde Guerre mondiale. Cet espace bordé de cafés forme un trait d'union entre la médina et la ville européenne. On y a érigé une sculpture représentant huit personnages dans l'attitude des *Bourgeois de Calais* : les martyrs de Sousse. Derrière eux est scellée dans le rempart la copie d'une célèbre mosaïque découverte à Sousse (aujourd'hui au musée du Bardo) : Virgile entouré des muses de la Poésie et de l'Histoire. Hors les murs, la médina s'offre en une vision enchanteresse : quelques palmiers et la muraille flambant neuve qui semble tout droit sortie d'un film hollywoodien. On a peine à concevoir qu'elle date de 859 comme l'atteste pourtant une inscription en écriture coufique sur le rempart sud. Il faut imaginer l'enceinte battue par les flots, telle qu'elle l'était avant les travaux de remblais effectués pour la construction du port de commerce et de la ville moderne.

▸ La **Grande Mosquée★** *(8h-14h en semaine, 8h-13h le vendredi ; entrée payante)* évoque davantage une forteresse qu'un lieu de prière, ce qu'accentue encore l'absence de minaret. Aménagée sur l'emplacement d'une ancienne kasba vers 850, son rôle fut à l'origine défensif. Avec le ribat voisin, elle protégeait l'accès au port. La cour remonte au 9e s., mais le portique à arcades date du 17e s. Les touristes ne sont malheureusement pas autorisés à pénétrer dans le Saint des Saints. Par les portes grandes ouvertes, vous pourrez néanmoins admirer la **salle de prière** : 13 travées dont les voûtes reposent sur une forêt de colonnes et de chapiteaux antiques. La travée centrale qui conduit au *mihrab* est coiffée de deux coupoles. Le ribat se dresse non loin de la Grande Mosquée, un peu plus haut à l'intérieur de la médina sur votre droite.

▸ À l'instar des autres monuments de la médina, le **ribat★** *(8h-19h en été, 8h-17h30 hors saison ; entrée payante et supplément pour photo)* a fait l'objet d'une restauration pour le moins énergique. Sans les colonnes antiques de la **porte d'entrée**, dépareillées et très abîmées, on pourrait douter de son authenticité. Le monastère date pourtant du 8e s., et c'est avec celui de Monastir l'un des plus importants du Maghreb. Ses petites dimensions en font un château de poupée ou de gnomes, mais du haut du *nador*, ou tour de guet, on profite d'un très beau **point de vue★** sur la médina, le port, et la mer. La cour est bordée de portiques à arcades qui donnent accès aux **cellules des moines-soldats**. Au premier étage, les cellules n'occupent que trois côtés, l'aile sud étant réservée à la salle de prière. L'aspect en est rude et austère : deux travées aux simples voûtes en berceau soutenues par de gros piliers cruciformes ; l'éclairage est assuré par de rares meurtrières. De l'avis des archéologues, il s'agit de la plus ancienne mosquée d'Afrique.

▸ Rejoignez les remparts derrière le ribat, et longez le mur d'enceinte vers la gauche pendant environ 300 m. Au 65 de la rue du Rempart Nord, la lourde porte du **musée Dar Essid★** *(10h-19h en été, 10h-18h hors saison ; entrée payante)* s'ouvre sur une belle demeure datant du 10e s. Grâce à une fiche explicative fournie à l'entrée, chacun peut flâner à son rythme et s'orienter facilement à partir du ravissant patio décoré d'un patchwork de céramiques. Au fil de pièces richement meublées, de l'alcôve à la cuisine, l'intimité de la famille Essid s'offre au visiteur. Des photos et

Ribats et moines-soldats

Les ribats sont de véritables citadelles de la foi, monastères fortifiés à vocation militaire et religieuse. Ces places fortes du jihad apparaissent dès le 8e s. Après avoir fait main basse sur l'Ifriqiya, les Arabes éprouvent le besoin d'assurer leurs positions qui ne sont pas à l'abri des incursions chrétiennes. La menace viendra longtemps de la mer ; pour y faire face, les musulmans jalonnent leurs côtes de forteresses, d'Alexandrie à Ceuta au Maroc. Les ribats participent de ce système défensif, mais ils sont également des foyers de propagation de la parole du Prophète. Ils sont tenus par des moines-soldats maniant avec la même efficacité le cimeterre et le Coran. C'est pour le fidèle un lieu d'enseignement coranique, une halte sur le parcours du pèlerinage à La Mecque, et un abri en cas d'attaque de l'ennemi. La pression des chrétiens diminuant, les ribats prirent un caractère plus spirituel que guerrier.

SOUSSE
0 100 200 m
N
A
B
C
Port el Kantaoui, Hammam Sousse, Hergla
Port el Kantaoui, Hammamet, Tunis, Enfidha, Takrouna
Mer Méditerranée
Boulevard Taïeb Méhiri
Boulevard Hédi Chaker
Boulevard de la Corniche
Boulevard Mongi Slim
Rue Mongi Bali
Rue el Kods
Rue de Ribat
Rue Haffouz
Avenue Léopold Senghor
Rue Naceur Bey
Rue de Nice
Victor Hugo
Rue de Carthage
Boulevard Hassouna Ayachi
Parc aux Oiseaux
Avenue Habib Bourguiba
R. Dr. E. Conseil
Place Thiers
Rue Remada
Rue Larroussi Haddad
R. de l'Indépendance
R. Ali Belhaouane
Avenue de la République
Avenue du 3 Août
Rue d'Espina
Boulevard Mohammed Maarouf
Bab el Jabli
Ibn Omar
Place F. Hached
Douanes
Boulevard Yahia
Place des Martyrs
Rue des
Av. Ibn el Jazzar
Ribat
Dar Essid
Grande Mosquée
Bab el Finga
Rue el Aghalba
MÉDINA
Marché
R. d'Angleterre
Rue de Paris
Rue de France
Boulevard Mohammed Ali
Rue Habib Thameur
Rue Mohammed V
Promenade du Port
Port
Kalaout el Koubba
Souk el Caïd
Souk el Reba
Bab el Gharbi
Bab el Jedid
Marché
R. Kobar
Avenue du Commandant Bejaoui
Catacombes
Boulevard du Maréchal Tito
Musée
Kasba
Bab el Kibli
R. el Jahidh
Métro du Sahel
R. du 3 Septembre 1934
R. du Dr. Hamda Sakka
Kairouan, Sfax
Monastir, Mahdia
Monastir, Mahdia
HÔTELS
Abou Nawas Boujaafar 1
Corniche 2
Émira 3
Médina 4
Paris 5
Résidence Jeunesse 6
Sousse Azur 7
RESTAURANTS
Baron (Le) 1
Bonaparte 2
Calèche (La) 3
Dar Sidi 4
Gourmet (Le) 5
Escargot (L') 6
Lido (Le) 7
Marmite (La) 8
Ons (el) 9
Restaurant du Peuple 10
Surfin (Le) 11

une foule de menus objets révèlent de façon touchante la vie quotidienne d'une famille aristocratique au siècle dernier. Du sommet de la tour, qui domine la médina du haut de ses 65 m, vous découvrirez la ville à vos pieds.

Revenez en direction de la Grande Mosquée et prenez selon votre humeur les rues de Paris ou d'Angleterre.

▸ Vous entrez là dans les **souks** les plus propres de Tunisie. Contrairement à ceux de Sfax, par exemple, ils sont presque entièrement dévolus au tourisme : fausses marionnettes anciennes, blousons et bagages en cuir, dromadaires en peluche (dont la bourre est en polystyrène), et autres souvenirs « exotiques ». Comme à Tunis ou Kairouan, les boutiquiers vous interpellent en plusieurs langues, mais ils ont ici élargi leur palette et se sont mis au russe et au polonais. Les « *dzien dobry* » deviennent presque aussi fréquents que les « bonjour » et les « *Guten Tag* » depuis que les Slaves envahissent par charters entiers les hôtels du littoral en basse et moyenne saison. Les souks sont à l'image de la médina de Sousse – inscrite depuis 1986 au Patrimoine de l'humanité –, très aseptisés mais également bien préservés. Ils s'échelonnent au long de belles venelles sinueuses, par endroits couvertes de voûtes. Quelques commerçants ont mieux résisté à la tentation du tourisme, comme les vendeurs d'épices, de fèves, et de semoule qui exposent leurs denrées dans de gros sacs de toile.

Le souk el Reba, sur votre droite, conduit un peu plus loin dans une cour (parcours bien fléché) au **Kalaout el Koubba**, édifice du 11e s. dont on ignore la fonction d'origine : palais, hammam ou autre ? Sa coupole aux cannelures en zigzag est unique en Tunisie. Le bâtiment abrite désormais un petit **musée** consacré aux arts et traditions populaires *(9h30-13h/15h-17h30, 14h-17h le dimanche ; entrée payante)*.

Le souk el Reba se prolonge par celui d'el Caïd qui monte par paliers jusqu'au sommet de la médina. C'est dans cette partie de la vieille ville que vous trouverez un peu d'authenticité : ateliers de forgerons, hammams, vieilles demeures oubliées…

LE MUSÉE DE SOUSSE★★

9h-12h/15h-19h en été, 9h-12h/14h-18h hors saison, 9h-18h le vendredi, fermé le lundi ; entrée payante.

Le second musée de Tunisie occupe une partie de l'ancienne kasba au sommet de la médina. Pour ceux qui auraient le regret des mosaïques du Bardo, une nouvelle chance leur est offerte ici, dans un cadre accueillant et paisible.

La configuration des lieux ne tient pas compte de l'ordre chronologique, la visite se fait donc au gré des différentes salles sans véritable fil conducteur. Ne sont mentionnées ici que les pièces les plus importantes.

▸ Vous commencerez la visite par un très joli patio aux arcades blanches entourant un petit jardin. La galerie sud du patio présente, entre autres fragments de sculptures et de mosaïques, un beau **masque tragique en marbre★**. Dans la galerie est ont été rassemblées diverses épitaphes romaines. Vous y verrez également la **sépulture** d'un jeune garçon – « Cæcilius Silvanus, mort à l'âge de 6 ans » – sur laquelle sont représentés trois bols et une casserole. Ces symboles sont là pour nous rappeler que les repas funéraires sur la tombe du défunt restèrent en usage jusqu'au 4e s. Les galeries nord et ouest sont plus particulièrement consacrées aux mosaïques et épitaphes de l'époque paléochrétienne et byzantine. Les plus belles pièces proviennent des catacombes de Sousse. La stèle du **Bon Pasteur**, qui a donné son nom à l'une des catacombes, figure un berger portant une brebis sur ses épaules. Cette évocation, devenue un lieu commun de l'imagerie chrétienne, était déjà présente dans la statuaire gréco-romaine sous la forme d'Hermès Criophore tenant un agneau sur ses épaules. La **mosaïque funéraire d'Hermès** (4e s.) a elle aussi donné son nom à l'une des catacombes de Sousse. Elle ornait le sol d'une salle funéraire et illustre sans doute la parole de saint Paul : « comme une ancre sûre et ferme pour l'âme ». À l'angle des

Dans la médina de Sousse

CAFE

deux galeries, vous verrez la monumentale **mosaïque du dieu Océan★★★**. Cette œuvre du 2e s. ornait le bassin d'une maison d'Hadrumète.

▸ Du patio, vous avez accès aux salles A et H. Dans la première, sont exposées diverses sculptures et inscriptions, mais on retiendra surtout une mosaïque dont le médaillon central représente une tête de **Méduse★★**. Ce pavement du 2e ou 3e s. a été prélevé dans les thermes privés d'une villa romaine de la région. Les plus belles mosaïques sont regroupées dans la salle H, pour la plupart découvertes à Sousse et El Jem. Le **Triomphe de Bacchus★★★** (3e s.) en est l'une des pièces maîtresses. Le jeune dieu est monté sur un char tiré par quatre tigresses dont un satyre tient les rênes. Il est accompagné de la Victoire et d'une bacchante qui joue du tambourin. Autre œuvre maîtresse, le **Char de Neptune★★★** qui nous est parvenue dans un remarquable état de conservation. Cette mosaïque d'une grande finesse d'exécution date du 3e s. **Zeus enlevant Ganymède★★** (3e s.) évoque l'épisode suivant : Zeus, épris de Ganymède, se métamorphose en aigle et emporte avec lui le jeune prince berger sur l'Olympe. La scène, qui occupe le centre de la mosaïque, est entourée par huit médaillons figurant divers animaux du cirque. Une autre mosaïque de moindre qualité représente le même sujet. La salle vaut également par une mosaïque marine montrant des **scènes de pêche★** et tout un catalogue de poissons. L'immense mosaïque dite du **paysage nilotique** est très dégradée, mais c'est peut-être celle qui sollicite le plus notre imaginaire. Ce tableau censé peindre la faune et la flore du Nil fait la part belle au merveilleux.

▸ Le couloir B mène aux salles D, E, F qui présentent le mobilier funéraire découvert dans les nécropoles puniques et romaines, et dans les catacombes.

Ce passage débouche sur un grand jardin au pied de la muraille. Assis là sur un banc parmi les fûts de colonne et les fragments lapidaires, vous pourrez profiter de la fraîcheur du rempart et d'une jolie treille avant de poursuivre votre visite.

▸ Du jardin, vous accéderez à trois salles en enfilade (I, J, K). La première et la dernière contiennent trois belles œuvres. La **mosaïque du poète tragique★★** (3e s.) représente l'univers du théâtre : debout à côté d'un personnage assis (l'auteur ?), l'acteur tient à la main le masque de son rôle. À leurs pieds, des rouleaux de papyrus, sur lesquels, peut-on penser, était écrit le texte de la pièce. Dans la dernière salle, la **mosaïque de Smirat★★** évoque un combat de fauves et de gladiateurs ; outre le nom de ces derniers, on peut y lire les commentaires et les acclamations des spectateurs. De l'autre côté de la pièce, un marbre acéphale (sans tête) représente un **Priape★** au membre monstrueux fortement endommagé. Dieu protecteur des jardins, il porte sur son sexe une corbeille de fruits et de légumes.

En sortant du musée, on aperçoit sur la gauche la **tour de Khalef**, phare érigé en 859, qui constitue le point le plus élevé de la médina.

LES CATACOMBES

9h-19h en été, 9h-17h en hiver, sauf le lundi ; entrée payante.

Une voiture est indispensable pour s'y rendre, et mieux vaut demander la route au personnel du musée, l'itinéraire étant approximativement fléché.

Ces catacombes, découvertes à la fin du siècle dernier, sont parmi les plus importantes du monde antique avec celles de Rome, de Naples, et de Syracuse. Elles comptent 240 galeries, qui s'étendent sur près de 5 km et contiennent environ

Excursions d'une journée au départ de Sousse

- Kairouan *(p. 252)*, Monastir *(p. 242)*, Mahdia *(p. 248)* ou El Jem *(p. 266)*.
- Possibilité d'aller un peu plus vers le nord jusqu'à Hammamet *(p. 186)* et Nabeul *(p. 180)*.

15 000 sépultures. Une seule catacombe est ouverte au public, celle du **Bon Pasteur**, ainsi nommée en raison d'une épitaphe de marbre représentant un berger portant une brebis *(voir musée ci-dessus)*. Le parcours sinueux et sombre, juste éclairé de bougies un peu trop rares, permet de découvrir en quinze minutes un certain nombre de tombes et de chambres à banquettes. Fidèles à une vieille coutume païenne, les premiers chrétiens d'Afrique venaient y faire des repas funéraires.

AU NORD DE SOUSSE

PORT EL KANTAOUI

À un peu moins de 10 km au nord de Sousse. Sortez par la corniche et prenez la direction de Tunis.

Port el Kantaoui est aujourd'hui la première station touristique de Tunisie dite « intégrée ». Construite par l'architecte de renom Cacoub (on lui doit aussi la nouvelle gare de la capitale), cette grande marina s'inspire des formes et des couleurs de Sidi Bou Saïd : arcades, dômes, moucharabiehs, patios fleuris... La navigation de plaisance y trouve un havre privilégié avec plus de 300 bateaux à quai. La plage, la voile, le ski nautique, l'équitation, le golf, tout est possible à Port el Kantaoui, dans une ambiance détendue et snobinarde où les piétons – et les calèches de bois à pneus rouges – sont les rois. Hôtels de luxe, discothèques, restaurants et casinos guettent le touriste, comme les marchands du vrai-faux souk ou les organisateurs d'excursions en mer à bord de vrais-faux bateaux de pirates et de sous-marins d'eau douce.

HERGLA

À 27 km au nord de Sousse. Après Port el Kantaoui, suivez les panneaux et continuez tout droit jusqu'à Hergla. De Sousse, prenez le bus n° 18.

Par quel miracle un si charmant village a-t-il résisté à l'invasion de touristes, à seulement quelques kilomètres de Port el Kantaoui ? Ce petit port de pêche édifié au bord d'une falaise s'offre sans fard au promeneur matinal. Vous démarrez de la place principale, dominée par la mosquée, pour longer les tombes du cimetière qui semblent dévaler par centaines la pente jusqu'à la mer. Dans les ruelles tortueuses du village, quelques habitants s'attellent au tressage de l'alfa sur le pas de leur porte, des gamins vous gratifient d'un timide « bonjour », tandis que le muezzin lance son appel vers le large. Le calme... avant la tempête touristique ?

TAKROUNA

Comptez entre 15 et 30mn.

À env. 50 km par la P 1. Attention, cette route est souvent chargée. À Enfida, tournez à gauche en direction de Zaghouan au niveau du rond-point avec l'horloge. Takrouna est alors à 6 km. Vous pouvez vous garer au sommet s'il n'y a pas trop de monde.

Il n'y a pas grand-chose à voir à Takrouna, mais ce peut être l'occasion de découvrir un petit village pittoresque. Takrouna s'accroche à un piton rocheux qui domine la plaine d'Enfida. Une route en lacet, très raide, grimpe jusqu'au sommet. Des chèvres broutent sur le bas-côté entre les rochers et les figuiers de Barbarie. La plupart des habitants ont émigré dans la plaine et dans les maisons neuves au pied de la colline. Le village a beau être soi-disant abandonné, vous êtes accueilli par une ribambelle de gamins. C'est à qui vous gardera la voiture ou vous servira de mentor. Les deux vieilles de Takrouna, que l'on voit sur certains guides touristiques, ne sont jamais bien loin non plus. Vous pourrez les photographier en costume traditionnel moyennant une pièce ou deux ; afin d'arrondir ce modeste gain, elles vous proposeront sans doute de leur acheter des coquillages et des oursins fossilisés.

On vous invitera peut-être à visiter une **maison berbère** : un grand lit dans une petite pièce voûtée sans fenêtre, une chaise et une armoire, des tapis au mur et au sol, çà et là des posters de footballeurs et un poste de télévision...

MONASTIR★

☺ **Plage en plein centre-ville**

☹ **Ville trop artificielle**

Quelques repères

Chef-lieu de gouvernorat - Env. 58 700 hab. - À 20 km de Sousse

À ne pas manquer

Le ribat et la mosquée Bourguiba.

Monastir semble figée dans son rêve de grandeur, tout y paraît disproportionné et un peu prétentieux : larges avenues, vastes places, esplanades et perspectives désespérément vides, pelouses dignes de la pluvieuse Europe. La ville natale de l'ancien président a dû épouser les visions modernistes du « Combattant suprême ». Habib Bourguiba voulait faire table rase du passé. Il y est parvenu. La médina n'existe plus, trouée de part en part d'artères tirées au cordeau. La vieille cité a été détruite pour un tiers dans les années 1960, et avec elle une partie de ses 37 mosquées, de ses 20 *zaouïas*, et de ses 5 ribats. De nouveaux monuments ont été construits, élégants mais lisses, froids, et sans âme. Le résultat donne une ville propre, artificielle, et un peu hautaine. Elle peut néanmoins se prévaloir de plusieurs atouts : une mer superbe, presque turquoise, et une plage en plein centre-ville au pied du vénérable ribat. En dépit de ses grands airs, Monastir n'est somme toute qu'une station balnéaire un peu privilégiée, avec un port de plaisance, une zone hôtelière qui se prolonge jusqu'à Skanès, un golf 18 trous, un hippodrome et un aéroport international.

Arriver ou partir

En avion - Aéroport de Skanès, route de Sousse, Skanès, ☎ 73 461 314/460 300 pour les informations, sur la route touristique, entre Monastir (5 km) et Sousse (15 km). Liaisons avec Paris, Lyon, Marseille et Nice, le samedi avec Munich, Francfort, Düsseldorf, Vienne, et le lundi avec Rome. Toutes les heures environ, un bus de la STS assure la liaison entre l'aéroport et Monastir.

Aviation civile, ☎ 73 521 300.

Douane, ☎ 73 462 871.

En train - Gare SNCFT, ☎ 73 463 580. Un train climatisé relie chaque jour directement Monastir à Tunis (2h50). 12 autres trains assurent la même liaison avec correspondance à Sousse.

Le Métro du Sahel assure les destinations locales : 18 trains partent quotidiennement pour Sousse (25mn), 12 pour Moknine (30mn) et 11 pour Mahdia (1h).

En bus - Gare routière, sur la place, à l'angle de l'av. de la République et de la rue de Libye, ☎ 73 461 059. Monastir est uniquement desservie par la **STS** (Société de transport du Sahel), ☎ 73 460 926/461 059 aux bus non climatisés. Départs toutes les 20mn pour Sousse, 5h15-20h45 (40mn). Pour Kairouan, 2 départs par jour (le matin, très tôt ; durée 1h45), ainsi que pour Nabeul (départs 4h30 et 10h) et Hammamet. La ligne vers El Jem a été supprimée.

En voiture - Monastir est à 160 km de Tunis et 20 km de Sousse.

En taxi collectif - Station à côté de la gare routière, av. de la République, ☎ 73 447 255. Les taxis collectifs desservent en particulier Tunis (8 d), Kairouan (4,6 d) et Sousse (1,1 d). Deux autres stations de louage, av. du 1er Juin, desservent Sousse, Tunis et Kairouan (angle de la rue Ghdira) et la proche province (angle de la rue F. Hachad).

En bateau de plaisance - Capitainerie de Cap Marina, ☎ 73 462 305.

Comment circuler

En taxi - La station principale est à l'angle de la rue de Libye et de l'av. de la République, mais vous pouvez héler les taxis jaunes circulant en ville. 3 stations sont équipées d'un téléphone : à l'aéroport, ☎ 73 520 521, devant le Sahara Beach, ☎ 73 464 002, et devant l'hôtel Abou Nawas, ☎ 73 466 000.

En train touristique - Le trajet entre le centre-ville et les hôtels de la zone touristique est assuré par 2 petits trains.

La Flèche bleue, ☎ 73 467 143. Départ de l'hôtel Les Palmier à Skanès, jusqu'à la place du Ribat, à Monastir. Prix : 3 d adulte, 2,5 d enfant. Arrêts aux hôtels Dkhila Jockey Club, Ruspina, et Festival. 3 circuits par jour en été, 2 en hiver.

Noddy Train du centre-ville (angle de l'av. du Combattant Suprême) à l'hôtel Sahara Beach.

Location de voiture - De nombreuses agences sont installées derrière l'hôtel Esplanade, ainsi qu'à l'aéroport.

Avis, aéroport de Skanès, ☎ 73 521 031. **Hertz**, ☎ 73 521 300. Hors saison, 8h-12h/14h30-18h. En été, 8h-12h/16h-19h. **Europcar**, aéroport de Skanès, ☎ 73 521 314.

Location de scooter - Derrière l'hôtel El Habib, av. H. Bourguiba. 40 d la journée pour un scooter et 12 d le vélo.

Adresses utiles

Informations touristiques - ONTT, rue de l'Indépendance, près de la mosquée. 8h-16h, fermé le dimanche. Stand à l'aéroport, ☎ 73 520 205.

Commissariat régional au tourisme, zone touristique, près de l'hôtel Skanès Palace, Skanès, ☎ 73 520 205/089/894.

Banque / Change - Le long de l'av. Habib Bourguiba, banques et officines de change, ainsi qu'un distributeur de billets accessibles aux détenteurs de la carte Visa (à la banque STB).

Poste - Deux bureaux en ville, l'un av. Habib Bourguiba, l'autre av. de la République. En basse saison, 8h30-13h/15h-17h45. En été, 7h30-13h30. Fermé le dimanche. La poste assure également des opérations de change.

Un 3e bureau, assurant également les opérations de change, est situé à l'aéroport de Skanès. 7h-19h, sauf le dim. où les horaires sont en fonction des vols.

Téléphone - Publiphones accessibles dans toute la ville, en particulier près du ribat. Celui de la gare SNCFT offre également un service de fax.

Publinet - Monde Internet, dans la gare SNCFT, ☎ 73 461 368. Comptez 3 d l'heure de connexion. **Publinet Monastir**, immeuble Stambouli, rue Mohammed M'halla, derrière la municipalité, ☎ 73 467 136.

Urgences / Santé - Bureau de police, rue d'Algérie, ☎ 73 461 431.

Garde nationale, rue Chedly Khallala, ☎ 73 461 022.

Protection civile, route du Port, ☎ 198, appel urgence.

Samu, ☎ 73 190, 241 919.

Pharmacie de nuit Rida Chaouch, 33 rue Chedly Khallala, ☎ 73 463 311. 20h-8h.

Compagnie aérienne - Tunisair, aéroport, ☎ 73 462 550/556. Fret, ☎ 73 462 943.

Se loger

Étant donné la géographie de la ville, on trouve des hôtels les pieds dans l'eau en plein centre-ville. Les plus belles plages (attention aux méduses !) sont dans la zone touristique, où se déversent par charters entiers les touristes débarqués à l'aéroport voisin. Peu d'écart entre les prix d'été et ceux de hors saison.

▸ *Ville moderne*

Autour de 40 d (26 €)

Hôtel Monastir Beach, route de la Corniche, ☎ 73 464 766 - 45 ch. Difficile de faire plus près de la plage pour cet hôtel, installé dans les arcades sous la chaussée du bord de mer. On y accède par un escalier qui descend vers la plage. Un séjour original dans des chambres qui, malgré un confort sommaire, ne manquent pas de charme. Supplément pour la climatisation. 40 % de remise hors saison.

De 50 à 60 d (32 à 40 €)

Hôtel Corniche, angle av. Bourguiba et de l'av. 1er Juin, ☎/Fax 73 461 451 - 11 ch. Cadre charmant, un peu en retrait du centre-ville. Le patron, ancien militaire, mène le personnel à la baguette, et les chambres joliment décorées sont impeccables. 5 petits appartements pour 4-5 personnes.

Autour de 80 d (52 €)

Hôtel Club Esplanade, av. Habib Bourguiba, ☎ 73 461 147 - 130 ch. Adossé au ribat, cet hôtel jouit d'une situation très centrale, face à la mer. Le confort s'est nettement amélioré depuis la rénovation en 1996. Fermons les yeux sur la décoration de la réception, avec ses plantes en plastique et ses motifs à l'anglaise. Le tout fait kitsch.

▸ *À la plage (vers Skanès)*

Autour de 40 d (26 €)

Hôtel Yasmin, route de la Falaise (vers Skanès), ☎ 73 501 546 - 23 ch. Cet hôtel, semblant sortir tout droit d'une bande dessinée sur les Mille et Une Nuits, est à 200 m d'une ravissante petite crique. La décoration fait HLM et la plomberie accuse son âge. En été, le restaurant est dans le jardin, malheureusement les chambres donnent dessus. Demi-pension obligatoire mais les repas sont bons et copieux.

▸ *Zone touristique*

À partir de 100 d (65 €)

Skanès Palace, plage de la Dkila, ☎ 73 520 350 - 232 ch. Comparé aux autres grands hôtels de la région, celui-ci a une âme. D'ailleurs c'est là que Bourguiba recevait les délégations étrangères à Monastir.

▸ *Port de plaisance (Cap Monastir)*

Moins de 80 d (52 €)

Appart-hôtel, marina, ☎ 73 462 305, www.marinamonastir.com - 23 ch. Du studio au 4-pièces, ces appartements offrent tout le confort pour des séjour d'une nuit ou plus. Kitchenette équipée. Vue sur la marina.

Se restaurer

Monastir marque la limite de la pêche au thon. En saison, on pourra aussi goûter la liche, ce gros poisson blanc que les pêcheurs ramènent dans leurs filets en même temps que le thon.

▸ *Ville moderne*

De 10 à 25 d (6,5 à 16 €)

Restaurant Corniche *(C2)*, voir l'hôtel du même nom. Menu touristique à 12 d. Tout est frais et préparé maison, avec la même exigence que pour l'hôtel. Essayez le *kamounir* de poulpe ou l'*ojja* de fruits de mer. Un régal.

▸ *Sur la route de Mahdia*

De 20 à 25 d (13 à 16,5 €)

Le Pirate *(hors plan)* (port de pêche El Ghédir, à 2 km des remparts de Monastir sur la route de Mahdia), ☎ 73 468 126. Fermé le lundi et pendant le Ramadan. L'été, ouvert seulement le soir (dim. toute la journée). Trois menus complets avec assortiments d'entrées, poisson grillé, dessert et thé à la menthe, pour une addition autour de 24 d. Attention, en été, une formule unique étant proposée, les plats arrivent directement sur votre table sans passer la commande. Clientèle tunisienne, pas d'alcool. Réservez à l'avance.

▸ *Port de plaisance (Cap Monastir)*

De 10 à 30 d (6, 5 à 20 €)

Bel Air Central *(B1)*, ☎ 73 461 597. CC On peut y déguster un large assortiment de spécialités franco-tunisiennes en regardant les bateaux.

The Captain *(B1)*, ☎ 73 461 449 CC Ce lieu touristique a fait un effort de décoration avec la salle et la terrasse donnant sur la marina. Côté cuisine, de bons poissons grillés ou de la *koucha* (ragoût d'agneau).

Sortir, boire un verre

Cafés - Café Bir Andalous *(B2)*, derrière l'Office national de l'artisanat, à gauche du musée des Costumes. Disposé autour d'un vieux puits, sous une agréable treille, ce café est apprécié par la jeunesse locale. Chicha et cappuccino.

Loisirs

Golfs - Route de Ouardanine, ☎ 73 461 148. Tournez à gauche à 4 km du centre-ville, après le passage à niveau. Poursuivez 2,2 km en longeant le parcours au milieu des oliviers. Parcours 18 trous, 30 d par jour (35 d en été) et 170 d/semaine (200 d en été). **Golf Palm Links**, Dkhila, ☎ 73 466 910.

Sports nautiques - Monastir Plongée et Loisirs, Cap Marina, GSM 98 457 393. **Tunisie Yachting et Loisirs**, ☎ 73 463 831.

Festivals - Festival culturel, pot-pourri de théâtre, de poésie, d'humour et de variétés des pays arabes et du pourtour méditerranéen. Malheureusement, rares seront les touristes à apprécier la performance des meilleurs comiques du Maghreb, en arabe. En juillet-août

Fête de l'olivier, en nov.-déc. Diverses manifestations organisées autour de la cueillette et du pressage des olives.

Hammam - Founa, av. Ali Ibn Abi Taleb, lotissement R4. Après la poste de l'av. de la République, au rond-point à droite et continuez 100 m. Reconnaissable à sa porte en bois cloutée et à sa coupole bleu et blanc.

Achats

Souks hebdomadaires - Tous les vendredi et samedi matin à Monastir. Il s'étale le long des rues au sud de l'hôtel Corniche et sur la route de la Corniche, à 1 km pour le marché aux légumes. Dans les environs, marché de Ksibet el Mediouni (10 km) le jeudi, de Jemmel (18 km) le vendredi, de Ksar Hellal (18 km) le mardi, et enfin de Moknine (20 km) le mercredi.

Librairies - Kiosque, av. Habib Bourguiba, près de la poste.

Poly Service, place de l'Indépendance, ☎ 73 463 054. Possède également plusieurs taxiphones et un fax.

Librairie Le Phénix, rue Chedly Khallala, ☎ 73 462 701.

Pâtisserie - Le Pacha, entre la gare et la gare routière. Le va-et-vient permanent des clients qui s'arrêtent en voiture montre à quel point cette pâtisserie est apprécié des Tunisiens qui s'y rendent depuis les environs de Monastir.

Artisanat et antiquités - La **SOCOPA**, rue Abdessalem Trimch. À gauche, quand on est face à la mosquée Habib Bourguiba, ☎ 73 462 190. Hors saison, 8h30-19h. En été, 8h30-20h du lundi au samedi, et 9h-13h le dimanche. Paiement par cartes de crédit accepté. **Kounouz**, av. Bourguiba, ☎ 73 467 883. Spécialisé dans les articles en argent.

VISITE

Comptez 2h.

▶ Défiant le large, imposant par sa puissance et sa hauteur, le **ribat★★** *(8h-19h en été, 8h30-17h30 hors saison, entrée payante plus droits photographiques, voir encadré p. 236)* a été briqué comme un sou neuf au point de ressembler à une copie. On y tourne régulièrement des films, et on distingue alors à peine les décors des moellons authentiques. La partie la plus ancienne de l'édifice date pourtant de 796, et elle fut la première forteresse arabe construite sur la côte. Suite à des remaniements successifs, le ribat initial s'est retrouvé « forteresse à l'intérieur d'une autre forteresse ». La transformation du monastère reflète les évolutions de la cité. Au 11e s., après le sac de Kairouan par les Beni Hilal *(voir p. 61)*, nombre de religieux et d'intellectuels s'établirent à Monastir qui devint la ville sainte de Tunisie. Le ribat abritait alors une université renommée, et les fidèles affluaient. Sans doute étaient-ils tout autant attirés par l'enseignement des imams que par la promesse d'une place au paradis. Selon la tradition, le Prophète aurait déclaré : « Du côté de l'Occident en *Ifriqiya*, se trouve l'une des portes du paradis. Son nom est Monastir. Celui qui réside dans son ribat, ne fût-ce qu'un seul jour, est certain de jouir du bonheur éternel. » Cette effervescence spirituelle se maintint jusqu'au 14e s. Monastir végéta ensuite jusqu'à l'arrivée des Turcs (au 16e s.) qui en firent une place forte et modifièrent encore l'architecture du monastère.

Un **musée** *(mêmes horaires, fermé le lun.)* a été aménagé dans la salle de prière où sont présentés de belles enluminures du Coran et des manuscrits. La pièce maîtresse est sans conteste un astrolabe arabe fabriqué à Cordoue en 927. Ne quittez pas le ribat sans monter au sommet du *nador*, la tour de guet d'où vous aurez une vue d'ensemble sur le monument, la ville et la baie.

▶ Ce qui semble un simple fortin au pied du ribat est en fait la **Grande Mosquée**. Édifiée au 9e s., elle fut agrandie au 11e s. par les Zirides. Derrière la mosquée s'élève un petit **ribat** constitué d'un modeste rempart et de petites tours rondes.

▶ À l'entrée du **cimetière**, deux pavillons de forme octogonale encadrent l'esplanade qui conduit au mausolée de la famille Bourguiba. L'un d'eux est le monument des Martyrs (équivalent de nos monuments aux morts). Autrefois, le cimetière s'étendait jusqu'à la mer. La construction d'une route le long du littoral et l'aménagement du mausolée lui ont fait perdre beaucoup de son charme provincial, mais il est toujours le cadre de scènes touchantes, comme celle des femmes se rassemblant autour d'une petite tombe blanche pour bavarder. Le **mausolée** forme une jolie perspective au bout de l'immense esplanade. Cet édifice, qui date de 1963, est surmonté d'un dôme doré. Il est flanqué de deux bâtiments surmontés de coupoles vertes dont l'un abrite les parents et la première femme de l'ancien président Bourguiba. Deux hauts minarets recouverts de marbre marquent solennellement l'entrée du monument funéraire.

▶ Édifiée en 1963, la **mosquée Bourguiba** *(été : lun.-jeu. 14h-18h, ven.-dim. 9h-18h ; hiver : lun.-ven. 14h-16h30, ven.-dim. 9h-16h30)*, de conception traditionnelle, est remarquable par la richesse de sa décoration. On y entre par 19 portes en teck sculpté, œuvre d'artisans kairouanais. La salle de prière, dont les voûtes reposent sur 86 colonnes de marbre rose, peut accueillir un millier de fidèles. Le *mihrab* est encadré de colonnettes en onyx. Le minaret possède toutes les caractéristiques du style ottoman : de forme octogonale, fin, élancé, et surmonté d'une petite galerie.

▶ Sur l'av. de l'Indépendance, à gauche de la mosquée, le **musée du Costume traditionnel** *(9h-13h/15h-19h en été, 9h-16h en hiver, fermé le lun. ; entrée payante)* possède une belle collection de tenues de mariées alliant le velours, la soie, l'or et l'argent.

Le cimetière de Monastir

MAHDIA★

La médina et la presqu'île encore épargnées par le tourisme de masse

Quelques repères

Chef-lieu de gouvernorat - Env. 44 000 hab. - À 62 km de Sousse par le bord de mer.

À ne pas manquer

Dans le port moderne : le déchargement des chalutiers et des barques équipées pour la pêche au lamparo.

Un thé au café Gamra, place du Caire ou au café El Médina.

Conseils

Vous êtes dans le premier port de pêche tunisien, un repas au poisson s'impose.

C'est un petit port de pêche comme l'aurait aimé Brassens, avec son vieux fort dominant la mer (le borj el Kébir) et son cimetière marin constellé de tombes blanches disposées sans ordre jusqu'au rivage. Des barques de couleur vive clapotent à proximité des rochers ; des poulpes et des poissons juste sortis de l'eau suscitent des attroupements de badauds sur les quais ; Mahdia vit au rythme régulier de la mer et de ses offrandes. Premier port de pêche tunisien, la ville avait jusqu'à présent échappé au tourisme de masse ; c'est de moins en moins le cas. Dépêchez-vous car la zone hôtelière resserre chaque jour davantage son étreinte.

Arriver ou partir

En train - Gare SNCFT, ☎ 73 680 177. 2 trains assurent tlj la liaison avec Tunis. La ville est sur la ligne du **Métro du Sahel**, omnibus desservant toutes les gares jusqu'à Sousse (11 trains quotidiens, 1h30).

En bus - Gare routière, place du 1er Mai, ☎ 73 680 372. Desservie par le bus de la STS et de la SORATRAS. Parmi les liaisons assurées, un départ chaque heure vers Sousse pendant la journée (1h30, 2,4 d), 3 pour Sfax (2h) et 1 vers Nabeul.

La **SNTRI** ne dessert pas Mahdia. Pour se rendre à Tunis, il faut donc prendre le bus à Ksour Essaf, à 10 km au sud de Mahdia sur la route de Sfax. L'arrêt est devant le café Hajer, face à la station-service Esso.

En taxi collectif - À 1 km environ de la médina, un peu avant le gare routière. ☎ 73 680 155. Ici on trouve des voitures pour se rendre dans tout le pays (plus de 40 destinations), notamment à Sousse (2h, 3 d), Jerba (5h, 15 d), Gabès (3h, 9 d), Sfax (1h15, 4 d).

Comment circuler

En voiture - La voiture permet de faire des excursions vers Monastir ou Sousse, et de se rendre au festival d'El Jem, en été.

En taxi - ☎ 73 605 900.

En train touristique - Bel Azur, ☎ 73 681 241. Il fait le plein de touristes à chaque hôtel, les emmène faire le tour de la ville, puis les redépose à leur hôtel. Le vendredi, le Bel Azur organise une navette entre la zone touristique et les hôtels. Prix : 4 d.

Location de voiture - Avis, av. Habib Bourguiba, ☎ 73 696 342. **Hertz**, av. Habib Bourguiba, ☎ 73 695 255.

Adresses utiles

Informations touristiques - ONTT, rue de Mars, ☎ 73 680 000. 7h30-18h en été, 8h30-17h hors saison (horaires fluctuants et relativement peu de renseignements à glaner). Fermé le dimanche.

Banque / Change - Hors saison, les banques ouvrent de 8h à 16h du lundi au vendredi, et de 7h10 à 12h20 en été. Elles organisent à tour de rôle une permanence de change, 16h-19h en semaine, 9h-12h le samedi, le dimanche, et les jours fériés.

STB, av. Habib Bourguiba. Distributeur de billets à l'extérieur.

BIAT, place du 7 Novembre.

Banque du Sud, av. Farhat Hached.

Poste centrale - Av. Habib Bourguiba, ☎ 73 681 714/681 388.

Publinet - rue de Mars, à côté de l'ONTT.

Urgence / Santé - **Bureau de police**, av. Taïeb Méhiri, ☎ 73 681 099/681 419. Hiboun, ☎ 73 681 303.

Police touristique, av. Habib Bourguiba, ☎ 73 681 221.

Garde nationale, av. Bechir Sfar, ☎ 73 680 381.

Douane, av. Farhat Hached, ☎ 73 680 588.

Pharmacie de nuit Khalfallah Moncef, place du 1er Mai, ☎ 73 681 490.

Se loger

À son tour, Mahdia succombe à la logique du tourisme de masse. La superbe plage est désormais envahie par des barres de béton.

De 20 à 30 d (13 à 20 €)

Hôtel El Jazira, 36 rue Ibn Fourat, ☎ 73 681 629 - 20 ch. Les chambres sont simples mais très bien tenues. La terrasse est aménagée afin de profiter au maximum de la côte.

Hôtel Médina, rue El Kaem, ☎73 694 664, hotel.corniche.etmedina@planet.tn - 9 ch. Au cœur de la vieille ville, dans une petite ruelle très calme. Du charme et les chambres sont grandes et claires.

De 30 à 50 d (20 à 33 €)

Hôtel Corniche, av. du 7 Novembre à 1 km de la médina, ☎ 73 694 201/692 196 - 7 ch. Une solution économique, mais certainement pas la plus romantique. Les sanitaires se font vieux. L'hôtel compte un supplément pour les chambres avec vue sur la mer et une douche individuelle. Supplément pour la climatisation.

De 140 à 160 d (91 à 104 €)

Sirocco Beach, av. du 7 Novembre, ☎ 73 696 104 - 70 ch. CC À 2,6 km de la vieille ville. Hôtel récent. La télévision par satellite est en option.

De 160 à 200 d (104 à 130 €)

Hôtel Dynastie - Thalassa, route touristique, ☎ 73 694 889, thalassa@gnet.tn - 76 ch. TV CC Centre de thalassothérapie avec des forfaits découverte d'une demi-journée, services « à la carte » jusqu'aux séjours de plusieurs jours.

Cap Mahdia (chaîne Abou Nawas), route touristique, ☎ 73 680 300, capmahdia@abounawas.com.tn - 263 ch. CC L'hôtel, dans le style arabo-mauresque d'influence marocaine, émerge d'une végétation abondante. Cet établissement comprend également 35 bungalows pompeusement baptisés « pavillons d'été ». Les prix commencent à la demi-pension et baissent de près de moitié hors saison.

El Borj (chaîne Abou Nawas), route touristique, ☎ 73 694 602, elborj@abounawas.com.tn - 228 ch. CC Des pavillons de 4 à 6 chambres éloignés de la sono, omniprésente dans trop d'hôtels. La musique joue ici en sourdine. Formule en pension complète seulement.

Se restaurer

Moins de 15 d (10 €)

Sidi Salem (ex-La Grotte), route du Borj. La nourriture est correcte. Le charme de ce restaurant-bar réside dans sa terrasse surplombant les falaises et la mer agitée... Prévoyez une petite laine, le vent souffle parfois fort.

De 10 à 30 d (6,5 à 20 €)

Le Lido, av. Farhat Hached, ☎ (73) 681 339 La terrasse est pleine tous les soirs, mais les Mahdois feront gentiment de la place à l'étranger de passage. Le poisson semble n'avoir pas touché la glace, tellement il est frais. Le seul défaut du chef serait sa tendance à noyer la salade de fruits de mer dans la mayonnaise.

Neptune, av. du 7 Novembre (qui devient ensuite route de la Corniche), ☎ 73 681 927 CC Décoration ordinaire et terrasse ouverte l'été. Le poisson est bon. Menu touristique à 15 d.

Sortir, boire un verre

Cafés - **Café Sidi Salem**, juste après la mosquée, sur la route du fort. Voilà le rendez-vous romantique des Mahdois, pour admirer le large, de ses différentes terrasses, au retour d'une balade au cimetière marin.

Café **Gamra**, place du Caire. C'est un endroit qui ressemble à la Provence avec ses tables au milieu d'une ravissante place, à l'ombre de quatre grands arbres.

Café El Médina, place de la Grande Mosquée. Dans une maison mahdoise superbement restaurée, avec ses larges arcades de pierre. Ancienne presse à huile, les grandes portes d'entrée en bois sculptées sont d'origine. La décoration est un cocktail d'art égyptien, tunisien et espagnol. Musiciens et chanteurs tous les soirs sauf le mardi. Quand il n'y a pas trop de vent, vous pouvez aussi profiter de la terrasse à l'ombre de ficus. Chicha. Ouvert de 8h à 1h du matin. À ne pas manquer.

Café de Tunis et **Café de Mahdia,** place du 1er Mai, juste derrière le port.

Loisirs

Festivals - Journées de la pêche en juin. Diverses manifestations organisées autour de la pêche, en particulier des sardines.

Nuits de Mahdia, en juillet. Spectacles de variétés, de musiques locales ou méditerranéennes.

Hammams - Deux hammams dans la médina, de part et d'autre de la place du Caire : **Hammam el Soukhs** ; les plafonds sont vétustes mais les murs et les sols sont recouverts de carreaux assez propres. Préférez tout de même **Hammam el Baha**, (en partant de la place du Caire vers la Grande Mosquée, au bout d'un petit passage à droite) bien plus vaste et plus propre. Pour une fois, serviettes et gants, ainsi que shampoing et savon sont disponibles.

Achats

Souks hebdomadaires - Tous les mercredis, et, dans les environs, les marchés de Ksour Essaf (12 km) le lundi, de Moknine (23 km) le mercredi, et de Ksar Hellal (21 km) le mardi.

Artisanat - Sohar, place du 7 Novembre, ☎ 73 696 067. Ce magasin, recommandé par l'ONAT, a sélectionné un vaste de choix de tapis.

Librairie - Maison de la Presse, place du 1er Mai. 7h-13h/15h30-19h30. Fermé le dimanche et le lundi après-midi.

HISTOIRE

Mahdia est située sur une presqu'île rocheuse terminée par le cap Afrique. Ibn Khaldoun voyait dans ce fier promontoire « un poignard tenu dans un poing ». C'est sans doute aussi ce qui décida **Obaïd Allah**, surnommé « *El Mahdi* » (le Sauveur) à y poser la première pierre de sa future capitale. L'intérêt stratégique du site n'échappa pas non plus à ses successeurs, de Roger de Sicile aux Ottomans.

La fondation de la ville (en 916) se situe d'emblée dans une perspective de violence et de guerre de religion. Obaïd Allah fait main basse sur l'*Ifriqiya* à la faveur de l'agitation chiite. Pour les chiites, seule la postérité de Fatima, la fille du Prophète, pouvait exercer une autorité légitime sur l'islam. Après sept années de lutte, Obaïd Allah, qui prétend descendre de Fatima, renverse les Aghlabides et se proclame imam. Pour la nouvelle dynastie fatimide, l'*Ifriqiya* n'est qu'une étape dans sa conquête du monde islamique, et lorsque les successeurs d'*El Mahdi* conquièrent l'Égypte, ils abandonnent Mahdia pour s'installer au Caire. La régence de l'*Ifriqiya* est confiée à l'un de leurs lieutenants, le Berbère **Belogin Ibn Ziri**. La dynastie ziride est née. Au 11e s., les Zirides rompent avec leur suzerain fatimide qui pour se venger lâche sur le pays les hordes sanguinaires des Beni Hilal *(voir p. 61)*. L'*Ifriqiya* est mise à feu et à sang. Mahdia, isolée, résiste et se tourne vers la mer ; la ville vit de la pêche depuis cette époque.

En 1148, Mahdia est occupée par les Normands de Roger de Sicile. Plus tard, la forteresse aura à subir les assauts des Génois et des Français, mais c'est surtout des Espagnols qu'elle aura à pâtir. Les troupes de Charles Quint qui prennent la place en 1550, feront sauter les

Pêcheurs de Mahdia

Mahdia est située sur le canal de Sicile, l'une des zones les plus poissonneuses de Méditerranée. On y pratique la pêche au lamparo, technique héritée des Siciliens. La nuit, le poisson est attiré par la lumière des embarcations, qui sont équipées de lampes électriques, et piégé dans les filets. Selon la tradition, les femmes de Mahdia auraient vendu leurs bijoux pour que leurs maris puissent racheter aux Siciliens leur flottille de pêche.

remparts et la Grande Mosquée avant de quitter les lieux. La prospérité ne reviendra qu'au 16e s. avec la domination ottomane.

VISITE

Comptez 2h.

Mahdia est surtout un lieu où flâner, à travers les ruelles et sur le bord de mer.

LA VIEILLE VILLE

▶ Entrez dans la vieille ville par la monumentale « porte sombre », ou **Skifa el Kahla**, construite au lendemain de la période espagnole sur les bases de celle du 10e s. Il s'agit en fait d'un véritable fortin renforcé de deux bastions sur lesquels étaient placées des pièces d'artillerie. De la terrasse des bastions, on bénéficie d'une belle **vue★** sur la ville et le littoral *(entrée par le musée)*. Les Ottomans réaménagèrent le **passage voûté** qui date de la fondation de la ville. Il traversait à l'origine une muraille de plus de 10 m d'épaisseur qui fermait l'isthme, et sept portes ornées de lions de bronze en interdisaient l'entrée.

À droite de la porte, sur la place, un petit **musée** *(été : 9h-18h, hiver : 9h-16h, entrée payante, supplément photos)* propose une collection d'antiquités romano-africaines et libyco-punique. Section ethnologique au 1er étage. Demandez qu'on vous ouvre la porte qui donne accès à la terrasse de la Skifa el Kahla.

▶ Passé la porte, vous entrez dans le **souk** qui se résume à une rue centrale assez vite traversée. Il s'y déroule régulièrement des ventes de bijoux et de costumes traditionnels : gilets de mariage, rubans et étoffes de soie qui ont fait la réputation de Mahdia.

La rue longe la petite **place du Caire★** qui ne manque pas de charme avec la **mosquée Haj Mustapha Hamza** (18e s.), son vieux café à arcades et ses joueurs de dominos en chéchias et burnous.

▶ La rue débouche un peu plus loin sur la **Grande Mosquée**, à droite *(8h-13h sauf le lundi ; interdiction d'entrée pendant les heures de prière)*. Bâtiment plat et ramassé dépourvu de minaret, l'édifice actuel est une copie réalisée dans les années 1960 d'après le plan de la mosquée fatimide de 916, les Espagnols ayant fait sauter l'original en 1554. On entre dans la mosquée par un imposant portail. Seul *El Mahdi* et sa suite pouvaient passer sous ce porche, le commun des mortels devait emprunter des portes latérales. La salle de prière, de très grande dimension, a été conçue sur le modèle de celle de Kairouan avec une nef centrale plus vaste que les autres travées.

VERS LE CAP D'AFRIQUE

Suivez la route de la falaise qui passe derrière la mosquée pour gagner le **borj el Kébir** *(9h-16h hors saison ; 9h-13h/15h-18h en été ; entrée payante)*. Cette forteresse turque du 16e s. domine le cap ; du haut des remparts, vous aurez une belle vue sur le **cimetière marin**, où les femmes de Mahdia viennent se recueillir le jeudi en fin d'après-midi. Un peu en contrebas, le **vieux port** fatimide, creusé dans la roche, abrite encore quelques barques de pêcheurs. L'entrée en était défendue par une arche visible : **Bab el Bahr**, la porte de la Mer.

KAIROUAN★★★

Ville touristique, donc prix touristiques

Quelques repères

Chef-lieu de gouvernorat - 140 000 hab. - Climat aride et très chaud en été

À ne pas manquer

La Grande Mosquée.

Le mausolée du Barbier.

Conseils

Comptez une demi-journée au pas de course, et une journée pour s'imprégner de l'atmosphère et marchander un tapis.

La plupart des guides, officiels ou non, vous conduiront inévitablement à une fabrique de tapis.

Évitez le lundi, en raison de l'affluence des touristes.

KAIROUAN

La première vision de Kairouan est celle d'une ville blanche et plate, ponctuée d'innombrables minarets, dans un paysage de steppe et de champs, où sont cultivés les poivrons rouge vif, les tomates, les céréales et les abricots qui approvisionnent chaque matin le marché central. Des légumes et des mosquées, voilà l'alliance à la fois terrienne et céleste de la ville sainte. Une fois franchie la grande muraille, le large souk à ciel ouvert donne une impression d'abondance et de joie de vivre. Il règne une atmosphère amicale parmi les commerçants occupés à nettoyer leur marchandise à coups précis de plumeau, l'oreille collée sur un transistor retransmettant une quelconque rencontre de football. Poignards rutilants, bijoux et mottes de henné s'étalent non loin des pains ronds et plats, ou des monticules de *makhrouds* (petits gâteaux trempés dans le miel et fourrés de dattes), la spécialité de Kairouan. Le regard attrape avec délice les scènes tranquilles de savetiers au travail, la main toujours proche d'un minuscule verre de thé nettoyé dans un récipient d'eau à peine vidé, puis de nouveau rempli. Hors les murs, une fois passé les différents « palais » dédiés à l'artisanat et à la vente de tapis, on peut découvrir au hasard des rues de petites places ombragées, des jardins touffus remplis d'oiseaux, des terrasses de café où se noue naturellement, comme la trame des *mergoum*, le fil de la conversation. Si le muezzin a toujours voix au chapitre, on entend aussi à travers la ville le ballet incessant des mobylettes ou la ritournelle rythmée des derniers chanteurs à la mode, dans un parfum léger d'eau de rose et de pralines tièdes.

Arriver ou partir

En voiture - La route la plus directe lorsque l'on vient de Tunis est la P 3 (154 km). L'autre solution est de profiter de l'autoroute de Sousse jusqu'à Enfida, et de faire les 62 km restant par la P 2.

En bus - La gare routière est, une fois de plus, excentrée *(hors plan)*. Elle se trouve à 300 m à l'ouest du mausolée du Barbier.

La **SNTRI**, ☎ 77 227 180, propose plusieurs destinations en partance de Kairouan : Tozeur (4h30), Jerba (6h30 *via* Zarzis et 5h *via* Guellala), Tunis (2h30), Gafsa (3h30), Bizerte (4h).

SORETRAK (Société régionale de transports de Kairouan), ☎ 77 300 011/125. Peu de bus sont climatisés. Cette société dessert les destinations suivantes : Nabeul (2h15), Sousse (1h15), Monastir, Sfax (2h30).

Enfin, pour aller au Kef, vous avez le choix entre la **Société régionale du Kef** et la **Société régionale du Sahel**.

En taxi collectif - La station se trouve près de la gare routière. L'attente n'est jamais longue, Kairouan étant un lieu de pèlerinage très fréquenté.

Comment circuler

Kairouan semble fâchée avec le cadastre et les noms de rue : ces derniers changent régulièrement, ou bien ils sont inexistants ou exclusivement en arabe. Il n'est pas rare non plus qu'une rue ait plusieurs noms. Impossible donc de garantir à 100 % la fiabilité des adresses.

En voiture - Le centre-ville, minuscule, se parcourt à pied. L'automobile devient indispensable si l'on souhaite se rendre à la plage, à une soixantaine de kilomètres, ou visiter El Jem.

En taxi - Deux stations : place Bab Tounes (porte de Tunis) et place du Commandant Bejaoui (porte des Martyrs).

Location de voiture - Hertz, av. Ibn el Jazzar, ☎ 77 234 529.

Adresses utiles

Informations touristiques - ONTT, place des Martyrs, ☎ 77 231 897. En hiver, 8h30-13h/15h-17h45 du lundi au jeudi ; 8h30-13h le vendredi, et 8h30-13h30 le samedi. En été, 8h-14h du lundi au jeudi ; 8h-13h30 le vendredi. Fermé le dimanche toute l'année.

Syndicat d'initiative, ANEP (Agence nationale d'exploitation du patrimoine), av. Ibn Aghlab, près du bassin des Aghlabides, ☎ 77 230 452. 7h-18h, et 8h à 13h le vendredi. Vous pourrez acheter là les billets donnant accès aux différents monuments de la ville. On peut également y louer les services d'un guide officiel, aux tarifs réglementés et dont les connaissances sont certifiées par un diplôme. Tarifs d'un guide : 10 d jusqu'à 9 personnes.

Banque / Change - Les principales banques de la ville possèdent un distributeur de billets. **BIAT**, av. de la République. **BNA**, 1 av. Hamda Laouani et av. de la République. **CFCT**, av. du 20 Mars. **STB**, av. Habib Bourguiba et av. Hamda Laouani. Distributeur à l'extérieur de l'agence. **UBCI**, rue Taïeb Méhiri. **UIB**, Cité commerciale.

Poste centrale - À l'angle de l'av. Farhat Hached et de la rue Étienne. 8h-18h du lundi au samedi. En été, 7h30-13h/17h-19h du lundi au vendredi ; 7h30-13h le samedi. Le dimanche toute l'année, 9h-11h. Opération de change et service postfax.

Publinet - Av. Abi Zamma el Balaoui (en face de la station-service Ajil), ☎ 77 231 041. 8h30-24h, 10h-24h le dimanche. 2 d l'heure.

Urgences / Santé - Bureau de police, ☎ 77 227 207.

Hôpital Ibn el Jazzar, ☎ 77 226 300.

Pharmacie de nuit Moncef Guider, place Gargabia, ☎ 77 220 069.

Se loger

Autour de 20 d (13 €)

Hôtel Sabra, rue Ali Belhaouane (en face de la porte des Martyrs), ☎ 77 230 263 - 30 ch. ✕ Établissement très modeste et propre avec vue sur la médina. Seules 2 chambres ont une salle d'eau, sinon douches et WC sur le palier. Ventilateurs mis à la disposition de la clientèle. Fort de son succès, l'établissement s'agrandit et de nouvelles chambres sont en cours d'aménagement.

Autour de 40 d (26 €)

Tunisia hôtel, av. Farhat Hached, ☎ 77 231 855/775 - 40 ch. Confort simple pour cet hôtel situé en plein centre-ville. Accueil charmant.

Hôtel Splendid, rue du 9 Avril, ☎ 77 227 522/230 041 - 40 ch. TV ✕ Cet hôtel est certainement le plus vieux : il date de 1903. Demandez à choisir votre chambre afin de sélectionner la plus grande, avec vue sur le square. La climatisation est un peu bruyante. Minibar en option.

Autour de 60 d (40 €)

Hôtel Continental, sur la route de Tunis en face du bassin des Aghlabides et du syndicat d'initiative, ☎ 77 232 006 - 176 ch. TV ✕ CC L'établissement est à la fois bien situé et au calme. Certaines chambres sont très grandes, les plus belles ont vue sur la piscine, mais l'établissement n'est pas d'une netteté irréprochable. Réduction pour les enfants.

De 140 à 160 d (90 à 104 €)

La Kasbah, av. Ibn Jazzar, cité la Mosquée, ☎ 77 237 301, www.goldenyasim.com - 94 ch. TV ✕ Le luxe et le confort sont réunis pour vous aux portes de la médina. Les chambres, élégantes, sont délicatement décorées, et l'accueil est soigné comme il se doit. Une partie de l'hôtel (la facade, le café maure et le restaurant à la carte) sont dans les murs de l'ancienne kasba.

Se restaurer

Les habitués de la fourchette Michelin trouveront peut-être le couvert un peu sommaire, mais les restaurants des grands hôtels de Kairouan sont tristes. En attendant donc qu'il s'ouvre une table digne de ce nom, nous vous proposons quelques adresses pour une nourriture simple, honnête, et très bon marché. Ici, la viande d'agneau est à l'honneur, servie le plus souvent en ragoût. Ville sainte oblige, de nombreux restaurants ne servent pas d'alcool.

De 5 à 15 d (3,5 à 10 €)

La Tabouna *(C4)*, av. Hamda Laouani (à 30 m de la place des Martyrs). Les spécialités tunisiennes classiques au menu de cette gargote. Le four à pain est un des rares en ville à fonctionner toujours au bois de chauffe.

Karawan *(C4)*, rue Soukeina Bent el Houssein, ☎ 77 222 556. Petit restaurant sommaire qui affiche un seul menu à moins de 6 €, avec des plats familiaux, *koucha*, *kamounia* ou méchoui d'agneau (qui n'est qu'une simple grillade). Le patron peut vous préparer sur commande une *mloukhia* au dromadaire, ragoût mijoté avec une herbe aromatique. Pas d'alcool.

Le Roi du Couscous *(B5)* (ou le restaurant des Sportifs), rue Soukeina Bent el Houssein, en face de la poste, ☎ 77 231 237. Ici, on mange à la bonne franquette, en partageant avec les convives locaux les longues tables en bois. Le menu (à 8 €) comprend brik ou salade, agneau ou couscous, thé à la menthe et deux *makhrouds*, la spécialité locale. Beaucoup de Tunisiens depuis qu'on y sert de l'alcool.

Sabra *(C4)*, av. de la République (à droite du Tunisia Hôtel), ☎ 77 235 095. Cuisine familiale servie sur des tables en Formica, sous forme de quatre menus à 8 €. Profitez-en pour demander au patron des tuyaux sur la ville, il se fera un plaisir de vous rendre service. L'équipe est la même depuis quinze ans.

Sortir, boire un verre

Cafés - La plupart des touristes descendant des cars envahissent les terrasses du café à l'ombre des remparts, porte des Martyrs. Nous vous recommandons plutôt :

Le Café *(C4)*, devant le square Habib Bourguiba, sous l'épais feuillage des arbres. Cette oasis de fraîcheur est le refuge des oiseaux qui y organisent de véritables concerts.

Café Sabra *(C4)*, place des Martyrs, pour un verre en soirée.

☺ **Café Hazouzi** (du nom de son patron) *(C4)*, av. Hamda Laouani, à coté du restaurant Tabouna. Café maure typique sous des voûtes en pierre très peu fréquenté par les touristes. Ne vous fiez pas à la façade qui ne paie pas de mine.

☺ **Café Maure** de l'hôtel La Kasbah. Sous d'épaisses voûtes en brique superbement restaurées, la décoration minimale donne au lieu l'authenticité de son époque.

Loisirs

Hammams - Sabra, place des Martyrs. État très passable, dommage. **Hammam Barouta**, proche de Bir Barouda. Ancien hammam bien tenu, pour les hommes uniquement. **Hammam Zougbar**, un des plus vieux de la médina, avec la particularité d'être à demi enterré.

Achats

Souk hebdomadaire - Le lundi.

Pâtisseries - Kairouan est la capitale du *makhroud*, gâteau de semoule fourré de dattes et trempé dans du miel. On les voit empilés en pyramides appétissantes à tous les coins de rue.

Segni, av. du 7 Novembre, ☎ 77 220 023. La plus connue de Kairouan, sur l'artère principale de la médina. Les paquets sont tout prêts sous Cellophane. Certains jours, la fabrication des célèbres *makhrouds* est faite sur place. La plupart du temps, ils sont produits à la fabrique.

Antiquités et artisanat - La ville compte plusieurs dépôts, halte habituelle des circuits touristiques. Les tapis

A
B
C
KAIROUAN
0 150 300 m
N
Tunis P 2
Bassin des Aghlabides
Grande Mosquée
Avenue Ibn Aghlab
Avenue Ibn Jazzar
Rue Sidi Abd el Kader
Bd. Brahim Ben Aghleb
R. Sanaani
Rue Nahli
Rue de la Kasba
Zaouïa de Sidi Abd el Kader
Kasba
Rue Sadiia
Rue Kchelfa
Rue de Monastir
Rue Bramba
Rue Dar el Bey
Bab el Khouhba
Mausolée du Barbier (Zaouïa de Sidi Sahab)
Rue el Fassi
Rue Sidi Srir
Rue Kenahsa
Place de Tunis
R. de Koud
Rue el Kedidi
Hammam
Rue el Farabi
Rue Bab Ranem
R. du Haut Marché
Bab el Tounes
Rue Salah Soussi
Rue Sidi Gaid
Zaouïa de Sidi Amor Abbada
Boulevard Sadikia
Mosquée des Trois Portes
Hammam
Rue el Gadraoui
Rue Bab Jedid
Bab el Jedid
Les Souks
Bir Barouta
Avenue Abi Zamma el Balaoui
Rue Zouagha
Boulevard Dris 1er
Av. Habib Bourguiba (Av. du 7 Novembre)
Zaouïa de Sidi Abid el Ghariani
Sousse
Bab ech Chouhada
R. de Sousse
Pl. Mohammed el Bajaoui (Pl. des Martyrs)
Av. de la République
R. Belhaouane
R. du 19 Juillet
Rue Hamda Laouani
Gouvernorat
Rue de Gafsa
Rue el Mouiz
Rue du 20 Mars
R. Soukeina Bent el Houssein
Square Habib Bourguiba
Avenue de la Victoire
Place de la Victoire
Rue Étienne
Avenue Farhat Hached
Sfax, Gabès
El Jem, Madhia
HÔTELS
Continental 1
Kasba 2
Sabra 3
Splendid 4
Tunisia 5
RESTAURANTS
Karawan 1
Roi du Couscous (Le) 2
Sabra 3
Taboura (La) 4

de Kairouan sont les plus réputés mais les prix sont élevés. Prenez le temps de marchander.

Tapis Sabra, rue Sidi Abid Kairouan, ☎ 77 233 068. De magnifiques tapis dans un cadre charmant... Il existe plusieurs succursales d'un intérêt inégal. Allez directement à la maison mère : les tapis couvrent les sols et les murs des 17 pièces de l'ancienne résidence du gouverneur de province. Plaisir des yeux garanti ! Prix excessifs.

Mabrouk Tapis, av. Imam Sahnoun, ☎ 77 227 612. Cet autre magasin a lui aussi un choix intéressant de tapis traditionnels.

Librairie - Agence Jeune Afrique, rue Amilcar (petite rue face au restaurant Sabra), ☎ 77 221 438.

KAIROUAN

HISTOIRE

Fondée en 666 par le conquérant arabe **Uqba Ibn Nafi**, Kairouan n'avait sûrement pas pour vocation de devenir la quatrième ville sainte de l'islam après La Mecque, Médine et Jérusalem. Elle fut d'abord un simple camp retranché, une étape de repos pour les soldats et leurs bêtes exténués - d'où son nom de Kairouan, *karwan*, qui en arabe signifie « relais ». Mais les nouveaux maîtres des lieux virent plusieurs avantages à s'installer dans cette steppe aride située à bonne distance de la mer, infestée d'escadres chrétiennes menaçantes, et des montagnes en proie à l'agitation berbère.

Grâce à l'irrigation et aux alluvions des oueds voisins, Kairouan goûta sans tarder aux joies simples des récoltes régulières et abondantes. On édifia une Grande Mosquée aux allures de forteresse, plusieurs médersas, une médina de terre et de brique, et une muraille plus solide. La ville devint un marché phare pour l'huile d'olive du Sud, les fruits, les dromadaires et les chevaux, la laine, la poterie, et plus tard les tapis. Première ville construite au Maghreb par les conquérants de l'islam, l'idée se répandit bientôt qu'un musulman venant sept fois en pèlerinage à Kairouan pouvait se dispenser d'un voyage à La Mecque. Kairouan s'imposa ainsi comme la capitale de plusieurs dynasties arabes, des Aghlabides aux Zirides. Ce sont les exactions et les actes de barbarie commis par les Hilaliens qui lui furent fatals. « Tout ce qu'il y avait dans la ville fut emporté ou détruit, les habitants se dispersèrent au loin et ainsi fut consommée la grande catastrophe » a écrit Ibn Khaldoun. La ville sainte ne devait plus jamais retrouver son rayonnement passé. De cette période sombre naquit à Kairouan, ou dans ce qu'il en restait, un farouche esprit de méfiance et une attitude de repli. Jusqu'au 19e s., la ville se montra intolérante, refusant d'accueillir chrétiens et juifs. Une tendance qui s'inversa peu à peu au cours du protectorat français, puis surtout sous la présidence de Habib Bourguiba. Les mosquées de Kairouan furent à l'époque les seules du pays à ouvrir leurs portes aux étrangers non musulmans. Une pratique qui s'est maintenue au fil du temps et élargie à la plupart des lieux saints de Tunisie. Kairouan a pris ainsi son visage actuel de « bourgade reliquaire » ouverte sur l'étranger. On prête à Habib Bourguiba, connu pour sa laïcité pure et dure, d'avoir volontairement livré Kairouan à la « religion » du tourisme, afin de rabaisser la ville sainte et d'en faire une cité comme les autres. Cela, apparemment, ne lui a pas mal réussi.

VISITE

Il est préférable de s'adresser directement au syndicat d'initiative, devant le bassin des Aghlabides, face à l'hôtel Continental, qui délivre le billet unique nécessaire à la visite de tous les monuments (8h30-18h30 hors saison ; 7h30-18h en été). Évitez le lundi, car la plupart des musées de Tunisie étant fermés, les tour-opérateurs de la côte choisissent ce jour-là pour organiser leurs excursions à Kairouan. Vous trouverez au syndicat des guides officiels – 10 dinars pour une visite qui dure environ 1h30. Évitez surtout les faux guides, rabatteurs à mobylette ou à pied qui, sous prétexte de

La Grande Mosquée de Kairouan

vous montrer la Grande Mosquée, vous mèneront tout droit chez un marchand de tapis avec lequel ils sont acoquinés.

Kairouan compte une centaine de mosquées et plusieurs dizaines de *zaouïas* (mausolées de saints et bienfaiteurs). Aussi convient-il d'être sélectif pour mieux s'imprégner de l'ambiance particulière de cette ville qui ne saurait se résumer à ses lieux de culte. Voici cependant quelques haltes obligées.

BASSIN DES AGHLABIDES

Il suffit de gravir l'escalier du syndicat d'initiative pour pouvoir admirer le bassin des Aghlabides (9e s.), vaste polygone de 64 côtés d'une profondeur de 5 m. Construit pour ravitailler la ville en eau, ce réservoir de 55 m^3 était alimenté par un aqueduc de 36 km qui allait chercher l'eau dans les montagnes. Il existait quatorze réservoirs de ce genre, car la ville comptait environ 250 000 habitants (contre 140 000 aujourd'hui). Les grands bassins étaient doublés d'un plus petit qui servait à la décantation.

Un second complexe de bassins vient d'être rénové, à une cinquantaine de mètres au nord-est du syndicat d'initiative.

MAUSOLÉE DU BARBIER★★★

En voiture, sortez du syndicat d'initiative sur la droite et suivez l'avenue Ibn Aghlab pendant 2 km.

Abusivement appelé la mosquée du Barbier, ce mausolée est en réalité une *zaouïa* abritant la tombe d'Abou Dhama, un compagnon de Mahomet, surnommé Sidi Sahab, c'est-à-dire « porteur de trois poils », parce qu'il portait en permanence sur lui des poils de la sublime barbe du Prophète. Édifié au 7e s., étendu au 17e s. et restauré aux 18e et 19e s., cet ensemble de plusieurs salles présente de magnifiques céramiques de Nabeul et des panneaux de stuc de style hispano-mauresque, semblables à ceux de l'Alhambra de Grenade. La *zaouïa* comprend des chambres proposées gratuitement aux pèlerins de passage. Vastes pièces où les croyants peuvent loger

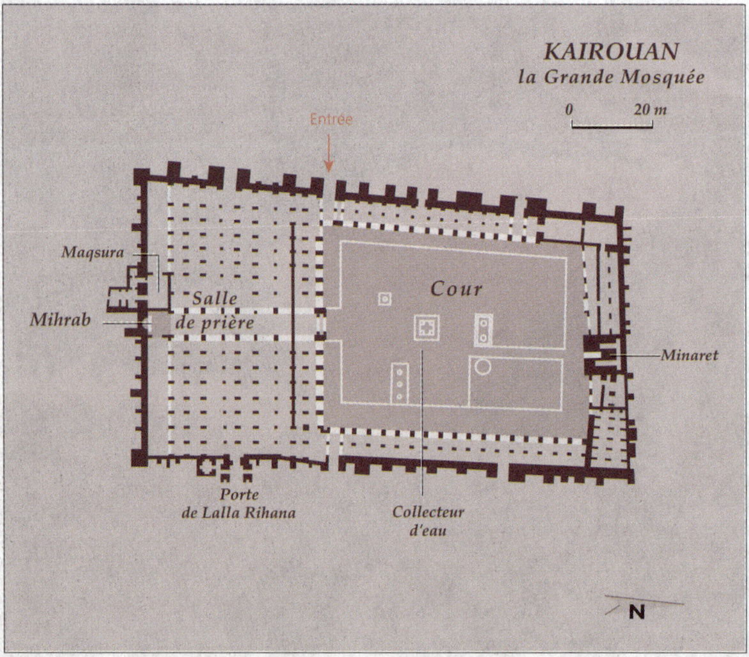

avec toute leur famille ; on leur fournit des nattes et des tapis. Les pèlerins font traditionnellement des offrandes au saint lieu : ex-voto – vous en verrez certains dans la salle du mausolée –, bougies, tapis, etc. Une coutume veut également que chaque jeune fille offre le premier tapis de sa confection à la *zaouïa*. On ne s'étonnera donc pas du nombre considérable de tapis que recèle l'endroit, soit plus de 800... Tous ne sont bien entendu pas exposés. La médersa, ou école coranique, n'est en revanche plus en service et a été transformée en salle de prière.

GRANDE MOSQUÉE★★★

8h-14h en hiver ; 7h30-14h30 en été. Suite aux indélicatesses de certains Occidentaux, on ne peut plus pénétrer à l'intérieur de la salle de prière, ni même monter au sommet du minaret.

Reprenez l'avenue Ibn Aghlab en sens inverse, et tournez à droite au niveau du syndicat d'initiative. Prenez ensuite sur votre gauche, puis à droite au niveau d'un minuscule cimetière au pied des remparts.

Fondée par Sidi Uqba au 7e s., agrandie au 9e s. sous la brillante dynastie des Aghlabides, sans cesse restaurée depuis, cette imposante mosquée est le plus ancien lieu de prière musulman du Maghreb. Comme autour de nos cathédrales, les maisons se blottissaient sous l'aile protectrice de la Grande Mosquée qui occupait à l'origine le centre de la cité. Elle est désormais un peu solitaire, reléguée à la périphérie près des remparts, après la destruction massive d'une partie de la ville par les Beni Hilal.

▶ On est d'abord saisi par l'immensité de la **cour** qui donne une impression de vertige horizontal. Son plan incliné permet de recueillir les eaux de pluie grâce à un collecteur central. Des chicanes élégamment sculptées permettent de filtrer l'eau avant que celle-ci ne soit piégée. On imagine avec peine que ce vaste espace dallé soit suspendu au-dessus du vide, reposant sur des colonnes souterraines d'une hauteur de 7 m. Plusieurs puits aux margelles vivement entaillées par les marques de la corde témoignent pourtant de ce prodige d'architecture.

Le **minaret**, massif et carré, comporte trois étages couronnés de merlons qui lui donnent une allure toute militaire. Il fait 35 m de haut et compte 128 marches. Elles seraient constituées de dalles récupérées dans les anciennes églises et de pierres tombales arrachées aux cimetières chrétiens... Tout un symbole !

On ne pénètre pas dans la **salle de prière★★★**, même si les lourdes portes en cèdre du Liban (montées en marqueterie sans pointe ni cheville) sont ouvertes. On se contente de rester sur le seuil, ébahi par la forêt de colonnes qui forme un enchevêtrement féerique de marbre blanc, de granit bleu, et de porphyre rose. Selon la tradition, nul n'en sait le nombre exact. On en connaît en revanche la provenance : Carthage, Sbeïtla et Hadrumète (Sousse). Le **mihrab★★**, au fond de la nef médiane, fut de tout temps réputé pour son élégance : l'alvéole, couverte de panneaux en marbre ajouré et sculpté, est entourée de céramiques aux reflets métalliques acheminées depuis Bagdad au 9e s. Le **minbar**, la chaire à prêcher de l'imam, est en teck sculpté et date lui aussi du 9e s. C'est le plus ancien du monde arabe. La **maqsura** est une adjonction plus tardive (11e s.). Cette cloison en bois ajourée et sculptée isolait les imams du reste des fidèles.

DANS LA MÉDINA

De la Grande Mosquée, vous pouvez rejoindre le centre de la médina en vous promenant au hasard des rues. Mais il est préférable de partir de Bab ech Chouhada (rempart sud). Continuez tout droit la rue principale après avoir franchi cette porte.

▶ Le **Bir Barouta** (17e s.) est un puits dont la noria, actionnée par un dromadaire, se trouve à l'étage d'une maison particulière. Si l'on en croit la légende, ce puits communiquerait avec celui de Zemzem, à La Mecque. L'attraction est néanmoins limitée et sent l'attrape-touriste. À moins que, par quelque caprice

Les tapis de laine

Ici les tapis de laine sont une affaire de famille et de mémoire. Il n'existe en effet aucune fabrique, aucun atelier industriel. Les femmes se transmettent leur savoir-faire et l'art des motifs (souvent géométriques) de mère en fille, de telle sorte qu'aucun tapis ne peut être l'exacte réplique d'un autre. De nos jours, elles vont encore puiser leur inspiration dans les carreaux de céramique de la mosquée du Barbier, ou les décorations de la Grande Mosquée. Environ 6 000 familles vivent de cette activité. Les tapis de Kairouan sont de trois types : l'*alloucha*, en « haute laine » de mouton et non teinté, utilise les couleurs naturelles de la laine (noir, marron, beige). Le *zerbia*, toujours en « haute laine », aux couleurs végétales (bleu, rouge). Le *mergoum*, tissé et brodé selon une autre technique et s'inspirant de motifs berbères. Pour en savoir plus, voir « Achats » p. 41 et « Artisanat » p. 108.

de la nature, vous ne vous pâmiez d'aise à la vue d'un camélidé se prélassant au frais dans un décor andalou, après vous être vous-même exténué dans la poussière des souks par 45 °C à l'ombre. Le patron a d'ailleurs prévu des boissons froides car personne ne semble disposé à goûter l'eau de Zemzem.

▶ Si vous n'êtes pas repu de lieux de prière, vous pouvez jeter un coup d'œil, à la sortie du souk, sur la **mosquée des Trois Portes** (mosquée Khayrun) qui est l'un des plus anciens monuments de Kairouan (866). Elle a été remaniée à plusieurs reprises mais la façade a conservé certaines des caractéristiques des mosquées du 9e s. : trois portes sous des arcs, celle du centre étant plus élevée, qui reprennent la disposition classique du porche des églises.

▶ La **zaouïa de Sidi Abid el Ghariani** *(deuxième rue à droite après Bab ech Chouhada)*, qui date du 14e s., est surtout remarquable par les **boiseries** de son plafond et ses stucs finement ciselés.

Quoique très anciens, les **souks** ne présentent pas un grand intérêt architectural, car ils ont été beaucoup remaniés. Il faut les visiter pour leur animation chaleureuse et désordonnée, et surtout pour la spécialité de Kairouan : les tapis.

SBEÏTLA★★

Quelques repères

Gouvernorat de Kasserine - À 116 km de Kairouan - Plateau aride - Alt. 537 m

À ne pas manquer

Le forum et les trois temples du capitole.

Conseils

En dehors du site archéologique lui-même, les villes de Sbeïtla et Kasserine, toute proche, ne méritent pas une étape.

Les vestiges sont importants mais l'émotion n'est pas au rendez-vous malgré la belle couleur dorée des pierres. Il ne s'en dégage ni le charme de Dougga ni le mystère de Bulla Regia. L'environnement immédiat y est pour beaucoup. Sbeïtla n'a pas l'aspect bucolique et champêtre des autres champs de fouilles. Le site se trouve à l'entrée de la ville, et celle-ci ne laisse pas une impression inoubliable. Il est longé par une artère à double voie qui traverse l'agglomération, et les quelques bâtiments modernes alentour achèvent de ruiner le décor. L'hôtel Sufetula est posé ainsi comme une verrue dans la perspective du site.

Ici, comme partout en Tunisie, des efforts ont été faits pour agrémenter les ruines de fleurs et d'arbustes. Mais l'effet est moins réussi qu'ailleurs, sans doute en raison de la sécheresse et de la superficie des lieux. Seule l'entrée du parc archéologique est bien fleurie, ainsi que les abords de l'allée qui conduit à l'arc de Dioclétien entouré – luxe suprême – d'un superbe gazon vert. Pour le reste, avec ses blocs de pierre et ses colonnes tronquées qui émergent d'une herbe rase et grillée, l'endroit semble un cimetière abandonné aux stèles de travers. Sbeïtla flambe sous le soleil et, dans la poussière lointaine de ce plateau aride, on s'attend à voir surgir les armées d'Abdullah Ibn Saad.

Se repérer

En provenance de Sousse ou de Kairouan, il peut être intéressant de faire un détour par Makthar *(voir p. 224)* plutôt que de filer directement à Sbeïtla par la P 3. Dans ce cas, prenez la P 12 *(à droite, environ 20 km après Kairouan)*, puis la P 4 et la C 71. Vous traverserez de beaux paysages. Entre Ouesslatia et Makthar, la route sinue dans les collines rocailleuses et plantées de pins d'Alep de la forêt de Kesra. En bus ou en taxi louage, descendez à Sbeïtla. Le site n'est qu'à 1 km du centre-ville.

HISTOIRE

Pour l'heure, il n'a pas été découvert de vestige antérieur au 1er s. ap. J.-C., et tout porte à croire que **Sufetula**, l'antique Sbeïtla, a été créée de toutes pièces à cette époque par une colonie de vétérans romains. Avec son imposant forum central, ses rues qui se coupent à angle droit et délimitent des *insulæ* rectangulaires, Sufetula semble obéir à un plan préétabli. Cité romaine idéale qui n'a pas eu à composer avec le relief ou un tracé urbain plus ancien – la région étant pourtant occupée par les Numides.

Comme toutes les cités de l'Africa romaine, Sufetula dut connaître une grande prospérité au 2e s. avec l'arrivée au pouvoir d'un empereur africain : Septime Sévère. Mais sa consécration est pour plus tard, et elle coïncidera avec sa ruine. Sous les Vandales, Sufetula eut peu à pâtir de Genséric et de ses soudards… Il fait parfois bon être une province isolée. Avec la reconquête byzantine (5e s.), c'est cette situation périphérique qui fit de la ville un enjeu stratégique. Sufetula fut fortifiée et une garnison vint s'y établir afin de contenir les populations arabes qui harcelaient les frontières de la Byzacène. En 646, le patrice Grégoire, se sentant sans doute menacé par l'avancée arabe et un peu « lâché » par la lointaine Byzance, fait sécession avec le trône d'Orient. Délaissant Carthage, il s'installe à Sufetula avec son état-major. La petite provinciale devient capitale d'empire, mais cette gloire arrive trop tard. Déjà s'avancent les armées arabes venues de Tripolitaine, Abdullah Ibn Saad à leur tête. Selon la geste arabe, Grégoire aux abois promet sa fille à qui lui rapportera la tête d'Abdullah. Avec un raffinement tout oriental, ce dernier fait la même promesse à ses troupes. Grégoire et son armée anéantis, la fille du patrice est donnée à l'un des lieutenants d'Abdullah. Selon une autre légende, la princesse en fuite se serait suicidée d'une manière encore inusitée en se jetant à bas de son dromadaire. Si les récits divergent quant à la destinée de la malheureuse, il apparaît certain que le patrice fut occis et la ville mise à sac. Les Arabes éblouis par tant de splendeur devaient revenir vingt ans plus tard pour la conquête définitive.

VISITE DU SITE

Comptez 1h.

Billets en vente au capitole, à gauche du musée. 7h-19h en été, 8h30-17h30 hors saison. Entrée payante.

▶ Vous êtes accueilli dès l'entrée par plusieurs **fortins** datant de l'époque byzantine. Le premier sur votre gauche est sans doute une ancienne maison romaine fortifiée au 7e s. La construction est massive : parallélépipède de 20 m sur 24 et murs de 2 m d'épaisseur. En continuant la voie, vous laisserez un second fortin à peu près similaire sur votre droite. Maison à deux étages comprenant un puits, une citerne, et des latrines.

▶ Un peu en retrait de ce second fortin se dresse un modeste ensemble architectural correspondant à d'anciens **thermes privés** d'époque tardive. De l'autre côté de la voie, une autre installation thermale privée a conservé un petit bassin décoré de mosaïques représentant des poissons et des crustacés.

▶ Après les vestiges de la petite **église des saints Gervais, Protais, et Tryphon** (début du 7e s.), prenez la voie à droite en direction du nord. Vous accéderez alors à une vaste **citerne** dans laquelle descend un escalier. Quatre grosses piles en grand appareil vous indiquent un peu plus loin à gauche l'**église de Servus**. Celle-ci fut aménagée dans la cour d'un temple païen. Les piles en équilibre instable correspondent aux angles de la *cella* transformée en baptistère.

▶ Les **grands thermes** *(à votre droite)* occupent un espace assez important : environ 100 m sur 50. Cet établissement thermal du 3e s. a été fréquemment remanié et il ne correspond pas au schéma classique *(voir la planche d'architecture p. 97)*. Cet ensemble comprend néanmoins de belles salles : le *caldarium* dont le sol est soutenu par de petit piliers en tuiles et sous lequel circulait l'air chaud ; le *frigidarium* et ses bassins. La palestre, entourée d'une double colonnade, a conservé son pavement de mosaïque.

▶ En continuant sur votre droite la voie qui longe les thermes, vous accéderez au **théâtre** construit sur la rive de l'oued Sbeïtla. La scène a conservé quelques-unes de ses colonnes et les gradins ont été en partie restaurés.

▶ Revenez sur vos pas et reprenez la voie principale au bout de laquelle se dresse l'imposant forum et le capitole. On accède à cet ensemble architectural grandiose par l'**arc d'Antonin le Pieux★**, porte monumentale à trois arches que l'on fermait par des vantaux. Cette porte fait partie intégrante d'une enceinte de 4 m de haut remaniée à plusieurs reprises : les accès en furent bouchés à l'époque byzantine, sans doute dans un but défensif. Le **forum★** (2e s.), vaste quadrilatère dallé de 70 m sur 60, est encadré d'un portique sur trois côtés. Entre les colonnes ont été retrouvés des socles de statues portant des inscriptions honorifiques. Le portique donnait sur diverses boutiques faisant ainsi office de galerie commerciale. Fait assez rare, la triade capitoline n'est pas ici regroupée en un seul sanctuaire mais se répartit en **trois temples du Capitole★★★** consacrés respectivement à Jupiter, Junon, et Minerve. Celui de Jupiter, au centre, est dépourvu d'escalier, le podium ayant

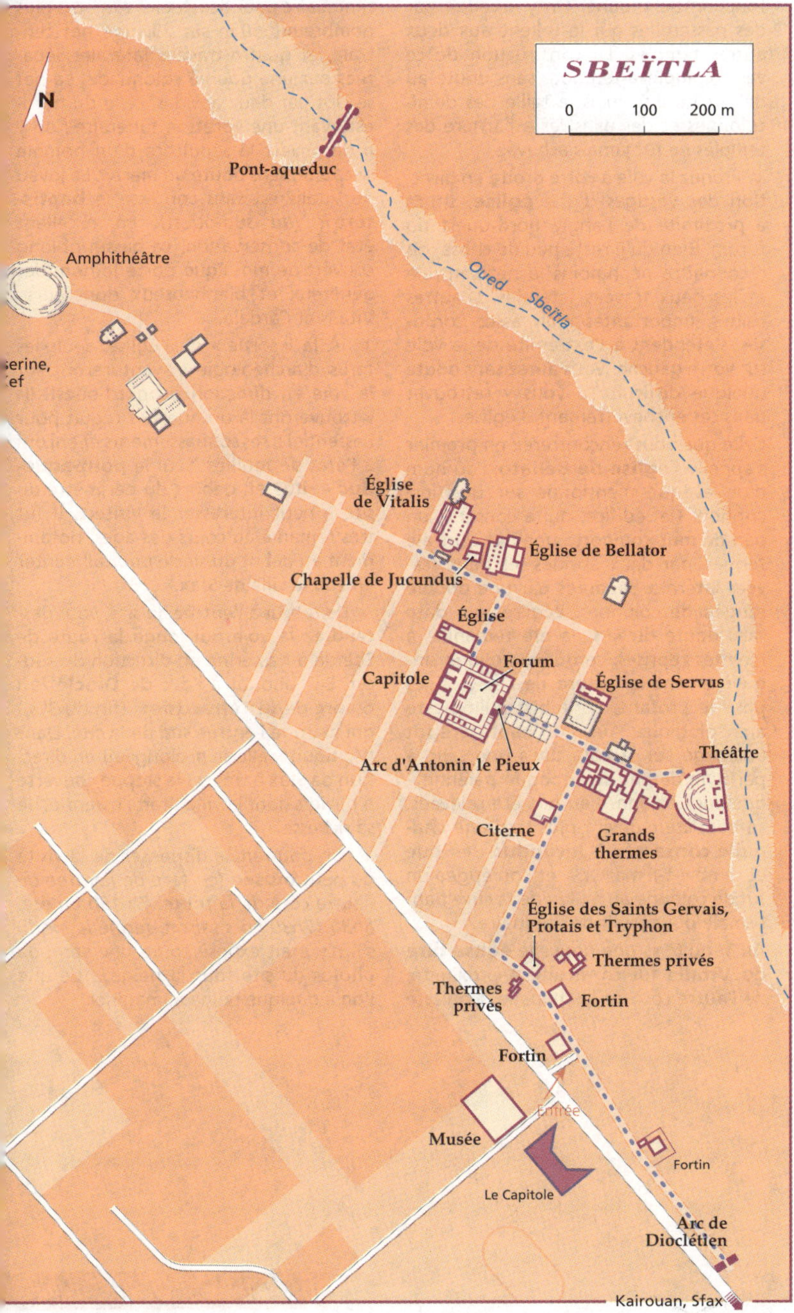
SBEÏTLA
0
100
200 m
N
Pont-aqueduc
Amphithéâtre
Oued Sbeïtla
Église de Vitalis
Église de Bellator
Chapelle de Jucundus
Église
Forum
Capitole
Église de Servus
Arc d'Antonin le Pieux
Théâtre
Citerne
Grands thermes
Église des Saints Gervais, Protais et Tryphon
Thermes privés
Thermes privés
Fortin
Fortin
Entrée
Musée
Fortin
Le Capitole
Arc de Dioclétien
Kairouan, Sfax

fonction de tribune. On y accédait par des passerelles qui le relient aux deux autres temples. La construction de ce vaste complexe remonte sans doute au début du 2e s., mais la taille des demi-colonnes et des pilastres à l'arrière des temples ne fut jamais achevée.

▶ Prenez la voie à votre droite en direction des vestiges d'une **église**, situés à proximité de l'angle nord-ouest du forum. Bien qu'il reste peu de chose, on reconnaîtra néanmoins la nef centrale et les deux travées latérales. D'autres ruines, importantes mais assez confuses, s'étendent à l'extrémité de la voie sur votre gauche. Vous aurez sans doute quelque difficulté à vous y retrouver dans cet enchevêtrement d'églises.

Celle que vous rencontrerez en premier s'appelle l'**église de Bellator**, du nom d'un évêque mentionné sur une inscription. Cet édifice, qui a conservé un pan de mur, comporte une nef centrale fermée par deux absides, et deux travées latérales séparées par une double rangée de colonnes. L'église, qui date sans doute du 4e s., a été remaniée à maintes reprises, ce qui complique singulièrement la lecture de ces vestiges pour le profane, véritable palimpseste archéologique. Ainsi, un baptistère fut aménagé sur le côté dans une salle à péristyle datant de l'époque païenne – quelques colonnes en ont été relevées. Le baptistère devint plus tard une **chapelle consacrée à Jucundus** – évêque et semble-t-il martyr –, et l'on érigea un fût de colonne au milieu de la cuve baptismale pour servir de reliquaire.

Au 5e ou 6e s., une nouvelle **église dite de Vitalis** fut construite à proximité, de l'autre côté de la chapelle. Un vaste sanctuaire pour des fidèles toujours plus nombreux : 50 m sur 25, une nef centrale, et quatre travées latérales séparées par une double colonnade. La nef se clôt par deux absides, celle du nord-est ayant une vocation funéraire ; on y a découvert la sépulture d'un homme décapité, sans doute un martyr. Le joyau de Vitalis est sans conteste le **baptistère★** *(au sud-ouest)*. En excellent état de conservation, ce bassin oblong couvert de mosaïque porte le nom des généreux et bienheureux donateurs : Vitalis et Cardela.

▶ À la « sortie » de l'église, seuls les férus d'archéologie s'aventureront sur la voie en direction du nord-ouest. Ils y trouveront là un quartier réduit pour l'essentiel à ses soubassements et encore à l'état de fouilles. Seul le **pont-aqueduc** – situé en dehors du périmètre du site – peut intéresser le visiteur. Il fut très remanié au cours des âges, notamment au début du siècle pour alimenter en eau la ville de Sfax.

▶ De retour à l'entrée du site, vous descendrez la voie qui longe la route de Sbeïtla à Kasserine en direction du sud-est. Elle aboutit à l'**arc de Dioclétien** ou **arc de la Tétrarchie★** (fin du 3e s.) qui marque l'entrée sud de la cité. Dans l'Antiquité, elle se prolongeait en direction de Sfax à travers la steppe couverte d'oliviers dont la ville tirait l'essentiel de sa richesse.

▶ On pourrait se dispenser de la visite du petit **musée** *(en face de l'entrée de l'autre côté de la route. 7h-19h en été, 8h30-17h30 hors saison, fermé le lundi)* s'il n'y était exposé toute une série de photos du site sous la neige… Ce que l'on a quelque peine à imaginer.

EL JEM★★★

Quelques repères

À 63 km de Sousse et 64 km de Sfax - Env. 19 000 hab.

À ne pas manquer

Les concerts de musique symphonique.

Conseils

La bourgade ne mérite guère que l'on s'y attarde.

D'où que l'on arrive, l'amphithéâtre d'El Jem apparaît comme un colosse de pierre ocre barrant l'horizon. Un gigantesque vaisseau venu s'échouer dans une steppe aride par on ne sait quel prodige. Vision d'autant plus singulière, que l'on chercherait en vain d'autres ruines importantes justifiant sa présence en ces lieux. À croire que l'antique Thysdrus dont il était le joyau s'est évanouie dans les sables, tel un mirage.

Arriver ou partir

En train - La gare se trouve dans le centre, près de l'amphithéâtre. Plusieurs liaisons à partir de Tunis, Sousse (6 trains par jour), et Sfax (6 trains par jour).

En bus - La station est à proximité du musée. Bus assez fréquents en direction de Gabès, Sfax, Sousse et Tunis.

En voiture - Accessible par la P 1, que l'on vienne de Tunis, Sousse, ou Sfax.

En taxi collectif - La station est proche de la mosquée, dont on voit le minaret de fort loin. Toutes les grandes villes avoisinantes sont desservies et la liste des tarifs est affichée dans la petite cabane à l'entrée de la station.

Se loger, se restaurer

Il n'y a pour l'instant qu'un seul hôtel à El Jem mais les nouvelles salles du superbe musée et la politique de la ville pourraient amener un changement rapide de cette situation.

De 30 à 40 d (20 à 26 €)

Hôtel Julius, av. des Martyrs, ☎ 74 406 115/405 024 - 92 ch. L'unique hôtel de la ville. Les chambres sont correctes mais il est question de gros travaux pour en faire un hôtel de luxe, avec piscine...

Son restaurant présente le meilleur rapport qualité-prix de cette petite ville assez pauvre en relais gastronomiques (de 10 à 20 d).

Loisirs

Festival international de musique symphonique, de mi-juillet à mi-août. ☎ 73 630 224, maisoncult.eljem@email.ati.tn

HISTOIRE

Rien ne prédispose **Thysdrus** à devenir une cité prospère : des terres sablonneuses, une steppe semi-aride, peu de ressources en eau vive... Mais celle-ci bénéficie d'une position géographique privilégiée, à la croisée des chemins qui mènent à Sufetula (Sbeïtla), Taparura (Sfax), et Hadrumète (Sousse). De plus, sous l'impulsion de l'empereur Hadrien (117-138), la steppe se couvre d'oliveraies. Au 3e s., Thysdrus est la seconde ville de la Byzacène, s'étendant sur 200 hectares et comptant près de 40 000 habitants. Une ville opulente qui se dote d'un cirque grandiose, de trois amphithéâtres, de grands thermes publics... Des richesses que convoite Maximin, empereur cupide et barbare

La Kahena

Cette princesse berbère, grande figure du nationalisme tunisien, rassembla les tribus de son peuple pour repousser l'envahisseur musulman. On prétend qu'elle réussit à reprendre l'Ifriqiya à Uqba Ibn Nafi, le premier conquérant arabe. Une victoire éphémère qui contraignit la Kahena à la fuite. Traquée, elle se réfugia avec ses partisans dans l'amphithéâtre d'El Jem et résista près de quatre ans aux attaques ennemies. La princesse eut, semble-t-il, une fin à la hauteur de sa destinée. Selon la légende, elle fut trahie par son jeune amant qui la poignarda et envoya sa tête embaumée au chef des armées arabes.

dont toutes les cités de l'Empire ont eu à subir les exactions. Vers 238, Maximin envoie un procurateur à Thysdrus pour une levée d'impôts qui s'apparente fort à une spoliation. Les habitants se révoltent, assassinent l'émissaire impérial, et proclament empereur **Gordien** proconsul de la province d'Afrique. Les Gordiens défaits, Thysdrus est en partie détruite en guise de représailles. Dès la fin du 3e s., elle reprend un nouvel essor qui se poursuit aux siècles suivants.

Au 7e s., les Berbères de la Kahena retardent un temps l'avancée des armées arabes, transformant l'amphithéâtre en camp retranché. Mais le déclin de Thysdrus est inéluctable : les oliveraies ont été incendiées par les envahisseurs musulmans (culture qui ne reverra le jour que sous le protectorat) et la fondation de Kairouan fait passer l'antique cité au second plan. Celle-ci décroît pour ne devenir qu'une modeste bourgade. D'après le géographe El Bekri, l'amphithéâtre est encore pratiquement intact au 11e s., et il le restera sans doute jusqu'à ce que de nouveaux insurgés le choisissent comme refuge.

En 1695, les tribus qui se sont rebellées contre Mohammed bey s'enferment dans le monument. Le bey emploie alors les grands moyens et fait ouvrir une brèche à coups de canon, portant la première atteinte à ce que les auteurs arabes considéraient comme l'une des merveilles du monde.

VISITE

Comptez 1 à 2h.

L'AMPHITHÉÂTRE★★★

7h-19h en été, 7h30-17h hors saison, entrée payante.

Sous les effets conjugués des outrages du temps et du vandalisme, le monument se trouvait dans un tel état qu'un explorateur put écrire : « Des voûtes grondent et semblent prêtes à s'effondrer sous notre poids ; des pans de plancher que rien ne paraît soutenir s'avancent en étagères sur des vides menaçants ; des crevasses, des trous s'ouvrent devant nous, les blocs oscillent sous nos pieds. » L'amphithéâtre a depuis été restauré grâce à l'intervention du gouvernement tunisien et au financement de la fondation Calouste Gulbenkian. Une restauration qui a permis de sauver le plus grand monument romain d'Afrique.

Construite sous le règne de Gordien vers 230-238, cette ellipse de 148 m de long sur 122 m de large avait une capacité d'accueil de 30 000 à 45 000 personnes, soit le 3e amphithéâtre de l'Empire après le Colisée de Rome et celui de Capoue. Il s'élève sur trois rangées d'arcs en plein cintre à une hauteur de 36 m. Sous l'arène se coupent deux galeries communiquant avec l'extérieur. La plus grande donne sur 16 pièces voûtées où étaient enfermées les bêtes féroces.

Si la fonction de l'édifice était d'abord festive – combats de gladiateurs, chasse aux fauves et autres divertissements –, les Romains eurent également le génie d'exploiter cet immense vaisseau de pierre à des fins d'alimentation hydrique. Le monument recèle un système très élaboré de canalisation de l'eau de pluie et de citernes.

MUSÉE ARCHÉOLOGIQUE★★★

À la sortie du bourg, sur la route de Sfax. 7h30-19h en été, 8h-7h hors saison, fermé le lundi. 4,2 d (billet commun avec la visite de l'amphithéâtre). Légendes explicatives claires et instructives.

On y a rassemblé les mosaïques découvertes dans les maisons de Thysdrus, dont un très bel Orphée charmant les animaux. Les plus intéressantes représentent des scènes animalières : Tigre assaillant deux ânes, Lion dévorant un sanglier, Deux Amours encadrant un paon, etc. Le musée a récemment doublé sa surface d'exposition, avec trois nouvelles salles montrant des mosaïques jamais exposées jusqu'alors. Disposées autour de deux larges patios, les salles sont vastes et claires. Dehors, vous pourrez visiter tranquillement les ruines d'un ancien quartier résidentiel occupant un large terrain (trois maisons, respectivement de 1 000, 2 200 et 3 000 m^2), et la reconstitution de la maison Africa.

SFAX★

Tourisme très peu développé malgré de nombreux atouts

Quelques repères

Chef-lieu de gouvernorat - 266 300 hab. - 64 km d'El Jem - Climat agréable mais air un peu pollué

À ne pas manquer

Le Dar Jallouli.

Poisson à la sfaxienne au repas.

Conseils

Choisissez de préférence les stations balnéaires du littoral pour passer la nuit.

Sfax, la « capitale du Sud », est une ville trépidante et industrieuse qui vit au rythme de son port, le premier de Tunisie. Véritable poumon du pays, il orchestre une incessante noria de bateaux et de camions remplis de phosphates, de dattes, de matériaux de construction et d'alfa, sans oublier les éponges, les os de seiche, et surtout l'huile d'olive. On pourrait se diriger dans Sfax les yeux fermés, rien qu'à l'odeur : émanations nauséabondes des phosphates auxquelles s'associe la fraîcheur marine à mesure que l'on se rapproche du port ; senteurs d'huile d'olive et chaleur lourde lorsque l'on s'en éloigne. Deuxième agglomération de Tunisie, Sfax renvoie l'image d'une cité encombrée par le trafic, d'une ville fiévreuse et en mouvement perpétuel. Son intense activité économique est visible à l'œil nu, même la médina et ses souks ne dégagent pas l'habituelle atmosphère nonchalante.

La ville est-elle le reflet de ses habitants ? Les Sfaxiens, que l'on voit partout empressés et affairés, sont mondialement réputés pour leurs qualités de commerçants et de négociateurs. Ils sont fiers du dynamisme de leur ville et même, pourrait-on dire, fiers tout court. Les Sfaxiens authentiques affirmaient descendre en droite ligne de Mahomet. À ce titre, ils portaient autrefois un turban de couleur verte et ils furent les plus farouches opposants à l'occupation française. Plus encore que Tunis, Sfax semble désormais résolument moderne ; les costumes traditionnels ont été mis au placard et les jeunes filles arborent jeans moulants et minijupes, parfois même une coupe de cheveux « branchée ».

Sfax ne cherche pas à plaire, et il lui manque, comme à Tunis, une croisette et de belles plages. La politique de la ville est d'ailleurs opposée au développement du tourisme pour garder sa population travailleuse à l'écart de l'argent facile. Elle mérite cependant qu'on s'y arrête pour sentir palpiter la vie du pays tout entier.

Arriver ou partir

En avion - Aéroport Sfax-Thyna (à 7 km), route d'Agareb, ☎ 74 278 000. À la sortie de l'aérogare, le bus n° 14 va vers Sfax. 18 départs par jour, 4h50-21h35 (25mn).

En bateau - 3 ou 4 fois par an, un navire de la CTN relie Sfax à Marseille.

En train - **SNCFT**, av. Habib Bourguiba, ☎ 74 225 999.

En bus - **SNTRI**, rue Lazerka (angle av. Habib Bourguiba face à la gare), ☎ 74 222 355. Cette compagnie assure des liaisons avec Tunis, Tataouine, Matmata, Douz. 3 départs par jour pour Jerba (4h ou 6h *via* Zarzis). Un bus part quotidiennement à destination de Tripoli.

Soretras (Société régionale des transports du gouvernorat de Sfax), av. du Commandant Bajaoui, ☎ 74 229 522. 1 départ par jour pour Gafsa (3h30), Jerba (5h), Le Kef (5h), Sbeïtla (3h30), Kairouan (2h30) et Gabès (3h). 3 départs quotidiens pour Mahdia (2h), 10 pour Chebba (1h30).

En taxi collectif - Station de louage, av. de l'Armée, ☎ 74 220 071. Départs vers toute la Tunisie.

Bac pour Kerkennah - Voir « Arriver ou partir » sous les îles Kerkennah.

Comment circuler

En voiture - La voiture est à déconseiller dans le centre-ville, fort encombré. Elle permet en revanche de visiter les alentours, en particulier les îles Kerkennah.

En bus - Soretras, av. de Kairouan devant l'église.

En taxi - Allô Taxi, ☎ 74 299 900.

En train touristique - Le terminus est sur la corniche près du bac à destination des îles Kerkennah. 7h-minuit, toutes les 30mn (15mn, 1 d), seulement en été.

Location de voiture - Avis, rue Tahar Sfar, ☎ 74 224 605. **Hertz**, avenue Habib Bourguiba, ☎ 74 228 626. **Europcar**, 40 rue Mohamed Ali, ☎ 74 226 680. **Mattei (Ada)**, avenue Patrice Lumumba, ☎ 74 296 404.

Adresses utiles

Informations touristiques - ONTT, installé dans un petit kiosque sur la corniche, au bord de l'eau, à l'angle de la rue Ali Bach Hamba et de la rue Mohammed Hedi Khefacha, ☎ 74 497 041. Hors saison 8h30-13h/15h-17h45, fermé le dimanche. En été, 7h30-13h30 ; permanences 16h-19h en semaine et 9h-12h le dimanche.

Le **syndicat d'initiative** occupe un local av. Habib Bourguiba, sur la place en face de l'hôtel Abou Nawas, ☎ 74 226 484. Les horaires étant plutôt fantaisistes, il est plus sûr de s'adresser à l'ONTT.

Représentation diplomatique - Consulat de France, 13 av. Habib Bourguiba, ☎ 74 220 788. 8h30-15h. Service des visas rue Alexandre Dumas, du lundi au vendredi, 8h30-11h30.

Centres culturels - Centre culturel français, av. Taïeb Méhiri et av. Kairouan, ☎ 74 221 553, ifcsfax.adm@planet.tn. Service Internet dans la bibliothèque (9h-18h du lundi au vendredi sauf le jeudi, 12h-18h). Journaux. La cafétéria (8h-18h) au fond du petit jardin ombragé est l'endroit idéal pour des rencontres franco-tunisiennes.

Centre culturel du patrimoine Dar Sellami, 43 rue de la Driba, ☎ 74 222 972. 9h-17h, fermé le dimanche. Programme varié d'activités culturelles et des visites guidées de la médina.

Institut supérieur de musique de Sfax - Rue Mohamed Jammoussi, billeterie ☎ 74 220 610.

Centre national des arts dramatiques et scéniques - route Gremda, ☎ 74 233 030.

Banque / Change - Toutes les banques tunisiennes ont des représentations à Sfax. 8h-16h hors saison, et 7h20-12h20 en juillet-août.

DAB à l'extérieur de la STB, à l'angle de l'av. Hédi Chaker et de la place Marburg.

Poste centrale - 4 av. Habib Bourguiba, ☎ 74 224 722. Hors saison, 8h-18h. En été, lundi-jeudi 7h30-13h/17h-19h, les vendredi et samedi 7h30-13h30. 8h-14h sauf le vendredi pendant le mois du Ramadan. Elle effectue en particulier les opérations de Rapid-post et de change. Le bâtiment est décoré de fresques murales de grands peintres tunisiens des années 1960.

Publinet - Av. Bourguiba ; 7 rue Ali Bach Hamba (ouvert de 8h30 à 3h du matin. 2 d de l'heure).

Téléphone - De nombreux services de cabines téléphoniques dans toute la ville. Le publiphone près de la gare est ouvert de 6h à 2h du matin, malheureusement il utilise un standard analogique ne permettant pas de consulter un répondeur, par exemple. La poste dispose également de cabines téléphoniques, les premières en Tunisie à être équipées de cartes.

Urgences / Santé - Bureau de police, rue Victor Hugo, ☎ 74 229 700.

Garde nationale, rue Victor Hugo, ☎ 74 227 688.

Hôpital Hedi Chaker, route El Aïn à 0,5 km, ☎ 74 244 511.

Samu, route El Aïn à 0,5 km, ☎ 74 190, 244 894.

Médecin de garde, ☎ 74 221 618.

Compagnies aériennes et maritimes - Tunisair, 4 av. de l'Armée, ☎ 74 228 028. Fret, place du 2 Mars, ☎ 74 278 017, à l'aéroport ☎ 74 278 000.

Tuninter, Abou Nawas Sfax center. Contactez Tunisair.

SFAX

A
B
1
2
3
Kairouan
Sousse, Mahdia
Gabès
Marché
Boulevard des Martyrs
Bab Jebli
Rue des Forgerons
Souk des Forgerons
Rue Kherredine
Rue des Remparts
Bab Echargui
Boulevard
R. des Teinturiers
Souk des Bijoutiers
Rue Abd el Kader
R. des Notaires
Souk des Parfums
Place Ahmed Bey
R. Sidi Ali Ennouri
R. Ali Khelil
Rue de la Driba
Musée Dar Jallouli
Dar Sellami
Pl. Hédi Chaker
Rue Cheikh Tijani
Grande Mosquée
Rue de la Grande Mosquée
Mongi Slim
Rue du Cadhi
Rue Borj En-nar
Boulevard du 18 Janvier 1952
Rue de la Mecque
MÉDINA
R. des Andalous
Mausolée Sidi Amar Kammour
Borj An-nar
Bab Gharbi
Pl. de la Journée de Tunis
Bab Diwan
Rue Amilcar
Boulevard Ali Belhaouane
Rue Hédi Chaker
Rue Victor Hugo
Kasba
Place de la Kasba
R. de la kasba
R. Daghammar Skjold
Bd. Farhat Hached
Rue Habib Maazoun
Place Marburg
Boulevard Farhat Hached
Bab el Kasba
Église grecque orthodoxe
R. Léopold Senghor
Avenue de l'Algérie
Av. Taïeb Méhiri
Avenue Habib
Musée archéologique
Rue Haffouz
Rue de Kairouan
Centre culturel français
Rue Arbi Zarrouk
Rue Mohsen Kallel
Rue Patrice
Rue Haffouz
Marché
Rue Ali Bach Hamba
Chenal Sud
Rue Mohammed Hedi Khefacha
Embarquement pour les Îles Kerkennah

C
D
SFAX
0
150
300 m
N
Mer
Méditerranée
Port
Place du 2 Mars 1934
Consulat de France
Avenue Habib Bourguiba
Rue Lazerka
Rue Cheikh M'aghdich
Rue Mongi Bali
Rue Alexandre Dumas
Rue Hamba
R. Salem Harzallah
Rue Aboul Kacem Chabbi
Rue Bach Hamba
Thameur
R. Lieutenant Hammadi Tej
R. Sfar
Garibaldi
Avenue Hédi Chaker
Tahar
Remada
Rue Mohammed Ali
Rue Habib Maazoun
Rue Lumumba
Rue Habib
1re Armée
Nationale
HÔTELS
Abou Nawas Sfax 1
Alexander........ 2
El Andalous 3
El Jemiaa 4
En Nacer 5
Paix (de la)........ 2
Syfax 6
Thyna 7
RESTAURANTS
Bagdad 1
Bec fin (Le) 2
Corail (Le) 3
Printemps (Le)........ 4

CTN, 7 av. Habib Maazoum, ☎ 74 228 020. 8h-12h/14h-17h30. En été, 7h30-13h.

Se loger

Il y a huit hôtels petit budget dans la médina (de 3 à 8 d). Certains sont même plus agréables que d'autres établissements de la ville moderne, bien plus chers. Ils sont principalement regroupés rue Borj Ennar et rue Mongi Slim.

Médina

Moins de 20 d (13 €)

Hôtel En Nacer, rue des Notaires, ☎ 74 211 037 - 10 ch. Le plus confortable et le mieux tenu des hôtels petit budget de la médina. Salles de bains communes (baignoire).

Hôtel El Jemiaa, 89 rue Mongi Slim, ☎ 74 211 342 - 16 ch. Les chambres sont disposées autour d'une cour lumineuse. 2 douches communes mais bien tenues.

Ville moderne

De 20 à 30 d (13 à 20 €)

Hôtel de la Paix, rue Alexandre Dumas, ☎ 74 296 437 - 26 ch. D'un standing équivalent aux hôtels du quartier, il se distingue par son curieux escalier pendu au milieu de la cour intérieure. Chambres hautes de plafond et propres malgré l'aspect vieillot de l'ensemble.

De 30 à 40 d (20 à 26 €)

Hôtel Alexander, 21 rue Alexandre Dumas, ☎ 74 221 613 - 72 ch. Les chambres, grandes et propres, sont agréables. Le restaurant de l'hôtel est un des meilleurs de toute la ville. Bon rapport qualité-prix.

De 40 à 60 d (26 à 40 €)

Hôtel Thyna, angle de rue H. Maazoum et place Marbourg, ☎ 74 225 317 - 28 ch. Récemment restauré avec un bel effort de décoration. Café maure au 2e étage. Suppléments pour baignoire, clim, TV.

Hôtel El Andalous, av. des Martyrs, ☎ 74 406 115/405 024 - 92 ch. TV Un peu excentré, mais proche de la médina, cet hôtel sans grand attrait dispose de tout le confort moderne.

Hôtel Syfax, Jardin public, route de la Soukra (de la médina, prenez l'avenue des Martyrs, puis la route de Gabès, tournez à droite route de la Soukra), ☎ 74 243 333 - 127 ch. TV CC Hôtel d'affaires 100 % tunisien mais sous licence Novotel. Un peu éloigné du centre-ville, on y trouve le calme et une piscine au milieu d'un petit jardin.

De 100 à 120 d (65 à 78 €)

Hôtel Abou Nawas Sfax, av. Habib Bourguiba, ☎ 74 225 700/701, www.abounawas.com.tn - 130 ch. TV CC En plein centre-ville, cet hôtel de 9 étages est idéal pour les hommes d'affaires. La piscine est au 2e étage.

Se restaurer

La grande spécialité de la ville est le poisson mariné dans une sauce au cumin puis grillé au charbon de bois.

Ville moderne

De 5 à 10 d (3,5 à 6,5 €)

Le Bec Fin *(C2)*, place du 2 Mars, ☎ 74 221 407. Caché derrière les arbres de la place, un cadre propre et simple pour manger des spécialités tunisiennes. Fermé le dimanche midi.

De 13 à 26 d (8,5 à 17 €)

Le Bagdad *(B2)*, 63 av. Farhat Hached (près de l'hôtel Thyna), ☎ 74 223 856 CC Si les Sfaxiens ont la réputation de peu aller au restaurant, le Bagdad, pourtant, ne désemplit pas, jusque tard dans la nuit. Et il fait l'unanimité, les femmes voilées y côtoient les élégantes au corsage fort échancré. Impossible de ne pas recommander le poisson mais, pour changer, troquez l'habituelle salade *méchouia* pour une soupe à la sfaxienne. Fermé le vendredi.

De 13 à 30 d (8,5 à 20 €)

Le Printemps *(B3)*, 57 av. Habib Bourguiba, ☎ 74 226 973. La carte affiche ambitieusement de nombreux plats, qui ne sont pas toujours disponibles. Vous pourrez toujours vous rabattre sur un large choix de poissons, ainsi que sur les basiques de la gastronomie franco-tunisienne. Fermé le dimanche.

Une felouque des îles Kerkennah

De 15 à 35 d (10 à 23 €)

Le Corail *(B3)*, 39 rue Habib Maazoun, ☎ 74 227 301 🍷 CC Le restaurant snob de la ville, dans un décor international. La cuisine et le service sont à la mesure du cadre. Menu touristique à 16 d.

Sortir, boire un verre

Les cafés de Sfax sont presque exclusivement fréquentés par des hommes.

▸ Ville moderne

Café Amous *(B2)*, place Marbourg. Poste d'observation central.

Café Essouk *(B3)*, dans le marché proche de l'office du tourisme. Particulièrement intéressant les jours de marché (vendredi et dimanche).

Café des Palmiers *(B2)*, place du 2 Mars 1934. Terrasse ombragée.

▸ Médina

☺ **Le Diwan** *(B2)*, sur les remparts de la médina. Prenez la Bab Diwan et tournez à gauche. La terrasse donne sur les remparts et les salles du niveau intermédiaire sont aménagées avec des banquettes et des tapis. Narghilés.

SFAX

Loisirs

Activités sportives - **Piscine municipale**, route de l'aéroport (à 0,5 km), ☎ 74 240 372.

Festivals - **Festival de musique** à Sfax en juillet-août. En fait, les spectacles de variétés et de musique sont très peu suivis par les Sfaxiens, en dépit de l'ambition des organisateurs de mettre l'événement au niveau du Festival de Carthage ou d'El Jem.

Festival des arts plastiques à Mahrès, en juillet. Expositions de créateurs peu connus.

Festival de fantasia à Agareb, en juillet.

Hammam - **Hammam Essalem**, rue des Aqueducs (angle av. Farhat Hached, tout près de la pâtisserie Masmoudi). 11h-16h pour les femmes, 6h-10h/17h-22h pour les hommes (1 d l'entrée, 1,5 d le massage).

Achats

À l'écart des sentiers touristiques, soyez certain que l'essentiel des marchandises sont destinées aux Tunisiens. Vous trouverez ainsi des produits (maroquinerie, objets en bois d'olivier, tapis) de qualité et à des prix intéressants.

Souks - 8h30-19h, sauf le lundi. Souk des Bijoutiers, 8h30-12h/14h-17h environ (seulement le matin en été).

Pâtisseries - **Masmoudi**, dans une petite rue donnant sur le 6 av. Farhat Hached, près du rond-point de Gabès. 8h-13h/14h-18h sauf le dimanche.

Siella, face au 171 rue Mongi Slim, dans la médina. Grande spécialité de beignets, que beaucoup de Sfaxiens dégustent chauds pour leur petit déjeuner, accompagné d'un verre de *lagmi*, le lait de palmier. 6h-11h uniquement.

Antiquités et artisanat - **SOCOPA**, rue Hamadi Tej (près du consulat de Libye), ☎ 74 296 826. Hors saison 9h-12h/15h-19h. En été 9h-19h. Fermé le dim.

Tapis - **Zribi Ahmen Ben Taher**, n° 30 souk des Étoffes, ☎ 74 222 224. Ne vous fiez pas à la taille de cette minuscule boutique : un escalier raide, au fond, mène à une pièce débordant de kilims couverts de poussière.

Malek Mohammed Khlif, antiquaire de luxe, n° 43 souk des Étoffes, ☎ 74 297 733. Tapis de Matmata, Gafsa, Sidi Bouzid, Kairouan, Gabès et de la région de Sfax, à des prix très serrés.

Éponges - Atelier de traitement des éponges, av. Hedi Khefacha.

VISITE DE LA VILLE

Comptez 2h.

LA VILLE MODERNE

La ville européenne s'étend entre les remparts de la médina et le port. En grande partie détruite lors de la Seconde Guerre mondiale, elle n'a pas un cachet fou, mais on a plaisir à arpenter ses larges avenues à arcades, ses places plantées de palmiers, ou à paresser à la terrasse d'un café. Quelques beaux bâtiments néo-mauresques rehaussent cet ensemble urbain un peu anonyme : l'hôtel de ville, le consulat de France...

▸ Le **Musée archéologique** *(8h30-13h/15h-18h en été, 8h30-13h/15h-18h en hiver, sauf le dimanche. Entrée payante, supplément pour photos)* a trouvé refuge dans l'hôtel de ville. Vous y verrez surtout des mosaïques, mais celles-ci sont hélas très abîmées. Elles furent découvertes pour la plupart sur les sites archéologiques de la région : Thina, Acholla, îles Kerkennah, et dans les villas romaines déblayées à Sfax. Des pavements de salle à manger représentant une mer poissonneuse et des Amours pêcheurs, Daniel dans la fosse aux lions, des scènes de chasse et un combat de taureaux sont les principales curiosités du musée.

LA MÉDINA★

▸ Les **remparts aghlabides** (9e s.) courent sur 2 km et constituent, de par leur configuration et leur épaisseur, un monument défensif presque unique dans le monde arabe. Souvent restaurées, ces murailles sont demeurées entières. Construites à l'origine en brique crue, elles sont composées aujourd'hui de mœllons de la région et de pierre de taille en grès coquillier des environs de la voisine Mahdia. Dentelures, corniches, merlons pointus, tours oblongues, tout cet appareillage confère à Sfax une allure des plus majestueuses.

▸ On entre dans la médina par **Bab Diwan**, une porte monumentale à triple arcade. Continuez tout droit pour atteindre la **Grande Mosquée** (849), véritable cœur de la ville. Son minaret à trois étages rappelle celui de Kairouan. Construit à la même époque que les remparts, cet édifice est remarquable par ses arcatures dentelées et les épigraphes qui ornent l'une de ses façades.

▸ Redescendez la rue de la Grande Mosquée, et prenez la première voie sur votre gauche. Traversez la rue Mongi Slim, continuez par la rue de la Driba. Au no 43, le centre culturel du patrimoine occupe le **Dar Sellami★** depuis 1998. Au programme, toutes sortes de manifestations culturelles, d'ateliers, de rencontres musicales dans le cadre séduisant de cette demeure sfaxienne.

Dans le même pâté de maisons, rue Sidi Ali Ennouri, le **musée des Arts et Traditions populaires** *(9h30-16h30, fermé le lundi, entrée payante)* est installé au **Dar Jallouli★★**, du nom de la prestigieuse famille qui fit bâtir cette maison au 17e s. Cette dynastie de gouverneurs avait fait fortune en armant des navires pour la course *(voir p. 197)*. Leur demeure est un véritable petit palais andalou décoré de stucs ajourés, de bois peints, de pierres sculptées et de céramiques. On y voit quantité d'objets traditionnels, bijoux, vêtements et peintures sur verre. Dar Jallouli, avec ses chambres meublées, ses étagères garnies, sa cuisine appareillée, sa pièce à provisions remplie, conserve ce caractère intime des maisons encore habitées.

▸ Revenez à la rue Mongi Slim, et remontez-la sur votre droite. Les **souks** ont réussi leur reconversion en s'adaptant aux exigences de la vie moderne. Ils n'ont pas le pittoresque de ceux de Tunis ou de Sousse, mais sont peut-être plus authentiques. Ils forment comme un vaste centre commercial où les jeunes femmes, pourtant très occidentalisées, ne dédaignent pas y faire leurs emplettes. On y trouve certes des épices et des chéchias, mais les jeans et les blousons y côtoient les burnous, et le savetier, s'il confectionne toujours des babouches, vend également des Adidas.

Le **souk des Forgerons**, près du mur d'enceinte nord, se dérobe à la rue au fond d'une cour carrée. En pénétrant dans cet antre, vous aurez une vision hallucinée du 19e s., avec ses ouvriers au visage noirci travaillant le métal comme dans un roman de Zola.

▸ À l'extrême sud-ouest des remparts, la **kasba** *(9h30-16h30, fermé le lundi, entrée payante)* est une belle forteresse marquée par le passage successif des Aghlabides, des Zirides, des Afsides et des Ottomans. Elle abrite aujourd'hui le **musée de l'Architecture traditionnelle**. Devant l'entrée a été aménagée une petite place arborée en hémicycle. Vous pourrez y faire une pause en regardant les enfants jouer au football.

▸ À l'opposé, à droite en entrant par la porte Bab Diwan, se tiennent le mausolée **Sidi Amar Kammour** (17e s.), repérable à son minaret massif percé de fenêtres, et le **borj En-Nar**, avec sa vaste cour et ses deux tours. Cette belle construction (aujourd'hui le siège de l'**Association de sauvegarde de la médina**) était la « forteresse au feu », c'est-à-dire un lieu d'émission de signaux lumineux.

LES ÎLES KERKENNAH

À 1h de Sfax en bateau. Les îles sont à une vingtaine de kilomètres.

Les Kerkennah affleurent à la surface de l'eau, s'élevant à peine au-dessus du golfe de Gabès : l'altitude moyenne est de 5 m et les palmiers semblent plantés dans la mer. Est-ce une île ou un mirage ? Est-ce seulement un nom sur une carte ? « Kerkennah », cela sonne presque breton. Pourtant l'archipel existe vraiment : deux grosses bandes de sable (îles Chergui et Gharbi) couvertes en maints endroits d'une croûte calcaire. Deux javeaux parsemés de palmiers et d'alfa, reliés par une route unique.

Terre d'exil et de relégation, tel semble être à travers l'histoire le destin de cet archipel désolé. En 195 ap. J.-C., Hannibal vint y méditer sur sa défaite à Zama. Au 6e s., saint Fulgence y aurait fondé un monastère pour s'y livrer lui aussi à la méditation. Plus tard, les beys de Tunis y déportèrent les courtisanes dont ils étaient lassés, et Bourguiba y trouva refuge avant de s'enfuir pour la Libye.

Arriver ou partir

En bac - **SONOTRAK** (Société nouvelle de transport Kerkennah), embarquement à Sfax, av. Mohammed Hédi Khefacha (pour les voitures, l'entrée n'est pas facile à trouver ; il faut emprunter l'espèce de chicane à gauche du bâtiment), ☎ 74 486 916. Prix : voiture : 4 d, passager : 600 millimes. Hors saison, 6 navettes par jour, 7h-18h. En été, 6 départs, 6h-22h. Le trajet dure 1h15.

Comment circuler

En bus - Station à l'arrivée du bac.

En taxi - Les taxis attendent l'arrivée du bac. Il existe une station à côté de la mosquée de Remla. Vous pouvez également louer les services du **minibus KEFI**, Aouled Kacem, ☎ 74 481 234.

Location de vélos - À l'hôtel Cercina.

Adresses utiles

Office de tourisme - Comme il n'y a pas d'antenne sur l'île, adressez-vous à celui de Sfax.

Municipalité - Remla, ☎ 74 481 013.

Banque / Change - **UIB**, av. Farhat Hached.

Poste centrale - Remla, ☎ 74 481 015

Urgence / Santé - **Bureau de police**, Remla, ☎ 74 481 053.

Bureau de garde maritime, ☎ 74 486 952.

Hôpital, Remla, ☎ 74 481 052

Se loger

Autour de 40 d (26 €)

Hôtel Cercina, route de Sidi Fredj, ☎ 74 489 953, hotel.cercina@planet.tn - 32 ch. CC Le confort a beau être proche de celui des cabines de plage d'antan, les chambres « les pieds dans l'eau » offrent l'un des meilleurs rapports qualité-prix de l'île. Ceux qui aiment leurs aises peuvent loger dans la résidence *(voir ci-dessous)*. L'hospitalité de Chokri, le patron, est exceptionnelle. Il sera toujours prêt à vous organiser une partie de pêche sur l'une de ses felouques.

De 60 à 80 d (40 à 52 €)

Cercina Résidence *(voir ci-dessus)*. Les 16 chambres, dotées de la climatisation, du téléphone et de la télévision, présentent une décoration attrayante avec leur mobilier en fer forgé... et toujours le même accueil. Il ne manque que la vue sur la mer.

De 80 à 100 d (52 à 65 €)

Aziz, route de Sidi Fredj, ☎ 74 489 932 - 22 ch. Ici, aucun charme, mais propreté et modernité. L'établissement a choisi la formule « appart-hôtel », en équipant chaque chambre d'un coin-cuisine. La « plage » est à 200 m, de l'autre côté de la route.

Grand Hôtel, route touristique, ☎ 74 489 861 - 108 ch. Le plus grand hôtel de Kerkennah. Les chambres sont dans des baraquements qui ressemblent davantage à ceux d'une caserne ou d'une colonie de vacances qu'à un hôtel de standing. Quant au restaurant, il sert une cuisine insipide et les éternels yaourts en guise de dessert. Mieux vaut se cantonner au snack dans le jardin en bord de plage. Le Grand Hôtel peut se prévaloir en revanche de posséder la seule plage à peu près digne de ce nom. Beaucoup de groupes.

Se restaurer

Vous êtes au royaume de la pêche. C'est le moment de goûter aux poissons capturés dans les nasses, installées tout autour de l'île. En saison, essayez le mulet, que les hommes de la mer ont capturé à l'issue d'une sautade.

Moins de 10 d (6,5 €)

Restaurant Le Kastif, route de Sidi Fredj ☎ 74 489 884 Belle terrasse donnant directement sur la plage.

Restaurant de l'hôtel Cercina, route de Sidi Fredj ☎ (74) 489 953 Le restaurant, un des meilleurs de l'île, vous fera peut-être oublier la cantine du Grand Hôtel si vous avez eu le malheur d'y mettre les pieds. Essayez le *melthouth* de poisson, le couscous à l'orge, et tout ce qui est à base de poulpes et de seiches. De la terrasse, coucher de soleil et vue admirable sur la petite crique.

De 9 à 18 d (6 à 12 €)

Restaurant La Sirène, sur la plage de Remla, en passant par l'av. Farhad Hached, ☎ 74 481 118 Spécialité d'œufs de seiche et de salade de poulpe servis face à la mer. Même l'agneau est délicieux. Le rendez-vous des connaisseurs.

Sortir, boire un verre

Cafés - Au bar des hôtels **Cercina** et **Grand Hôtel**.

Loisirs

Excursions en mer - Les hôtels de Kerkennah organisent des sorties en mer. Vous pouvez également contacter Yasser Achour, ☎ 74 484 035, qui vous emmènera à bord de sa felouque pour une délicieuse journée partagée entre pêche et farniente.

Festivals - **Festival des sirènes**, en août. Excursions en mer et manifestations folkloriques.

ENTRE PÊCHE ET FARNIENTE

L'insularité aidant, les fils de cette terre ingrate se sont forgé un caractère tout à fait singulier. Après s'être exténués pendant des siècles à vouloir fertiliser ce limon stérile – on y maintient encore en vie quelques oliviers, figuiers et un peu de vigne –, les Kerkenniens se sont tournés vers la mer. Ils pratiquent une méthode de pêche tout à fait originale qui s'apparente à une partie de chasse : la **sautade**. Ils frappent l'onde avec des palmes, effrayant ainsi les mulets qui sautent sur des claies posées à la surface. L'autre grande spécialité des Kerkenniens est la **pêche au poulpe** qu'ils piègent dans des gargoulettes *(voir p. 293)*. En dehors de ces deux activités passionnantes, et des Anglaises vieillissantes et esseulées du Grand Hôtel (les Britanniques semblent priser tout particulièrement l'ennui de ces îles), il faut bien reconnaître que les distractions sont plutôt rares. La baignade elle-même y est rendue difficile en raison des hauts fonds : à 1 km de la côte vous vous mouillez à peine le haut des mollets.

Alors que venir faire en cette thébaïde ? S'y reposer sans doute. Se dépayser certainement, l'exotisme y est garanti. En outre, les Kerkenniens sont des êtres délicieux ; ils n'éprouvent de rancœur qu'à l'égard de leurs puissants voisins sfaxiens, qui les regardent de haut et chez lesquels ils vont quémander un peu de travail. Chez ces gens modestes, la gentillesse et l'hospitalité sont une seconde nature, et il n'est pas rare qu'ils vous saluent d'un signe de la main sur la route, qu'il vous invitent chez eux ou à une partie de pêche.

3 jours	**La route des ksour (p. 297) au départ de Jerba**
Boucle (env. 450 km)	Medenine, Tataouine, Ksar ez-Zahra, Ksar ouled Soltane, Ksar ouled Debbab, Douiret, Chenini, Guermessa, Ksar el Ferch, Ghomrassen, Ksar Hadada, Beni Kheddache, Ksar Joumâa, Ksar Hallouf, Toujane, Matmata, Tamezret.
Transport	Véhicule indispensable (voiture ou moto).
Étapes	Gîtes d'étape très spartiates à Douiret, Guermessa, Ksar Joumâa et Ksar Hallouf. Pour des hôtels plus confortables, choisissez Tataouine ou, plus au nord, les villes de Medenine ou de Matmata.
Conseils	Pour partir ou retourner à Jerba en voiture, prenez le bac à Ajim au lieu de faire le détour pour rejoindre l'ancienne chaussée romaine *(voir « Arriver ou partir » p. 280)*.
2 jours	**Tozeur (p. 319) et les oasis de montagne (p. 332)**
Boucle (env. 200 km)	Tozeur, gorges de Selja, Midès, Tamerza, Chebika.
Transport	- Location de voiture impérative pour les oasis de montagne. - Train le « Lézard rouge » pour visiter les gorges de Selja.
Étapes	Tozeur, Tamerza.
Conseil	Pour la visite des gorges de Selja, évitez les mercredi et samedi, le « Lézard rouge » ne fonctionne pas.
1 nuit ou plus	**Les pistes du Sud et le Sahara**
Circuits	Excursions organisées ou à la carte proposées dans les agences de Gabès *(p. 311)*, de Douz *(p. 336)* ou de Tozeur *(p. 319)*.
Transport	À pied, à dos de dromadaire, à cheval, en 4x4 ou VTT.
Étapes	- Dans le désert : sous la tente ou à la belle étoile. - Le circuit le plus classique fait passer la nuit à Ksar Ghilane *(voir p. 340)*.
Conseils	- Douz est le meilleur point de départ pour organiser une sortie dans le désert. - Les méharées de plusieurs jours doivent s'organiser à l'avance. - Attention, la conduite sur pistes ne s'improvise pas, seuls les conducteurs expérimentés peuvent s'y aventurer. Les voitures de location n'étant pas assurées sur les pistes, vous devrez louer un véhicule avec chauffeur. Passez toujours par une agence confirmée.

Une caravane passe

JERBA ET LE SUD

JERBA★★

Destination phare du tourisme de masse, avec tous ses inconvénients

Quelques repères

La grande île du golfe de Gabès - 131 400 hab. - 514 km²

À ne pas manquer

Houmt Souk, son marché quotidien, ses ruelles piétonnes.

Les villages traditionnels et les plages.

Conseils

L'été, visitez Houmt Souk le soir, lorsque les Jerbiens reprennent possession de leur ville.

Dormez dans l'un des charmants fondouks de Houmt Souk.

Un deux-roues est la solution idéale pour visiter l'île.

JERBA

Jerba invite au repos, au délassement, et aux joies du corps. Tout ici est conçu pour se défaire de ses soucis : plages sans fin, mer calme, ciel désespérément bleu, brise de mer apaisante et hôtels-clubs pour satisfaire les vacanciers les plus exigeants. Est-ce l'effet du lotos, ce fruit magique et délicieux servi aux compagnons d'Ulysse par les Jerbiens, qui faillit retenir définitivement cet infatigable voyageur ? Confortablement installé dans l'immense « zone touristique » à l'est de l'île, vous en oublierez de visiter ses alentours. Ce serait dommage. Car Jerba ne se résume pas à une grande station balnéaire. Son caractère insulaire a modelé son paysage et sa population. L'île, qui ne mesure guère plus de 35 km dans sa plus grande largeur, culmine à 55 m d'altitude seulement ! Autant dire qu'en l'absence de relief les villages à l'habitat extrêmement dispersé se devinent à peine. Dans les oliveraies et les jardins qui ne sont réellement denses que dans le centre de l'île se dressent de singulières constructions : *menzel*, ferme fortifiée ; mosquées aux formes empâtées ; ateliers de tissage au fronton triangulaire ; antres de potiers à demi enterrés. Autant d'édifices tout chaulés d'un blanc qui éclate au soleil et tranche sur l'azur. Ces délicieux petits villages ne demandent qu'à livrer un peu de leurs secrets.

Arriver ou partir

En avion - Aéroport Jerba-Zarzis, ☏ 75 650 233. L'aéroport est à Mellita, à 8 km de Houmt Souk. Il est équipé de tous les services nécessaires : des taxis pour vous conduire à Houmt Souk (4 d), des agences de location de voiture (Hertz, Avis, Europcar), des bureaux de change et plusieurs téléphones.

En bus - Gare routière, ☏ 75 650 076. Desservie par la société nationale, la SNTRI, et les sociétés régionales SRTG Gabès, SRTG Medenine, et la SORETRAS. 2 départs quotidiens pour Tunis (8h), 1 pour Sousse, 3 pour Sfax (4h), 3 pour Medenine et Tataouine, 3 pour Gabès et 9 pour Zarzis (dont 2 *via* la zone touristique de Zarzis - 1h30).

En voiture - En provenance de Kairouan, Sfax, Gabès ou Medenine, le **bac**, ☏ 75 655 015/011, est la meilleure solution (4 embarcations font la navette en permanence). Départ de El Jorf, sur le continent, arrivée à Ajim, après une traversée de moins de 15mn (comptez entre10mn et 1h d'attente). 24h/24, toutes les 10mn pendant la journée, toutes les heures à partir de 22h, toutes les 2h de minuit à 6h du matin. 0,80 d pour les voitures, gratuit pour les passagers.

En venant de Zarzis, il vaut mieux emprunter la **route goudronnée** longue de 7 km (l'ancienne chaussée romaine) qui relie l'île au continent. La traversée est impressionnante par mauvais temps. La route débouche à El Kantara (le Pont), où vous attend un contrôle de police.

En taxi collectif - Station, près de la gare routière, ☏ 75 650 475. Certains ne sont autorisés à relier entre elles que certaines localités de l'île, tandis que d'autres ont le droit de circuler dans toute l'île, y compris à l'intérieur de la zone touristique.

JERBA
0
3
6 km
N
Golfe de Gabès
Golfe de Bou Grara
Phare de Jellij
Fort Ghazi Moustapha
Houmt Souk
Essouani
Mellita
Plage de Sidi Mahrez
Cap Taguermès
Jemaa Fadhloun
Cedeghien
Er Riadh
La Ghriba
El May
Midoun
Djerba Explore Parc
Sebkhet Sidi Garous
Mahboubine
Plage de la Seguia
Aghir
Plage d'Aghir
Cedouikech
Guellala
Meninx
Fort Kastil
El Kantara
Ajim
El Jorf
Piste d'Ajim
C116
Chaussée romaine
Zarzis
Medenine, Gabès
bès
edenine
HÔTELS
Abou Nawas Jerba.......... 1
Abou Nawas Golf........... 2
Dar Salem........................ 3
Dar Toufik....................... 4
Mövenpick Ulysse Palace 5
Palm Beach...................... 6
Résidence Beau Séjour.... 7
Résidence Dar Ali........... 8
Rodes Center................... 9
Sirènes (les)..................... 10
CAMPINGS
Sidi Ali.................. 11
Centre de Stages.. 12

Comment circuler

En bus - Gare routière, Houmt Souk, ☏ 75 640 070. La SRTM a mis en place un service de bus desservant les hôtels ainsi que les destinations suivantes : lignes 10 (12 navettes par jour) et 11 (14 navettes) desservent les hôtels de la zone touristique, la ligne 12 (8 navettes), les villages vers Ajim, la ligne 13 (6 navettes) passe par Midoun et El May, la ligne 14 fait la boucle *via* Guellala et El May, la ligne 15 (3 navettes) pour l'aéroport *via* Mellita et la ligne 16 (4 navettes) fait le même parcours que la ligne 14 en sens inverse. Toutes les heures environ, une navette relie Houmt Souk à Midoun.

En taxi - Allo Taxi, av. Bourguiba, ☏ 75 640 475.

Grands taxis, station près de la poste de Houmt Souk. Ils peuvent vous emmener en excursion toute la journée visiter Zarzis, Tataouine, ou même Tozeur.

En voiture - Un simple véhicule de tourisme permet de visiter les différents sites touristiques de l'île ainsi que les ksour et les oasis. Vu le nombre croissant de routes goudronnées, le 4x4 ne s'impose pas. Vous pouvez néanmoins en louer à la journée auprès des agences de voyages (de 150 à 250 d par jour). Le prix comprend un chauffeur qui peut également vous servir de guide. Malheureusement, celui-ci se contentera bien souvent de vous faire suivre le circuit touristique classique sans chercher à sortir des sentiers battus.

Location de voiture - Sachez qu'au-delà de Zarzis, il vous sera très difficile de trouver une voiture à louer, en particulier si vous comptez visiter la région des ksour. **Avis**, av. Mohammed Badra, ☏ 75 650 151. **Budget**, Houmt Souk, ☏ 75 653 444. **Europcar**, av. Abdel Hamid el Cadhi, ☏/Fax 75 650 357. **Express Euro Rent**, Hôtel Dar Jerba, ☏ 75 657 569. **Hertz**, place Mongi Bali, ☏ 75 650 039, et hôtel Dar Jerba, ☏ 75 657 158. **Mattei (Ada)**, av. Abdel Hamid el Cadhi, ☏ 75 650 039.

Agences de location à l'aéroport, ☏ 75 650 233.

Location de deux-roues - De nombreux hôtels proposent des locations de mobylettes ou de vélos. Vous pouvez également contacter les agences suivantes :

Holiday Bikes, chez Moncef Bourguiba, zone touristique à 14 km, ☏ 75 657 169. Paiement par cartes de crédit.

Abdellaziz Raïs, av. Abdel Hamid el Cadhi (en face du restaurant Ettebsi), ☏ 75 650 303.

Hôtel Dar Jerba, ☏ 75 657 191. Location de tandems.

Adresses utiles

▸ *Houmt Souk*

Informations touristiques - Commissariat régional du tourisme, bd de l'Environnement, ☏ 75 650 016/544. 8h30-13h/15h-17h45 du lundi au jeudi. 8h30-13h30 le vendredi et le samedi. En été, séance unique tlj de 7h30 à 13h30. Service réduit de 17h à 19h. 10h-12h/15h-1h dimanche et jours fériés.

Box aéroport, ☏ 75 650 233.

Fédération des guides de tourisme, ☏ 75 651 557, av. Abdel Hamid el Cadhi.

Banque / Change - BNT, place Ben Daamech. **BT**, rue du 20 mars. **CFCT**, place Farhat Hached. **STB**, place Farhat Hached.

Visa, plusieurs distributeurs dans le centre-ville.

American Express, av. Habib Bourguiba, ☏ 75 650 308.

Poste centrale - PTT, av. Habib Bourguiba, Houmt Souk.

Téléphone - Plusieurs taxiphones dans le centre de Houmt Souk, notamment face au restaurant Erriadh et à la gare routière.

Publinet - Jerba Cyber Espace, 35 rue du Grand Maghreb Arabe, ☏ 75 621 666. Tlj 8h-20h30.

Urgence / Santé - Police, Houmt Souk, ☏ 75 650 015.

Hôpital, av. Habib Bourguiba, ☏ 75 650 018.

Clinique Echifa, ☏ 75 650 441.

Polyclinique Yasmine, ☏ 75 652 054.

Centre de dialyse, route Sidi Zayed, ☏ 75 650 269/657 280.

Compagnies aériennes - Tunisair, av. Habib Bourguiba, Houmt Souk, ☎ 75 650 159/410. Aéroport, ☎ 75 650 233.

Tuninter, aéroport, ☎ 75 650 233, poste 5235.

▸ *Midoun*

Informations touristiques - Syndicat d'initiative, rue piétonne (en face du café de la Jeunesse, ☎ 75 658 116/657 413. 9h-13h/15h-18h. Parfois ouvert le dimanche.

Banque / Change - Plusieurs banques dans le centre-ville.

Poste centrale - PTT, Midoun, ☎ 75 657 339.

Urgence / Santé - Police, Midoun, ☎ 75 657 311.

Secours routier, ☎ 75 657 311.

Hôpital, Midoun, ☎ 75 657 280.

▸ *Zone touristique de Sidi Mahrez*

Banque / Change - Visa, distributeur de billets à la STB, hôtel Dar Jerba.

Se loger

Sur Jerba la Douce, pas d'hôtels d'affaires. Vous avez le choix entre les hôtels touristiques du bord de mer et les petits établissements typiques de Houmt Souk. Dans l'ensemble, ces derniers n'octroient pas de grosses remises hors saison alors que ceux de la zone touristique pratiquent environ 50 % de remise.

▸ *Houmt Souk*

À Jerba même les hôtels simples ne sont pas donnés. Néanmoins, les prix baissent très sensiblement hors saison. Quelques hôtels bon marché se sont installés dans d'anciens fondouks.

Autour de 5 d (3,5 €) par personne

Auberge de jeunesse, rue Moncef Bey, ☎ 75 650 619 - 100 lits. ✗ Installée dans un ancien fondouk très bien tenu, elle offre un confort spartiate à des prix réduits. Les douches sont sur le palier, à l'exception de deux chambres avec salle de bains. Ouverte à tous.

Autour de 20 d (13 €)

Hôtel Arisha, place de l'Église, ☎ 75 650 384 - 25 ch. Un hôtel simple installé également dans un ancien fondouk. Des chambres (avec ou sans douche) qui ne manquent pas de cachet. En cours de lente restauration, certaines chambres ont déjà été entièrement refaites ; demandez la 32, un ravissement. Ne redoutez pas l'eau verte de la piscine, elle provient d'une source thermale.

Hôtel Sindbad, square Mongi Bali - 16 ch. Un autre hôtel bon marché installé dans un ancien fondouk, mais mal tenu ; à utiliser seulement si les autres sont complets. 6 ch. avec douche.

De 20 à 30 d (13 à 20 €)

Hôtel Marhala (Touring Club de Tunisie), rue Moncef Bey, ☎ 75 650 146 - 38 ch. ✗ Les chambres réparties sur les deux niveaux d'un ancien fondouk s'ordonnent autour d'une jolie cour égayée de jasmin et de bougainvillées. Seules celles du rez-de-chaussée sont dotées d'une douche individuelle (lavabo dans celles du 1er). Un hébergement spartiate mais propre et agréablement décoré.

Autour de 50 d (32 €)

Hôtel des Sables d'Or, rue Mohammed el Ferjani, ☎ 75 650 423 - 12 ch. Même si le patio n'est pas très riant, voilà une adresse très agréable pour dormir à bon marché sur Jerba la Douce. Douches individuelles mais WC sur le palier. Petit déjeuner non compris.

Hôtel Dar Faiza, rue d'Ulysse, ☎ 75 650 083, www.darfaizadarsaiem.com - 25 ch. ✗ CC Voilà un hôtel de charme, au mobilier typique. Les propriétaires ont désiré conserver en l'état cette villa où vécut un comte français jusqu'au milieu des années 50. On y trouve le premier court de tennis et la première piscine de Jerba, au milieu d'un délicieux jardin. Un lieu chaleureux et auréolé de calme à quelques minutes du centre-ville. 50 % en hiver.

Environ 60 d (40 €)

Hôtel Jerba Erriadh, 10 rue Mohammed el Ferjani, ☎ 75 650 756 - 39 ch. Un petit havre de paix en plein centre de Houmt Souk. Les chambres, décorées avec des meubles typiques, sont ordonnées autour d'un patio où gazouillent les oiseaux. L'hôtel ne sert pas de repas, mais vous trouve-

JERBA

rez nombre de restaurants à moins de 5mn à pied. Supplément pour l'air conditionné.

Les Palmes d'Or, 84 av. Abdel Hamid el Cadhi, ☎ 75 653 369/370, palmedor@gnet.tn - 16 ch. L'entrée n'est pas très engageante, mais les chambres sont vraiment agréables, grandes et ornées de mosaïques. Bon rapport qualité/prix et réduction possible en fonction du remplissage de l'hôtel. Toutes les chambres disposent d'une salle de bains avec baignoire et d'un balcon, et quelques unes ont un petit salon.

▸ *Zone touristique de Sidi Mahrez*

De 60 à 80 d (40 à 52 €)

Hôtel Rodes Center, ☎ 75 757 300 - 18 ch. L'originalité de cette résidence est de proposer de petits appartements (2 pièces, pour un maximum de 4 personnes) avec kitchenette. C'est un endroit idéal pour les séjours prolongés.

Résidence Le Beau Séjour, en face d'Ulysse Palace, ☎ 75 757 287/367 - 14 ch. Un petit hôtel qui a su créer une atmosphère chaleureuse. Les chambres s'ouvrent sur un jardin de poche ou un balcon (ventilation et climatisation en option). La clientèle peut bénéficier de l'infrastructure de loisirs de l'Ulysse Palace voisin, moyennant paiement. Supplément pour l'air conditionnée ainsi que la vue sur mer.

De 80 à 100 d (52 à 65 €)

Hôtel Dar Salem, plage de Sidi Mahrez, (entre l'hôtel Télémaque et l'Ulysse Palace) ☎ 75 757 667/668, hotel.darsalem@gnet.tn - 22 ch. Cédant à la pression de ses clients, le propriétaire du Dar Faïza a décidé de construire cet hôtel en plein cœur de la zone touristique. On y retrouve donc la même ambiance familiale alliée au confort d'un 3-étoiles.

Dar Taoufik, route touristique, ☎ 75 757 741/742, dartaoufik@gnet.tn - 38 ch. Les chambres, organisées autour de la piscine sont très conviviales. Le bar est joliment décoré de mosaïques et de peintures murales. 200 m de la plage.

De 140 à 200 d (92 à 130 €)

Résidence Dar Ali, plage de Sidi Mahrez (en face d'Ulysse Palace), ☎ 75 758 671, tacaname@gnet.tn - 15 ch. Sa taille modeste lui confère toute sa convivialité. En été, vous pourrez soit vous rafraîchir dans la piscine soit vous prélasser sur une plage privée, située à une centaine de mètres. En hiver, les hôtes se retrouvent autour du feu de cheminée du salon. Toutes les chambres ont deux ouvertures, une côté piscine, l'autre donnant sur une petite terrasse privée avec vue sur le jardin. L'hôtel possède également un restaurant à la carte (avec animation musicale le soir) et une pizzeria-grill.

Hôtel Les Sirènes, route touristique nord-est, ☎ 75 757 266, www.djerbasirenes.com - 120 ch. Depuis sa construction en 1969 mais récemment rénové, cet hôtel touristique a su conserver une clientèle fidèle, ce qui donne une moyenne d'âge respectable et assure le calme de l'établissement. Personnel compétent et attentionné qui n'hésite pas à vous servir un petit déjeuner à 11h, même si le service s'arrête à 9h30. En plus de la piscine, l'hôtel comprend un bain thermal aux eaux sulfureuses et ferrugineuses. Supplément pour chambre avec vue sur la mer.

Hôtel Abou Nawas Jerba, route touristique nord-est, ☎ 75 757 022, djerba@abounawas.com.tn - 251 ch. Hôtel touristique d'une élégance discrète. Le soir, orchestre à côté de la piscine. Piscine couverte hors saison.

Hôtel Abou Nawas Golf, route touristique nord-ouest, ☎ 75 746 910, www.abounawas.com.tn - 246 ch. Version luxe de l'autre établissement de la chaîne, celui-ci a opté pour une architecture basse type menzel. Surprenante entrée en marbre noir. Terrain de squash.

Coralia Club Palm Beach, route touristique nord-ouest, ☎ 75 757 404 - 287 ch. Hôtel chic qui se distingue par les nombreux services proposés. L'eau de la piscine est chauffée en hiver. Particulièrement approprié pour les familles avec enfants. Uniquement en pension complète.

À partir de 200 d (130 €)

Mövenpick Ulysse Palace & Thalasso, route touristique nord-ouest, ☎ 75 758 777, www.movenpick-djerba.com - 247 ch. L'arrivée majestueuse à travers l'allée de palmiers annonce avec ostentation le standing de cet hôtel. Toutes les parties sont décorées avec raffinement et un grand soin du détail ; mention spéciale pour le centre de thalassothérapie et ses 3 500 m² d'une parfaite harmonie. 60 % de remise de nov. à fev.

Plage d'Aghir

Les campeurs pourront planter leur tente sur deux sites à proximité de la plage d'Aghir, à une trentaine de kilomètres d'Houmt Souk, à l'est de l'île.

Moins de 18 d (12 €)

Camping Sidi Ali, hôtel Sidi Slim, ☎ 75 657 021.

Centre de Stages, ☎ 75 657 366.

Se restaurer

Vous trouverez à Jerba le meilleur poisson de Tunisie, surtout quand il arrive tout frais pêché de Bibane, un golfe à une centaine de kilomètres, en direction de la Libye. À l'automne, réclamez du couscous au *sberres* (sparre ou sparlote en grec), ou aux œufs de poisson. Les plus aventureux essaieront le chameau. Le fin du fin est le *ghroud*, jeune chameau de moins de six mois.

Houmt Souk

Moins de 3 d (2 €)

Marhaba, rue Habib Bougatfa, tout près du centre touristique. Un petit bouiboui très couleur locale, où vous n'hésiterez pas à déguster les plats typiques avec les doigts.

De 7 à 20 d (5 à 13 €)

El Fondouk, 135 rue du Grand Maghreb Arabe, ☎ 75 653 237. Dans le patio attenant au cyber-café, ce charmant restaurant sert des spécialités tunisiennes sur commande. La nourriture est excellente, l'accueil chaleureux, et l'on peut même parfois y entendre quelques vieux tubes argentins... Surprenant !

De 11 à 25 d (7 à 16,5 €)

Jerbanova, place Sidi Brahim, ☎ 75 650 226. Le patron des Palmiers a ouvert ce restaurant, plus orienté vers la clientèle internationale. Notamment couscous jerbien (à la vapeur) et alcool.

Baccar, 16 place Hédi Chaker, ☎ 75 650 708. L'un des plus vieux restaurants de l'île. Le fils a succédé au patron, et l'établissement demeure une bonne table de Jerba.

Ettebsi, rue Abdel Hamid el Cadhi, ☎ 75 651 399. Difficile de résister aux poissons tout frais pêchés. Cadre très propre.

Oscar, av. Bourguiba, ☎ 75 623 333. Même si la salle manque de charme, on y mange bien et copieusement.

De 17 à 44 d (11 à 29 €)

Haroun, Port de Jerba, ☎ 75 650 488. Commercial et chaleureux, ce qui n'empêche pas le poisson d'être d'une grande fraîcheur. Spectacle de danse du ventre en soirée. Le patron organise également des excursions déjeuners sur l'île des Flamants roses, et coorganise le Festival du film de Jerba. Pendant l'événement, la terrasse est occupée par les projections à partir de 22h. Demandez une table dans la partie ancienne du bâtiment, un peu à l'écart des tables pour les groupes.

Zone touristique de Sidi Mahrez

De 20 à 25 d (13 à 16,5 €)

Café El Bey, entre les hôtels Abou Nawas et Dar Jerba, ☎ 75 746 806. Restaurant-spectacle largement apprécié des Tunisiens. Ouvert de 20h à 6h du matin, les concerts et spectacles débutent à 23h. Grande salle et quelques tables autour de la mezzanine.

De 30 à 40 d (20 à 26 €)

El Ferida, le restaurant du casino, ☎ 75 757 537. Colonnes, plafonds en bois peint et finement sculpté, vélums... un vrai décors de palais. Raffinement assuré ; les plats sont à la hauteur du cadre.

Essouani

Gargotes du quartier juif, délicieux briks juifs. Les anciens se souviennent encore de M. Bricto, le premier à servir des briks et des bols de fèves sur l'île. Généralisé depuis, quelques gargotes les préparent toujours chaque après-midi après 19h, sauf vendredi et samedi.

Midoun

De 7 à 11 d (5 à 7 €)

Zitouna, 4 rue Sidi Cherif, à 10 m du café de la Jeunesse, ☎ 75 658 126. Très bonne halte pour une salade tunisienne, une pizza, un poisson grillé et une chorba (soupe). Ambiance cantine, dommage que la terrasse donne sur un petit terrain vague. En revanche, les portions sont copieuses et l'accueil sympathique.

De 15 à 30 d (10 à 20 €)

Le Khalife, route du Phare, ☎ 75 657 860. 🍷 CC Terrasse très agréable au 1er étage avec une salle soigneusement décorée, pour déguster poisson grillé et, sur commande, l'agneau à la gargoulette. La musique d'ambiance est, en revanche, bien insipide.

Sortir, boire un verre

Houmt Souk

S'il vous arrive d'être à Houmt Souk le matin vers 11h, ne manquez pas d'assister à une partie de dominos, le sport favori de l'île. Les cafés succèdent aux boutiques de souvenirs ; certains sont bondés de touristes, d'autre de Tunisiens.

Café Ben Daâmech, place Mokhtar Attia, au milieu des souks. Bien que modeste, c'est le café le plus ancien et le plus réputé de la ville. Les Tunisiens s'y retrouvent nombreux au coucher du soleil.

Café Pingwin (ex-Zaraâ), place Hédi Chaker. C'est le café où les marins se retrouvent l'après-midi pour siroter un café avant de reprendre le travail le soir.

Café Hadji, place Farhat Hached. Sur son immense terrasse au centre de la place, les habitants viennent assister à des concerts de musique traditionnelle en soirée.

Midoun

Café de la Jeunesse, au bout de la rue piétonne à droite de la poste. Très réputé pour son emplacement et sa grande terrasse, à l'ombre de deux immenses ficus.

Café-pâtisserie Mhirsi, route du Phare. Une terrasse à double exposition, au bout de l'av. Mohammed Badra (route du Phare), à côté du restaurant Le Khalife.

Zone touristique de Sidi Mahrez

Café-pâtisserie, taxiphone, en face de l'hôtel Palm Beach.

Ajim

Café-restaurant dans un grand jardin, en pleine palmeraie.

Loisirs

Golf - **Jerba Golf Club**, zone touristique de Midoun, ☎ 75 745 055, www.djerbagolf.com. Parcours de 9 trous (30 d) et 18 trous (50 d). Possibilité de location de matériel.

Aviation - **Base ULM**, route d'El Kantara, ☎ 75 760 283. 8h30-12h30/14h30-17h30. Quelques ailes à moteur et des chars à voile. La base vous propose également un forfait découverte de l'île en hydravion léger pour 46 €.

Plongée - **Centre de plongée Merryland**, hôtel Golf Beach Aghir, ☎ 75 600 250. **Club La Sirène**, hôtel Djerba Yasmina, ☎ 75 652 118. **Djerba Sub**, hôtel Palais des Îles, ☎ 75 602 444.

Bowling - Zone touristique, près de l'hôtel Dar Jerba, ☎ 75 746 806. Ouvert de 15h à 3h du matin.

Thalassothérapie - Tous ces hôtels se trouvent dans la zone touristique. **Mövenpick Ulysse Palace & Thalasso**, ☎ 75 758 777, **Hasdrubal Thalassa**, ☎ 75 600 333 ; **Yadis**, ☎ 75 747 235 ; **Les Quatre Saisons**, ☎ 75 658 582 ; **Hôtel Karthago**, ☎ 75 750 444 ; **Club Med Les Nomades**, ☎ 75 746 191 ; **Dar Yasmine**, ☎ 75 745 191.

Casino - 20 tables de jeu et 159 machines à sous dans une ambiance de palais.

Fêtes et festivals - **Pèlerinage de la Ghriba**, à la synagogue de l'île, fin avril-début mai. La date coïncide avec le 33e jour de la Pâque juive.

Sur les chemins de Jerba

Festival d'Ulysse, projections de films mythologiques et historiques. En plein air face à la mer, devant le restaurant Haroun, et sur le port. En juillet-août. En cours de construction, un grand théatre en plein air à côté du Borj el Kébir devrait bientôt accueillir ce festival.

Festival de la poterie, début août pendant une dizaine de jours, à Guellala. La plus grosse jarre au monde y a été présentée en 2004.

Festival de la plongée, fin juillet. Des jeunes ont monté une association et organisent des cours d'initiation à la plongée, excursions sur l'île de Kataya et jeux nautiques ; en mémoire de l'ancienne activité de la pêche aux éponges en apnée.

Animation jerbienne traditionnelle, au théâtre de Midoun, tous les mardis à 15h. Groupes folkloriques, courses de chevaux, simulacre de noces traditionnelles, et fakir qui marche sur des clous, avale des sabres ou remorque des 4x4 avec les dents.

Excursions - Jerba est le point de départ d'excursions vers le continent pour découvrir Matmata, Ksar Ghilane ou Chenini. On peut également partir à la découverte de l'île avec ses huileries souterraines et ses menzels, ou faire des promenades en mer avec pique-nique.

Balades **en bateau** sur l'île aux Flamants avec déjeuner sur place au milieu de vieux voiliers sur la plage. Organisées notamment par le patron du restaurant Haroun. Départ à 8h30 ; 35 d par personne.

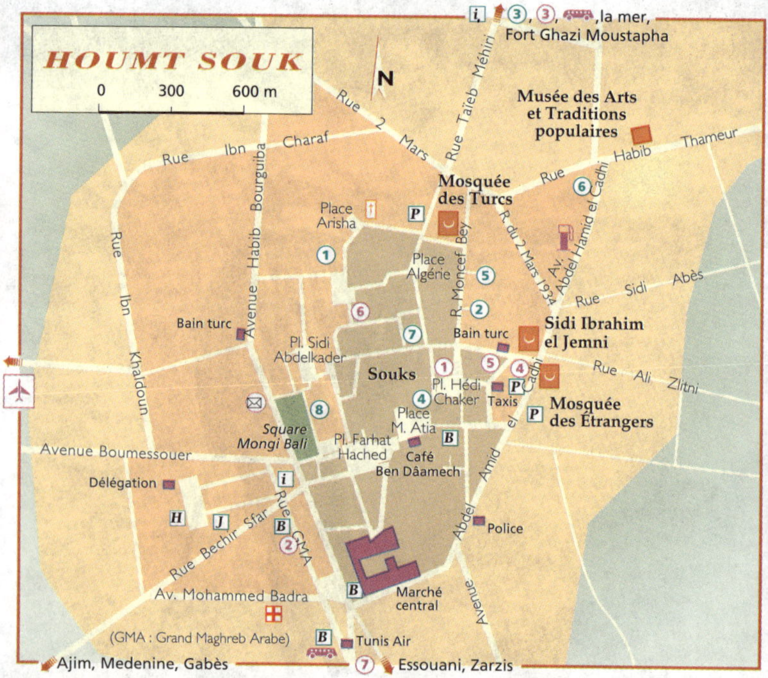

HÔTELS				RESTAURANTS			
Arisha	1	Marhala	5	Baccar	1	Jerbanova	5
Auberge de Jeunesse	2	Palmes d'Or (les)	6	Fondouk (el)	2	Marhaba	6
Dar Faiza	3	Sables d'Or (des)	7	Haroun	3	Oscar	7
Jerba Erriadh	4	Sinbad	8	Ettebsi	4		

Deux **trains touristiques** font le tour de l'île (15 d). Arrêt av. Bourguiba, face au syndicat d'initiative et au centre-ville à Midoun. Renseignements au ☎ 75 657 614.

Achats

Souks - Houmt Souk, le lundi et le jeudi. Midoun, le vendredi. Guellala, le mercredi. Mellita, le dimanche. Ajim, le dimanche. Cedouikech, le mardi matin, marché spécialisé dans la vannerie.

Pâtisseries - **Ben Yedder**, place Farhat Hached, Houmt Souk. Ce café-pâtisserie a la réputation d'être le meilleur établissement de la chaîne. C'est aussi le point de ralliement des vendeurs de jasmin et des Jerbiens, qui viennent y déguster pâtisseries et citronnade.

Fatou's, Houmt Souk, près du hammam Sidi Brahim. Café-pâtisserie.

Antiquités et artisanat - **SOCOPA**, av. Habib Bourguiba, Houmt Souk, ☎ 75 650 040. Place Habib Bourguiba, Midoun, ☎ 75 657 556. Aéroport Jerba-Zarzis, ☎ 75 650 233, poste 5331.

Poterie Ben Mahmoud, Guellala, ☎ 75 656 021. Démonstration sur place. La poterie de Guellala est essentiellement brute ou à peine vernissée, dans les tons vert, jaune ou brun. Les poteries sophistiquées, aux couleurs chatoyantes, viennent de Nabeul.

Bijoux - **Souk aux Bijoux**, Houmt Souk. Le commerce de bijoux est une des activités les plus typiques de Jerba, tenue essentiellement par les juifs. Ils sont concentrés dans un quartier au centre de Houmt Souk. Les bijoux traditionnels sont en argent, en filigrane, ou incrusté de corail de Tabarka.

Tapis et tissus - **Ben Ghorbal**, 10 place Mohammed Ali, ☎ 75 651 985. Pour acheter les voiles traditionnels des Jerbiennes. Ouvert jusqu'à 20h.

Souks de Houmt Souk et Midoun, pour les tapis tissés (kilims) et les couvertures. Ces dernières peuvent être tissées à la demande, à condition de rester suffisamment longtemps.

Éponges - **Marché aux éponges**, à Ajim, pendant toute la période de pêche, en été.

Librairie - **Saber**, rue Habib Bourguiba, ☎ 75 650 921. Tlj jusqu'à 20h.

HISTOIRE

Malgré l'afflux de touristes, les Jerbiens préservent jalousement leur identité, comme ils l'ont fait de tout temps. Car cette terre sans défense naturelle a vu défiler des envahisseurs bien moins pacifiques. Son peuplement d'origine berbère dut composer avec les Grecs, les Phéniciens et les Romains qui tous établirent des comptoirs à Jerba. Les fondations antiques s'appellent Meninx, Tipasa et Girba ; cette dernière donnant son nom à l'île au 3e s. alors que le christianisme se répand. Le murex, coquillage abondant sur ces côtes, fournit alors la pourpre qui teinte les capes des hauts dignitaires de l'Antiquité. Jerba constitue un trait d'union florissant entre l'Afrique et l'Occident. L'île est envahie par les Vandales et les Byzantins avant d'être conquise par les cavaliers arabes en 667. Elle recueille non sans heurt les partisans kharidjites et affronte l'invasion hilalienne du 9e s. Elle doit faire face plus tard aux incursions des Fatimides, des Bédouins, des Normands, des Aragonais et des Espagnols. Au 16e s., Jerba est un repaire de corsaires. En 1560, une expédition européenne tente de les déloger et tourne au désastre pour les assaillants. Les côtes jerbiennes resteront infestées par ces écumeurs des mers jusqu'au 18e s. Ces différentes périodes d'insécurité ont forgé le caractère de l'île : les villes antiques du rivage sont abandonnées au profit des villages de l'intérieur constitués de *menzel*, tandis que des tours de guet et des fortins *(borj)* hérissent les côtes.

Conséquence des convulsions de l'histoire, la population de Jerba est étonnamment variée : musulmans malékites et ibadites, arabophones et berbérophones, juifs d'Er Riadh et de Hara Kébira, Noirs de Midoun. L'absence de cours d'eau a longtemps limité l'expansion de l'île et souvent contraint ses enfants à émigrer. Les Jerbiens sont réputés travailleurs et leur talent de commerçant a largement dépassé les frontières. À

Paris, ils tiennent de nombreuses épiceries de quartier. L'économie de l'île se tourne de plus en plus vers le tourisme. Avec une capacité hôtelière de plus de 10 000 lits, Jerba est devenue le paradis du tourisme balnéaire. Italiens, Allemands, et surtout Français se pressent sur ses plages exquises. Plus au sud sur le continent, et de création plus récente, la zone touristique de Zarzis prolonge celle de Jerba.

VISITE DE L'ÎLE

HOUMT SOUK★★

Comptez une demi-journée.

Capitale de l'île, Houmt Souk, au nord, invite à la flânerie. Son petit centre piéton révèle un cachet ancien avec ses belles demeures du début du siècle et ses *fondouk*, ses ruelles fraîches, ses souks et ses places ornées de bougainvillées qui abritent restaurants et cafés. Vous trouverez vite le mode d'emploi de cette ville baignée de soleil dans une douce harmonie de bleu et de blanc. De bijouterie en boutique d'artisanat, de café en restaurant où vous dégusterez en plein air les spécialités locales, vous adopterez le rythme propre aux vacances sur l'île fait de décontraction et de nonchalance. L'afflux de touristes n'a pas chassé les habitants des villages voisins qui se rendent toujours au marché. Au détour d'une ruelle, vous y croiserez ces fameuses Jerbiennes drapées de blanc écru juste souligné d'un liseré orange et coiffées du traditionnel chapeau tressé à larges bords qui leur donne des allures de Mexicaines.

Cet itinéraire au départ de la station de taxi, que vous parcourrez en 30mn à pied si vous savez résister à la tentation des souks, dévoile les différentes facettes du petit centre piéton de cette belle ville de 40 000 habitants.

▶ La station de taxis est bordée au nord par la **mosquée Sidi Ibrahim el Jemni** fondée en 1674 *(les mosquées de Houmt Souk ne sont pas ouvertes à la visite)*. Cet édifice faisait partie d'un complexe comprenant une boulangerie, un mausolée, une médersa et un hammam à coupoles (toujours en activité, à gauche de la mosquée).

▶ Empruntez la ruelle qui s'ouvre entre le café populaire à la terrasse couverte et le bain turc. Vous entrez dans la partie piétonne du centre-ville dont la quiétude n'est troublée que par la pétarade des vélomoteurs. La première rue à droite conduit à l'auberge de jeunesse qui jouxte l'hôtel Marhala. En poussant la porte d'un de ces modestes hébergements vous découvrirez deux ravissants **fondouk**. Ces anciennes haltes pour voyageurs, qu'en Orient on appelle « khan » ou « caravansérail », ont conservé leur fonction d'hôtellerie. Autour de la cour ornée d'un puits, les pièces du rez-de-chaussée jadis réservées aux montures et aux marchandises sont aménagées en modestes chambres.

▶ Passez sous les arches qui enjambent la rue Moncef Bey, puis prenez à gauche pour gagner la place d'Algérie. Le **café** populaire qui a mis ses tables à l'ombre de grands arbres feuillus est l'un des plus typiques de la ville. Comme dans tous les *moka* jerbiens on n'y sert que du thé, du café ou des boissons gazeuses. Un petit marché de poteries s'installe certains jours sur cette place. La **mosquée des Turcs** toute proche est coiffée d'un lanternon wahhabite.

▶ Engagez-vous à droite du café. La ruelle aboutit à la place Arisha qui servait de parvis à l'**église**. Dans les nefs et les collatéraux, le culte du corps a remplacé celui de Dieu. Sous l'enseigne « Beauté du Corps » l'église aux deux clochers massifs fait office de salle de sport. Seule une chapelle est réservée au culte catholique *(messe le dimanche à 10h)*.

▶ La rue passe devant l'hôtel Arisha (autre joli *fondouk*), s'enfonce dans les ruelles fraîches où l'on tisse sur le métier de belles étoffes rouges, puis rejoint les **souks couverts**. C'est le quartier des bijouteries traditionnellement tenues par des commerçants juifs. Plus loin, on trouve le meilleur de l'artisanat jerbien et tunisien : tissage, vannerie, cuirs. À l'autre extrémité du souk, la venelle conduit à une grande place légèrement surélevée où se tient un café en plein air.

▶ Longez le café par la gauche. Au-delà, la place bordée par l'avenue Bourguiba forme un splendide parterre de céramiques colorées exposées à la vente. En face s'ouvre le **marché**. Dans les boutiques, de longs chapelets de piments exhalent une odeur âcre. Le marché offre un spectacle saisissant : celui de la vente à l'encan du poisson *(le matin)*. Trônant sur une chaise elle-même dressée sur une table, le vendeur, chéchia rouge vissée sur la tête, fait monter les enchères du poisson présenté en petites guirlandes.

▶ Revenez sur vos pas jusqu'à l'excellente pâtisserie Ben Yedder, puis tournez à droite. Vous gagnerez alors la belle place carrée où vous attendent les tables du **Ben Dâamech**. Dans ce café, le plus populaire de la ville, il fait bon prendre un thé entre deux achats. L'embout des chichas passe de main en main tandis que l'odeur du *maassal* qui grésille sous la braise embaume l'air. Un passage conduit à la place Hédi Chaker, plus intime, où courent des bougainvillées. À deux pas se trouve le plus bel hôtel du centre-ville : l'Erriadh, également installé dans un petit *fondouk*.

De la place d'Algérie, longez la mosquée des Turcs, puis contournez par la droite la jolie recette des finances de style mauresque. Le musée se trouve à 300 m sur la gauche dans ce quartier où sont rassemblées les agences de voyages.

Le musée des Arts et Traditions populaires★★

8h-12h/15h-19h en été, 9h30-16h30 hors saison, fermé le vendredi, entrée payante.

Il occupe une élégante *zaouïa* élevée à la fin du 18e s. pour abriter les tombeaux de deux marabouts : Sidi Zitouni et Sidi Ameur.

Face au guichet, vous entrerez dans la petite **salle de prière** carrée qu'utilisaient les pèlerins. Les travées de la galerie présentent de belles collections de costumes traditionnels jerbiens. À droite de l'entrée, une minuscule **salle sous coupole** expose trois manuscrits ainsi que des *calames* (plumes de roseaux utilisées pour la calligraphie) et un encrier. Face à l'entrée, une travée couverte de trois caissons de bois peint conduit à la **koubba**. C'est là que devaient reposer les sépultures des deux saints. La splendide voûte de la coupole est formée de rangs de poteries cylindriques alternativement bruts et vernissés. Elle est supportée par un tambour dont les stucs représentent des *mihrab* encadrant des cyprès. Vous pourrez y admirer une exceptionnelle collection de bijoux traditionnels.

Deux cours en enfilade conduisent à la **salle de pèlerinage** couverte d'une large coupole. Selon une croyance populaire, après une nuit consacrée au recueillement et à la prière, certains hommes mis en communication avec l'au-delà épousaient des femmes invisibles et procréaient des enfants tout aussi peu charnels. Vous ne verrez rien de ces « fantômes », mais plus prosaïquement vous vous attarderez devant les trois cénotaphes découverts dans la cour de la *zaouïa* et les coffres et étagères en bois peint.

Une **dépendance**, dans la première cour, présente des gargoulettes à provisions et une série de 10 lampes à huile au-dessus de deux poteries à usage rituel.

Le fort Ghazi Moustapha

8h-18h30 en été, 9h30-16h30 en hiver, fermé le vendredi, entrée payante.

Ce fort qu'on appelle aussi le *borj* el Kébir est situé sur la côte à l'extrémité de la rue Taïeb Méhiri, qui part de la place d'Algérie *(à 700 m du centre-ville)*. Ce *borj* en belle pierre ocre a retrouvé fière allure après d'importants travaux de restauration. Il fut construit au 15e s. par le sultan Abou Farès. En 1560, les Espagnols qui s'y étaient réfugiés en furent délogés par le corsaire Dragut. Les 6 000 assiégés furent exterminés. Un rapide tour du chemin de ronde permet de reconnaître deux enceintes (la muraille intérieure, plus ancienne, remonte aux travaux de Roger de Loria à la fin du 13e s.). Du haut de ces remparts, on a une vue sur le port tout proche. Au centre, un *impluvium* précède un édifice à deux coupoles. Parmi les gravats, on reconnaît des boulets en pierre, des fûts de colonne et des éléments romains trouvés dans le fort. Ces vestiges proviennent sans doute de Girba, antique cité qui donna son nom à l'île.

LE TOUR DE L'ÎLE

Comptez une journée.

116 km de routes et de bonnes pistes.

Vous irez par petites étapes de 10 km sans risque de vous égarer. Le réseau de routes carrossables étant limité, vous serez obligé d'emprunter des pistes. L'image de la station balnéaire frappée de gigantisme s'estompera au profit d'une île tout en nuance, chef-d'œuvre de douceur et d'équilibre. Si vous êtes invité dans l'intimité d'une famille, ne refusez pas ! Vous verrez à quel point, derrière des façades modernes, les traditions demeurent vivaces.

Vous serez étonné en effectuant ce circuit de la dispersion de l'habitat. Les bourgs se limitent bien souvent à quelques bâtiments publics (poste) ou religieux (mosquée) massés le long de la route principale, à quelques commerces sous les arcades, et à l'incontournable café où les hommes se retrouvent autour d'une partie de rami ou de dominos. Car la vie se déroule traditionnellement au cœur des jardins, au *menzel* dont on regrette qu'aucun ne soit ouvert à la visite.

DE HOUMT SOUK AU PHARE DE JELLIJ

▶ Du centre-ville, empruntez la route de l'aéroport. Elle traverse de belles oliveraies centenaires avant de dépasser, à gauche *(à 5 km)*, la **Jemaa el Kébir**. La Grande Mosquée de Mellita, de rite ibadite, date du 10e s. Elle s'élève au centre d'une cour à *impluvium* qui permettait de recueillir l'eau des pluies dans des citernes souterraines. Son minaret d'angle est trapu et coiffé d'un cône en maçonnerie. Le petit village de Mellita, au nom d'origine punique, est situé 2 km plus loin.

▶ Gagnez l'entrée de l'**aéroport de Mellita** aux jolies coupoles blanches. Il accueille les vols internationaux réguliers et charters au départ de plusieurs grandes villes européennes. Étant l'aéroport le plus proche de Tripoli, Mellita sert d'accès aérien à la Libye depuis l'embargo sur ce pays en 1992. À gauche de la route, des taxis collectifs immatriculés en Libye assurent la liaison avec Tripoli en 4h.

▶ La route traverse la lande en longeant les clôtures de l'aéroport jusqu'à l'intersection avec la piste d'Ajim *(prenez à droite)*. Le **phare de Jellij** *(à 2 km)* est construit sur l'emplacement d'un ancien *borj* fondé au 18e s. À droite du phare, derrière l'*impluvium*, émergent les palmes des pêcheries fixes.

Empruntez la piste d'Ajim, assez bonne malgré quelques passages sablonneux. Le rivage à l'ouest de l'île est aux antipodes de la zone touristique. Point de route ou d'hôtel mais de rares villas et des criques sauvages d'une eau turquoise où mouillent parfois une dizaine de barques de pêche. Pas de belles plages de sable fin mais des rochers qui n'interdisent pas pour autant la baignade. Cette piste longe la plus dense palmeraie de l'île – qui produit des dattes de qualité médiocre – avant de regagner la route au centre d'Ajim.

AJIM

Ajim s'est détaché des falaises rouges d'El Jorf, à moins de 2,5 km sur le continent, il y a près d'un million d'années. Jadis, des felouques assuraient la traversée des personnes et des bêtes. Grâce au bac *(pour les conditions de la traversée, voir « En voiture » p. 280)*, Ajim est devenu le port principal de l'île. Des éponges se balancent au vent à la devanture des boutiques car c'est aussi un centre de pêche aux éponges. La Tunisie approvisionne en éponges la plupart des pays d'Europe grâce aux marchés de Sfax et de Gabès. Avant de quitter le village ne manquez pas de prendre un verre au café de l'Oasis dans le petit centre-ville.

Au rond-point principal marqué par une horloge, prenez à droite la route de Guellala qui épouse le golfe de Bou Grara.

GUELLALA

L'enseigne « Atelier de poterie d'art » vous accueille dès l'entrée du village. Un peu plus loin, la route laisse à gauche un four éventré avant qu'apparaissent dans le centre-ville les étalages croulants sous les gargoulettes, les plats colorés, les vases et les carreaux de céramiques. Pas de doute, vous êtes bien à Guellala, la capitale jerbienne de la poterie.

Les spécialités locales sont la jarre et la gargoulette sans décor : des poteries indispensables à la ménagère et au pêcheur mais guère attrayantes aux yeux des touristes. Vous serez davantage attiré par la poterie vernissée aux couleurs chatoyantes importée du continent. Si jarres et plats vous paraissent trop encombrants, laissez-vous tenter par le célèbre chameau magique. Une poterie fabriquée sur place dont on vous vantera l'ingénieux dispositif : d'un côté on verse le lait, de l'autre le café. Après avoir agité, le café au lait s'écoule de la gueule de l'animal !

Visitez au moins l'un de ces ateliers obscurs à demi enterrés dont les arches de pierre supportent des plafonds couverts de demi-troncs de palmier. Dans la pénombre fraîche, les mains habiles du potier perpétuent la tradition. Elles façonnent les sobres poteries qui seront cuites après séchage.

Zriba, gargoulettes et nasses

À Jerba, on utilise encore trois méthodes traditionnelles de pêche. La *zriba* (ou pêcherie fixe) consiste à diriger le poisson vers des nasses par des rangs de palmes plantés dans la vase et orientés selon le sens du courant. À la pêche à la gargoulette, on immerge des chapelets d'amphores encordées. On les repêche lorsque les poulpes y ont élu domicile. La pêche à la nasse s'effectue avec des entonnoirs doubles fabriqués à partir de rameaux de régime de dattes. Le poisson pénètre par le premier entonnoir et se retrouve piégé dans le second.

Le **musée Guellala** *(7h-23h en été ; 8h-18h en hiver ; entrée payante)* occupe une maison traditionnelle de 4 000 m², dans laquelle des mannequins, certains animés, illustrent les scènes de la vie quotidienne tunisienne (fêtes, traditions, coutumes, artisanats...). Toutes les régions de Tunisie sont représentées dans ce vaste complexe culturel. Vous pourrez également visiter une galerie d'art et suivre la création de mosaïques.

Dans le centre-ville, prenez la direction d'El Kantara, situé à 8 km. À El Kantara, après le poste de police, suivez la route de Midoun.

▸ Un panneau signale le site de l'antique **Meninx** probablement fondée par les Phéniciens. Ce comptoir commercial disposait d'importants entrepôts, d'un *columbarium* et d'une grande basilique. La visite n'offre aucun intérêt compte tenu de l'état d'arasement du site.

▸ À 3 km d'El Kantara, on aperçoit à droite le **fort Kastil** à l'extrémité d'une presqu'île. Il fut édifié en 1285 par Roger de Loria, amiral d'Aragon et de Sicile. En 1334, le fort fut pris d'assaut par les Jerbiens qui voulaient se libérer de la domination espagnole. Ils réduisirent les troupes à l'esclavage. Un peu plus loin, les hôtels qui forment le début de la zone touristique semblent se refléter dans l'eau. Mais il ne s'agit que d'un mirage, une illusion d'optique qui s'estompe à l'approche d'Aghir.

LA ZONE TOURISTIQUE

La zone touristique de Jerba ne cesse de s'étendre. Les prestations des hôtels-clubs dont les capacités avoisinent souvent 600 lits sont généralement vendues en Europe avec le vol, la pension complète et les animations (équitation, plongée, balade en mer, excursions sur le continent, soirées...). Les séjours, qui ne dépassent guère la semaine, sont proposés à des tarifs extrêmement attractifs.

La **plage d'Aghir** se trouve à l'extrémité sud de la plage de la Seguia.

▸ Prenez la route en direction du cap Taguermès jusqu'à **Djerba Explore Parc** *(7h-23h en été ; 8h-18h en hiver ; entrée payante : 4 à 6 d par section).* Si la ferme aux crocodiles et la reconstitution d'un village typique n'ont guère d'intérêt, le musée mérite en revanche le coup d'œil *(entrée 5 d ! Visite guidée comprise dans le prix du billet)*. On y trouve une belle collection d'art musulman et tunisien, dans un bâtiment flambant neuf d'architecture moderne et très lumineux.

La route longe les hôtels qui encadrent la *sebkhet* de Sidi Garous avant d'atteindre le phare rouge et blanc du **cap Taguermès** (« Taguemess » sur certaines cartes), à l'extrémité nord-est de l'île. En suivant la zone touristique au nord jusqu'au superbe hôtel Ulysse Palace, on rejoint la **plage publique de Houmt Souk** au sable blanc et fin.

Prenez à gauche à la hauteur du phare de Taguermès jusqu'à Midoun.

MIDOUN★

Midoun bénéficie de la proximité de la zone touristique. Dans les ruelles piétonnes de son centre-ville, qui n'ont ni le charme ni l'activité de celles de Houmt Souk, vous ferez provision d'artisanat puis prendrez un thé à la terrasse ombragée du café de la Jeunesse », ou « de l'Arbre » comme on l'appelle ici *(face à la boutique de l'ONAT)*. Vous vous amuserez du manège des chauffeurs de taxi qui resserrent la file de leurs véhicules à la force des bras à chaque départ en course d'un confrère.

De Midoun, empruntez le boulevard principal en direction de Houmt Souk.

▸ À 4 km sur le côté gauche de la route, apparaît une mosquée blanche que rien n'indique mais qui mérite une visite. La **Jemaa Fadhloun★** est un exemple très intéressant de complexe religieux wahhabite. La mosquée est précédée de plusieurs salles, dont un mausolée à l'angle gauche du complexe immédiatement suivi d'une pièce destinée aux ablutions. L'eau recueillie par le large *impluvium* qui lui fait face alimentait des citernes. Un peu plus loin, une ouverture dans le mur donne accès à la cour de la mosquée d'une blancheur éblouissante. La salle de prière carrée comporte quatre piliers. À droite, des escaliers desservent le minaret.

4 km après la mosquée, prenez à gauche la route qui conduit au village de Cedeghien.

CEDEGHIEN

Après avoir dépassé le minuscule centre de ce village berbérophone, la piste s'engage entre les jardins de Cedeghien parmi les plus denses de l'île. Les levées de terre (*tabias*) atteignent jusqu'à 2 m de haut. Elles sont plantées de figuiers de Barbarie et d'aloès. Derrière se profilent les grenadiers et les orangers qui poussent à l'ombre des palmiers. Plusieurs *menzel*, parfois ruinés, se tapissent sous la frondaison. Leur superficie témoigne de la richesse de la localité.

MAHBOUBINE

La piste aboutit à la route d'El May. Un détour par Mahboubine *(à 1 km, à gauche à l'embranchement)* permet de découvrir la **mosquée El Kateb** aux coupoles d'inspiration turque. La mosquée est située dans le bourg, au-delà de la bifurcation pour Cedouikech, à la hauteur de jolis jardins.

EL MAY

Gagnez El May *(à 8 km de Mahboubine)*. Dans le centre-ville, prenez la direction de Houmt Souk *(à droite)*.

La **mosquée d'El May** se tient un peu à droite de la route, immédiatement

Le menzel

Hauts murs aveugles, tours d'angle : vu de l'extérieur le *menzel* ressemble à une petite forteresse. Ce n'est pourtant qu'une grosse ferme organisée pour permettre la vie en complète autarcie en période de troubles. Chaque menzel dispose par exemple d'un *impluvium* pour recueillir l'indispensable eau de pluie. Les pièces sont disposées autour d'une cour intérieure. L'alcôve où l'on dort en hiver est surmontée d'une coupole et les entrepôts, à l'image des *ghorfas*, sont couverts de voûtes en berceau. Le menzel, architecture qui ne se rencontre qu'à Jerba, est délaissé au profit de constructions modernes.

après l'embranchement. Elle a l'allure lourde et empâtée des mosquées jerbiennes dont l'architecture permettait, comme celle des *menzel*, de jouer un rôle défensif. Sa cour forme un vaste *impluvium*.

Continuez en direction de Houmt Souk. 2 km plus loin, prenez à gauche la direction d'Er Riadh. Puis à nouveau à gauche, à 1,5 km, en direction de la synagogue de la Ghriba. Garez-vous sur l'aire qui précède le complexe religieux.

LA GHRIBA★★

Fermé le samedi, entrée libre mais dons appréciés.

Cette synagogue, modeste bâtiment aux reflets bleutés, a été reconstruite en 1920. Ce sanctuaire est l'un des hauts lieux du judaïsme maghrébin *(voir « Religions » p. 76).* Un pèlerinage annuel (le 33e jour de la Pâque juive) rassemble les juifs d'Afrique du Nord. La Ghriba (la Merveilleuse) est composée de deux salles. La vaste nef à colonnes qui accueille le visiteur est décorée à la mode orientale de faïences et de vitres colorées. Pour entrer, il faudra vous déchausser et vous couvrir la tête. Dans ce lieu de dévotion, l'atmosphère religieuse est entretenue par les lampes à huile et les chants psalmodiés des *batlanim,* le jour du sabbat, qui récitent contre rétribution des croyants. Les pèlerins de passage leur glissent de petits billets, implorant une guérison ou une réussite. Au mur, des ex-voto en métal représentent des maisons, des vases, des étoiles de David sous une belle boiserie sculptée. Le lieu est particulièrement vénéré. La synagogue, qui aurait été fondée au 6e s. av. J.-C., s'enorgueillit de posséder l'une des plus anciennes Torah connues. Le village d'Er Riadh voisin (l'ancien Hara Sghrira) compte une communauté juive de plusieurs centaines d'âmes.

Regagnez la route d'El May à Houmt Souk et prenez à gauche pour rejoindre la capitale de l'île. Peu avant l'entrée de Houmt Souk, la route longe sur la droite Hara Kébira (**Essouani**), l'autre village juif de l'île.

LA CHAUSSÉE ROMAINE

Cette antique voie, aujourd'hui entièrement reconstruite, qu'on atteint à El Kantara, semble posée sur la mer. Longue de 7 km, elle rejoint le continent et constitue le cordon ombilical de l'île. Les Romains avaient édifié la chaussée Pons Zita pour relier leurs comptoirs commerciaux de Meninx et de Zita près de Zarzis. Abandonnée, elle disparut peu à peu. Seul subsistait un gué servant aux chameliers et baptisé *« Trik el Jemel »* (la voie du Chameau). La route actuelle fut aménagée en 1951. À mi-parcours, un pont permet aux petites embarcations d'accéder au golfe de Bou Grara. L'énorme conduit disgracieux à droite de la voie achemine l'eau potable, l'île étant dépourvue de rivière.

EXCURSION À ZARZIS

La route qui prolonge la chaussée romaine conduit à Zarzis sur le continent et ne présente guère d'intérêt : mêmes plages superbes et mêmes hôtels-clubs sur cette zone touristique qui n'est qu'une extension de celle de Jerba. Plus au sud *(à 12 km),* la ville de Zarzis se cherche encore. Elle n'a rien du charme de Houmt Souk.

▶ Seul le **musée des Arts et Coutumes populaires** mérite une rapide visite. Il est installé dans une vaste huilerie souterraine, à 2 km du centre par le boulevard de l'Environnement. *8h30-12h30/14h30-18h30 (17h30 hors saison), fermé le dimanche, entrée payante.*

Arriver ou partir

En avion - Aéroport de Jerba-Zarzis, Mellita, ☎ 75 650 233. L'aéroport est à une soixantaine de kilomètres de Zarzis, à un peu moins lorsque l'on descend dans les hôtels de la route touristique.

En bus - Gare routière, av. Farhat Hached, ☎ 75 684 372.

SRT Medenine, route de Medenine, ☎ 75 690 643.

En taxi collectif - Station de louage, av. Farhat Hached, ☎ 75 684 560.

Comment circuler

Location de voiture - **Avis**, route touristique, ☎ 75 694 706. L'hôtel Sangho héberge les agences **Hertz,** ☎ 75 680 124 et **Mattei**, ☎ 75 681 266.

Adresses utiles

Informations touristiques - **ONTT**, route des hôtels, ☎ 75 694 445.

Banque / Change - **BNT**, rue de Palestine. **BT**, rue d'Algérie. **CFCT**, av. Mohammed V.

Poste centrale - Av. Habib Bourguiba, ☎ 75 694 125.

Publinet - Rue Irak el Garaa ; rue Farhat Hached, immeuble Majed 11, ☎ 75 694 566.

Urgence / Santé - **Garde nationale**, av. Habib Bourguiba, ☎ 75 694 245. **Police**, av. du 20 Mars, ☎ 75 694 745. **Hôpital**, cité Diouher, ☎ 75 694 302. **Pharmacie de nuit**, av. Farhat Hached, ☎ 75 694 140.

JERBA

Se loger

Zarzis aimerait bien profiter du succès de Jerba. Toute l'activité est concentrée autour des hôtels construits le long des plages de sable fin. La ville elle-même n'offre pratiquement pas de structure touristique intéressante.

De 50 à 60 d (32 à 40 €)

Hôtel Ziha, ☎ 75 684 304 - 31 ch. Voilà l'hôtel pas cher de Zarzis, même si c'est encore trop. Il est vrai que la plage est tout près. Piscine de poche. Clientèle locale en demi-saison.

Hôtel Giktis, ☎ 75 705 800, www.gektishotel.com - 191 ch. CC Cet hôtel peut se prévaloir d'une piscine couverte et chauffée, utile en demi-saison. Évitez les services de l'agence « Étapes nouvelles ».

Hôtel Zyen, zone touristique en face de l'entrée de l'hôtel Giktis, ☎ 75 706 630 - 20 ch. CC Tout neuf, les chambres sont simples et agréables. L'accès à la plage se fait par un long escalier passant entre les hôtels en contrebas. Location de voitures à prix raisonnables (attention toutefois à leur état).

Autour de 100 d (65 €)

Hôtel Nozha Beach, route de la Corniche, ☎ 75 694 593 - 25 ch. CC Rien de bien exceptionnel mais un emplacement privilégié face à la plage, non loin du centre-ville. Chambres avec vue sur la mer et baignoire plus chères.

Plus de 200 d (130 €)

L'Odyssée, zone touristique, ☎ 75 705 700/640 - 347 ch. TV CC Construit dans le style berbère, la décoration est soignée et de bon goût. Centre de thalasso, huit bassins, hammam, sauna, billard... La liste est longue.

Se restaurer

Pas de restaurant intéressant en ville. Mieux vaut rester près des hôtels où des établissements ont ouvert en bordure de la route touristique. Hors saison, ils sont beaucoup moins accueillants. Ceux qui servent de l'alcool deviennent notamment le grand rendez-vous des hommes qui s'installent au bar.

De 10 à 25 d (6,5 à 16,5 €)

Abou Nawas, route touristique, vers l'hôtel Zarzis, ☎ 75 706 338. CC Peut-être le plus recommandable des restaurants de la zone. Bonne salade de fruits de mer. Spécialités sur commande : tagines, couscous. Menu touristique à 9 d.

Le Pirate, route touristique, ☎ 75 706 252. Spécialités franco-tunisiennes dans le restaurant à la carte, en salle. La terrasse (fast-food, pizza), qui donne sur la route, est malheureusement un peu bruyante.

Loisirs

Activités sportives - **Tennis Club**, Club Sangho, ☎ 75 705 124.

École de pêche, av. de l'UMA, ☎ 75 684 259.

Centre équestre, Club Sangho, ☎ 75 705 124.

Achats

Marché - Le lundi et le vendredi.

KSOUR ET TROGLODYTES★★

☺ **Certains ksour à l'écart des circuits touristiques**

☹ **Difficile d'accès sans véhicule**

Quelques repères

Env. 450 km de circuit - Carte *p. 298.*

À ne pas manquer

Passer une nuit à Douiret ou à Guermessa.

Le trajet entre Toujane et Matmata.

Conseils

Comptez 2 ou 3 jours.

Hébergement à Medenine, Tataouine ou Matmata, mais de petits hôtels, au confort spartiate, ouvrent peu à peu dans des ksour souvent gérés par de petites structures (associations, habitants du village).

Tataouine est le lieu idéal pour visiter tous les ksour alentour.

La campagne est magnifique en février et en mars.

Au sud de Gabès, le jebel Dahar dessine une longue dorsale qui culmine entre 200 et 600 m. Sur ces crêtes ruinées, l'œil trompé par les accidents du relief croit déceler des fortifications commandant d'impressionnants oueds. De maigres touffes d'herbes, unique végétation, donnent cet aspect uniformément moucheté aux paysages. Sur cette terre ingrate, l'homme s'est longtemps résigné au semi-nomadisme. S'il parvient à s'établir à flanc de massif, c'est au prix de patients efforts pour retenir l'eau des rares pluies. Des terrasses ménagées dans le lit des oueds *(jessour)*, le villageois tire une maigre subsistance (olives, figues, céréales) qui complète le revenu du petit bétail. Les constructions traditionnelles constituent l'attraction principale de ce paysage sévère : villages troglodytiques autour de Matmata et greniers fortifiés *(ksour)* au sud.

HISTOIRE

Le climat et la nature ont forgé le caractère des populations du Dahar. Fiers et rebelles, ses habitants ont été de tout temps attachés à leur particularisme. Lorsque Rome se christianise, ce bastion berbère s'oppose violemment à son nouveau maître. Christianisé, il rejette l'islam triomphant. Finalement islamisé, il se tourne vers le kharidjisme, une forme particulièrement rigoriste de l'islam. Alors que les Berbères s'arabisent lentement, au point que les villages berbérophones se comptent aujourd'hui sur les doigts d'une main, les Arabes installés dans les plaines adoptent leurs greniers fortifiés et s'associent avec eux en grandes confédérations. La puissante ligue des Ourghemma, qui réunissait tribus semi-nomades et villageoises, appuya les beys husseinites avant de s'opposer à l'occupation française.

La population du Dahar est plus pauvre que celle du nord de la Tunisie. Vous serez sollicité parfois sans ménagement.

Se repérer

Prenez la direction d'Ajim Bac dans le centre de **Houmt Souk** *(voir Jerba p. 290)*. La route traverse des villages disséminés entre les oliveraies aux gros troncs noueux. Derrière le rideau de palmiers qui masque l'horizon et la côte se blottit le village d'**Ajim** (à 22 km). Prenez la direction du bac, à 1 km, qui relie le continent toutes les 10 à 20mn en journée *(voir « Arriver ou partir » sous Jerba)*. Vous serez contrôlé par la police avant d'acheter votre billet et d'embarquer à bord de l'*Al-Jazira*, ou de l'un des trois autres bacs qui assurent la traversée. Peut-être serez-vous escorté par des dauphins jusqu'à El Jorf, où de petites buvettes en planches groupées autour du débarcadère dominent la mer. Prenez la direction de Medenine, 400 m après la sortie d'El Jorf. La route, rectiligne, conduit en 20 km au site de Gighti, au-delà du petit village de Bou Grara.

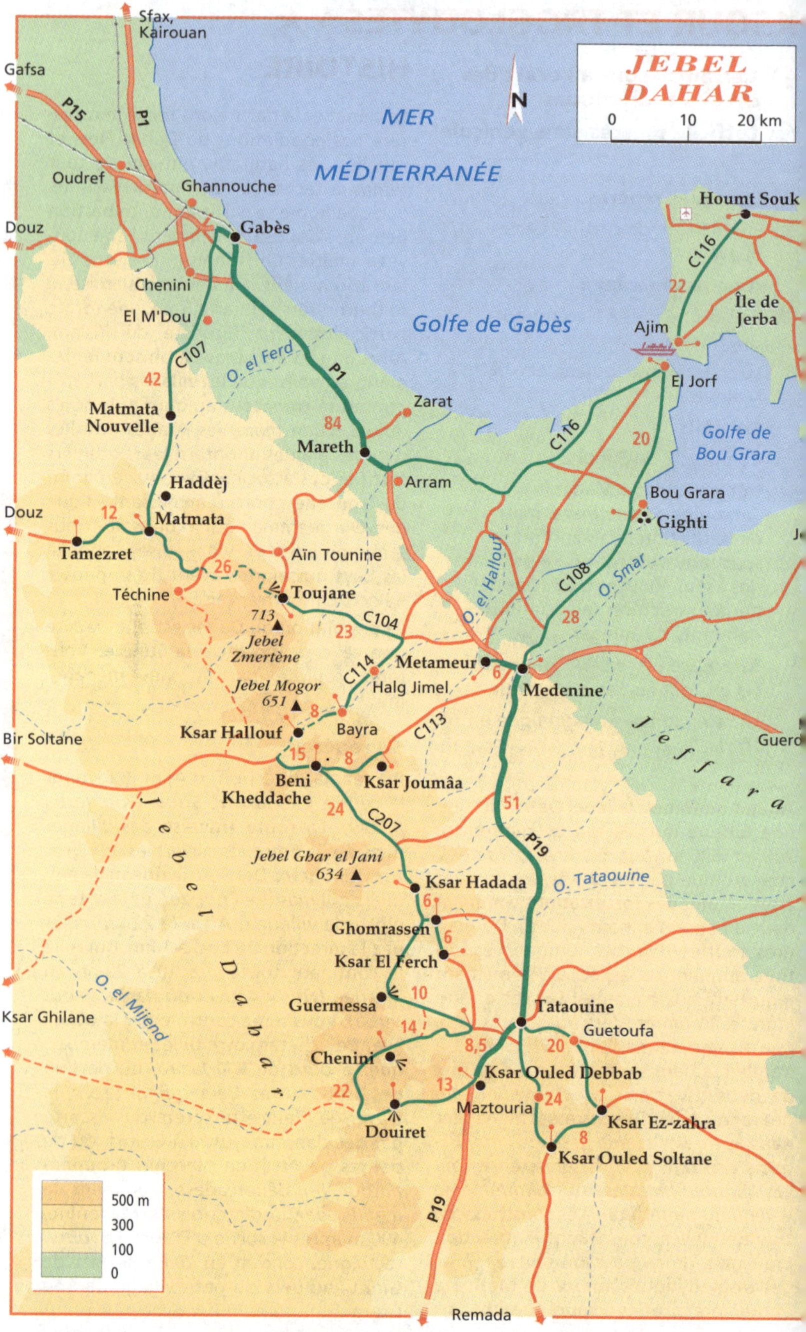

JEBEL DAHAR
0 10 20 km
N
MER
MÉDITERRANÉE
Golfe de Gabès
Golfe de Bou Grara
Sfax, Kairouan
Gafsa
P15
P1
Oudref
Ghannouche
Gabès
Douz
Chenini
El M'Dou
C107
42
O. el Ferd
Matmata Nouvelle
Zarat
84
Mareth
Arram
Haddèj
Matmata
12
Douz
Tamezret
Aïn Tounine
Téchine
26
Toujane
713
Jebel Zmertène
23
C104
C114
Halg Jimel
Metameur
6
Medenine
Jebel Mogor
651
8
Bayra
Ksar Hallouf
C113
Bir Soltane
15
8
Beni Kheddache
Ksar Joumâa
24
C207
51
P19
Jebel Ghar el Jani
634
Ksar Hadada
O. Tataouine
6
Ghomrassen
6
Ksar El Ferch
10
Guermessa
14
Tataouine
Guetoufa
8,5
20
Chenini
Ksar Ouled Debbab
13
22
Maztouria
24
Douiret
Ksar Ez-zahra
8
Ksar Ouled Soltane
Ksar Ghilane
O. el Mijend
Jebel Dahar
Jeffara
P19
Remada
Houmt Souk
C116
22
Île de Jerba
Ajim
El Jorf
C116
20
Bou Grara
Gighti
C108
O. Smar
28
O. el Hallouf
Guero
500 m
300
100
0

LE SITE DE GIGHTI

Comptez 30mn.

8h-12h/15h-19h en été, 8h30-17h30 hors saison, fermé le ven., entrée payante.

Les modestes vestiges de la Gighti romaine s'étendent entre la route de Medenine et la mer bordée à l'est d'une large grève. Ce site antique ne présenterait guère d'intérêt s'il n'était le seul du Sud tunisien à ne pas être enfoui sous une ville moderne. Découverte en 1860 par l'explorateur français Victor Guérin, Gighti est située au fond du golfe de Bou Grara. Cette petite mer intérieure de 500 km² est fermée au nord par l'île de Jerba. Ce débouché bien protégé sur la Méditerranée fit la prospérité de Gighti. Or, ivoire, esclaves et bêtes sauvages embarquaient pour les métropoles du Bassin méditerranéen. Comptoir punique, puis port romain, la ville connut son apogée aux 2e et 3e s. ap J.-C. Ses derniers véritables maîtres, les Byzantins, y édifièrent une citadelle.

▸ Derrière le guichet se trouvent les **thermes**, qui étaient flanqués d'une palestre. Les canalisations se déversaient dans des bassins partiellement restaurés. De l'autre côté de l'oued *(traversez la friche vers la mer)*, on devine une plate-forme terminée par un hémicycle. Les boutiques qui l'occupaient formaient le marché de la ville. Le **temple de Jupiter Sérapis★**, le plus imposant vestige du site, regarde vers la mer. Son podium, où se dressent encore les bases des six colonnes de sa façade, était plaqué de marbre blanc. Du haut de ses deux escaliers, on domine le **forum**, importante place dallée entourée sur trois côtés d'un large portique. Jouxtant le forum, à droite, les vestiges de mosaïques et de briques sont ceux d'un autre **établissement thermal** enserré dans un îlot d'habitations antiques. À gauche, en suivant les vestiges du portique, on laisse un édifice au beau dallage en *opus sectile* pour se diriger vers la **porte est** du forum aux deux pilastres cannelés. Au-delà, la rue conduisait à la jetée du port antique.

Gagnez le centre-ville de Medenine par la route principale et stationnez devant le ksar *(à 28 km de Gighti)*.

Ksar, ghorfa et kalaat

Les « ksour » (pluriel de ksar) sont les villages fortifiés de l'Afrique du Nord, du Maroc à la Libye. Dans le Sud tunisien, ils désignent un ensemble de greniers collectifs formés de chambres appelées *ghorfa*. Les ghorfa sont des pièces allongées couvertes d'une voûte en berceau percées d'une porte et de minuscules aérations. Elles étaient groupées autour d'une vaste place et superposées parfois jusqu'à cinq niveaux. De préférence au sommet d'un éperon, les ksour tournaient le dos aux assaillants pour assurer la sécurité des biens des populations semi-nomades. Les ghorfa engrangeaient les provisions tant pour les hommes (céréales, fruits, huile) que pour le bétail (fourrage). Les ksour de plaine sont plus vastes que ceux de montagne que l'on désigne souvent par le nom de *kalaat* (château fortifié). Le village était situé à proximité du ksar, jamais à l'intérieur.

MEDENINE

Les *ghorfa* du **ksar★** de Medenine, disposées autour d'une place, s'élèvent sur deux niveaux. Les boutiques d'artisanat ont investi le rez-de-chaussée de ces anciens greniers de plaine désaffectés. Des tissages aux dominantes rouges habillent les façades, tandis que les classiques poteries colorées de Nabeul s'amoncellent au seuil des portes. Le centre du ksar est occupé par un puits traditionnel doublé d'un bassin pour recueillir l'eau puisée.

Arriver ou partir

En bus - **SNTRI**, av. Habib Bourguiba, ☎ 75 640 427. **SRTGM**, ☎ 75 640 005/640 007.

Location de voiture - **Mattei**, rue du 18 Janvier, ☎ 75 643 540.

Adresses utiles

Banque / Change - Les banques se trouvent sur l'av. Habib Bourguiba.

Poste centrale - Place des Martyrs.

Téléphone - Taxiphone face à la poste.

Urgence / Santé - **Garde nationale**, ☎ 75 640 236. **Police**, ☎ 75 640 033/201. **Hôpital régional**, route de Tataouine, ☎ 75 643 735. **Croissant Rouge**, 23 rue Taïeb Méhiri, ☎ 75 640 786.

Compagnie aérienne - Tunisair, rue du 18 Janvier 1952, ☎ 75 640 817.

Se loger

L'hôtellerie n'est guère recommandable dans cette ville sans intérêt touristique. Mieux vaut continuer jusqu'à Tataouine. Si vous êtes pris de court :

▸ *Ville moderne*

Autour de 10 d (6,5 €)

Hôtel Ressaada, av. H. Bourguiba, ☎ 75 640 300 - 29 ch. (dont 11 avec douche) Un très bon hôtel pour les petits budgets.

De 50 à 60 d (32 à 40 €)

Hôtel L'Étape Zangho (ex-Ibis), place du 7 Novembre, ☎ 75 640 546 - 44 ch. C'est le meilleur hôtel d'une ville qui en compte peu. L'établissement est impersonnel mais confortable et fonctionnel, et en plein centre.

Se restaurer

Autour de 5 d (3,5 €)

Restaurant de Paris, au pied de l'hôtel Ressaada, ☎ 75 641 481. Couscous, poissons, foie, *méchouia*, demi-tête d'agneau (à manger exclusivement avec les doigts, mais c'est un régal).

Moins de 10 d (6,5 €)

Restaurant El Ksour, à droite de l'hôtel Zangho, ☎ 75 642 350. Difficile de résister à l'odeur du méchoui, quand le barbecue est allumé en début d'après-midi. Une bonne étape pour des grillades d'agneau, de foie ou de merguez. Les amateurs trouveront des demi-têtes d'agneau grillées, un mets très apprécié dans la région. Pas d'alcool.

Moins de 15 d (10 €)

Restaurant de l'hôtel Zangho, place du 7 Novembre, ☎ 75 640 546. Le restaurant est à l'image de l'hôtel, sans génie mais correct et propre. Spécialité de *coucha* et de *skouffa* (ragoûts) d'agneau.

Achats

Artisanat - Ksar de Medenine, centre-ville, nombreuses boutiques installées dans les *ghorfa*.

Hammam - Hammam Debabi, av. Bourguiba, à côté de l'oued. Le meilleur en ville ; très bon masseur.

SUR LA ROUTE DE TATAOUINE

Pour les amateurs de ksour, la petite ville de **Metameur**, à 6 km à l'ouest de Medenine (embranchement sur la route de Gabès), possède aussi un petit ksar de même style construit sur trois niveaux.

Du ksar, continuez dans le prolongement de la route de Ghighti pour rejoindre la route de Tataouine. L'itinéraire se rapproche de la chaîne du Dahar aux sommets déchiquetés, parfois pyramidaux. La plaine est piquetée de touffes d'herbes et traversée de larges oueds tracés dans une terre poussiéreuse. À 41 km, de beaux édifices modernes (garde nationale, poste), dans un style traditionnel (voûtes et coupoles), marquent l'entrée de Tataouine. Le centre-ville est situé à 10 km au pied de l'impressionnant rebord montagneux.

TATAOUINE

Le nom évoque le bout du monde. Il l'était pour les condamnés français incorporés dans les bataillons d'infanterie légère d'Afrique, les « bat d'Af » en garnison à Tataouine. Ces soldats particuliers y subissaient, outre un soleil implacable, le poids d'une double hiérarchie : celle des militaires et celle officieuse des caïds. Tataouine fut fondée sous le protectorat pour assurer la pacification du Sud tunisien. Les bataillons disciplinaires étaient affectés à la surveillance des tribus toujours promptes à s'agiter. Au sud de Tataouine, la pointe dessinée par les frontières de l'Algérie et de la Libye délimite un désert qui couvre près du tiers du territoire tunisien. Seuls les marchés du lundi et du jeudi sortent Tataouine de sa léthargie. Ses quelques hôtels en font l'étape la plus confortable pour la visite des ksour.

Ksar Ouled Soltane

Arriver ou partir

En bus - **SNTRI**, 71 av. Habib Bourguiba, ☎ 75 862 138. Liaisons avec Ksar Hadada et Ghomrassen.

En taxi collectif - Station, rue du Ier Juin, près de l'av. Habib Bourguiba.

Peugeot bâchée pour Chenini et Ksar Ouled Soltane. Départ près de l'hôtel La Gazelle.

Adresses utiles

Informations touristiques - **Syndicat d'initiative**, av. Hédi Chaker, à proximité de l'hôtel La Gazelle, ☎ 75 850 850. Outre des informations, cette antenne délivre les autorisations de séjour pour les zones interdites du Grand Sud tunisien (prévoyez une semaine d'obtention : envoyez une demande par fax à M. Bechir Ali, précisez les noms des participants et nº de passeport, liste des véhicules, itinéraire, date d'entrée et de sortie). En été 8h-13h30, hors saison 8h30-13h/15h-18h. 8h-13h30 les ven. et sam., fermé le dim. Procurez-vous la carte des circuits des ksour (très schématique mais fort utile).

Banque / Change - **BH**, rue Farhat Hached. **Banque du Sud**, av. Farhat Hached. **CFCT**, rue Farhat Hached. **STB**, av. Habib Bourguiba.

Poste centrale - Av. Hédi Chaker, à l'angle avec l'av. Habib Bourguiba.

Urgence / Santé - **Garde nationale**, av. Habib Bourguiba, ☎ 75 860 350/354. **Police**, place des Martyrs, ☎ 75 860 814. **Hôpital régional**, cité du 7 Novembre, ☎ 75 860 114 ; **Service urgence**, ☎ 75 860 902.

Se loger

Étant donné le peu d'intérêt de la ville, les hôtels sont surtout une étape sur la route de Chenini.

▸ Centre-ville

De 10 à 20 d (6,5 à 13 €)

Hôtel de la Station, 4 place du 15 Janvier ☎ 75 860 104 - 15 ch. Cet hôtel est l'occasion de rencontrer d'autres voyageurs et de se tenir informé, par exemple de l'état des routes, en constante amélioration dans la région.

De 40 à 50 d (26 à 33 €)

Hôtel La Gazelle, av. Hédi Chaker, ☎ 75 860 009 - 23 ch. CC Hôtel aux allures de caserne mais aux chambres relativement propres et confortables.

▸ Zone touristique

Autour de 60 d (40 €)

Hôtel Mabrouk, route de Chenini, ☎ 75 862 805 - 30 ch. Avec son architecture massive imitant vaguement le style de la région, l'hôtel offre une halte confortable pour un prix raisonnable. Petit camping de l'autre côté de la route (5 d/personne).

Autour de 100 d (65 €)

Hôtel Dakyanus, El Ferch, route de Guermassa, ☎ 75 832 198, www.dakyanushotel.com - 46 ch. Un hôtel de construction récente qui rend l'étape confortable sur la route de Guermassa, à 5 km de la sortie de Tataouine.

Autour de 120 d (78 €)

Hôtel Sangho, 3 km de Tataouine sur la route de Chenini-Guermassa, ☎ 75 860 124 - 86 ch. CC Architecture élégante pour cet hôtel dont les bungalows sont éparpillés au milieu d'un beau jardin.

Se restaurer

Peu d'adresses vraiment recommandables. Pour un petit creux, régalez-vous d'un sandwich tunisien ou d'un fricassé (beignet farci de thon, avec olives et salade tunisienne). Au dessert, goûtez la corne de gazelle, spécialité de la région, la palme revenant à Ghomrassen.

▸ Ville moderne

Moins de 10 d (6,5 €)

Restaurant de l'hôtel Madina, place du 15 Janvier, ☎ 75 860 999. Au 1er étage, dans une salle impersonnelle, les plats sont en revanche bons et copieux.

Restaurant de l'hôtel La Gazelle, av. Hédi Chaker, ☎ 75 860 009. Peu de choix et des plats un peu tristes.

Loisirs

Festival des ksour, début avril. Exposition d'artisanat local et manifestations folkloriques : danses, fantasias, etc.

Achats

Souk hebdomadaire - Lundi et jeudi.

Antiquités et artisanat - Chez Moktar el Megbli, 68 av. Habib Bourguiba. Tapis, kilims, voiles et bijoux.

KSAR EZ-ZAHRA★★

17 km de Tataouine.

Sortez de Tataouine en prenant la direction principale de Guetoufa, puis suivez les panneaux. Ce ksar peu visité est unique de par sa situation au cœur du village. Construit autour de deux cours, les habitants ont gardé l'habitude d'en faire un lieu de vie et vous aurez sans doute l'occasion de voir les anciens jouer aux dames avec des petits cailloux pendant que les enfants rentrent de l'école. La route continue vers Ksar Ouled Soltane.

KSAR OULED SOLTANE★★

47 km AR de Tataouine.

Venant de Tataouine, prenez la direction principale de Remada. À 1,5 km du centre-ville, prenez à gauche l'indication Maztouria. La route s'engage dans un plissement du jebel Dahar, et suit l'oued Zandag ; sur les hauteurs se profilent des ruines de ksour. Au-delà de Tamelest (mosquée), prenez à gauche la direction de Ksar Ouled Soltane. Le grenier a tôt fait d'apparaître au sommet d'un piton d'où s'élève un minaret. Garez-vous en face de la mosquée.

Le ksar, avec ses greniers étagés sur quatre niveaux, s'organise autour de deux cours très photogéniques. La pierre des façades a disparu sous un enduit. Du coup le ksar semble construit en pâte à modeler. Des escaliers défiant l'apesanteur courent sur les façades. Les minuscules portes sont à l'échelle des greniers. Le petit café à l'entrée sert un thé très amer parfumé au *chirh*, une armoise très commune dans la région.

Se restaurer, boire un verre

De 10 à 15 d (6,5 à 10 €)

Relais El Borj, à Rogba (continuez la route *via* Ksar Beni Barka, avant de rejoindre la route de Remada), ☎ 75 851 236. Restaurant et café maure. Spécialités cuites au four dans une jarre.

KSAR OULED DEBBAB

Ce ksar est l'un des plus vastes de la région. Sa multitude de *ghorfa* en petit appareil de pierre couronne un éperon. Les plafonds des greniers ont gardé l'empreinte des planches qui ont servi au coffrage des voûtes. On y devine des mains et des triangles, et un décor en larges pointillés qui imite les motifs des tatouages. Les constructions chaulées de blanc *(à gauche de l'entrée)* ont servi un temps d'hôtel avant d'être abandonnées. L'état général assez délabré et les gamins, qui ne cessent de harceler les touristes, font de ce ksar l'un des moins intéressants.

Empruntez la route de Douiret au pied du ksar. Elle traverse le plus accidenté des reliefs du Dahar : un paysage minéral et sévère qui aligne de hauts pics bien détachés surmontés de gigantesques rochers. Seuls les *jessour*, murets destinés aux cultures qui barrent les oueds, signalent une présence humaine. On passe par le nouveau village de Douiret *(à 11 km de l'embranchement avec la route de Tataouine)* avant de gagner le vieux village abandonné à flanc de montagne.

DOUIRET★★

Garez-vous près du centre de vacances.

Vous découvrirez ce village peu fréquenté du Dahar dans un écrin grandiose de pics déchiquetés. Les constructions de Douiret sont suspendues à mi-hauteur d'une montagne escarpée. Il s'en détache une mosquée blanche que couronne une *kalaat* en pierre.

Il faut emprunter un chemin abrupt pour gagner la « rue » principale qui dessert les habitations aujourd'hui abandonnées. Le village comptait 3 500 âmes au milieu du 19e s. lorsqu'il servait de relais caravanier. Le grenier en pierre qui borde le sentier précède une cour et des pièces creusées dans le roc. Celles-ci forment l'habitation principale, soit deux pièces en enfilade dont la seconde

Le pressoir à huile traditionnel

Dans une cave sombre à flanc de rocher, un dromadaire entraîne la meule sur une large table de pierre circulaire. La chair des petites olives noires éclate. Elle est recueillie dans des corbeilles en alfa qui sont aussitôt empilées, puis placées sous une presse par un habile dispositif de poids et de contrepoids pour en extraire le précieux liquide. Par le jeu des densités, l'eau est séparée de l'huile qui surnage. Les derniers pressoirs en activité – pour combien de temps ? – se visitent à Douiret et à Ksar Hallouf.

est appelée « chambre de la mariée ». Ces « maisons » troglodytiques sont moins sensibles aux variations de température ; les autochtones bénéficiaient ainsi d'une certaine fraîcheur en été et de quelques degrés supplémentaires en hiver. Vous découvrirez un bel exemple de cet habitat juste avant la mosquée blanche. Un chemin en balcon conduit à un cirque abritant l'unique **mosquée souterraine★** de Tunisie *(comptez 20mn en empruntant le chemin qui commence sur la droite de la mosquée du village ; visite autorisée)* devant laquelle un splendide figuier plonge ses racines jusque dans les citernes de la cour. Cette dernière sert de salle de prière en été. À droite, un écoulement noir marque le seuil d'un **pressoir souterrain**.

La **kalaat** offre une superbe **vue★** sur la région. Le « petit guide » qui vous accompagnera (un enfant du village), interprétera pour vous au cours de la pénible mais courte ascension les signes tracés sur les voûtes des constructions : mains de Fatma, triangles, signatures.

Traversez le nouveau village berbérophone de Douiret, contournez la mosquée et dirigez-vous vers un bosquet d'oliviers géants.

Se loger

Autour de 30 d (20 €)

☺ **Ksar Douiret**, ☎ 75 878 066, f.laffet@voila.fr - 7 ch. ✕ Les membres de l'Association de sauvegarde de la nature et de protection de l'environnement à Douiret ont réalisé ici un travail exemplaire. Les chambres s'articulent autour de la petite cour d'un ksar. Les sanitaires communs sont irréprochables. Possibilité d'hébergement en pension complète avec le restaurant quelques marches au-dessus (10 d/personne). Pour les randonnées à pied (20 d/j), à dos de dromadaire (60 d/j) ou avec un âne (50 d/j), étant donné la modestie des moyens de l'association, il est indispensable de s'y prendre à l'avance.

Se restaurer, boire un verre

Autour de 8 d (5 €)

☺ **Ksar Douiret**, ☎ 75 878 061. Le minuscule restaurant-buvette de l'établissement ci-dessus. Hors saison, il est recommandé de prévenir à l'avance. Au menu de cette gargote familiale: *kamounia*, couscous et *méchouia*.

CHENINI★

Vous atteindrez Chenini, indiqué à 20 km, par une route qui traverse une région déserte, en apparence. Pourtant chaque oued est savamment mis en valeur grâce au système des *jessour*. Laissez sur votre gauche la piste de Ksar Ghilane *(voir p. 340)*, et engagez-vous dans une gorge : se dessine alors, derrière une palmeraie, la façade blanche de la mosquée de Chenini (parking au relais Chenini). Perché sur une crête vertigineuse, c'est l'un des rares villages berbérophones encore habité. Le *ksar* qui coiffe le long éperon nord aurait été fondé au 12ᵉ s. Le village s'est développé sur plusieurs étages à flanc de montagne. Un chemin, emprunté à dos d'âne par les enfants, s'engage entre les deux crêtes séparées par la mosquée. À droite, il conduit à la partie habitée du village. Les murets délimitent grange et étable, tandis que la maison est excavée dans la paroi comme à Douiret. La **vue★** sur l'autre versant du petit col où s'accroche la mosquée porte sur des jardins en terrasse qui s'étirent le long des oueds. À gauche, les ruelles dallées longent des constructions désaffectées avant de gagner le sommet surmonté des ruines du ksar. Les enfants, qui vous auront accompagné moyennant une petite rétribution, vous désigneront la boulangerie et le pressoir à huile où l'on entre après avoir poussé de minuscules portes en palmier aux gros clous en bois d'olivier.

▶ Ces mêmes gamins vous proposeront sans doute de visiter *(20mn à pied du village)* la **mosquée**, qu'ils qualifient de « souterraine » parce qu'elle abrite une grotte. Elle est surmontée d'une autre grotte qui passe ici pour détenir le **tombeau des Sept Dormants**.

▶ Empruntez la route de Tataouine qui contourne le ksar. Celle-ci longe un superbe cirque montagneux et aride, laisse la piste de Guermessa (déconseillée) avant d'atteindre un embranchement à 14 km de Chenini. Prenez à gauche en direction de Guermessa.

GUERMESSA★★

Au fur et à mesure que l'on approche de la montagne, se discerne lentement le vieux village très étendu de Guermessa, dont les habitations se confondent avec les parois du jebel. Gagnez le rond-point qui marque l'entrée du village moderne, laissez à droite la route de Ghomrassen et dirigez-vous vers la mosquée *(stationnement à proximité)*.

Guermessa ne se livre pas facilement, mais la **vue★★** très étendue dont on jouit du vieux village récompense largement de l'ascension *(30mn ; possibilité de s'y rendre en voiture, voir le Relais Guermessa)*. Comme à Chenini, le village est séparé en deux au niveau de sa mosquée dont le blanc éblouit au soleil. À droite la *kalaat*, à gauche un village en partie construit en pierre qui s'étage sur plusieurs niveaux en bénéficiant de la présence de strates d'une roche tendre. Au milieu du village se trouve une vieille mosquée abandonnée (ne pas confondre avec celle jouxtant le relais). Remarquez, près de l'entrée, des trous (genre de bols) creusés dans la pierre : les habitants y versaient un peu d'eau et quelques graines afin de satisfaire Dieu. Juste avant, sur la terrasse, on peut voir un damier (7 x 7) lui aussi creusé dans la roche où les hommes avaient l'habitude de jouer à un jeu très similaire à celui des dames (des petits cailloux de couleur faisaient office de pions).

La sourate de la Caverne

L'empereur romain Dèce, de passage à Éphèse en 250, ordonna d'emmurer sept jeunes chrétiens dans une grotte. Plongés dans un long sommeil, ils se réveillèrent deux siècles plus tard pour… mourir aussitôt. Cette tradition apocryphe connut une large diffusion, tant en Occident (notamment aux grottes de Noirmoutier) qu'en terre d'Islam. Selon le Coran, les Sept Dormants seront les annonciateurs du Jugement dernier.

Suivez la route jusqu'à l'entrée de Ghomrassen, et tournez à gauche *(un panneau signale le centre-ville à 2 km)*. Traversez ce centre administratif relié à Tataouine par une route directe.

Se loger, se restaurer

Autour de 20 d (13 €)

☺ **Relais Guermessa**, entre Ghomrassen et Guermessa, prenez la piste de Ksar Ghilane; tournez à gauche à environ 3 km (accessible en voiture), ☎ 97 209 010 - 5 ch. En cours d'aménagement. Pour l'instant, des chambres au confort spartiate avec douches au baquet. Le responsable ne manque pas de projet pour ce site magnifique. S'ils sont prévenus à l'avance, lui et sa femme peuvent dès à présent vous proposer de bons repas, la visite du vaste village installé à flanc de montagne et des randonnées dans les environs. Il est aussi possible de rejoindre Chenini *(une journée de marche AR)* par un plateau.

KSAR EL FERCH

Un archéologue italien a récemment mesuré les différents ksour de la région, et celui-ci s'avère être le plus grand par sa superficie. Sur la route de Ghomrassen, profitez d'une halte dans le petit café-restaurant donnant sur une des places du ksar. Possibilité d'y planter sa tente moyennant une somme modique.

GHOMRASSEN

Cette localité qui possède quelques habitations troglodytiques et des *ghorfa* sans grand intérêt, s'est fait une spécialité des délicieuses **cornes de gazelle**, une pâtisserie en forme de croissant fourrée d'amandes et de sésame. Ici, elles sont frites et non dorées au four comme dans le reste de la Tunisie. Le savoir-faire des habitants de Ghomrassen s'est exporté au-delà des frontières, et c'est de ce village que viennent les propriétaires de bon nombre de pâtisseries tunisiennes en France. Ils y ont fait fortune, si l'on en juge par la grande maison blanche que l'on distingue sur les hauteurs. Elle appartient à une famille qui tient négoce place St-Michel, à Paris.

Achats

Pâtisserie Ibn Arafa, av. Habib Bourguiba. Les meilleures cornes de gazelle de Tunisie et de délicieux fricassés (beignets farcis de thon, d'œuf dur, d'olives noires et d'harissa).

Pâtisserie, av. Habib Bourguiba, après le tabac. Un autre excellent pâtissier, pour les cornes de gazelle et les *mrharek* (beignets ronds gorgés de miel).

KSAR HADADA

Au pied du village, prenez à droite pour gagner la place principale.

Une partie du ksar abritait depuis 1968 un hôtel au confort plutôt spartiate. Il est vrai que les *ghorfa* sont plus adaptées au stockage des provisions qu'à l'accueil des voyageurs. Depuis le tournage de l'épisode 1 de *La Guerre des étoiles*, des hordes de touristes visitent en permanence le site, ce qui a poussé les responsables à engager une restauration à la va-vite, tout en béton ! Passez votre chemin.

▸ Une belle route goudronnée de 24 km relie Ksar Hadada à Beni Kheddache. Elle débute à gauche de l'ancien hôtel Ksar Hadada, et ménage de splendides **points de vue★★**. Dès la sortie de Ksar Hadada, on suit à distance une **gorge★** profondément encaissée. À 5 km, on laisse à droite la route pour Oued el Khil. Plus loin, le paysage devient grandiose avec des couches de terrain jaune, rose et rouge avant de gagner une autre vallée. Le décor est dominé par des pics effondrés et de longues formations tabulaires en strates toujours piquetées d'une maigre végétation de touffes d'herbe. À 13 km, des maisons aux voûtes en berceau annoncent le gros bourg d'Oued el Khil. La route longe des terrasses plantées d'arbres qui font la fortune du village puis se poursuit sur un plateau avant d'atteindre l'entrée de Beni Kheddache. Au café Tunis, vous buterez sur la route de Medenine *(sur votre droite, à 33 km)* à Ksar Hallouf *(sur votre gauche)*.

BENI KHEDDACHE

Le village ne présente guère d'intérêt. Le vieux ksar a été démoli en 1958 alors que le bourg était promu chef-lieu de délégation. L'heure était à la modernisation. À cette époque, le président tunisien exhortait l'État à « faire oublier ces huttes de boue qui gâchent le paysage et à libérer la population locale et les touristes de ce spectacle dégradant ». Une politique qui accéléra la disparition de bien des ksour du Sud. À Beni Kheddache, des boutiques installées dans les quelques *ghorfa* épargnées forment un petit marché à gauche de la tour de télécommunication.

EXCURSION À KSAR JOUMÂA

16 km AR de Beni Kheddache. À 7 km de Beni Kheddache par la route de Medenine, soit 500 m après la sortie du village de Ksar Joumâa, une mauvaise piste de 700 m mène à ce nid d'aigle (le ksar est indiqué par un panneau visible uniquement pour les automobilistes en provenance de Medenine).

Ce ksar a échappé au mot d'ordre destructeur. Dressé sur un piton, il domine sur trois côtés d'impressionnants dénivelés. On débutera la visite par la **mosquée** à trois travées, qui se trouve au sommet d'une volée d'escaliers en ciment. L'édifice est précédé de deux citernes, qui recueillaient les eaux de pluie ingénieusement canalisées par des murets bas disposés en entonnoir sur la colline. L'eau des bassins servait à alimenter la petite construction destinée aux ablutions jouxtant la mosquée. De l'extrémité du ksar, hélas éventré, on peut admirer les cultures en terrasses disséminées en contrebas.

Regagnez Beni Kheddache, puis empruntez la route de Matmata qui s'élève à flanc de montagne soutenue par des murets en pierre. À 2,5 km de Beni Kheddache, prenez la route qui monte à gauche. Vous traverserez une vallée sauvage avec quelques fermes troglodytiques qui semblent garder de belles oliveraies. Dans un village, à 10,5 km de Beni Khaddache, prenez à droite la direction de Ksar Hallouf *(4 km de piste)*.

Boire un verre

Café-restaurant-hébergement, ☎ GSM98 434 036/97 204 976, ksarjeorimma@aol.com - 5 ch. ✕ Le ksar a été repris par trois frères qui ont l'ambition de faire de ce site une halte agréable, et les services devraient s'améliorer progressivement - pour l'hébergement et la restauration, réservez à l'avance. Comptez 8 d pour l'hébergement et 12 d pour un repas complet (four enterré pour cuire la viande).

KSAR HALLOUF★

Dominant une petite oasis qui s'étire le long d'un oued, Ksar Hallouf aux jolies façades de pierres brutes est l'une des haltes les plus tranquilles de Tunisie. Les six *ghorfa* mises à la disposition des voyageurs sont trop petites pour accueillir les groupes. Elles permettent ainsi un repos parfait. L'accès est très raide mais les derniers mètres de piste sont cimentés. Autour de la grand place, les *ghorfa* sont disposées sur deux niveaux. L'une d'elles abrite une huilerie traditionnelle. Du sommet de la colline qui surplombe la petite mosquée désaffectée du ksar, on ne se lasse pas de contempler le soleil décliner sur la palmeraie et les pics voisins.

Se loger, boire un verre

Moins de 10 d (6,5 €)

Hôtel Ksar Hallouf, ☎ 75 637 148 - 6 ch. ✕ On hésite à recommander cet établissement. Le propriétaire est fier de son hôtel-restaurant-buvette : 6 chambres dans lequelles on tient à peine debout ; WC extérieurs et douche improbable. Pour les âmes assoiffées d'exotisme… et de calme.

DE KSAR HALLOUF À TOUJANE

Quittez Ksar Hallouf par la piste qui prend à droite au pied du ksar. La route qui la prolonge emprunte le lit d'un oued. Après avoir roulé 8 km et regagné la plaine au village de Bayra, prenez à gauche la direction de l'oued El Hallouf *(pas de panneau)*. Continuez tout droit jusqu'à l'intersection située à 8 km *(direction d'Halg Jimel)*. Traversez ce dernier village, et 2 km plus loin commence une piste un peu difficile *(sur 3 km)* que vous suivrez en prenant pour point de repère la mosquée blanche.

Cette piste regagne la route étroite et sinueuse qui relie Medenine à Toujane. Elle s'élève rapidement pour offrir de beaux **points de vue★★** sur la Jeffara, cette vaste plaine pelée qui court jusqu'à la mer. Les collines embaument l'armoise blanche et le thym qui se répandent en touffes épaisses. La route descend enfin sur Toujane.

TOUJANE

Le gros bourg en pierre de Toujane s'étend sur les pentes d'un cirque. Le village est partiellement habité. Des femmes aux robes colorées disparaissent parfois derrière un enclos avec leur troupeau de chèvres. On les croise le long des routes, chargées de gros fagots et secondées par leurs enfants qui transportent l'eau. Le lourd bidon est maintenu dans le dos par une lanière qui ceint le front. Le relais Hasnaoui, à l'entrée du village, est installé dans une habitation troglodytique.

La route épouse le cirque pour gagner la bifurcation en direction de Mareth et Matmata *(prenez à gauche)*. Elle monte ensuite pour offrir un dernier beau **point de vue★** sur le village.

▸ Empruntez 3 km plus loin la piste de Matmata *(à droite en direction d'El Abdech)*. Cet itinéraire se maintient sur les crêtes, un superbe parcours où alter-

La maison troglodytique

La maison troglodytique, que l'on découvre à Matmata et à Téchine, s'ordonne autour d'une cour à ciel ouvert de 5 à 10 m de profondeur à laquelle on accède par un escalier excavé à flanc de mamelon. Autour de la cour de 9 m de diamètre, les cinq à six pièces du rez-de-chaussée servent à la vie quotidienne : cuisine, chambre à coucher, réception. On engrange les provisions à l'étage, auquel on monte par des escaliers taillés dans l'argile. Le choix de ce mode d'habitat assez singulier obéit plus à des impératifs de construction qu'à des raisons défensives. La terre meuble permettait de se loger à moindres frais dans cette région pauvre en bois de charpente, et de bénéficier d'une excellente isolation thermique. Ce mode d'habitat souterrain était connu des notables numides de Bulla Regia dès l'époque romaine.

nent habitations isolées, jardins en terrasses, oueds encaissés, et points de vue sur la plaine de la Jeffara en contrebas. De grosses bornes en ciment indiquent des directions qu'il serait imprudent de suivre. La piste s'achève 15 km plus loin, à la sortie d'un bois d'eucalyptus. Une route part à gauche pour Téchine (village troglodytique situé 5 km plus loin), tandis que, dans le prolongement de la piste, celle de Matmata traverse un autre village enterré. Elle longe de nombreux figuiers de Barbarie, passe au pied d'une grande antenne avant de redescendre sur Matmata *(à 10 km)*.

MATMATA

On ne remarque d'abord rien d'extraordinaire dans ce village bâti dans une cuvette cernée de sommets. Les maisons basses, modestes mais proprettes, sont entourées de murs. Il faut prendre un peu de hauteur (au-dessus de la place principale près du syndicat d'initiative par exemple) pour découvrir un paysage lunaire criblé de cratères. Chaque dépression forme la cour d'une de ces fameuses habitations troglodytiques.

Si vous n'êtes pas invité – souvent avec insistance et toujours dans l'espoir d'écouler un produit de l'artisanat ou de recueillir un pourboire – dans l'une de ces demeures souterraines, dirigez-vous vers le musée situé derrière l'hôtel Sidi Idriss (route face au syndicat d'initiative). Le **musée de Matmata** *(8h-17h, entrée payante)*, installé dans une maison troglodytique, restitue en quelques pièces réparties autour d'une cour avec puits et citerne la vie traditionnelle à Matmata. Il présente un lit dont les montants en bois recouverts d'argile blanchie constituent une véritable dentelle. Ce type de « mobilier » fixe, comprenant les étagères, est encore fréquent dans les maisons de Téchine. Mais comme les autres sites où fut tourné un épisode de *La Guerre des Étoiles*, l'endroit peut devenir pénible tant on est sollicité par les guides et vendeurs.

Arriver ou partir

La station service la plus proche se trouve à Matmata Nouvelle (15 km).

En bus - SRTG Gabès. 1 bus par jour à destination de Matmata Nouvelle (le nouveau village) et Jerba.

Adresses utiles

Informations touristiques - Syndicat d'initiative, centre-ville, ☏ 75 240 114. 8h30-12h/15h-17h30, vendredi et samedi 8h30-12h. Possibilité de visiter quelques maisons troglodytes, avec un guide du syndicat. De courtes excursions dans Matmata, à dos de dromadaire, sont aussi proposées.

Banque / Change - Pas de banque.

Poste centrale - Au centre du village.

Se loger

Trois établissements se sont installés dans des anciennes demeures troglodytiques. L'exotisme signifie aussi des sanitaires communs (parfois sordides), dormir à 6 par cellule en moyenne, et des portes de chambres mal dégauchies et sans verrou. Gare aux moustiques à certaines saisons !

Guermessa

Hôtels troglodytiques

De 20 à 30 d (13 à 20 €)

Hôtel Sidi Driss, ☎ 75 240 005 - 20 ch. 20 chambres mais 130 lits pour cet hôtel où ont été tournées les scènes du bar, dans le premier volet de *La Guerre des Étoiles*. Sanitaires épouvantables.

Les Berbères, ☎ 75 240 024 - 11 ch. Là encore 120 lits pour 11 chambres. Pensez à réserver si vous désirez l'unique chambre à 2 lits.

Hôtel Marhala Matmata (Touring-Club de Tunisie), ☎ 75 240 015 - 36 ch. L'hôtel troglodytique à l'accueil le plus sympathique.

Hôtels classiques

Autour de 50 d (32 €)

Hôtel Ksar Amazigh (ex-Troglodytes), ☎ 75 240 088/062 - 50 ch. Très belle architecture pour ce nouvel établissement doté de tout le confort nécessaire à un séjour agréable.

Hôtel Diar el Berber, ☎ 75 240 074/100 - 162 ch. Cet hôtel est la reproduction d'une maison troglodytique, avec le confort d'un 4-étoiles. Dispersées autour de patios, les chambres, sobres, à la décoration traditionnelle, ont beaucoup de cachet. On regrette cependant l'aspect carton-pâte des bâtiments et le faux dromadaire.

Se restaurer, boire un verre

Que ce soit en ville ou dans les restaurants d'hôtels, une conclusion s'impose : la gastronomie n'est pas à l'honneur !

Loisirs

Festival de Matmata, spectacles folkloriques, animations et soirée de variétés. Fin août.

EXCURSION À TAMEZRET★★

À 12 km seulement à l'ouest de Matmata par une route sinueuse, le village de Tamezret tranche franchement sur celui de Matmata : les habitations troglodytiques ont cédé le pas aux maisons en pierre ; les rues sont bordées de hauts murs où résonne la langue des Berbères. Pour apprécier l'ensemble, passez de l'autre côté de la colline afin que disparaisse l'inesthétique relais de télécommunication. Au départ de la route de Douz (un raccourci de 100 km pour gagner le Nefzaoua), on peut à la rigueur monter à pied jusqu'à la mosquée et faire une halte au petit café tout proche. Ne manquez pas le musée *(suivez les flèches bleues, gratuit)* dans la maison d'un habitant du village qui désire préserver la culture de la région.

Revenez à Matmata.

SUR LA ROUTE DE GABÈS

En chemin, il faut s'arrêter au petit col, à la sortie de Matmata. La **vue★★** sur la Jeffara y est extraordinaire. La route se fraie ensuite un passage entre les ravins qui marquent la pointe nord du Dahar. À 3,5 km de Matmata sur la droite, une famille a transformé son habitation en musée vivant. Peu de groupes résistent au plaisir de se faire photographier en compagnie de la maîtresse de maison qui feint de moudre le grain avec une vieille meule de pierre.

Deux kilomètres plus loin *(à droite de la route principale)*, le village de **Haddèj** forme une autre agglomération troglodytique mieux préservée que Matmata. Vous serez convié parfois sans ménagement à visiter une maison.

La route traverse ensuite **Matmata Nouvelle** construite pour reloger les habitants de Matmata, sans grand succès. Le large boulevard avec terre-plein central planté de lampadaires traverse une ville sans âme. La route rectiligne gagne ensuite Gabès.

GABÈS★

Voir la description de la ville p. 311.

De Gabès, la route rejoint le bac d'Ajim puis Jerba (à 106 km). Elle laisse celle de Medenine peu après Mareth, théâtre de rudes combats durant la Seconde Guerre mondiale. En 1943, il fallut quarante jours aux troupes des généraux Montgomery et Leclerc pour en déloger le maréchal Rommel. Un **Musée militaire** commémore la ligne de fortifications de Mareth construite en 1938 par la France *(8h-13h/16h-19h en été, 9h30-16h30 hors saison, entrée payante).*

GABÈS

Quelques repères

Chef-lieu de gouvernorat - 109 000 hab. - À 136 km de Sfax et env. 100 km de Jerba

À ne pas manquer

La visite de l'oasis en calèche.

La palmeraie et ses parcelles cultivées.

Conseils

Préférez les hôtels du bord de mer.

L'oasis de Gabès annonce le Sud tunisien. Fait unique au Maghreb, sa palmeraie vantée par Pline s'étire jusqu'à la Méditerranée. « Et puis surgit la palmeraie : aux portes du désert l'offrande... L'odeur des plantes se mêle à celle des algues », écrit Tahar Bekri. Que l'on se rende à Jerba, Tozeur, Matmata ou Tunis, l'étape est incontournable et la visite de son oasis s'impose.

À Gabès, point de rupture de charge, la cargaison des caravanes transsahariennes était embarquée sur les navires qui cabotaient le long des côtes maghrébines. L'antique Tacapa, que les Anciens surnommaient la « petite Syrte », fut longue à se remettre de l'abandon de ce fructueux commerce. La découverte de pétrole au large du golfe de Gabès a permis la construction d'un port moderne et d'un complexe industriel qui vivent néanmoins à l'ombre de Sfax. Autour des quatre gros bourgs édifiés sur les berges d'un large oued (Chenini, Menzel, Jara et Petite Jara) s'est développée une ville tranquille qui borde au sud l'oasis et s'étire jusqu'au port. Là, face aux deux grands hôtels, débute une longue plage agréable lorsque le *bahri*, le vent du large, retient son souffle.

Arriver ou partir

En voiture - De Tunis, la route la plus directe est la P 2 *via* Kairouan, puis la P 1 à hauteur de Skhira, soit au total 406 km. De Jerba, prenez le bac à Ajim *(voir p. 280)*.

En bateau - **Port**, ☎ 75 270 367.

En train - **SNCFT**, rue Mongi Slim, ☎ 75 270 944. 3 trains par jour assurent la liaison avec Tunis (7h). Arrêts à Mahrès, Sfax, Sousse, Bir Bou Rekba.

En bus - **SRTG**, ☎ 75 274 248. Les gares routières sont av. Farhat Hached et route de Sfax. Plusieurs bus par jour vers Matmata, Tataouine, Gafsa, Sfax, Sousse, Kebili, Douz, Jerba et Tunis.

En taxi collectif - 2 stations, selon que l'on sorte ou non du gouvernorat. Celle av. Farhat Hached, à 700 m de la gare routière, ne dessert que Marhet. Celle du rond-point de Chmama, sur la route de Sfax, assure des liaisons avec les principales villes de Tunisie : Jerba (1h30), Tunis (4h), Sfax (1h45), Gafsa (2h), Tozeur (1h30) et Tataouine (1h30).

Comment circuler

En taxi - Vous trouverez la station dans le souk Jara, au pied de la mosquée.

En calèche - En face de la gare routière (15 d pour 1h d'excursion). C'est de là que partent les promenades bucoliques dans la palmeraie de Chenini.

Location de voiture - **Avis**, rue du 9 Avril, ☎ 75 270 210. **Hertz**, 30 rue Ibn el Jazzar, ☎ (75) 270 525.

Adresses utiles

Informations touristiques - **ONTT**, sur la place, à l'angle des av. Habib Thameur et Hédi Chaker, ☎ 75 270 254. 8h30-12h/15h-17h45, 8h30-13h les vendredi et samedi, fermé le dimanche.

Comité culturel, rue Mohammed Ali, ☎ 75 270 321.

Syndicat d'initiative, en face de l'hôtel Nejib. Toujours fermé.

Banque / Change - **BCT**, rue Mohammed Ali. **BIAT**, av. Farhat Hached. **BNA**, av. H. Bourguiba. **Banque du Sud**, 131 av. H. Bourguiba. **UIB**, av. H. Bourguiba.

Poste centrale - Av. Habib Bourguiba.

Téléphone - Bureaux dans toute la ville.

Publinet - Gabès Center, av. Habib Bourguiba ; 25 av. Farhat Hached.

Urgence / Santé - **Police**, rue Abou el Kacem Chebbi, ☎ 75 270 390. **Polycli-**

nique Bon Secours, rue Mongi Slim, ☎ 75 271 400. **Clinique Bourbaba**, route de Medenine, ☎ 75 282 700.

Compagnie aérienne - Tunisair, 192 av. Farhat Hached, ☎ 75 271 250.

Internet - Av. Bourguiba, dans la galerie commerciale en face de l'hôtel Regina, ☎ 75 275 724. Tlj 8h-22h.

Se loger

À part les quelques hôtels en ville, tous vieillots, deux établissements pittoresques se partagent la plage.

▸ *En ville*

Moins de 10 d (6,5 €)

Camping Centre de Stages, rue de l'Oasis, quartier de la Petite Jara, ☎ 75 270 271. Petit terrain de camping et 7 blocs de dortoirs situés à l'orée de la palmeraie, près de la mosquée de Sidi Driss. Bâtiments agréables et sanitaires bien tenus. Chambres de 3 ou 4 lits.

De 10 à 20 d (6,5 à 13 €)

Hôtel Ben Nejima, 66 rue Ali Jmel, ☎ 75 271 591 - 15 ch. Voilà une solution pour les bourses plates. Les chambres sont convenables mais les douches sur le palier sont mal tenues. Situé au milieu d'un carrefour bruyant.

Hôtel Regina, 138 av. Bourguiba, ☎ 75 272 095 - 10 ch. En plein centre-ville et pourtant très calme puisque les chambres donnent sur un grand patio. Idéal pour les petits budgets. Supplément pour climatisation et TV. Café populaire à l'entrée et à deux pas des banques, restos, hammam...

De 30 à 40 d (20 à 26 €)

Hôtel Rahma, 22 rue Boulbaba Mrabet, ☎ 75 275 710 - 44 ch. Tout neuf et très propre, bien situé dans le centre-ville mais sans charme particulier. Supplément pour TV et clim.

Hôtel Atlantic, 4 av. Habib Bourguiba, ☎ 75 220 034 - 64 ch. Hôtel au charme suranné et à la très belle façade de style colonial. En revanche, l'intérieur déçoit beaucoup : les chambres sont décrépites et mal entretenues.

Sur la plage

À partir de 90 d (58 €)

Hôtel Chêms, route de la Plage, ☎ 75 270 547, hotelchems@gnet.tn - 154 ch. À proximité de la plage, l'hôtel a été refait en même temps que son voisin L'Oasis mais avec beaucoup moins de charme et de verdure. Les chambres sont vastes, sobrement décorées et très propres.

L'Oasis, route de la plage, ☎ 75 270 381, sami.chabane@gnet.tn - 112 ch. Entièrement rénové en 2003 avec un effort notable pour la décoration. Les couloirs menant aux chambres sont un plaisir des yeux, dans le genre coursive de bateau. Cinq délicieuses suites dont la n° 5 est particulièrement remarquable. Le paon, les poules et le coq, dans les jardins verdoyants, contribuent au dépaysement.

Dans l'oasis

De 40 à 60 d (26 à 40 €)

Chela Club, à 6,2 km de Gabès, en prenant la route de Sfax. Suivez la direction Kébili (à 1,5 km), puis la direction Chenini (à 1,9 km). Tournez ensuite à droite, à 5 km, au panneau. 400 m plus loin, prenez la route sur la droite plongeant vers l'oasis. ☎ 75 227 442 - 50 ch. Confort rustique pour ce club de vacances. Les bungalows en pierre ont climatisation et chauffage « naturels » : l'été, la palmeraie garantit une relative fraîcheur ; dès que les nuits se font plus froides, vous ne pouvez compter que sur les couvertures.

Se restaurer

Gabès est une étape touristique, d'où quelques tables agréables.

En ville

Moins de 10 d (6,5 €)

Chez Armori, 82 av. Bourguiba, ☎ 75 272 018. Restaurant sympathique, fréquenté surtout par des Tunisiens. Les plats sont bons mais pas très copieux.

De 3 à 13 d (2 à 8,5 €)

Pizza Pino, 144 av. Bourguiba. Ce restaurant n'est pas représentatif de la tradition culinaire tunisienne. Cependant, il propose un grand choix de pizzas (excellentes). Plats à emporter.

De 10 à 20 d (6,5 à 13 €)

Restaurant de l'Oasis « franco-arabe », en face de l'hôtel Atlantic, av. Farhat Hached, GSM 97 213 177. Salle très simple, rideaux aux fenêtres et chaises en bois, pour ce restaurant où vous pourrez déguster de bons plats en toute tranquillité : risotto aux seiches, tajines *malsouka* (enrobée dans une feuille de brik ; à commander 2h avant), poisson très frais. Fermé le dimanche.

El Mazar (en direction de l'hôtel Nejib), 39 av. Farhat Hached, ☎ 75 272 065. La carte est éclectique : tajines et lapin à la tunisienne, rôti à la lyonnaise et escalope à la milanaise. Clientèle surtout touristique. Terrasse ombragée au 2e étage. Menu à moins de 9 €.

Dans l'oasis

De 5 à 10 d (3,5 à 6,5 €)

Restaurant Parc des Palmiers, Chenini, ☎ 75 227 454. Venez ici pour avoir le plaisir de manger dans l'oasis. Plat du jour selon l'humeur du chef, les lapins étant élevés par le propriétaire des lieux. Quelques spécialités sur commande. Les portions ne sont pas très copieuses mais le décor mérite le détour.

Sortir, boire un verre

Café La Chicha, sur la même place que l'hôtel Atlantic. Salles différentes réservées aux familles, aux fêtes ou tout simplement pour prendre un café entre amis. Pas d'alcool.

Café Corniche, à l'emplacement du casino. Vraiment désuet mais la terrasse entre le port, le phare et la mer attire la jeunesse du coin. Thé, café et chicha.

Café du Parc des Palmiers, voir restaurant du même nom. Un jardin romantique au bout de la palmeraie. Un des rares endroits où l'on voit des femmes seules ou des couples. Une ambiance inhabituelle que le propriétaire a mis plusieurs années à imposer.

Loisirs

Festivals - **Festival régional de la musique et des arts populaires**, en juin.

Festival international de Gabès, en juillet-août. Variétés et théâtre, le plus souvent en arabe.

Festival de la source, en septembre.

Fête religieuse de Sidi Boulbaba, à la fin du Ramadan.

Discothèques - Hôtel Chems, ☏ 75 270 547.

Barbier - Seboui Fathi, 123 av. F. Hached, ☏ 75 220 712. Cette boutique de coiffeur (mixte) et barbier se distingue par le nombre impressionnant de prix et de médailles d'or. Pour les hommes, l'occasion de découvrir le plaisir de se faire raser (1 d).

Hammam - El Hanna, 18 rue Charles de Gaulle (la rue en face de la poste). Le propriétaire devrait mettre sous peu un panneau en français pour indiquer ce hammam simple mais bien tenu.

Achats

Marché - Souk de Jara, fermé le lundi.

Librairie - Nefoussi, Gabès Center.

DE LA PALMERAIE À LA VILLE

Comptez une demi-journée.

La visite de la ville se limite souvent à la découverte de l'**oasis★** en empruntant l'une des calèches qui stationnent face à la gare routière *(comptez 12 d, 1h de visite. Prix fixé par l'Office du tourisme de Djerba mais très difficile à faire appliquer ; n'hésitez pas à relever le numéro de la calèche en cas de complication. Un panneau des tarifs devrait être installé et limiter les abus fréquents)*. Confortablement installé dans les sièges en cuir, bercé par le trot du cheval, vous surplomberez les haies de palmes et pourrez apprécier la diversité des cultures étagées sur trois niveaux. Les 300 000 palmiers-dattiers de l'oasis fournissent une datte de qualité médiocre. Ils abritent surtout de beaux vergers : grenadiers dont les fleurs rouges resplendissent au printemps, citronniers, orangers, abricotiers. Sous leur frondaison, de petites levées de terre délimitent des parcelles où l'on semble cultiver tous les légumes de la Création mais aussi du tabac, et surtout le henné qui a forgé la renommée de la ville.

Le henné

Le henné est un arbuste qui atteint 1 m de haut. Ses feuilles vertes sont récoltées à l'automne, puis séchées et pulvérisées. Elles constituent un colorant puissant utilisé par les femmes en teinture rousse des cheveux et en tatouage noir des mains lors des cérémonies de mariage.

▶ De la gare routière, gagnez le centre-ville. En face de l'imposante mosquée moderne, l'entrée du **souk de Jara** est égayée d'une multitude de paniers, spécialité des environs de Gabès. Sous les arcades aux piliers bas de cet ancien marché aux esclaves, les précieuses épices présentées en vrac côtoient des pyramides de henné dont le prix est proportionnel à la qualité. Dans le quartier tout proche de la petite Jara, s'élève la **mosquée Sidi Driss** *(visite discrète aux heures de prière)* qui remonte au 11e s. Les colonnes de la cour et celles de la salle de prière sont surmontées d'un impressionnant répertoire de chapiteaux antiques.

▶ Le **musée des Arts et Traditions populaires** *(8h-13h/16h-19h en été, 9h30-13h/16h-18h30 en hiver ; fermé le lundi ; entrée payante)*, à 2,5 km au sud de la ville *(accès en taxi)*, est logé dans une ancienne médersa du 17e s. vigoureusement restaurée. Dans les cellules de cette école coranique distribuées autour d'une cour sont exposés de superbes tissages traditionnels, des bijoux et des ustensiles quotidiens du Sud tunisien. Dans la salle de prière est représenté un mariage traditionnel.

À gauche du musée, la **mosquée Sidi Boulbaba** *(entrée interdite aux non-musulmans)* abrite le tombeau de l'un des compagnons de Mahomet. Ce lieu de pèlerinage important a contribué au rayonnement de la ville.

GAFSA

Quelques repères

Chef-lieu de gouvernorat - 80 000 hab. - À 146 km à l'ouest de Gabès - Alt. 313 m.

À ne pas manquer

Les piscines romaines.

Conseils

Préférez une nuit à Tamerza.

Un jour, les caravanes parvinrent à Gafsa pour ne plus repartir. Depuis, la ville s'alanguit au pied de montagnes édentées qui culminent à 1100 m. La découverte de phosphate dans la région au 19e s. n'y fit rien. Gafsa est l'une des villes les plus pauvres du pays, les enfants quémandent et leurs aînés se plaignent de la cherté de la vie. Vous l'aborderez pourtant par de larges boulevards aux airs modernes. Ils délimitent la modeste médina dont les ruelles s'inclinent en pente douce vers la kasba et la vaste palmeraie. La ville recouvre probablement la Capsa numide puis romaine dont seules subsistent les surprenantes piscines.

Arriver ou partir

En voiture - De Tunis, la P 3 relie directement la capitale à Gafsa, en passant non loin de Kairouan, soit environ 360 km. De Gabès vous pourrez profiter des paysages magnifiques du jebel Bou Hedma en prenant la P 15 (149 km). Gafsa est seulement à 93 km de Tozeur.

En avion - Aéroport Gafsa-Ksar, à 6 km de la ville sur la route de Tunis, ☎ 76 273 100. Pour l'instant, deux liaisons hebdomadaires avec Tunis. À terme, cet aéroport accueillera des vols internationaux.

En train - La gare **SNCFT** se trouve en fait à El Ksar, à 3 km de Gafsa par la P 15 en direction de Gabès, ☎ 76 270 666. Seulement desservie par 2 trains de nuit reliant Tunis *via* Sfax et Sousse. Choisissez de préférence le bus ou le taxi collectif.

En bus - La gare routière, av. du 2 Mars 1934, face au jardin public, ☎ 76 335 140.

SNTRI ☎ 76 221 587. 12 départs quotidiens pour Tunis (5h30), 5 départs pour Tozeur (2h), 1 départ pour Kebili et Douz.

Les Caravanes (Société régionale de transport de Gafsa), ☎ 76 220 335. 8 départs pour Tozeur et Nefta (2h), 3 départs par jour vers Redeyef où se trouve la correspondance pour Tameghza (2h), 2 départs pour Le Kef, 6 départs pour Sbeïtla et Sfax, 11 pour Kairouan.

En taxi collectif - Station av. Taïeb Méhiri, derrière l'hôtel Maamoun.

Adresses utiles

Informations touristiques - ONTT, place des piscines romaines au bout de l'av. Habib Bourguiba, ☎ 76 221 664. 8h30-13h/15h-17h45 du lundi au jeudi, 8h30-13h30 le vendredi et le samedi. En été, tlj de 7h30 à 13h30, permanence de 16h à 19h. Fermé le dimanche.

Banque / Change - Permanence les samedi, dimanche, et jours fériés de 9h à 12h. Vous pouvez également changer de l'argent à l'hôtel Maamoun.

Poste centrale - Av. Habib Bourguiba à l'angle de la rue de Tozeur. 8h-18h. Fait aussi le change.

Publinet - 19, av. Mohammed Khadouma, en face de la police, ☎ 76 227 830. 2,4 d l'heure, tlj 10h-23h.

Urgence / Santé - Police, av. Mohammed Khadouma, ☎ 76 225 012.

Garde nationale, ☎ 76 221 513.

Hôpital régional, rue Avicenne, ☎ 76 225 055/177.

Polyclinique Les Palmiers, rue de Tozeur, ☎ 76 227 400.

Pharmacie de nuit, av. Amor ben Slimane (en face de la garde nationale), ☎ 76 222 843.

Se loger

Moins de 10 d (6,5 €)

☺ **Camping La Galia**, Sidi Saleb (dans l'oasis à 3 km du centre de Gafsa, bien indiqué à partir de l'av. Habib Bourguiba), ☎ 76 229 165 Au beau milieu d'un immense jardin niché dans l'oasis, de jolis bâtiments en pierre abritent un restaurant, un café maure, une pizzeria et les blocs sanitaires (douches chaudes moyennant supplément). Un lieu idéal pour planter sa tente, installer sa caravane ou tout simplement passer la journée au bord de la piscine.

De 20 à 30 d (13 à 20 €)

Hôtel Khalfallah, rue Lazhar Fouli (à gauche de la police), ☎ 76 225 624 - 11 ch. Hôtel très simple et moyennement engageant. Les douches dans la chambre et les WC extérieurs auraient besoin d'une remise en état.

De 30 à 40 d (20 à 26 €)

Lune Hôtel, av. Jamel Abdenaceur (route de Tunis), ☎ 76 220 218 - 18 ch. Un hôtel modeste mais correct malgré des sanitaires laissant un peu à désirer.

Gafsa Hôtel, rue Ahmed Snoussi, ☎ 76 224 000/225 000 - 48 ch. Hôtel propre et fonctionnel, en plein centre-ville.

Autour de 80 d (52 €)

Hôtel Maamoun, av. Taïeb Méhiri, à l'angle avec l'ancienne route de la gare, ☎ 76 224 441/226 701 - 68 ch. La décoration est un peu vieillotte, mais c'est le seul hôtel en centre-ville équipé d'une piscine.

Se restaurer

De 10 à 20 d (6,5 à 13 €)

Sémiramis, rue Ahmed Snoussi, ☎ 76 221 009. La carte des vins est particulièrement impressionnante, véritable catalogue de la production vinicole tunisienne.

Restaurant du Gafsa Hôtel, rue Ahmed Snoussi, ☎ 76 224 000/225 000. Il y a en fait 2 restaurants, l'un en sous-sol attenant à l'hôtel, l'autre au 1er étage, de l'autre côté de la rue. Dans le premier, un menu unique vous propose des plats élaborés : *chakchouka* ou agneau à la vapeur. Le second met plutôt l'accent sur les grillades.

Restaurant Errachid (de l'hôtel Maamoun), av. Taïeb Méhiri, ☎ 76 224 441/222 433. Restaurant agréable aux baies ouvertes sur le patio central et la piscine.

Achats

Souk - Le mercredi.

Artisanat - **ONAT**, rue Mohammed Glanza, à proximité de la route de Tozeur, ☎ 76 220 152. 8h30-13h/15h-17h45, 8h30-13h30 les vendredi et samedi, fermé le dimanche. L'Office de l'artisanat abrite une galerie de tissages anciens et modernes élaborés dans la région. Possibilité de visiter les ateliers le matin.

VISITE DE LA VILLE

Comptez environ 1h.

LE VIEUX GAFSA

▸ De l'hôtel Maamoun à l'entrée est de la ville, longez la gare routière et tournez à gauche pour emprunter la rue Ali Belhaouane. Cette voie bordée d'arcades sur un côté accueille un modeste marché en plein air. Elle conduit au **Dar Loungo**, demeure bourgeoise restaurée *(dans une rue adjacente, à 300 m à droite, itinéraire fléché)*.

▸ Au-delà, la ruelle qui descend aboutit à une place très calme. Au centre, les deux bassins à ciel ouvert sont les fameuses **piscines romaines★**. Elles font 5 m de profondeur, et l'on peut lire des inscriptions latines sur les parois d'un bassin. L'eau provenant des sources chaudes (30 °C) faisait la joie des enfants qui s'y précipitaient moyennant une petite pièce. Des forages pour alimenter l'oasis ont malheureusement asséché la nappe superficielle.

▸ Sur la même place, jouxtant l'Office de tourisme, le **Musée archéologique** *(7h30-12h/15h-19h en été, 9h30-16h30 hors saison ; fermé le lundi ; entrée payante)* présente une figurine cap-

Petit commerce à Gafsa

RUE
MONGI SLIM

sienne qui atteste d'une occupation du site dès le néolithique (8 000 av. J.-C.). La pièce maîtresse du musée est une superbe mosaïque représentant des **Jeux athlétiques et un pugilat★★** (4e s. ap. J.-C.)

Suivez le passage couvert sous l'ancienne **résidence du dey** de Gafsa, vous gagnerez la route qui surplombe la palmeraie (à 100 m).

▸ L'**oasis★** doit son existence à des sources abondantes aujourd'hui doublées de forages artésiens. Des allées s'enfoncent sous une végétation luxuriante : peu de palmiers mais des figuiers, des pistachiers, et des oliviers qui abritent des cultures d'orge et de blé.

▸ Laissez à droite la kasba pour vous diriger à l'opposé vers la **Grande Mosquée★** toute proche. Elle a été mise en valeur par une restauration récente. Pas moins de 120 chapiteaux et autant de fûts antiques ont été employés pour le portique de la cour et la salle de prière.

▸ Revenez vers la kasba. Une jolie promenade a été aménagée entre les hauts murs crénelés de la **kasba** et l'oasis. Décor en carton-pâte : il ne reste plus rien de l'intérieur de la citadelle depuis qu'elle fut éventrée par une explosion de munitions.

Contournez la kasba pour gagner l'avenue Habib Bourguiba. De là, la rue Metoui traverse la **médina** et aboutit au point de départ de la visite.

LE JERID

TOZEUR★★★ - NEFTA★

La surconsommation d'eau menace l'existence de la palmeraie.

Quelques repères

Deux belles oasis distantes de 23 km.

À ne pas manquer

La promenade dans les palmeraies.

Le musée Dar Cherait de Tozeur en soirée et le vieux quartier des Ouled el Hadef.

Conseils

Consacrez une journée pour chaque oasis.

Visitez les oasis le matin ou en fin de journée, mais gare aux moustiques en août-septembre.

Tozeur comme Nefta se détachent lentement de l'immense surface plane et craquelée des chotts, écrasée de lumière et de chaleur. Alors que l'on pense encore déceler un mirage, il faut se rendre à la raison. Ces longues coulées vertes d'où dépassent les extraordinaires panaches des palmiers sont bien réelles. L'eau qui court de bassins en seguias serpente entre des parcelles luxuriantes, havre de paix et de fraîcheur, et répand la vie. Il faut se promener à pied, à vélo ou en calèche dans ces jardins du Paradis où semblent réunies toutes les espèces de la Création. La visite de ces deux oasis du Bled el Jerid (pays des palmes) – parmi les plus belles au monde – constitue l'un des temps forts du voyage dans le Sud tunisien.

TOZEUR★★★

Comptez une demi-journée

Les sources abondantes de l'oasis de Tozeur attirent depuis longtemps les hommes. La Thuzuros libyque était incorporée au limes de Tripolitaine, zone de fortification plus ou moins continue qui reliait Gabès à Biskra (Algérie) sous les Romains. Elle aurait atteint son apogée sous les Aghlabides (9e s.). Les chroniqueurs évoquent les 1 000 dromadaires chargés de dattes qui la quittaient quotidiennement. Grâce à son aéroport international, elle est devenue l'accès privilégié à la Tunisie saharienne. La zone touristique construite à l'ouest de la ville ne cesse de s'étendre avec ses hôtels-clubs au décor et aux noms qui évoquesnt l'Orient.

L'économie oasienne

Relais et centres d'échange, les oasis voyaient transiter esclaves, or, dattes depuis des millénaires. La culture en étage, où fruitiers et maraîchers poussent à l'ombre de palmiers et sont irrigués par des sources abondantes, remonte à l'Antiquité. Le *khammès* est le métayer qui entretient l'oasis et se charge de la récolte. Son nom, qui signifie « cinquième », est lié à son mode de rémunération. Il perçoit pour tout salaire le cinquième de la récolte. À la fin du 19e s., la création des frontières modernes et l'abandon de la datte comme fruit de l'hiver provoquèrent le déclin du commerce caravanier et perturbèrent fortement l'économie des oasis. Le tourisme permet aujourd'hui d'endiguer l'hémorragie des populations contraintes à l'émigration tout au long du 20e s.

Arriver ou partir

En avion - **Aéroport Tozeur-Nefta**, route de Nefta, à 3 km du centre de Tozeur, ☎ 76 453 388. En l'absence de bus, seul le taxi vous permet de rejoindre la ville.

En bus - La gare routière se trouve rue Farhat Hached (route de Nefta) près du stade, à 100 m de la station-service Mobil. **SNTRI**, ☎ 76 453 557. 5 bus pour

Kairouan (5h), 5 pour Gafsa (1h30), 2 pour Nefta (1/2h), 1 pour Sousse (6 h 30) et 5 pour Tunis (7h). Les bus à destination de Tunis font un arrêt à 6 km de Hammamet – connexion avec une ligne locale pour rejoindre le centre-ville. **SRTG**, ☏ 76 452 086/136. 1 bus pour Sfax (5h), 6 pour Gafsa, 1 pour Sousse (*via* Kairouan), 1 pour Douz (3h), 1 pour Gabès (4h30, connexion pour Jerba et Matmata), 6 pour Nefta (1/2h).

En taxi collectif - Station de louage à côté de la gare routière, derrière le stade.

Comment circuler

La ville est minuscule, mieux vaut la parcourir à pied.

En taxi - Station près du stade et de la gare routière. Prix fixe de 1 d pour une course en ville.

À dromadaire et en calèche - Pour un tour en dromadaire, départ près du belvédère. Vous pouvez aussi vous renseigner auprès de l'agence **Equi Balade**, ☏ 76 452 613, près de l'hôtel Dar Cherait. Face à la **résidence Karim**, vous trouverez nombre de calèches qui vous emmèneront dans toute la ville et dans toute la palmeraie.

Location de voiture - **Avis**, av. Farhat Hached, ☏ 76 453 547. **Europcar**, av. Farhat Hached, ☏ 76 460 119. **Hertz**, av. Farhat Hached, ☏ 76 460 214.

Location de vélo et de moto - À l'hôtel **Palm Beach Palace**, ☏ (76) 453 311. Différentes agences proposent aussi la location de vélo. **Agence Ameur**, 75 av. Chebbi, ☏ 98 825 605 ; **Slim Location de vélo**, ☏ 76 461 555.

Adresses utiles

Informations touristiques - **Commissariat régional au tourisme**, av. Abou Kacem Chabbi, ☏ 76 454 503/088. Documentation et renseignements précis sur Tozeur et sa région. 8h30-13h/15h-17h45, 8h30-13h30 les vendredi et samedi, fermé le dimanche. Le **syndicat d'initiative**, ☏ 76 462 034, organise des excursions mais ne fournit pratiquement aucune information. 7h30-13h30, permanence 17h-20h.

Banque / Change - **STB**, av. Habib Bourguiba, guichet automatique pour cartes Visa. **Banque du Sud**, av. Habib Bourguiba. **BNA**, av. Farhat Hached. **Banque de l'Habitat**, av. Farhat Hached. **BIAT**, av. Farhat Hached. **Banque de Tunisie**, av. Habib Bourguiba. Distributeur automatique de billets pour cartes Visa.

Poste centrale - Place Ibn Chabbat (place du marché), ☏ 76 460 130.

Rapid Poste, route de Gafsa, ☏ 76 453 865.

Téléphone - Taxiphone, av. Abou Kacem Chabbi, en face de la résidence Warda. Également 60 rue Farhat Hached.

Publinet - 11 av. du 7 Novembre, à 100 m du CRT, ☏ 76 463 357 tlj 8h-20h.

Urgence / Santé - **Poste de police**, av. Farhat Hached (route de Gafsa), à 1 km, ☏ 76 452 129.

Garde nationale, av. Farhat Hached (route de Nefta), à 1 km, ☏ 76 454 295.

Garde nationale touristique, ☏ 76 450 095.

Hôpital régional, cité de l'Hôpital, ☏ 76 453 400.

Pharmacie de nuit, av. Farhat Hached, ☏ 76 463 066.

Compagnie aérienne - **Tunisair**, av. Farhat Hached (route de Nefta), ☏ 76 452 127.

Se loger

Pensez à réserver à l'avance car les hôtels sont souvent pleins. En particulier au moment du Festival.

▸ *Centre-ville*

Moins de 20 d (13 €)

Résidence Essalem, av. de l'Environnement, en entrant dans la ville en venant de Degache, ☏ 76 462 881 - 10 ch dont 4 avec douches. Pour les petits budgets, à quelques centaines de mètres du centre-ville. Si vous n'avez pas d'eau chaude, pensez à demander à ce qu'on allume le chauffe-eau.

De 20 à 30 d (13 à 20 €)

Résidence Warda, 28 av. Abou Kacem Chabbi, ☏ 76 452 597/460 000 - 35 ch. 🚿 Bon rapport qualité-prix pour cet établissement modeste en plein centre-ville. Une ambiance plaisante et des

TOZEUR
0 100 200 m
N
Degache
Taxis
Rue Farhat Hahed
Nefta
Avenue Habib Bourguiba
Rue Ibn Chabbat
Place Ibn Chabbat
Rue des Jardins
Voir: Quartier des Ouled el Hadef
Rue Hédi Jaballah
Avenue Ibn el Jazzar
Avenue Abou Kacem Chabbi
Avenue du 7 Novembre
Zone touristique, Musée Dar Cherait, Belvédère
Calèches
Oued Machraa
Mausolée de Sidi Ali Bou Lifa, Bled el Hader, Le Paradis
HÔTELS
Aïcha 1
Beaux Rêves (Camping les) 2
Continental 3
Dar Cherait 4
Dar Ghaouar 5
El Arich 6
Hafsi 7
Ksar Jerid 8
Oasis Dar Tozeur 9
Palmyre 10
Résidence El Amen 11
Résidence Essalem 12
Résidence Karim 13
Résidence Niffer 14
Résidence Warda 15
RESTAURANTS
Andalous (Les) 1
Diamanta (Le) 2
Palais (Le) 3
Petit Prince (Le) 4
République (La) 5
Restaurant du Sud 6
Soleil (Le) 7
R. du 9 Avril 1938
Zaouïa Isamaïlia
Sidi Abdallah Bou Jemra
Rue Khaled Ibn el Walid
Rue de Bizerte
Rue de Kairouan
Musée des Arts et Traditions populaires
Rue Ibn Chabbat
Artisanat
Sidi Ahmed Ben Ahmed
Marché
Place Ibn Chabbat
Av. Habib Bourguiba
Rue des Jardins
Dar Ben Azouz
Palmeraie
Quartier des Ouled el Hadef
0 100 m

chambres impeccables (climatisation en option). Il est préférable de réserver.

Hôtel Aïcha, route de Nefta, ☎ 76 452 788 - 34 ch. Un hôtel propre et pas cher, malheureusement les sanitaires sont à l'avenant. Climatisation en option. Mal situé.

Résidence Karim, 89 av. Abou Kacem Chabbi, ☎ 76 454 574 - 27 ch. À mi-chemin entre le centre-ville et la zone touristique. Le bâtiment joliment tapissé de céramiques abrite des chambres propres avec leur mobilier en fer forgé (chauffage et climatisation en option). La façade récemment décorée est un ravissement pour les yeux et les deux patios fleuris ne sont pas en reste. Petit salon commun avec vue sur la palmeraie.

Résidence Niffer, Bab el Hawa, ☎ 76 460 610/555 - 13 ch. Un établissement tout neuf en plein centre de Tozeur (à côté du syndicat d'initiative). Un prix correct pour des chambres fonctionnelles et récentes (dont le nombre devait avoisiner la soixantaine à la fin des travaux). Climatisation en option.

Résidence El Amen, 10 av. Taoufik El Hakim, ☎ 76 463 522, amen.tozeur@ukantoo.net - 15 ch. Dans une petite rue perpendiculaire à la route touristique, légèrement à l'écart de la circulation. Les chambres sont très bien tenues et agréables. Supplément pour la TV ou la climatisation. L'hôtel, tout neuf, propose aussi un 2-pièces meublé ainsi que quelques chambres pour 3 ou 4 personnes.

À partir de 30 d (20 €)

Hôtel El Arich, av. Abou Kacem Chabbi (jouxte le CRT) ☎ 76 462 644/ 460 344, www.elarichtozeur.8m.com - 21 ch. 15 chambres et 6 studios équipés de kitchenettes. Préférez le côté jardin, avec une superbe vue sur la palmeraie. La TV et la climatisation sont en option.

Autour de 50 d (33 €)

Hôtel Dar Ghaouar, av. de Kairouan, ☎ 76 452 666/461 922 - 51 ch. . Hôtel moderne et confortable en plein centre-ville, près de la place du marché.

Autour de 60 d (40 €)

Hôtel Continental, av. Abou Kacem Chabbi, ☎ 76 461 411 - 180 ch. Hôtel propre et central. Malheureusement, les cloisons étant particulièrement minces, on partage l'intimité des chambres voisines.

Autour de 100 d (65 €)

Oasis Dar Tozeur, place des Martyrs, ☎ 76 452 300/699 - 124 ch. TV CC De l'extérieur, cet ancien hôtel présente une belle façade traditionnelle en brique. De l'intérieur, il s'articule autour de deux cours intérieures. Situation exceptionnelle au cœur de Tozeur.

Hôtel Ksar Jerid, route de Nefta, ☎ 76 454 356/357 - 70 ch. Hôtel aux dimensions modestes, construit à l'écart de la ville et de la zone touristique. L'établissement est fréquenté principalement par des groupes. Le téléphone dans la chambre permet de recevoir des communications, mais les appels se passent à la réception. La télévision est en option.

Zone touristique

Autour de 10 d (6,5 €)

Camping Les Beaux Rêves, route touristique, au bout de l'av. Abou Kacem Chabbi, ☎ 76 453 331, campingbeauxreves@yahoo.fr. Si vous appréciez le traditionnel, vous serez servi. Dans un jardin luxuriant, les « bungalows » sont en palmes, comme les cases que l'on rencontre dans le désert. Possibilité de planter sa tente.

Autour de 100 d (65 €)

Hôtel Hafsi, ☎ 76 452 101 - 143 ch. TV Cet établissement standard est simple. Le mobilier est un peu vieillot mais l'ensemble est propre et le personnel attentionné.

Autour de 200 d (130 €)

Palmyre, route touristique, ☎ 76 452 016 - 105 ch. TV CC Très jolie réception en voûtes de briques traditionnelles pour un hôtel qui a choisi la sobriété. Chambres confortables. Demi-pension seulement. Hammam, massages et soins du corps.

Plus de 200 d (130 €)

Dar Cherait, route touristique, ☎ 76 454 888, hotel.darcherait@planet.tn -

85 ch. Un des hôtels les plus originaux de Tozeur, dans un jardin planté de palmiers et agrémenté d'un plan d'eau. L'ensemble fait d'autant plus authentique qu'il jouxte un musée reconstituant les scènes de la vie de la bourgeoisie tunisienne des siècles passés. L'architecture intérieure rappelle davantage les palais tunisois que les habitations du désert. Qu'importe ! Le décor est digne des *Mille et Une Nuits*. La piscine est chauffée hors saison et certaines suites coûtent jusqu'à 380 € par jour. Cependant, l'accueil n'est pas toujours à la hauteur du cadre.

▸ *Degache*

De 50 à 100 d (33 à 65 €)

Bedouina Club, très bien indiqué par des panneaux sur la droite, en venant de Tozeur, ☎ 76 420 209 - 30 ch. Ce camping est désormais équipé de quelques bungalows en dur, mais les irréductibles pourront toujours bédouiner à leur aise sous les tentes du désert. Les sanitaires sont d'une propreté franchement douteuse. La direction organise également des soirées... à partir de 35 personnes.

Se restaurer

On trouve quelques gargotes sympathiques. Hélas, les spécialités locales sont rares. En revanche, il arrive que les restaurateurs acceptent de vous en préparer, si vous réservez à l'avance.

De 5 à 10 d (3,5 à 6,5 €)

Restaurant du Sud, rue Farhad Hached, ☎ 76 463 826. Quelques bonnes spécialités dans ce restaurant sans prétention un peu à l'écart de la zone touristique.

Le Diamanta, 94 av. Abou Kacem Chabbi, ☎ 76 461 349. Ce restaurant sobrement décoré sert une cuisine de qualité lorsque le patron est aux fourneaux.

Restaurant de la République, 99 av. Habib Bourguiba, à proximité de la Mosquée, ☎ 76 461 349 Gargote installée au fond d'une cour servant les plats de base de la gastronomie franco-tunisienne.

Le Soleil, av. Abou Kacem Chabbi, face à la résidence Warda. La clientèle est tunisienne, un signe qui ne trompe pas. Une table simple et bonne. Couscous à la viande ou végétarien, *méchouia*, chorba.

De 10 à 20 d (6,5 à 13 €)

Le Petit Prince, El Berka, ☎ 76 452 518. Côté cuisine, on note un petit effort de gastronomie locale, avec à la carte un gigot d'agneau à la berbère un peu trop cuit. Côté cadre, quelques tables très agréables sous la frondaison. Côté accueil, c'est un quitte ou double : soit vous tombez sur le patron qui cultive son look de jeune premier – dame tout le monde n'a pas tenu comme lui le rôle du Petit Prince ! – et l'ambiance sera chaleureuse et efficace ; soit, en son absence, il faut faire face à un service quasi inexistant.

Les Andalous, route de Degache dans le parc de l'hôtel du jardin, ☎ 76 454 196. Certes, il faut commander 24h à l'avance – pour les spécialités. Mais c'est là que vous trouverez enfin des plats typiques du désert (à la carte) : la *mettabga* (pizza berbère), le *barkoukech* (soupe à gros grains de semoule avec morceaux de seiche et de viande), le *m'faouer* (viande vapeur) et le *chakchouka* de légumes.

De 20 à 40 d (13 à 26 €)

Restaurant de l'hôtel Dar Cherait, ☎ 76 454 888. Une très bonne cuisine dans un décor grandiose *(voir ci-dessus la rubrique « Se loger »)*. Ne confondez pas le restaurant à la carte (ouvert le midi et le soir seulement) avec celui autour de la piscine qui propose des plats sans intérêt.

Restaurant Le Palais, av. Abou Kacem Chebbi, ☎ 76 462 600. Un des restaurant les plus chers à Tozeur mais, bien qu'ouvert récemment, sa réputation est déjà tout à fait honorable. Boîte de nuit branchée au sous sol.

Sortir, boire un verre

Cafés - Vous trouverez de nombreuses terrasses le long de l'av. Bourguiba, pour boire un verre en compagnie des gargotiers ou des vendeurs de tapis.

Café du musée Dar Cherait. Cadre tout simplement somptueux.

Bar de l'hôtel Dar Cherait. Demandez à être servi sous la coupole, l'endroit le plus somptueux de l'hôtel.

El Arich, immense café au rez-de-chaussée de l'hôtel du même nom *(voir ci-dessus)*. Très populaire pour fumer la chicha à l'ombre des palmiers. Pendant la saison froide, les habitués se retrouvent sur une partie de la terrasse couverte de larges toiles tendues sur une structure métallique.

Centre de loisirs Niffer (malgré le nom, ce n'est qu'un café), dans l'oasis. Prenez l'av. Abou Kacem Chabbi jusqu'à l'hôtel Oasis, puis continuez en direction du restaurant Le Petit Prince ; suivez les panneaux. Ce café dans un jardin fleuri au beau milieu de la palmeraie est le bienvenu lorsque Tozeur est accablée de chaleur. On y sert des boissons fraîches, la chicha et des crêpes autour d'une magnifique piscine (3 d). Dommage que la musique soit par moments assourdissante.

Loisirs

Équitation - Equibalade, à côté de l'hôtel Dar Cherait, ☏ 76 452 613.

Festivals - Journée du tourisme saharien, le 12 novembre. Présente un échantillon des différentes manifestations du Festival de l'oasis le mois suivant.

Festival international de l'oasis, en novembre ou décembre. Reconstitutions de razzias, célébration d'un mariage traditionnel, courses de sloughis, défilés et expositions.

Achats

Souk - Le dimanche dans le stade.

Librairies - Journaux français dans les kiosques, en bas de l'av. Habib Bourguiba.

L'OASIS★★

Principale attraction de Tozeur, l'oasis se découvre à son rythme. Prenez le temps de vous aventurer par les sentes qui seules permettent d'apprécier la fraîcheur et l'atmosphère des jardins. Vous rencontrerez le *khammès* qui vous montrera ses cultures ou vous proposera du thé et des dattes. Il vous apprendra à distinguer les espèces et vous expliquera que sitôt planté, le bananier produit ses régimes en moins d'une année. Vous verrez avec quelle agilité le *khammès* grimpe au tronc du palmier pour en recueillir les dattes, les célèbres *deglet nour* dont le Jerid fournit les meilleures du pays.

▶ Au bas de l'av. Habib Bourguiba, prenez la première rue à droite de l'hôtel Oasis, et dépassez le restaurant Le Petit Prince. La rue traverse l'**oued Machraa**, principal cours d'eau de l'oasis qui se ramifie à la hauteur de l'agréable café El Berka. L'oasis apparaît dans toute sa profusion. Les beaux jardins sont sillonnés par des allées de terre battue. Bananiers, grenadiers, figuiers s'abritent sous les hautes palmes.

▶ La route principale qu'empruntent les calèches conduit, à 3 km du centre-ville, au **Paradis★** *(6h30-19h en été, 7h30-19h en hiver, entrée payante)*. Ce jardin botanique, fondé en 1936, est

Les dattes

L'ordre des palmiers compte 3 000 espèces, dont le palmier-dattier d'origine africaine. Pour les botanistes, le dattier n'est pas un arbre mais une sorte d'herbe géante qui atteint jusqu'à 20 m de hauteur et peut se faire centenaire. La *deglet nour* est la plus succulente des dattes. Son nom, qui signifie « doigt de lumière », évoque son aspect translucide et sa forme allongée. Tout désigne la datte comme le fruit de l'hiver : ses régimes sont récoltés à la fin de l'automne, elle se conserve facilement et sa pulpe sucrée est très nutritive. La fécondation des fleurs femelles est effectuée artificiellement au printemps. Un brin mâle est glissé dans un bouquet femelle et le vent fait le reste. On ne gaspille rien : le tronc du palmier (stipe) est utilisé en construction, pour les meubles et pour le chauffage ; la palme sert de toiture ; la fibre est tressée ; les tiges des régimes constituent de robustes balais. La sève enfin fermente sitôt récoltée et donne le *lagmi*, la boisson enivrante de l'oasien.

doublé du **zoo du Sahara** consacré à la faune du désert (hyène, fennec, lion, léopard...). Plus que les animaux, c'est l'animation créée par le personnel plus bateleur que guide qui mérite le détour. Au programme : un dromadaire amateur de Coca-Cola, un scorpion qui élit domicile dans une boîte de cigarettes, et des reptiles qui arrachent des cris d'effroi aux nombreux touristes venus en groupe assister à cet incontournable spectacle *(animation pour les groupes de 6 personnes minimum)*. Le jardin en contrebas resplendit au printemps lorsque les roses fleurissent. Le reste de l'année, bougainvillées, lauriers roses, et toutes les espèces cultivées de l'oasis forment une belle composition. Pour vous remettre de vos émotions, goûtez aux délicieux cocktails de fruits servis au bar du zoo.

▸ Au hameau d'Abbès tout proche, on raconte que l'imposant jujubier à gauche de la route pousserait ses racines jusqu'à La Mecque. Juste derrière s'élève le dôme du **mausolée de Sidi Ali Bou Lifa**.

▸ En revenant vers Tozeur, la route traverse le village de **Bled el Hader**. Sur la place principale, qui semble correspondre à l'antique Thuzuros, se dressent une mosquée (fondée au 11e s.) et un minaret dont la base en pierre serait d'origine romaine. La route, qui franchit à nouveau l'oued Machraa, aboutit près de l'hôtel Continental.

▸ En prenant à gauche en direction de la zone touristique, puis en empruntant la piste ensablée qui débute devant le splendide hôtel Dar Cherait, vous gagnerez les sources de l'oued Machraa appelées **Ras el Aïn**, à l'orée de la palmeraie. Depuis que les sources ont été remplacées par des puits artésiens, l'eau jaillit d'un gros conduit et alimente un petit bassin au pied d'une colline entaillée *(à gauche de la piste, 200 m avant d'arriver au belvédère)*. Les jeunes de la ville viennent s'y prélasser aux heures chaudes de la journée. Puis lorsque l'air fraîchit, ils se rendent de l'autre côté de la piste *(en laissant le belvédère sur la gauche)* jusqu'à la petite rivière bordée de palmiers, où une source cristalline rencontre une eau bouillante, qui jaillit 100 m en amont. Malgré quelques détritus abandonnés sur les berges, l'endroit est délicieux tout comme la température du bain (30 °C).

Au sommet des énormes rochers du **belvédère**, on jouit d'un modeste point de vue sur l'oasis dont les marges sont occupées par la zone hôtelière. Si vous désirez croiser d'autres touristes, allez-y au coucher du soleil !

De ce promontoire rocheux, vous apercevrez les foyers de la briqueterie crachant de temps à autre leur fumée âcre vers le ciel. Ne manquez pas de vous rendre à cette **briqueterie artisanale★**, où l'on vous fera découvrir le processus de fabrication de la fameuse pierre de Tozeur : pétrissage de l'argile, moulage, séchage jusqu'à la savante superposition des briques à l'intérieur d'un four chauffé au bois de palme.

Tozeur et le tourisme

Le développement sans retenue de la zone touristique de Tozeur ne va pas sans poser de problèmes. En effet, les jeunes se détournent des activités traditionnelles pour se consacrer exclusivement au tourisme. Aussi la palmeraie meurt-elle peu à peu faute d'entretien et, les années de récession touristique, le chômage touche près de 40 % de la population active. Le problème de l'eau reste néanmoins le plus préoccupant, en particulier avec l'ouverture prévue pour la saison 2005 d'un golf alors qu'il fait une chaleur accablante durant la moitié de l'année. Les promoteurs assurent que l'eau nécessaire sera fournie par une station d'épuration des eaux rejetées par les hôtels. Mais pour alimenter ces établissements, il a fallu creuser des puits. Or, aucune étude sérieuse des nappes phréatiques n'a été entreprise depuis celle réalisée par les Français, dans les années 1930.

LE QUARTIER DES OULED EL HADEF★★

Comptez 45mn de visite.

Le centre-ville de Tozeur suit le tracé de la petite avenue Habib Bourguiba. De part et d'autre se tiennent les souks, les cafés où il fait bon boire un thé aux heures chaudes de la journée, les boutiques de vannerie, de tissage et de souvenirs.

Du centre-ville, glissez-vous dans le passage occupé par des boutiques à gauche de la banque STB. Traversez la rue à l'extrémité du passage et prenez à droite l'indication « musée ». On pénètre sans transition dans un univers empreint d'une grande unité. Le quartier des Ouled el Hadef est construit entièrement en brique. Ses façades dessinent de larges motifs géométriques qui rappellent ceux des tatouages et des étoffes. L'effet est obtenu par l'ajustement des briques. Les ruelles étroites, les lourdes portes et les porches à colonnes confèrent à ce vieux quartier piéton de Tozeur une allure médiévale.

Le **musée des Arts et Traditions populaires★** *(8h-12h/15h-18h30, fermé le lundi, entrée payante)* est installé dans une ancienne école coranique fondée par Sidi Aïssa en 1357. Il réunit des témoignages de la vie quotidienne des oasiens aux siècles passés. L'ancienne salle d'école *(à droite en entrant)* reproduit une chambre nuptiale avec de belles robes de mariées. Autour de la petite cour de la *koubba*, les murs de la salle de prière portent d'étranges masques africains en bois appartenant aux esclaves noirs qui travaillaient dans l'oasis. La pièce adjacente servait de mausolée. On y trouve désormais une collection de manuscrits, dont un texte établi sous le protectorat qui fixe la tradition orale de la répartition de l'eau dans l'oasis. Ce texte complexe fut élaboré au 13e s. par le mathématicien musulman Ibn Chabbat dont la sépulture est à Tozeur. Le guide du lieu vous désignera le minaret en brique adossé au mur extérieur et les mille et un objets de ce petit musée.

Il faut s'enfoncer plus avant dans ce quartier piéton aux ruelles étroites pour en apprécier le caractère.

▸ En prenant à gauche après le musée, vous vous glisserez sous une voûte pour gagner une place du plus bel effet avant de buter sur la **mosquée Sidi Abdallah Bou Jemra** et sur la **zaouïa Ismaïlia** voisine *(visites non autorisées)*. En prenant deux fois à droite, vous passerez devant une ancienne maison bourgeoise, le **Dar Ben Azouz**, en cours de restauration depuis des années, avant d'atteindre l'hôtel Splendid derrière le centre-ville.

LE MUSÉE DAR CHERAIT★★★

8h-minuit, entrée payante.

Ce musée, situé à l'entrée de la zone touristique, est certainement le plus exceptionnel du Sud. Premier musée privé de Tunisie, son propriétaire Abderrazak Cherait l'a souhaité à la fois saharien et citadin. Derrière ses murs d'austères briques claires se dissimule un palais, réplique d'une demeure bourgeoise du Nord. Il abrite une collection d'objets d'art du 17e s. au 20e s. provenant de Tunisie et des principales régions de l'Empire ottoman (Turquie, Syrie). La cour principale, où il fait bon prendre un verre, ouvre à gauche sur l'entrée du musée.

Face au guichet, les escaliers monumentaux reproduisent l'entrée *(skifa)* de toute maison traditionnelle. Ils sont bordés de coffres en bois peint et de braseros. Les personnages en plâtre du vestibule en contrebas illustrent une procession dédiée à un marabout *(kharja)*.

Vous passerez devant une autre représentation mettant en scène un érudit (un notaire) avant d'atteindre la **deuxième cour★**. Ornée d'une fontaine, elle forme un patio à quatre galeries couvertes (un luxe réservé aux demeures des souverains) décorées de somptueuses faïences, de fines colonnettes de marbre, et de stucs aux entrelacs délicats.

Cette cour dessert les appartements privés. Chaque pièce évoque les fastes de la vie des beys : les somptueux costumes des personnages de la salle de réception renvoient à ceux des gravures et des toiles exposées dans la première chambre ; dans les cuisines aux cuivres rutilants mijotaient des plats élaborés. Plus loin, ce sont deux salles aménagées dans la chambre nuptiale qui présentent une splendide collection de **bijoux traditionnels★★★**.

Le Chott el Jerid

توزر
48
TOZEUR

Sur des nattes d'alfa, le maître de l'école coranique *(el kouttab)* est représenté entouré de ses élèves. Un hammam tel qu'il en existait dans les demeures privées est formé de petites salles en enfilade.

Avant de gagner la galerie de peinture disposée sur deux niveaux, il ne faut pas manquer la **salle des verres** (lampes, soupières, somptueux vases regroupés par harmonie de couleur) où l'on trouve même des pièces soufflées à Venise et diffusées en Orient. L'aile de la peinture débute par un hommage au poète **Abou Kacem Chabbi**, enfant de Tozeur mort en 1934 à 25 ans. Elle présente une collection de toiles du 20e s. inspirées par la rue ou par la calligraphie. À l'étage, la dernière salle est consacrée à une collection originale de **peinture sous verre★★**. Cette technique en vogue au 19e s. servait à fixer les récits populaires. Une peinture figurative et naïve que dédaignait alors l'islam.

Chaque soir, les jardins du palais résonnent d'étranges tonnerres, cascades, voix d'outre-tombe pour deux spectacles **son et lumière★** *(comptez 45mn pour chacun)*. Ces attractions dignes d'un Disneyland oriental évoquent quelques épisodes du fameux conte des *Mille et Une Nuits*, dans le show **La Médina** *(18h-23h, entrée payante)*. Sur le même principe, **Dar Zamen** *(18h-23h, entrée payante)* parcourt l'histoire de la Tunisie de la préhistoire à nos jours.

NEFTA★★

Moins importante et plus isolée que celle de Tozeur, qui se trouve à 23 km, l'oasis de Nefta, avec sa superbe Corbeille que dominent les dômes blancs de ses *zaouïas*, offre le calme d'une petite ville retirée. Elle se remet lentement des violentes inondations de l'hiver 1989-1990. C'est la dernière grande oasis avant celle d'El Oued en territoire algérien *(frontière à 36 km)*. À la sortie de Nefta, quelques dunes à découvrir au couchant vous donneront un avant-goût du Sahara.

Arriver ou partir

En avion - **Aéroport Tozeur-Nefta**, route de Nefta, ☏ 76 453 388. À 26 km du centre de Nefta. Aucune liaison par bus n'est prévue.

En bus - Gare routière, av. Habib Bourguiba, ☏ 76 457 002.

En taxi collectif - Station près de la gare routière.

Comment circuler

En voiture - La ville est toute petite, mais une voiture est bien utile pour visiter la région.

À dromadaire et en calèche - Départ en face du syndicat d'initiative.

Adresses utiles

Informations touristiques - **Syndicat d'initiative**, av. Habib Bourguiba, ☏ 76 430 236. Il sert avant tout de bureau aux guides officiels les plus compétents. En revanche, les prix n'ont eux rien d'officiels, mieux vaut les négocier au préalable. Évitez les guides improvisés. Comptez environ 2h pour faire le tour de la vieille ville, voir le marché de roses des sables et la première dune de sable (un simple véhicule de tourisme suffit).

Banque / Change - **Banque du Sud**, av. Habib Bourguiba. **UIB**, av. Habib Bourguiba.

Urgence / Santé - **Police**, av. Habib Bourguiba, ☏ 76 430 134.

Garde nationale, route de Hazoua, ☏ 76 430 081.

Garde nationale touristique, ☏ 76 432 099.

Hôpital local, rue des Martyrs, ☏ 76 430 193.

Se loger

La zone touristique rassemble la majorité des hôtels convenables. Les hôtels de standing font largement grimper les prix pour les fêtes de fin d'année.

▸ *En ville*

De 10 à 20 d (6,5 à 13 €)

Hôtel Habib, place de la Libération, ☏ 76 430 497 - 16 ch. Un hôtel très modeste en plein cœur du vieux quar-

NEFTA

tier de Nefta et à 100 m de la palmeraie. La propreté fait largement défaut mais c'est le moins cher de la ville. Une seule chambre avec air conditionné. Souvent complet, pensez à réserver.

▸ *Zone touristique*

De 60 à 70 d (39 à 43 €)

Hôtel Marhala (Touring-Club de Tunisie), ☎ 76 430 027, marhala@yahoo.fr - 36 ch. Ce nouveau bâtiment jouxte l'ancien relais. Si l'établissement n'a pas le cachet de son aîné, il a gagné en confort. L'accueil y est excellent.

De 80 à 100 d (52 à 65 €)

Hôtel Bel Horizon, ☎ 76 430 088 - 90 ch. Un prix abordable pour une superbe vue sur la Corbeille de Nefta.

De 120 à 140 d (78 à 91 €)

Hôtel Caravansérail, ☎ 76 430 355/322 - 150 ch. TV CC Très bel hôtel construit en pierre dans le style de l'habitat traditionnel. L'établissement dispose de 2 catégories de chambres au même prix, certaines étant équipées de baignoire et de télévision par satellite.

Environ 200 d (130 €)

Hôtel Sahara Palace, ☎ 76 430 048, www.saharapalace.com.tn - 108 ch. TV CC L'établissement le plus luxueux de Nefta offre le confort d'un cinq étoiles et une vue imprenable sur la Corbeille.

Se restaurer

La plupart des restaurants se trouvent dans les hôtels de tourisme.

De 5 à 10 d (3,5 à 6,5 €)

Ferdaous (Le Paradis), ☎ 76 430 419. De l'av. Habib Bourguiba prenez la route de l'oasis : un panneau indique « départ des caravanes » presque en face du syndicat d'initiative. Continuez tout droit jusqu'à l'orée de l'oasis, puis empruntez à droite la route longeant les palmiers. Prenez à gauche au premier petit pont et c'est tout de suite à droite. Cette gargote cachée dans l'oasis mérite bien son nom, *ferdaous* signifiant « paradis » en arabe. Touristes et natifs y font volontiers une halte, qui pour boire une bière ou un rosé frais, qui pour y déguster un délicieux agneau grillé... Même si les quelques tables ne paient pas de mine. Fermé le vendredi.

Les Sources, av. Bourguiba, ☎ 76 430 351. Ouvert récemment, cet établissement est une agréable halte en plein centre-ville. La nourriture est plus que correcte.

Sortir, boire un verre

Café-restaurant Ferdaous, dans la palmeraie *(voir ci-dessus)*.

Relais touristique au cœur de la Corbeille, ☎ 76 430 308, GSM 96 129 610. Une halte des plus romantiques, en bordure de la Corbeille. Les tables sont disposées au cœur d'un jardin fleuri décoré de sculptures, de colonnes et protégé par endroits de treilles. Certaines parties sont réservées aux familles et d'autres, plus intimes, pour les amoureux. En réservant à l'avance, il est également possible d'y déguster quelques spécialités à des prix très raisonnables.

Loisirs

Festival - Journée du tourisme saharien, organisée le 12 novembre simultanément à Tozeur, Douz et dans les oasis de montagne *(voir « Tozeur » p. 324)*.

Achats

Souk - Le jeudi.

Dattes - La bonne saison est en novembre. Vous n'avez alors que l'embarras du choix car les vendeurs investissent toute la ville.

Librairies - Dans les hôtels.

LA CORBEILLE DE NEFTA★

Elle ne se remarque pas au premier abord. À droite du syndicat d'initiative, la route décrit une vaste boucle pour desservir les hôtels Bel Horizon et Sahara Palace, contournant l'impressionnante cuvette de 30 m de profondeur qu'on n'embrasse bien que du café de la Corbeille. Du cirque, tapissé de palmiers mal en point, jaillissent les sources qui irriguent la palmeraie dont la majeure partie se situe au sud de la route de

Tozeur à El Oued. Les parois très abruptes et terreuses sont surmontées des coupoles blanches des *zaouïas*. La ville ne compte pas moins de 100 marabouts. Nefta est la deuxième ville sainte du pays après Kairouan, et le haut lieu du soufisme tunisien.

LE VIEUX NEFTA

Ce quartier, qui occupe près du quart de la surface de Nefta, se concentre autour de la place de la Libération, où s'élève l'hôtel El Habib. Un vaste café populaire permet d'échapper un peu à la torpeur qui s'abat sur la ville aux heures chaudes. Moins restaurée et peut-être plus authentique que celle de Tozeur, la médina a conservé ses ruelles anciennes dont les façades aux motifs géométriques rappellent celles des Ouled el Hadef *(voir Tozeur)*. On emprunte des passages voûtés, sombres et frais, qui s'achèvent en impasse. Les portes en palmier des maisons portent trois heurtoirs. Ces anneaux métalliques produisent chacun un son différent et constituent autant de redoutables sésames. Le père heurte celui du vantail gauche. Les enfants actionnent le plus petit situé sous celui des femmes sur le battant droit. Dans ce quartier traditionnel, les femmes portent encore comme à Tozeur la longue étoffe noire soulignée d'un liseré blanc ou bleu.

Vous pourrez visiter **Dar Houidi★** *(ouvert la journée - visite guidée de 30mn et café - et le soir pour des repas avec animation - prévenez 12h à l'avance. Entrée payante , ☎ 76 432 511, www.darhouidi-tourism.com).* Le descendant d'une riche famille de Nefta a pris le soin de restaurer cette vieille demeure traditionnelle construite au milieu du 17ᵉ s. L'ensemble des pièces que l'on visite sont disposées autour d'une cour aux façades ajourées en briques de terre cuite : cuisine équipée d'ustensiles d'époque, grenier, chambres, bibliothèque... Derrière cette dernière, une chambre à louer a aussi été aménagée.

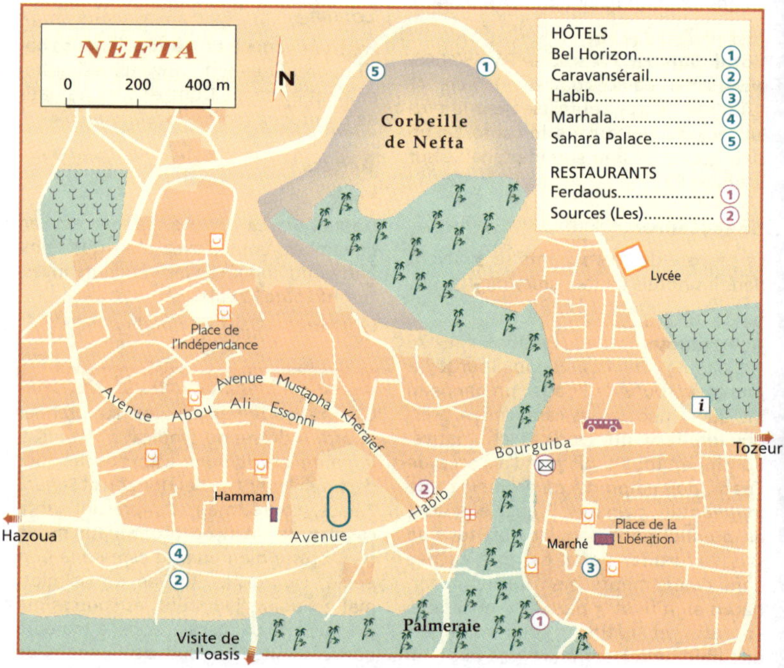

NEFTA

L'OASIS★★

On peut visiter l'oasis de Nefta en voiture en longeant l'hôtel Caravansérail par la gauche lorsque l'on arrive de Tozeur. En poursuivant cette route asphaltée, vous effectuerez le tour de l'oasis, soit un circuit de 3,5 km *(ne manquez pas au passage le restaurant Ferdaous)*. Il est préférable de ne pas s'aventurer en voiture sur les chemins de traverse, fort sablonneux. Faites-les donc à pied en gardant à l'esprit que le réseau de voies est très dense et que l'on a tôt fait de s'égarer. La végétation est aussi luxuriante qu'à Tozeur et laisse peu de place aux légumes qui sont cultivés de préférence sous serres. Des canalisations en ciment surélevées, tentative d'une modernisation sans lendemain, ont été abandonnées au profit du mode d'irrigation traditionnel. En route vous dépasserez le **marabout de Sidi Ali Ben Moussaili** *(ne se visite pas)*. Ce saint, mort à Nefta au 13e s., est toujours l'objet d'une profonde vénération.

LES DUNES

Pour goûter aux dunes du Sahara, il faut sortir de Nefta et prendre la route de Hazoua que vous poursuivrez sur 10 km. À la hauteur du marché aux roses des sables, empruntez la piste à droite en direction du café des Dunes. Après 1,5 km d'une piste ensablée *(évitez les bancs de sable et tout freinage brusque)*, vous atteindrez le point de départ des petites excursions à dos de dromadaire. Des chameliers vous conduiront pour quelques dinars à la plus haute dune de la région *(45mn AR)*. Rien d'extraordinaire néanmoins dans le paysage. Seules les rides du sable blanc que les ombres du soleil couchant soulignent et le plaisir d'une promenade à dos de chameau guideront vos pas vers ce site par trop fréquenté.

LE CHOTT EL JERID

Entre Tozeur et Kebili s'étend le plus important des chotts tunisiens. Sur cette immense surface plane dominée au loin par les montagnes, l'eau que vous verrez ne sera bien souvent que l'effet d'un mirage. Le fond de cette vaste dépression est occupé en fait par une **sebkha**, marécage salé et souvent asséché. Les géologues réservent le terme « **chott** » aux franges recouvertes d'une végétation halophile qui pousse au bénéfice d'un sol moins salé. Cette dépression ressemble aux *playa* de l'ouest des États-Unis et aux *salar* des déserts sud-américains. Aucune végétation ne croît sur ces terres couvertes de sels solubles, chlorures et sulfates. Son apparence varie selon les lieux et les saisons : véritable mer intérieure lors des hivers pluvieux, il est constitué la plupart du temps d'une croûte translucide et d'argiles durcies où la lumière qui s'y réfléchit crée des mirages. S'y aventurer est dangereux. Les plaques salines forment par endroits un revêtement instable recouvrant une boue saumâtre alimentée par des nappes phréatiques peu profondes. Fort heureusement, une route au tracé rectiligne (de 80 km) permet la traversée sans risque du chott. C'est l'un des itinéraires les plus insolites du pays. Le chott a alimenté les projets les plus fous. Ainsi à la fin du 19e s, Ferdinand de Lesseps appuya le projet d'un canal reliant le Chott el Jerid à la Méditerranée.

LES OASIS DE MONTAGNE★★

Quelques repères

Circuit de 192 km sur de bonnes routes.

À ne pas manquer

Les gorges de Selja à bord du Lézard rouge.

Le village de Tamerza.

Conseils

Comptez 1 à 2 jours.

Respectez le sens du circuit pour profiter des meilleures lumières.

Dormez au délicieux Tamerza Palace.

Le jebel en Negueb, à proximité de la frontière algérienne, culmine à 900 m. Il y a trente ans, on y trouvait encore trois villages qui vivaient au rythme de leur oasis, comme ils le faisaient depuis deux mille ans. Suite aux orages torrentiels de 1969, ils sont aujourd'hui abandonnés. Ces villages fantômes, aux toitures effondrées, ne sont plus fréquentés que par les touristes qui découvrent là une architecture traditionnelle. On y accédait autrefois à dos d'âne par des pistes et des chemins muletiers. Un réseau de routes permet désormais d'effectuer le circuit en une journée à partir de Tozeur. Mais il est bien plus agréable de passer une nuit à Tamerza pour goûter au calme unique de ce petit coin du bout du monde. En route, ne manquez pas l'excursion à bord du Lézard rouge, pittoresque tortillard qui vous fera découvrir les gorges de Selja.

LES GORGES DE SELJA★★

Quittez Tozeur par la route de Gafsa. Vous traverserez l'oasis d'El Hamma du Jerid, irriguée par des sources thermales, puis une région plate parsemée de maigres touffes d'herbes et balayée par des vents souvent chargés de sable. Vous emprunterez ensuite le lit d'un oued très large, puis, 2 km avant Metlaoui, vous prendrez sur votre gauche une piste qui mène à l'entrée des gorges de Selja *(à 5 km de l'embranchement, parking gardé payant)*. Les marcheurs invétérés peuvent faire la remontée des gorges à pied en suivant la ligne de chemin de fer, pour les autres, il est préférable d'effectuer la visite en train au départ de Metlaoui *(la gare est située à la sortie de la ville sur la route de Gafsa)*.

Excursion en train touristique

Départ du Lézard rouge à 10h30 (10h le mardi et le jeudi) de la gare de Metlaoui, direction Redeyef. Ne fonctionne pas les mercredi et samedi. Le trajet AR prend environ 2h, avec 2 ou 3 arrêts dans le canyon, 20 d par personne. La société Hermès Travel, qui exploite le train en partenariat avec la SNCFT, propose également des affrètements privés, avec simulacres d'attaques du train façon Lawrence d'Arabie. Il est vivement recommandé de réserver. Renseignements et réservations à Metlaoui, ☎ 76 241 469.

▶ Le train touristique le **Lézard rouge** est une attraction. Les voitures, méticuleusement restaurées, servaient aux déplacements du bey de Tunis. Enfoncé dans un fauteuil profond, vous rêverez des fastes orientaux à moins que vous ne préfériez l'ambiance du vieux wagon-bar. La bande musicale, elle, évoque plutôt les westerns. Il est vrai que les paysages rappellent davantage l'Ouest américain que l'Orient. La voie traverse plusieurs tunnels et conduit à des canyons sauvages et vertigineux (jusqu'à 200 m de haut). Au fond coule un mystérieux ruisseau noir. Le maigre filet d'eau évacue les résidus des mines de phosphate que le train atteint avant de regagner Metlaoui. Ces gisements furent découverts en 1885 par l'ingénieur Philippe Thomas. Une voie ferrée reliant les centres d'extraction au port de Sfax fut créée dès 1899. 18 trains de phosphate empruntent chaque jour la

Oasis de Midès

ligne du Lézard rouge. Un train transporte également les voyageurs jusqu'à Redeyef, terminus de la ligne.

▶ De la gare de Metlaoui, traversez la ville en sens inverse et prenez la direction de Moularès et Redeyef. Moularès et Redeyef sont deux petites villes minières plantées dans un paysage de lande. Pour les atteindre, la route s'élève insensiblement mais ce n'est qu'à l'approche de Tamerza (Tameghza sur certaines cartes) qu'elle devient spectaculaire. La végétation se fait plus rare et le décor plus minéral alors qu'apparaît à droite un jebel arrondi qui rappelle Ayers Rock, la célèbre montagne sacrée des aborigènes australiens.

À 72 km de Metlaoui, prenez la bifurcation à droite. Midès est à 5 km, mais il vous faudra d'abord traverser un large oued sablonneux.

MIDÈS★

La palmeraie dissimule le **vieux village★★** de Midès abandonné depuis les pluies torrentielles de 1969. La route vient buter contre le bourg construit sur un éperon rocheux qui surplombe des gorges aux parois vertigineuses. Empruntez l'étroite ruelle *(à gauche du café)*, qui traverse le village. Cette venelle qui retient la fraîcheur est bordée de bâtisses en pierre dont le 2e étage servait de grenier. De minuscules ouvertures en façade en permettaient l'aération. Les plafonds constitués de demi-troncs de palmiers supportaient des pierres. Les toitures sont pour la plupart effondrées, la fine pellicule imperméable de gypse broyé n'ayant pas résisté aux pluies diluviennes. La dernière demeure du village, à droite de la rue principale, offre une **vue★★** grandiose sur les gorges. En face à l'ouest, on aperçoit sur une éminence le poste de la garde nationale qui contrôle la frontière avec l'Algérie. À 300 m en longeant la palmeraie, vous atteindrez l'éperon rocheux coiffé par la *kalaat*. De ce belvédère qui évoque la proue d'un navire, vous aurez un autre **point de vue★★** inoubliable.

Regagnez l'embranchement avec la route de Metlaoui, puis dirigez-vous vers Tamerza.

TAMERZA★★

La tache verte de la palmeraie de Tamerza (« Tameghza » sur certaines cartes) tranche sur le décor minéral du jebel qui la surplombe. Précédant l'oasis, l'extraordinaire **village★★** fantôme étale ses constructions ruinées sur l'autre rive de l'oued El Horchane. Le lit de cette rivière forme un large boulevard raboté et nu qui dit toute la violence des pluies dans la région. Le site appartenait sous le nom d'Ad Turres au *limes* chargé de la défense des frontières de l'Empire romain avant de devenir le siège d'un évêché sous les Byzantins. Quelques rares bâtiments sont encore debout, dont deux mosquées (l'une est toujours en service tandis que la plus petite, aux piliers en troncs de palmier, se visite). On décèle encore çà et là, dans certaines maisons du village, des matériaux antiques. De l'hôtel Tamerza Palace, vous aurez au soleil couchant une **vue★★** plongeante sur le vieux village silencieux : maisons ocre abandonnées, d'où seuls se détachent un marabout et la mosquée aux murs blanchis. Le vieux village s'admire de loin, mais on peut vouloir en profaner le mystère et lui consacrer une petite visite. Comme à Midès, une rue traverse le village jusqu'à la *kalaat* qui le domine au nord. Détail émouvant qui remonte au dernier déluge, des jarres à provisions sont encore enfoncées dans la terre.

Arriver ou partir

En voiture - Accès de Metlaoui ou de Tozeur par une bonne route goudronnée.

Se loger

Les infrastructures touristiques n'offrent guère de choix : il vous faudra opter pour le plus beau, ou le plus sommaire.

De 20 à 30 d (13 à 20 €)

Hôtel Les Cascades, ☏ 76 485 332 - 59 ch. 🍴 🏊 Au cœur de l'oasis, à deux pas de la cascade. Bungalows en béton recouverts de feuilles de palmiers. Malheureusement l'établissement semble à l'abandon et l'accueil inexistant. Cet isolement vous assure cependant de pouvoir profiter en toute quiétude du site aussitôt les groupes partis.

Plus de 200 d (130 €)

Tamerza Palace, à l'entrée du village en venant de Midès, ☎ 76 485 344. - 65 ch. Architecture magnifiquement intégrée au cadre grandiose, dominant la vallée et la vieille ville en ruine de Tamerza.

Se restaurer

Étant donné le peu de passage, surtout hors saison, nous ne vous recommanderons pas pour une fois les petites gargotes.

De 20 à 25 d (13 à 16,5 €)

Restaurant du Tamerza Palace, ☎ 76 485 344. Vue superbe de la terrasse. Menu unique à 24 d dans une grande salle qui reçoit des groupes.

Boire un verre

Café des Palmiers, près de la cascade. La buvette, qui fait office de boutique de souvenirs, offre une halte agréable.

Loisirs

Festival - Journée du tourisme saharien *(voir Tozeur)*.

Achats

Souk - Le vendredi.

Les cascades

À 2 km de l'hôtel Tamerza Palace en direction de Chebika, une route à gauche mène à la **cascade★** à laquelle on accède facilement en traversant les paillotes de l'hôtel Les Cascades. Le spectacle d'une modeste chute d'eau de 4 m passerait inaperçu dans bien des régions mais ici, dans cet univers aride, elle relève du miracle. L'eau se déverse ensuite dans un large canyon taillé dans les falaises. À proximité, des boutiques en plein air se sont fait une spécialité de la vente de minéraux et de fossiles. Continuez en longeant le ruisseau, à travers les bambous, sur la droite. À 100 m sur votre gauche se trouve une petite gorge.

Quittez Tamerza en empruntant la direction de Chebika. La route dépasse une belle oasis avant d'entrer dans un paysage très accidenté. À 2 km à droite jaillit une deuxième **cascade** plus haute que celle de Tamerza. Ensuite, à 3 km, se dessine un splendide **panorama★★**. La gorge qui entaille la montagne ouvre au loin sur une plaine uniformément plane et dénudée, tandis que la montagne s'effondre. La descente en lacet est rapide. En 2 km, on atteint le plancher désertique de la dépression du Chott el Gharsa à la hauteur de l'oasis d'El Khango.

5 km plus loin, tournez à gauche en direction du village qui jouxte Chebika.

CHEBIKA★

Chebika jouit du triste privilège d'être la plus fréquentée des trois oasis de montagne et aussi la mieux aménagée, bien que dépourvue d'hôtel. On compte certains matins jusqu'à 50 véhicules tout-terrain (dont on cherche en vain l'utilité !). L'affluence de touristes est d'autant plus pénible que le vieux village, construit sur un étroit promontoire, est minuscule. La visite est du reste très balisée. Partant des boutiques et buvettes, descendez quelques marches pour remonter le petit torrent canalisé jusqu'à sa source. En chemin, des marches à gauche permettent de gravir la colline et de gagner une fente ménagée dans le rocher. De l'autre versant, on jouit d'une belle **vue★** sur le vieux village et le désert au-delà de la nouvelle Chebika construite au bord de la route. Ce site, désormais connu pour avoir servi de décor au film *Le Patient anglais*, a fait l'objet d'une passionnante étude anthropologique menée de 1960 à 1966, peu de temps avant la disparition du village sous les pluies diluviennes de 1969.

La route qui regagne Tozeur *(à 56 km)* longe le jebel qui s'affaisse brutalement sur la plaine, puis elle traverse le Chott er Rahim, partie orientale du Chott el Gharsa situé au-dessous du niveau de la mer. Sa surface terreuse et lisse, la présence de croûtes de sel et de flaques d'eau saumâtre rappellent le grand Chott el Jerid.

DOUZ★ ET LE SAHARA★★★

Quelques repères

À mi-chemin entre Tozeur et Gabès - À 28 km de Kebili.

À ne pas manquer

Le marché au bétail de Douz.

Une nuit dans le désert.

Conseils

Pour les excursions dans le désert, faites appel à une agence spécialisée afin d'éviter les déconvenues.

Loin des oasis policées de Gabès, de Nefta et de Tozeur, la petite ville de Douz lutte contre le sable qui envahit ses rues. Dans ce combat inégal contre un Sahara qui pousse ses dunes jusqu'aux portes de la ville, certains villages voisins mal défendus ont été engloutis. Ici, les oasis n'ont pas la luxuriance de leurs grandes sœurs. Les arbres fruitiers poussent difficilement, et la luzerne constitue souvent la seule culture de sol.

Vous vous rendrez à Douz pour découvrir le Sahara et sa population de nomades récemment fixés dans les villages du Nefzaoua. Malgré leur sédentarisation, les autochtones – pour la plupart issus de la tribu des Merzouguis – ont conservé une forte identité. À Douz, le marché hebdomadaire, rendez-vous de toutes les populations du Sud, est particulièrement coloré. Mais attention ! Vous n'êtes ici qu'aux marges du Grand Erg oriental. Ne vous attendez pas à découvrir en un ou deux jours les dunes spectaculaires du Grand Sud algérien ou libyen. Même la haute dune d'Ofra, toute piquetée d'arbustes, n'est guère impressionnante qu'au coucher de soleil.

DOUZ★

Le **marché★★** de Douz se déroule chaque jeudi. La veille, les premiers commerçants investissent la grande place carrée qui délimite le marché. On n'y trouve rien de bien spectaculaire (épices, outils, vêtements) en dehors des boutiques touristiques installées sous les arcades et qui sont ouvertes toute la semaine. Ce jour-là, le plus pittoresque se déroule à proximité, dans un enclos à l'ombre des palmiers. Dès les premières heures du jour, les éleveurs conduisent leur bétail au marché qui bat son plein vers 9h. C'est un ballet de burnous, de chèches et de chéchias où chèvres, moutons, agneaux, chevaux et même dromadaires passent de main en main à l'issue de discrètes palabres. Les visages des hommes les plus âgés, accroupis près de leurs bêtes encordées, sont empreints de gravité et d'une grande noblesse. Au marché du jeudi s'écoulent aussi des plants de dattiers, des cœurs de palmier et des herbes médicinales.

Arriver ou partir

En bus - **Gare routière**, place de la République. 3 bus par jour pour Kebili, 1 pour Tozeur et 2 pour Tunis.

En taxi collectif - Station près de la gare routière, en face du cimetière. Taxis pour Kebili, où vous trouverez les correspondances pour Gabès, Gafsa, Tunis et Tozeur. Attention, les départs se font rares dans l'après-midi.

Adresses utiles

Informations touristiques - **ONTT**, av. des Martyrs (vers la zone touristique, 200 m derrière la statue de gazelle), ☎ 75 470 351. Tlj 8h30-13h/15h-17h45. **Syndicat d'initiative**, ☎ 75 470 341, à droite du bureau de tourisme.

Banque / Change - Dans les hôtels de la zone touristique essentiellement. Un seul distributeur de billets.

Banque du Sud, av. Habib Bourguiba.

Poste centrale - Av. des Martyrs, ☎ 75 490 940.

Téléphone - Taxiphone place de la République, près de la gare routière.

Publinet - Angle rue El Hanine et rue du 20 Mars 1956 (à 50 m de l'hôtel du 20 Mars). 2 d l'heure de connexion.

Urgence / Santé - **Police**, ☎ 76 470 333. **Garde nationale**, ☎ 75 470 554.

Pharmacie Abdennaser, rond-point centre-ville, 75 470 376.

Hôpital, rue des Martyrs, 76 470 323.

Se loger

Simples étapes de nuit sur le circuit du Grand Sud, les hôtels sont déserts en journée.

Centre-ville

De 10 à 20 d (6,5 à 13 €)

Hôtel du 20 Mars, entre la place du Marché et la station de louage, 75 470 269, hotel20mars@planet.tn - 10 ch. Certes la maison est rudimentaire, avec ses chambres spartiates et les sanitaires sur le palier. Mais c'est le plus propre et surtout le plus authentiquement chaleureux des hôtels du centre-ville.

Hôtel Essaada, rue du 1er Juin en plein centre-ville, 75 470 824 - 14 ch. Si les couloirs sont peu engageants, on a une agréable surprise en entrant dans la chambre, propre et décorée avec des tissus typiques au mur. Possibilité de camper sous une tente installée… dans une pièce du rez-de-chaussée.

Hôtel La Tente, rue El Hanine, 75 470 468 - 13 ch. Hôtel simple, propre et accueillant. Préférez les chambres à l'étage, plus aérées, donnant sur la terrasse commune. Climatisation en sus.

De 20 à 30 d (13 à 20 €)

Hôtel El Médina, rue El Hanine, 75 470 010 - 13 ch. Au bout de la rue, derrière la mosquée. Chambres simples et confortables, joli patio. Belle vue de la terrasse entre la place du Marché, la mosquée et le marché aux animaux.

Zone touristique

De 80 à 100 d (52 à 65 €)

Hôtel Sahara Douz, 75 470 865, saharadouz@planet.tn - 152 ch. Bel établissement touristique doté d'une superbe piscine d'eau thermale décorée à la manière d'un hammam. Chambres chaleureusement décorées. Télévision en option.

De 100 à 120 d (65 à 78 €)

Hôtel El Mouradi, 75 470 303 - 180 ch. Mal indiqué, à droite juste avant d'arriver au rond-point du désert, point de départ des dromadaires. Deux piscines, dont une couverte et chauffée.

Iberotel Mehari, 75 471 088, www.goldenyasmin.com - 128 ch. Ce qui frappe ici c'est l'architecture de forteresse du désert. Faisant face aux dunes et aux tempêtes de sable, les fenêtres des chambres sont minuscules. Deux piscines dont une alimentée par une source thermale sulfureuse (20 °C).

Sun Palm, 76 470 384, www.goldenyasmin.com - 130 ch. Cet hôtel, aux couleurs pastel, s'est installé récemment. Doté d'un café et d'un hammam, il garde des allures plutôt conviviales…

Oasis

Moins de 10 d (6,5 €)

Camping Désert Club, au delà de l'hôtel El Médina et du marché aux animaux, 75 470 575, brahim2020@yahoo.fr. Un endroit agréable pour planter sa tente.

De 80 à 100 d (52 à 65 €)

Hôtel Le Saharien, au bout de la route touristique, 75 270 381 - 125 ch. Installé en pleine palmeraie dans un jardin aux somptueux bougainvilliers, l'hôtel met l'accent sur le côté typique : chambres décorées avec des revêtements tunisiens ou du liège. 4 piscines dont une couverte.

Se restaurer

Pas de restaurant touristique en ville. Les tables sont frugales mais l'hospitalité des hommes du désert n'est pas un vain mot. Dommage que, là encore, il soit si difficile de trouver des spécialités sahariennes.

Zone touristique

De 20 à 25 d (13 à 16,5 €)

Tej el Khayem, 75 472 066. Cinq tentes bédouines plantée en demi-cercle en bordure des dunes. Spectacles le soir. Les plats sont bons mais un peu chers ; mais il y a le cadre…

Ville moderne

De 5 à 10 d (3,5 à 6,5 €)

La Rosa, av. du 7 Novembre, 75 471 660. Dans le grand désert gastronomique du Sud tunisien, cette gargote a le mérite de servir la *méchouïa* la plus fraîche et l'agneau le plus tendre. Le grand rendez-vous des professionnels du tourisme local, quand ils voyagent pour eux. Attention toutefois aux additions un peu gonflées.

Restaurant de l'hôtel 20 Mars, entre la place du Marché et la station de louage, ☎ 75 470 269. CC Si vous voulez vous faire des amis tout en savourant un dîner simple, n'allez pas plus loin. Les patrons sont de joyeux compagnons qui n'hésitent pas à organiser des fêtes pour leurs hôtes.

Les Palmiers, av. Taïeb Méhiri, ☎ 75 472 176. Mêmes propriétaires et même carte que La Rosa. Pour ceux qui souhaitent juste changer de décor, salon «typique» avec tables basses et matelas à même le sol.

Ali Baba, av. Habib Bourguiba, ☎ 75 472 498. Un accueil sympathique pour une cuisine correcte mais sans grande originalité. Tente berbère installée dans la cour, idéale pour prendre un thé après le repas. Bondé quand les groupes viennent y manger. Possibilité de fumer la chicha après le repas.

Sortir, boire un verre

Café de la Place, sur la place du Marché, côté mosquée. À l'ombre des grands arbres, ce café constitue un agréable poste d'observation, particulièrement le jour du marché.

Café La Rosa, en face du restaurant du même nom. Pour boire un thé (et même se restaurer) en salle, en terrasse ou sous une tente. Peu de touristes. Chicha et jeux de cartes disponibles.

Loisirs

Excursions dans le désert - Si les sorties d'une journée peuvent s'organiser sur place assez facilement, il est indispensable de réserver plusieurs semaines à l'avance les méharées. Sans compter les guides officieux rencontrés dans les boutiques ou dans la rue, 15 agences officielles proposent leurs services. Les prix dépendent de la compétence des guides, de la qualité du matériel et des repas emportés, des assurances contractées. Les deux agences ci-dessous ont fait leurs preuves avec constance ces dernières années.

Douz Voyages, place de l'Indépendance (centre-ville). ☎ 75 470 315, www.chez.com/douzvoyages/. Une agence expérimentée dirigée par M. Abdelmajid Letaief. Spécialiste des circuits d'une semaine. Méharées et 4x4.

Horizons Déserts, 9 rue El Hanine, ☎ 75 471 688, www.horizons-deserts.com. Cette agence dirigée par un couple franco-tunisien organise des méharées, des expéditions en 4x4 ou des randonnées à l'écart du désert trop touristique. Séjours à thème et circuits à la carte.

Activités sportives - Pégase, route touristique (près de l'hôtel Festival), ☎ 75 470 793. Vous pouvez faire un tour de karting (10 d le tour de piste de 1,5 km), ou d'ULM (baptême 60 d).

Grand Sud, av. Taïeb Méhiri, ☎ 75 471 777, saharaking@voila.fr. Tahar Barka loue ses VTT (2 d/h, 15 d/jour). Matériel en bon état et gentillesse assurés.

Festivals - Festival international du Sahara, fin déc. (en nov. si le Ramadan est en déc.) Manifestation spectaculaire avec reconstitution de razzias et courses de dromadaires, parades de troupes folkloriques dans les rues de la ville.

Journée du tourisme saharien, le 12 novembre *(voir Tozeur)*.

Animations - La Compagnie des sables, zone touristique, premier virage à gauche après l'hôtel Mehari. Organise des soirées d'animation et des déjeuners sous la tente.

Discothèques - Dans les hôtels de la zone touristique.

Achats

Souk - Le jeudi.

Antiquités et artisanat - La spécialité du lieu est le « chausson saharien », chaussure de cuir très confortable en vente dans pratiquement tous les magasins (18 à 20 d selon la pointure).

Bijoux anciens, chez Ben Nasr Monji, rue du 1er Juin.

LES OASIS DU NEFZAOUA

De Douz, une route se glisse au sud jusque vers El Faouar, desservant un chapelet d'oasis.

▶ Elle longe une jeune palmeraie qui gagne d'abord **Zaafrane** *(à 13 km)* dont le vieux village *(à gauche de la route)* est complètement ensablé. Il a fait place à un modeste bourg de brique rouge. Les femmes du Nefzaoua participent aux travaux agricoles. Le visage tatoué, vêtues de costumes chamarrés, elles se rendent aux champs en charrettes accompagnées de leurs jeunes enfants. À la sortie du village sont organisées de courtes balades à dos de dromadaire pour découvrir les dunes de sable blanc les plus accessibles (à parcourir au coucher de soleil).

▶ Plus loin, à la sortie de Ghidma, un plan d'eau est entouré d'alfa ; saisissant contraste de blanc, de vert et de bleu. La route est bordée de véritables murs de sable de plusieurs mètres de haut piqués de palmes pour en retenir les grains. Un détour de 2 km conduit à **Es Sabria**, une autre oasis, puis par la route principale à **El Faouar** où l'on trouve un hôtel et une grande place carrée qui sert de marché. Bus et taxis collectifs *(près du joli cimetière dans le centre-ville de Douz)* font la navette entre Douz et El Faouar.

Se loger

▶ *El Faouar*

De 80 à 100 d (52 à 65 €)

Hôtel El Faouar, à l'entrée de la ville par la route de Douz, 75 460 531/ 460 887 - 150 ch. Des bungalows où chaque chambre est décorée d'une fresque différente… peinte par le propriétaire en personne. Cet artiste et ancien élève de l'école hôtelière allemande organise des soirées folkloriques sous la tente, couchage y compris… L'exotisme est à portée de main, car le campement est installé à 20 m des sanitaires et de leurs douches chaudes, et à une quarantaine de mètres seulement de l'hôtel avec ses vrais lits et ses salles de bains.

▶ *Zaafrane*

De 60 à 80 d (38 à 52 €)

Hôtel Zaafrane, à la sortie de la ville, sur la route de El Faouar, 75 450 020 - 40 ch. Des bungalows très propres ou des nuits sous la tente dans le désert, à 9 km de là.

DÉCOUVRIR LE SAHARA★★★

À Douz, vous êtes aux portes du plus vaste désert du monde. Le Sahara (d'un mot arabe qui signifie tout bonnement « désert ») couvre plus de 8 millions de km², de l'Atlantique à la mer Rouge. Il fait la transition entre l'Afrique du Nord méditerranéenne (du Maroc à l'Égypte) et l'Afrique noire. Avec moins de 100 mm d'eau par an, toute culture est impossible en dehors des oasis. L'imaginaire associe plus volontiers à ce désert les paysages du nord : les dunes du Grand Erg qui forment la majeure partie du Sahara tunisien. Mais le Sahara, c'est aussi des paysages volcaniques (Hoggar, Tibesti) et de vastes étendues de pierres (regs). Le nomadisme a reculé partout. Malgré son immensité, le Sahara ne compte que 1,5 million d'habitants. Il ne fut pas toujours désert. De nombreux témoignages (fossiles, graffiti, outils) attestent d'une vie foisonnante jusqu'au néolithique. Le cheval ne fut remplacé par le dromadaire, plus sobre, qu'au 2e s. av. J.-C.

Se déplacer dans le désert

Douz s'est imposée comme la capitale tunisienne des excursions au Sahara. Des propositions aussi nombreuses que variées vous seront probablement soumises dès votre arrivée.

La balade à dos de dromadaire - Première initiation aux grandes méharées, c'est la solution la plus facile à organiser. Devant les grandes dunes d'Ofra – au sud de Douz – et de Zaafrane, les dromadaires attendent le chaland. Certes, ce n'est pas très original, mais c'est un début avant de succomber définitivement à l'appel du désert *(à partir de 10 d)*. Cramponnez-vous au démarrage ! Lorsque le dromadaire se lève, il penche brutalement en avant puis en arrière. Le reste de la balade est on ne peut plus tranquille et se déroule au rythme du chamelier qui à pied guide votre monture.

La méharée - La randonnée à dos de chameau de bât – improprement appelée « méharée », terme qui devrait être réservé au dromadaire de selle – constitue la voie la plus authentique pour découvrir le Sahara. Encore faut-il ne pas être pressé. Pour aller au cœur des paysages les plus grandioses, des agences de voyages acheminent leurs clients en 4x4 en plein désert où attendent leurs montures. La traversée du Grand Erg oriental vous fascinera, et chaque nuit sera une fête malgré l'inconfort.

Une expédition dans le désert est à comparer à la moyenne et haute montagne : il convient de s'entourer de professionnels expérimentés et convenablement assurés *(comptez de 40 à 60 d par jour et par personne)*.

Dormir à la belle étoile

À Douz, vous prendrez place sur le plateau inconfortable d'une *kirita* (charrette tractée par un cheval) qui prendra la direction du désert. Après une promenade (dont vous fixerez la durée) à travers de petites dunes moutonnées guère spectaculaires, votre guide choisira un emplacement pour la nuit. Tandis que vous chercherez des branches mortes de buissons épineux pour le feu, votre accompagnateur soudain métamorphosé en cuisinier s'affairera à la préparation du couscous. Avant de vous endormir sur d'épais tapis – vous n'auriez jamais imaginé que le sable fût si dur ! –, n'oubliez pas d'admirer la voûte étoilée. Au petit matin, vous savourerez le délicieux « pain de sable », épaisse galette de farine cuite dans la braise à même le sol *(comptez 35 d par personne)*.

Pique-niquer dans les dunes

La route qui relie Douz à El Faouar traverse par endroits des champs de dunes, où l'on peut agréablement pique-niquer. Ne perdez jamais de vue les poteaux électriques et apportez de l'eau. Impensable pendant les mois d'été.

Ksar Ghilane★

La sortie la plus classique consiste à rejoindre Ksar Ghilane, inaccessible en véhicule de tourisme (en effet, lisez au dos du contrat de location de voitures de tourisme: ni vous ni la voiture ne sont assurés pour les trajets sur piste). Insistez à la réservation pour traverser les dunes, sinon il y a fort à parier que votre chauffeur emprunte la piste qui est bien moins spectaculaire *(comptez 5h de trajet ; la piste rectiligne qui relie Ksar Ghilane à la route de Douz-Matmata est à éviter à tout prix en 4 x 4, car sans intérêt. Une équipe est chargée d'entretenir ce tronçon de piste à quatre voies, déblayée après les tempêtes de sable. Il est question prochainement de la goudronner.)*

Ksar Ghilane est la plus saharienne des oasis. La citadelle, à l'écart de la palmeraie *(vestiges accessibles à pied en 1h)*, faisait partie du *limes* de l'Empire romain. Le nec plus ultra est la source d'eau chaude où l'on peut se baigner. Un bonheur au petit matin après les nuits fraîches du désert. Aucun problème pour bivouaquer dans les dunes 100 m plus loin. Les camping en dur, aménagé avec des tentes bédouines, dispose de douches, et les tentes les plus luxueuses ont la climatisation et une salle de bains (groupe électrogène bruyant). Certains soirs, l'affluence est telle que l'on doute être dans le désert !

De Ksar Ghilane, il est possible de rejoindre Tataouine *(en 3h)* en visitant au passage Chenini. Attention : la piste qui relie Ksar Ghilane à Chenini est appelée « le cimetière de voitures », que redoutent même les conducteurs de 4x4 les plus avertis. Ce transfert est à organiser dès le départ de Douz car il n'existe aucun transport en commun depuis Ksar Ghilane. Il est formellement déconseillé de s'aventurer en 4x4 dans le désert sans guide, et il est plus prudent de passer par une agence confirmée *(comptez 150 d AR dans la journée pour le 4x4 et son chauffeur, 250 d avec une nuit à Ksar Ghilane à vos frais)*.

En route vers le Grand Sud

NOTES

NOTES

NOTES

INDEX

A

B

C

D

E - F

G

H

I

J

K

L

M

CARTES ET PLANS

LÉGENDE

Comprendre les symboles utilisés dans le guide

LES ÉTOILES

★★★ À voir absolument
★★ Très intéressant
★ Intéressant

LES BIBS

Coup de cœur
Coup de gueule
Astuce

HÔTELS ET RESTAURANTS

Salle de bains privée
Air conditionné dans la chambre
Ventilateur dans la chambre
Télévision dans la chambre
Restaurant dans l'hôtel
Établissement servant de l'alcool
Piscine
Plage
Paiement par carte de crédit
Carte de crédit non acceptée

CARTES ET PLANS

Curiosités et repères

Église
Mosquée
Synagogue
Temple bouddhique
Temple hindou
Point de vue
Monastère
Site archéologique
Château
Cimetière chrétien
Cimetière musulman
Cimetière israélite

Topographie

Sommet
Volcan actif
Récif corallien
Désert
Marais

Routes

Autoroute ou assimilée
Autoroute en construction
Route principale
Route secondaire
Chemin, piste

Informations pratiques

Hôpital
Aéroport
Gare ferroviaire
Gare routière
Voie ferrée
Ligne de métro ou tramway
Liaison maritime
Station-service
Poste
Téléphone
Information touristique
Hôtel de ville
Palais de justice
Banque, bureau de change
Université
Théâtre
Parking
Stade
Plongée
Surf
Phare

Limites

Frontière
Parc naturel

Manufacture Française des Pneumatiques Michelin
Société en commandite par actions au capital de 304 000 000 EUR
Place des Carmes-Déchaux - 63000 Clermont-Ferrand (France)
R.C.S. Clermont-Fd B 855 200 507

Dépot légal - ISBN 2-06-710976-6 - ISSN en cours

Printed in France 10-04/1.1
Compograveur : Maury-Imprimeur S.A., Malesherbes
Imprimeur-brocheur : Aubin, Ligugé
Photo de couverture : Sidi Bou Saïd, J.-M. Voge/MICHELIN
Michelin - Éditions des Voyages
46 avenue de Breteuil - 75324 Paris Cedex 07
☎ 01 45 66 12 34 - www.ViaMichelin.fr

VOTRE AVIS NOUS INTÉRESSE...

MICHELIN VOYAGER PRATIQUE a pour principale ambition de vous aider à construire votre voyage et à le rendre facile. Pour répondre toujours mieux à vos attentes, faites-nous part de vos propres expériences de voyage !

En remerciement, les auteurs des 100 premiers questionnaires recevront une carte Michelin de la collection « NATIONAL » (pays de votre choix).

VOS HABITUDES DE VOYAGE :

1) Quelles sources d'information utilisez-vous pour préparer vos voyages ?

- ☐ Les guides touristiques — Quelles collections ?..
- ☐ Internet — Quels sites ?..
- ☐ La presse — Quels magazines ?..
- ☐ Les offices de tourisme
- ☐ Les agences de voyages — Quelles agences ?..
- ☐ Autres ....

2) Quelles collections de guides achetez-vous habituellement ?

....

3) Combien de fois êtes-vous parti en week-end ou en voyage au cours de cette dernière année (y compris en France) ?

....

4) Ces deux dernières années, où êtes-vous parti en week-end ou en voyage ?

- En week-end :..
- En voyage :..

5) Quelles destinations vous intéressent pour vos prochains voyages ?

....

6) Lorsque vous voyagez, la plupart du temps :

- Vous voyagez en circuits organisés ☐
- Vous partez à l'aventure sans rien réserver ☐
- Vous réservez uniquement les transports ☐
- Vous réservez tout (transport, hôtel) à l'avance ☐
- Autre ☐

7) Vous préparez votre voyage :

- Plusieurs mois à l'avance ☐
- Entre 1 et 3 mois à l'avance ☐
- Á la dernière minute ☐
- Autre ☐

VOTRE APPRÉCIATION DU GUIDE VOYAGER PRATIQUE :

1) Êtes-vous satisfait de votre guide VOYAGER PRATIQUE ?

Très satisfait ☐ Moyennement satisfait ☐
Globalement satisfait ☐ Pas du tout satisfait ☐

2) Notez votre guide sur 20 : ....

3) Qu'avez-vous aimé dans ce guide ?

....

4) Qu'est-ce que vous n'avez pas aimé ?

....

5) Manque-t-il des informations importantes dans ce guide ?

....
....

6) Recommanderez-vous ce guide à vos amis ? Pourquoi ?

....
....

7) Rachèterez-vous un guide VOYAGER PRATIQUE pour votre prochain voyage ?

Oui, certainement ☐ Probablement pas ☐
Oui, peut-être ☐ Certainement pas ☐

8) Vos conseils, vos commentaires, vos bons plans ?

....
....

VOUS ÊTES :

Homme ☐ Femme ☐
Âge : ....
Nom et prénom : ....
Adresse : ....
....
Code Postal : .... Ville : ....
Pays : ....
Profession : ....

Quelle carte Michelin « NATIONAL » souhaitez-vous recevoir ?
(précisez-nous le pays de votre choix)

....

Offre proposée aux 100 premières personnes ayant renvoyé le questionnaire complet. Une seule carte par foyer, dans la limite des stocks et des titres disponibles.

Ces informations sont exclusivement destinées aux services internes Michelin. Elles peuvent être utilisées à toute fin d'étude, selon la loi informatique et liberté du 06/01/78. Droit d'accès et de rectification garanti.